문화국가론

김수갑

충북대학교 출판부

머리말

필자가 문화국가(Kulturstaat)에 관심을 갖고 공부하기 시작한 것은 1990년대 초 고려대학교 대학원에서 문화국가원리를 박사학위논문의 주제로 잡은 이후부터이다. 그 당시 어렵게 박사과정 공부를 계속하고 있던 나는 가능한 한 일찍 학위를 끝내지 않으면 안 되는 상황이었다. 외국어시험과 종합시험이 끝나자마자 내가 생각하고 있던 주제를 지도교수이신 계희열 선생님께 상의 드렸더니, 문화국가를 연구해보는 것이 어떠냐는 의견을 주셨다. 그 때부터 문헌을 모으고 내 딴에는 오로지 학위논문작성에만 볼두하였다. 그 당시 우리나라의 교과서에는 문화국가원리가 헌법의 기본원리라는 설명정도가 있었을 뿐이고, 관련논문도 거의 없었다. 문화와 국가를 다루는 인식의 차이로 인하여 영미쪽의 문헌도 크게 참고될 수가 없었다. 막막하기는 했지만, 독일문헌을 중심으로 체계를 잡아가기로 하였다. 후버(Ernst Rudolf Huber), 마이호퍼(Werner Maihofer), 슈타이너(Udo Steiner), 그림(Dieter Grimm), 해벌레(Peter Häberle), 오페르만(Thomas Oppermann), 가이즈(Max-Emanuel Geis) 등의 논문과 책이 큰 도움이 되었다. 이 분들을 직접 대면한 적은 없지만, 책을 통하여 가르침을 받은 스승으로 감사를 드리지 않을 수 없다.

그러나 너무나도 부족한 독일어 해독능력으로 인하여 여러 번 절망을 겪지 않으면 안 되었다. 많은 시간을 투자하여 여러 번 읽기를 반복하면서 부족하지만 논문을 작성하였다. 그 당시 낑낑대던 나에게 대학원 동료로서 많은 도움과 토론의 상대가 되어 주었던 현 이준일 고려대 교수, 김주환 홍익대 교수, 최희수 강원대 교수의 도움이 없었다면 나의 학위논문은 더 많은 시간이 걸렸을 것이다. 이 분들에게 진심으로 감사를 드린다. 박사학위 논문심사 중에는 독일에서 학위를 취득하고 귀국하여 강사로 있던 현 고려대의 김선택 교수님과 장영수 교수님이 많은 조언과 도움을 주셨다. 이 자리를 빌어 감사를 드린다. 또한 시골에서 올라 온 미래가 불투명한 나를 믿고 나의 반려자가 되어 준 아내는 생활을 책임지면서도 늘 용기를 북돋아 주었다. 어려움이 있을 때마다 정한이를 임신한 몸으로 직장생활을 하는 아내를 보면서 각오를 새롭게 하곤 하였다. 아내의 정성과 사랑이 없었다면 오늘의 나는 존재할 수 없었다는 사실을 결혼 20년이 되어서야 고백하며 감사한다.

여러 학교를 거치는 동안 부족한 제자를 이끌어 주신 스승님들의 은혜에는 보답할 길이 없다. 문화국가를 공부할 수 있는 계기를 마련해주시고 학문적 치밀함을 보여주신 계희열 선생님, 연구실 조교로 모시는 동안 학자로서의 성실성을 몸소 보여주시고 정신적·경제적으로 많은 도움을 주신 구병삭 선생님, 석사학위 지도교수님으로서 늘 격려를 아끼지 않으시는 김철수 선생님, 문화재보호법연구에 길을 열어주시고 늘 묵묵히 필자의 성장을 지켜보시며 도와주시는 오세탁 선생님의 은혜를 잊을 길이 없다. 따뜻하게 지도해주신 김남진 선생님과 한상범 선생님께도 감사를 드린다. 선생님들의 만수무강을 기원드린다.

필자는 문화국가를 공부하면서 문화국가원리를 총론으로 정립하고, 이를 바탕으로 한 각론 연구로 개별적 문화영역별로 예술법, 학술법, 종교법, 교육법, 문화재보호법, 방송법...등으로 체계화해보자는 실로 원대한 계획을 수립하기도 하였지만, 필자의 능력부족과 게으름으로 이제껏 총론도 제대로 정립하지 못하고 있다. 문화국가론은 2000년대 초에 집필계획을 세웠으나 차일피일 미루다 핑계가 될 수는 없지만, 2005년부터는 학장보직을 수행하다 보니 자연스럽게 중단되었다. 학장보직을 면한 2009년도에는 마침 충북대학교에서 시행하는 '인문·사회총서' 지원사업에 선정되어 다시 집필계획을 세웠으나, 로스쿨 강의와 제2차 BK사업팀인 '생명윤리 및 안전법제연구사업팀'을 맡다보니 진척이 지지부진하였고 2011년 3월부터는 로스쿨 원장직을 수행하다보니 원고는 또 컴퓨터 안에서 잠자게 되었다. 우리대학 출판부에도 원고를 더 이상 미룰 수 없는 상황이어서 부득이 부족하나마 출간을 감행하기에 이르렀다.

오랫동안 기다려준 학교당국과 출판부에 감사하면서도 미안함을 금할 길이 없다. 용두사미에 그치고만 문회국가론 출간에 필자의 무능을 다시한번 절감하며 염치없이 추후 보완을 약속드린다. 이 책의 출간과정에서 조언과 교정의 수고를 다해 준 제자 김민우 박사에게 감사하며, 충북대학교 출판부 관계자 및 인쇄소 관계자에게도 고마움을 전한다.

2012년 8월

지은이

차 례

제1장 | 서 론

20세기는 군사력과 경제력이 국력의 상징이었다면 21세기는 문화역량이 국력을 상징하는 척도가 될 것이라는 것은 이미 미래학자들이 예측한 바 있으며, 실제로 세계 각국은 문화경쟁력을 높이기에 주력하고 있다. 대표적으로 헌팅턴(Samuel P. Huntington)은 21세기에 세계질서를 좌우하는 것은 이념, 정치, 경제가 아니라 문화라고 규정하면서 21세기를 '문화의 세기'로 전망하고 있다. 국가 간의 문화경쟁은 외형상으로는 우루과이라운드의 체결과 최근의 FTA협정체결에서도 볼 수 있듯이 문화산업을 둘러싸고 주로 나타나고 있지만, 문화가 국가의 정체성과 선진성을 평가하는 잣대가 된다는 점에서 내면적으로도 중요한 의미를 지닌다. 국가내적으로도 문화의 의미와 중요성에 대한 인식이 점증함에 따라 문화정책에 대한 관심과 논의 역시 활발해 지고 있다. 문화국가(文化國家), 문화권(文化權) 내지 문화적 권리(文化的 權利), 문화향수권(文化享受權), 문화복지(文化福祉), 문화비전이니 하는 용어가 많이 쓰여 지고 있는 현상도 이와 맥을 같이 한다. 즉, 경제와 정치 중심의 정책에서 적어도 문화가 국가적 차원에서 중요한 정책대상이 되고 있고, 이러한 현상은 세계적 차원에서 전개되고 있다.

일찍이 백범 김구 선생은 <나의 소원>에서 문화국가의 비전을 제시하고 있는데, 오늘날의 관점에서 보더라도 탁견(卓見)이라 아니할 수 없다. 김구 선생은 "나는 우리나라가 세계에서 가장 아름다운 나라가 되기를 원한다. 가장 부강한 나라가 되기를 원하는 것은 아니다. 내가 남의 침략에 가슴이 아팠으니, 내 나라가 남을 침략하는 것을 원치 아니한다. 우리의 부력(富力)은 우리의 생활을 풍족히 할 만하고, 우리의 강력(强力)은 남의 침략을 막을 만하면 족하다. 오직 한없이 가지고 싶은 것은 높은 문화의 힘이다. 문화의 힘은 우리 자신을 행복되게 하고, 나아가서 남에게 행복을 주겠기 때문이다"고 갈파하면서 "인류가 현재에 불행한 근본 이유는 인의(仁義)가 부족하고, 자비가 부족하고, 사랑이 부족한 때문이다. 이 마음만 발달되면 현재의 물질력으로 20억이 다 편안히 살아갈 수 있을 것이다. 인류의 이 정신을 배양하는 것은 오직 문화이다. 나는 우리나라가 남의 것을 모방하는 나라가 되지 말고, 이러한 높은 문화의 근원이 되고, 목표가 되고, 모범이 되기를 바란다. 그래서 진정한 세계의 평화가 우리나라에서, 우리나라로 말미암아서 세계에 실현되기를 원한다"는 실로 창대한 문화국가론을 전개하고 있다.[1)]

문화국가의 실현은 단순히 경제적, 물질적 생활자원의 급부만으로는 달성될 수 있는 것은 아니며, 인간의 창조적 자율성과 이의 계승·전수 및 그 산물을 누리는 것을 특별히 보호하고 다양한 문화주체들이 자유로이 활동할 수 있는 여지를 넓혀주는 것이 바탕이 되어야 한다. 이렇게 볼 때 문화국가원리는 '인간다운 인격적 삶을 향유하기 위한 창조적이고 정신적인 기반을 조성하는 원리'로 자리매김할 수 있다. 사회적 연대성(또는 실질적 자유와 실질적 평등)의 이념 하에 사회적 불평등을 해소하고, 국가의 적극적 활동(특히 사회보장적 급부활동)을 통하여 사회적 정의를 실현하고자 하는 사회국가(복지국가)와 문화국가는 현실적으로 밀접한 관련이 있고, 문화복지국가라는 표현도 자주 쓰이고 있다. 그러나 문화국가의 궁극적 목표상은 이 차원을 한 단계 뛰어넘는 국가의 최종적인 목표로 정립이 가능하다. 이러한 점에서 문화정책이 복지정책의 아류로 취급되어서는 안 되며, 문화정책의 독자

1) 김구, 도진순 주해, 백범일지, 도서출판 돌베개, 2004, 431면.

성을 인정하고 이를 토대로 내실 있는 문화정책을 개발하는 것이 또한 국가의 중요한 과제라 하겠다. 문화정책을 효과적이고 합리적으로 실현하기 위해서는 그 규범적 틀을 제공하는 법체계가 확실히 정립되어야 하며, 이러한 법체계 속에서 국민의 문화권(문화향수권)이 실질적으로 구현될 수 있을 때 진정한 문화국가라고 할 수 있을 것이다.

문화국가에 대해서는 여러 학문의 영역에서 고찰이 가능하지만, 국가의 최고법인 헌법에서 기본원리로 자리 잡고 문화국가원리 차원에서의 접근이 무엇보다도 중요하다고 생각한다. 우리의 헌법학은 오래전부터 문화국가를 우리헌법의 기본원리로 보는 데는 거의 의견의 일치를 보고 있었으나, 그동안 문화국가원리에 대한 연구는 다른 기본원리들인 민주주의원리, 법치국가원리, 사회국가(복지국가)원리에 비해 발전을 보지 못하였다. 우리나라에서는 1990년대 초부터 문화국가에 대한 논의가 본격적으로 시작되었다고 해도 과언이 아니다.[2] 이는 1980년 제5공화국헌법에서 문화국가조항을 창설하고 제6공화국에 들어와 문화부가 창설된 현실적인 이유도 있었지만, 한편으로는 헌법의 개별적·구체적 문제들에 대한 미시적 고찰을 벗어나 전체로서의 헌법을 새롭게 이해하고자 하는 이론적 경향을 반영한 것이기도 하고, 다른 한편으로는 우리의 헌법학에 지속적인 영향을 미치고 있는 독일 헌법학에서의 문화국가에 관한 논의에 자극받은 면도 크다고 진단할 수 있

2) 문화와 헌법 내지 문화국가에 관계된 헌법논문으로는 유시조, "문화국가의 개념과 법적 성격", 법학연구 제3집, 부산외국어대학 법학연구소, 1991, 57-69면; 전광석, "헌법과 문화", 공법연구 제18집, 한국공법학회, 1990, 161-178면; 오세탁·김수갑, "문화국가의 개념과 과제", 법학연구 제4권, 충북대학교 법학연구소, 1992, 3-30면; 김수갑, 헌법상 문화국가원리에 관한 연구, 고려대학교 대학원 법학박사학위논문, 1993; 남궁승태, "헌법상의 문화국가와 문화재보호", 아·태공법연구 제3집, 아세아·태평양공법학회, 1994. 2, 53-90면; 이시우, "헌법상 문화국가 개념의 의미 : 문화복지 개념의 정립을 위해", 사회과학논총 제2집, 서울여자대학교 사회과학연구소, 1996. 12, 307-326면 등을 들 수 있다.

다.

문화국가에 대해서는 문화라는 말이 가지는 다의성으로 인하여 다양한 의미를 가지고 주장될 수 있기 때문에 그 개념정립이 용이한 일은 아니다. 선진화를 위한 국가발전의 힘을 문화발전의 힘을 통해 구현해야 한다는 것은 매우 중요한 일이다. 이러한 문화인식은 보다 넓은 의미의 문화개념을 전제로 하고 있다는 점에서, 문화발전의 이념과 그 지표를 설정하는 데에 있어서도 당연히 확장된 문화개념에 근거해야 함이 바람직하다. 즉, “모든 사람을 위한 문화”, “모든 사람에 의한 문화”를 위해서는 인간의 삶과 그 생활양식의 총체를 포함하는 문화개념이 필요하다. 이와 같은 관점에서 본다면, 문화적인 현상이 곧 사회적인 현상이라고 할 수 있으므로 사회적 변동과 그 발전에 있어서 문화의 기능은 어떤 경우에도 그 사회가 지니고 있는 사회·역사적 조건들과 밀접한 관계를 갖게 된다.[3] 모든 사람들의 문화적 법익에의 접근가능성의 현실적인 강화라는 목표를 달성하기 위해서는 이와 같은 문화이해를 전제로 한다. 이러한 문화이해를 바탕으로 한 문화국가논의는 정치, 경제, 사회, 문화의 모든 면을 포괄하게 되고, 생활의 모든 영역에서 인간답고, 질적으로 향상된 생활의 향유를 궁극적으로 도달해야 할 목표상으로 삼는다. 그러나 이러한 문화이해 하에서의 (광의의) 문화국가논의는 더 이상 법적인 맥락으로 나아가는 것을 곤란하게 만든다. 따라서 문화국가의 과제영역은 국가의 다른 과제영역(정치, 경제, 사회)과 관련하여 좀 더 구체적인 문화범위의 확정이 요구된다. 이러한 관점에서 본다면 문화국가논의는 “국가에 대하여 특별한 관계에 있는 인간의 정신적·창조적 활동의 영역”[4]에 집중되지 않을 수 없다.

---

3) 권영민, “한국문화발전의 목표와 이념”, 국가발전목표와 이념－제3차 종합세미나－, 21세기위원회, 1990. 10, 322면.

4) Udo Steiner, “Kulturauftrag im staatlichen Gemeinwesen”, in : VVDStRL 42, 1984, S.9

이와 같은 법학적(공법적) 문화범위는 헌법의 관련조항에 의하여 추출해볼 때 학문, 예술, 교육, 종교 등이 주된 영역을 이루고 있다. 문화헌법, 문화적 기본권 등의 용어는 대체로 이러한 협의의 문화영역에 관련되어 쓰이고 있다. 이러한 영역을 중심으로 한 (협의의) 문화국가논의는 독일에서의 문화국가사고, 즉 정신영역의 강조를 통한 국민통합사상과 밀접한 관련이 있다. 문화를 인간의 정신적 내면세계를 반영하는 것으로서 인간의 내면세계가 고차원적으로 객관화된 일련의 정신적 형태로 보는 경향은 부르조아 지향적인 문화개념이라는 비판을 받을 수 있다. 이러한 문화이해와 결부된 문화국가사고는 민족주의와 결부되어 보수화될 때는 권력국가 내지 불법국가로 전락될 수 있다는 사실을 독일의 역사적 경험에서 볼 수 있듯이, 협의의 문화영역을 중심으로 한 문화국가논의에서도 헌법질서 내에서 문화국가의 의의와 기능의 현대적인 평가가 요구된다.

문화는 그 기능의 관점에서 보면, 개인과 사회의 사회화 과정에 중요한 역할을 담당하고 있다. 이러한 문화의 기능을 "공동체의 관념적 재생산"[5]으로 보게 되면 문화에는 세계해석, 의미형성, 가치정당화, 가치전승, 가치비판과 그것들의 상징적 표현이 속하게 된다. 이렇게 볼 때 문화에는 전통적으로 문화영역에 속했던 생활영역 이외에도 사회의 관념적 재생산이라는 기능을 수행하는 영역들을 그때그때의 국민(헌법적 표현으로 말한다면 헌법제정권자)들에게 그가 '문화적인' 것으로서 중요하게 간주하고 그에 상응하는 평가를 할 수 있는 형성의 여지를 남기게 되는 개방성을 가지게 되며, 소위 대항문화, 하위문화 등도 배척의 대상이 아닌 문화영역의 대상으로서 고려할 수 있게 된다. 법학적인 문화영역을 중심으로 문화국가의 의미를 고찰하고자 하는 우리

---

5) Dieter Grimm, "Kulturauftrag im staatlichen Gemeinwesen", in : VVDStRL 42, 1984, S.60

의 논의에 있어서도 이러한 인식을 바탕으로 한다.

우리나라의 경우는 1980년 제5공화국헌법에서 처음으로 (비록 애매한 형태로나마) 문화국가조항(제8조)을 두었으며, 현행헌법(제9조)도 이를 계승하고 있다. 그리고 문화에 대한 중요성을 인식한 결과 문화부(문화체육부 → 문화관광부 → 문화체육관광부로 변천)를 창설하는 등 문화 및 문화정책에 대한 관심이 고조되어 왔다. 우리나라에서는 헐벗고 어려웠던 시절에는 그렇다고 하더라도 먹고사는 데 별 어려움이 없다고 여겨진 다음에도 협의의 문화영역인 문화예술분야는 늘 정치나 경제 등에 떠밀려 뒷전에 있어 왔다. 물론 인간의 삶 자체를 문화로 보게 되면 정치나 경제나 모두 광의의 문화활동의 영역이고, 이들 정치나 경제 등이 국민의 생활에 끼치는 영향력은 절대적이라고 할 수 있지만, 국민의 실질적인 삶의 질을 드러내는 문화생활은 이에 못지않게 중요한 것이다. 그동안 여러 면에서 문화정책이 향상된 점은 긍정할 수 있지만, 「문화향수실태조사」에 따르면 문화생활은 여전히 만족할 만한 수준이 아니라는 것을 보여주고 있다.[6] 그밖에 문화공간의 서울에의 집중현상도 앞으로 해결해야 될 과제이다.[7] 그러나 무엇

---

6) 우리나라 국민들이 "문화와 예술을 얼마나 그리고 어떻게 즐기고 있는지"를 객관적으로 파악하기 위하여 문화체육관광부와 한국문화관광연구원에서는 1988년부터 「문화향수실태조사」를 실시하고 있다. 한 예로 예술행사 관람률은 2003년 조사(62.42%)와 2010년 조사(67.2%)는 큰 차이를 보이고 있지 않다. 특히 가장 높게 나온 영화를 제외하면(2003년은 53.3%, 2010년은 60.3%) 문학행사, 미술전시회, 클래식음악회/오페라, 전통예술공연, 연극, 무용, 대중가요콘서트/연예 등의 관람률은 매우 미약하다. 연평균 예술행사 관람횟수도 큰 변화가 없는(2003년 조사 4.5회, 2010년 조사 4.2회)실정이다(문화체육관광부·한국문화관광연구원, 「문화향수실태조사 2010」, 2010, 9-35면.

7) 1992년 자료에 의하면 예술인의 55%가 서울에서 활동하고 있고, 예술행사의 75%가 서울에서 열리며 전체도서의 95%가 서울에서 출판되었을 정도로 중앙과 지방간의 문화격차가 심화되었었다(문화부, 우리나라의 문화행정, 1992, 228면 이하). 2010년 문화향수실태조사에서는 상당한 정도로 도농지역간 문화향유 격차가 줄어들었음을 보여주고 있다. 그러나 군지역의 인구비중

보다도 "문화영역의 자율성을 보장하면서도 최소한의 문화생활의 보장을 적극적으로 육성할 책임을 부담하는 국가"로 이해될 수 있는[8] 문화국가에서는 문화의 자율성의 보장과 국가의 문화진흥이라는 일견 모순되어 보이는 현상을 어떻게 조화시킬 것인가 하는 점이 앞으로의 중요한 과제이다. 오늘날의 국가들에 있어서는 학문, 예술, 교육, 종교 등의 문화영역에 대한 국가의 배려가 커다란 역할을 하고 있지만, 국가의 문화정책이 과도하게, 그리고 왜곡되어 나타날 우려가 있다. 다시 말해서 자기 자신의 모험(Wagnis)위에서 행해지는 개인적 교양이 국가의 문화적 배려에 의한 모험 없는 천편일률적인 것으로 전락할 위험성도 내재하고 있기 때문에 문화의 자율성과 국가의 문화육성 사이에는 항상 헌법적 평가가 요청된다고 하겠다. 한편 모든 문화활동이 문화의 자율성이라는 이름하에 정당화될 수 있는가? 아니면 그 한계는 어디까지며 이에 대한 규제는 어느 정도로 이루어질 수 있는가? 하는 문제에 대한 법적인 해결기준은 절실한 요청이면서도 구체적인 정립이 용이하지 않다. 특히 경제우선의 풍토가 지배하는 오늘날 상업적 자극을 동반한 비문화의 확대재생산이라는 위험성이 잠재하고 있음을 고려할 때, 상업적 자극에 편승한 문화활동은 국민에게 끼치는 영향력이 지대하다. 따라서 문화활동의 자율성과 이의 남용에 대한 국가의 간섭·규

(8.7%)이 작기 때문에 군지역 주민들의 문화향유율의 증가가 우리나라 전체의 문화향유율에 미치는 영향은 크지 않다고 분석하고 있으며, 실제 연평균 문화예술의 관람횟수는 일부를 제외하고 여전히 2배 정도의 차이가 나고 있다(문화체육관광부·한국문화관광연구원, 「문화향수실태조사 2010」, 2010, viii, 13-29면). 문화의 서울집중현상은 고도성장을 추진해오는 과정에서 나타난 사회 모든 부분의 중앙편중현상과 맥을 같이 하는 것으로 지속적인 대책이 필요하다.

8) Udo Steiner는 문화국가의 개념은 문화의 개념과 더불어 변화한다는 점을 지적하면서 좁은 의미의 문화영역(인간의 정신적, 창조적 활동영역 : 교육, 학문, 예술, 종교 등)에 있어서 책임과 의무를 다하는 국가로 이해하고 있다(Udo Steiner, a.a.O.(주 4), S.8f., 42 (Leitsätze)).

제와의 긴장관계에 대한 합리적인 해결책의 연구도 앞으로의 중요한 과제라 하겠다. 세계적인 '한류'열풍으로 인한 문화산업의 성장에도 불구하고, 우리 문화는 아직 세계로부터 제대로 인정받지 못하고 있는 실정이다. 국가브랜드 평가의 중요요소인 문화 경쟁력을 높이기 위해서는 문화산업의 인프라를 구축 및 육성하는 것과 우리가 가진 문화 자산과 문화 콘텐츠의 매력을 해외에 널리 알리고, 세계인과 더불어 나누는 일도 필요하다. 그리고 급속도로 진행되고 있는 다문화사회에서 민족문화와 조화로운 문화정책을 수립하는 일도 중요한 과제라고 할 수 있다.

이러한 상황 하에서 법(특히, 공법)을 매개로 이루어지는 국가와 문화의 상호관련성을 탐구하여, 문화영역의 자율성보장이라는 바탕위에서 온 국민이 최소한의 문화생활을 누릴 수 있는 적극적인 조건이 무엇인가를 밝히는 작업이 필요하다. 이러한 작업은 기술적·기계적으로 발전한 현대 산업사회의 비인간화의 위험성으로부터 인간으로서의 가치를 회복시키고 국가공동체에 있어서 국민의 사회적 통합을 이루기 위한 기초적인 연구로서의 의의를 가지게 될 것이다. 따라서 이러한 과제를 가지는 문화국가의 연구가 민주주의, 법치국가, 사회국가 등의 헌법의 기본원리들과 관련하여 어떠한 헌법상의 지위와 실현구조를 가지는가에 대해 법이론적으로 탐구할 필요성이 크다고 하겠다. 이러한 연구를 통하여 국가의 각종 문화정책수립에 그 규범적인 틀을 제공하는 효과가 기대된다.

본 연구의 출발점이 되는 "문화"라는 말이 가지는 다양성으로 말미암아, 모든 문화현상의 개별적인 연구까지를 포함할 수는 없다. 본 연구에서는 문화국가의 개념과 그 실현구조를 나름대로 분석하고, 문화국가실현을 위한 법체계의 현황과 문제점을 고찰한 다음, 문화국가실현을 위한 바람직한 법체계를 제안하는 것을 목적으로 한다. "문화"에 대한 문제를 국가와 관련시켜 법적인 측면에서 고찰하지만, 문화국가의 두 구성요소라고 할 수 있는 "문화"와 "국가"의 문제는 타학문의 성과가 참고 되지 않을 수 없다(문화인류학, 문화사회학, 철학, 정치학 등). 이들의 성과를 참고하여 법학의 대상으로서의 문화, 특히 공법의 대상으로서의 문화개념을 정립하고, 나아가 문화국가원리를 헌법의 기본원리로 수용하는 문제와 관련하여서는 주로 독일의 문헌을 참조하여 법해석학적 방법에 따른다.

제2장 | 문화국가론의 기초

문화국가 논의를 전개시키기 위해서는 우선 어떠한 문화개념으로부터 그리고 문화와 국가의 관계는 어떠해야 하는가라는 선결문제에 대한 고찰에서부터 출발하여야 할 것이다.[1] 문화국가에 대한 이론적 고찰은 필자가 이미 여러 차례 글로 발표한 바 있다. 이 책에서도 필자의 기본적인 입장은 그대로 유지된다.[2]

제1절 문화

Ⅰ. 서언

인류가 역사를 통하여 형성한 여러 개념들 중에서 문화개념만큼 다양하게 사용되고 있는 것은 없다고 해도 과언이 아닐 것이다. 한편 문화개념의 사용에 있어서 범람현상이라는 부정적인 면도 우리는 보게

1) 이러한 문제의식에 대해서는 Werner Maihofer, "Kulturelle Aufgaben des modernen Staates" in : Ernst Benda/Werner Maihofer/Hans-Jochen Vogel (hrsg.), Handbuch des Verfassungsrechts der Bundesrepublik Deutschland, Walter de Gruyter · Berlin · New York, 1983, S. 956ff. 참조.

2) 김수갑, 헌법상 문화국가원리에 관한 연구, 고려대학교 대학원 법학박사 학위논문, 1993. 8, 7면 이하; 김수갑, "한국에서의 문화국가개념의 정립과 실현과제", 문화정책논총 제6권, 한국문화정책연구원, 1994. 12, 265-314면; 김수갑, "한국헌법에서의 '문화국가' 조항의 법적 성격과 의의", 공법연구 제32집 제3호, 한국공법학회, 2004. 2, 179-197면; 김수갑, "문화국가를 위한 법체계검토", 문화정책논총 제17집, 한국문화관광정책연구원, 2006. 12, 9-46면.

된다. 퇴폐문화, 향락문화, 군사문화[3]등에 있어서의 문화라는 말의 사용은 그 예가 될 것이다. 여러 학문분과(철학, 인류학, 사회학, 교육학, 심리학 등)의 중요한 주제로 다루어져 왔음에도 불구하고, 문화의 객관적인 개념정립이 어려운 것은 문화개념을 습관 속에서 이미 자명한 것으로 받아들이는 경향과 각 연구 분야에 따라서 문화개념의 분석을 다양하게 전개함으로써 나타나는 문화개념의 다의성이 그 원인이라고 생각된다. 문화국가를 이해하기 위해서는 그 선결과제로 일반적인 문화개념의 고찰과 법학(특히, 공법)의 대상으로서의 문화개념의 범위확정이 문제된다.

II. 문화개념의 형성과정과 문화연구의 동향

문화개념은 본래 라틴어 어원에 따르면, 오늘날에도 농업과 관계되는 언어사용에서도 보여지는 바와 같이 '토지를 경작한다', '돌보다'라는 'cultura agri'라는 말에서 유래하였다. 이것은 이러한 자연적으로 주어진 '어떤 것'을 근거로 하여 그것을 돌보고 가꾸고 만들어야 하는 필요성 내지 필연성을 지니고 있음을 암시하고 있다고 하겠다.[4] 이러한 문화개념에서 인간의 정신(Geist)을 돌보고 다스린다는 의미로, 즉 형이상학적으로 전용시킨 사람은 키케로(Cicero, Marcus Tullius)였다.[5]

---

3) 군사문화가 반드시 부정적인 면을 의미하는 것은 아니지만, 우리나라에서는 보통 우리헌정사에서 군의 정치적 개입으로 생긴 여러 가지 병리현상을 지칭하여 군사문화라는 말을 사용하기도 한다. 이와 같은 군사문화의 영향으로 문화정책에 있어서도 관주도의 성격이 강하게 나타난 바 있다.

4) 중국에서는 기원전 50년경 유향(劉向)이 편찬한 『설원(說苑)』의 指武편에 문화교화(文化敎化)라는 말이 나오는데, 이것은 벌을 주지 않고 문덕(文德)으로 사람을 깨우치는 뜻으로 사용되었다고 한다. 여기서 자연상태의 인간을 포함한 모든 자연을 대상으로 하는 서양의 'cultura'와 사람이 그 주 대상인 동양의 문화교화는 차이가 있다고 하겠다(손봉호, "문화의 본질", 김태길 외, 현대사회와 철학, 문학과 지성사, 1981, 255-256면 참조).

그는 "영혼의 경작이 철학이다"(cultura-animi philosophia est...)라고 말하고 있다. 그의 이러한 문화개념은 'cultura animi'의 의미에서 내용적으로는 '보호 · 육성한다', '세련시킨다', '꾸민다'라는 기능적인 뜻이 담겨 있지만, 영혼을 수련한다는 측면에 머물러 있을 뿐 아직은 영혼을 돌보는 가운데 나타나는 정신활동의 결과를 뜻하고 있지는 않다. 그에게 있어서는 문화개념이 인간의 고양된 상태를 설명하기 위한 보충적인 역할을 할 뿐, 그러한 상태 자체가 곧 문화라는 객관화된 면은 아직 나타나고 있지 못하다.

푸펜도르프(Samuel, Freiherr von Pufendorf)에 이르러 문화개념은 정신수양으로서의 'cultura animi' 또는 'cultura'의 개념이 확대되게 된다. 그는 경작한다는 뜻의 라틴어 'colere'를 과학, 예술, 문학, 지혜, 진리 등을 돌본다는 뜻으로 그 의미를 확대시켰다. 푸펜도르프가 cultura를 통하여 나타내려는 근본목적은 자연의 극복, 무지의 제거, 이상의 지배, 인간과 인간이 이룩하고 있는 사회의 가치고양에 있었다. 그러나 푸펜도르프에게 있어서도 문화개념은 아직은 그 자체 절대적인 뜻을 담고 있다기보다는 고전적인 의미에서 목적추구적인 활동이라는 하나의 기능적인 뜻을 담고 있었다. 이러한 현상은 18세기에 이르기까지 보편화되면서, 문화개념은 한 인간의 문화, 한 종족의 문화, 이성적 문화, 감정적 문화 등과 같은 '어떤 것을 위한 활동'의 의미로 주로 사용되었다.[6]

18세기말에 이르러 헤르더(Johann Gottfried von Herder), 칸트(Immanuel Kant)[7] 등에 의하여 '어떤 것에 관한 문화'라는 부가어가 필요 없는 '문화 그 자체'라는 절대화된, 객관화된 모습으로 문화개념

---

5) Werner Maihofer, a.a.O.(주 1), S.961.
6) 김영근, 문화개념에 대한 철학적 고찰 - 문화인간학의 입장에서-, 건국대학교 대학원 철학박사 학위논문, 1984, 74-75면.
7) 칸트의 문화개념에 대해서는 Werner Maihofer, a.a.O.(주 1), S.951ff.

의 용례가 탈바꿈하게 된다. 문화개념의 사용에 있어서 그 자체 객관적·독자적인 성질을 부여하는데 결정적인 계기를 마련한 사람은 헤르더를 들 수 있다.[8] 헤르더에 의하면 문화는 단지 공동체에서만 생겨나며 그리고 인간성을 목표로 삼는다. 그에게 있어서 문화는 곧 정신도야(Geistbildung)를 의미하는데 이것은 인간개체로서는 물론이요, 특히 무엇보다도 한민족의 객관적인 모습을 나타낸다. 정신도야는 문화의 객관화 내지 객관화된 문화의 형성을 뜻한다. 이러한 객관화된 문화는 자신의 객관화된 역사성으로 인하여 다음 세대로 전달된다. 헤르더는 '문화들(cultures)'이라는 의미심장한 복수표현을 사용하였는데, 이것은 '문명(civilization)'이란 표현이 지닌 여하한 단수적 혹은 단선적 의미와 의도적으로 구분하고자 하는 목적에서였다.[9]

키케로로부터 헤르더에 이르기까지의 문화개념형성과정[10]을 통하여 주관적, 부분적인 문화에서 객관적, 전체적인 문화에로의 진행은 문화로 하여금 형성에 있어서 자주적인 형태를 띠게 하면서 문화개념자체가 대상화되고 확대 해석됨으로써 학문탐구의 대상으로 부가되었다.[11] 특히 독일학계에서는 '생의 철학'과 '신칸트학파' 등에 의하여 문화의 특질이 강조되고, 인식의 대상으로서 자연현상과 문화현상을

---

8) 헤르더는 인간에 관한 물음을 문화적인 측면에서 제기하는 문화인간학(文化人間學)의 성립에 결정적인 역할을 하였다. 그 밖에 철학적 인간학내의 문화철학적 인간학은 겔렌과 란트만 등에 의해서 발전되었다(문화인간학에 대한 상세한 고찰은 김영근, 앞의 논문(주 6); 김연숙, 겔렌과 란트만의 문화이해비교연구－문화철학적 인간학의 입장에서－, 서울대학교 대학원 교육학 석사학위논문, 1991. 2. 참조).

9) Raymond Williams, The Sociology of Culture, 설준규·송승철(역), 문화사회학, 까치, 1984, 9면.

10) 이에 대한 상세한 고찰에 대해서는 J. Niedermann, Kultur : Werden und Wandlung des Begriffs und seiner ersatzbegriffe von Cicero bis Herder, Firenz, 1981, 참조.

11) 김영근, 앞의 논문(주 6), 77면.

준별하고 학문의 전 영역에 있어서도 자연과학에 대하여 문화과학[12]의 확립이 제창되었다. 독일을 중심으로 한 구라파 문화권(文化圈)에서는 문화(Kultur)를 인간의 정신적 내면세계를 반영하는 것으로서 인간의 내면세계가 고차원적으로 객관화된 일련의 정신적 형태의 것으로 보는 경향이 지배적이었으며, 이는 부르조아 휴머니즘의 문화개념의 본질적 요소를 이루고 있다고 할 수 있다.

그러나 오늘날 문화인류학[13] · 사회학[14] · 역사학[15]등에서는 문화

---

12) 19세기말 리케르트가 주창한 문화과학은 가치와는 관계없이 자연을 법칙적으로 인식하는 자연과학과는 달리, 개성적인 것에 가치를 인정하고 문화를 연구대상으로 하는 과학으로 인문과학·사회과학의 별칭으로 사용되고 있다.(Heinrich Rickert, Kulturwissenschaft und Naturwissenschaft, 윤명노(역), 문화과학과 자연과학, 삼성문화재단, 1973 참조).

13) 문화인류학은 "문화를 가진 인간이 무엇이냐 또는 인간이 이룩한 문화는 어떤 것이냐 하는 것을 연구하는 학문"이라고 할 수 있는데, 문화인류학의 학문상 위치는 영미식과 독오식의 설명에 따라 약간의 차이가 있다. 미국에서는 인류학을 형질인류학(인간의 신체의 형태와 질을 연구)과 문화인류학(인간이 이룩한 모든 것을 종합해서 인간을 규명)으로 대별한다. 미국에서는 고고학(고생물학과 지질학과 밀접한 관련)과 언어학을 인류학에 포함시키기도 하며, 영국에서는 문화인류학을 사회인류학이라고도 한다. 한편 독오에서는 미국에서 말하는 형질인류학만을 인류학이라고 하고, 미국에서 말하는 문화인류학과 영국에서 말하는 사회인류학을 민족학(Ethnology)이라고도 한다(Völkerkunde). 그러나 고고학을 제외한 문화인류학이나 사회인류학, 민족학은 그 범위와 내용이 목적과 방법에 있어서 차이가 있는 것이 아니라 국가에 따르는 학문의 경향 또는 시대의 경향에 따라 차이가 있을 뿐이다(문화인류학의 학문상 위치와 제 분야에 대해서는 이광규, 문화인류학의 세계, 서울대학교 출판부, 1981, 1-7면 참조).

14) 사회학도 사회조직의 기초로서 인간과 문화환경을 주된 연구대상으로 하는 점에서 문화인류학과 그 대상영역에는 커다란 차이가 없다. 다만 추상적으로 말해서 사회학은 사회(Society)에, 인류학은 문화(Culture)에 관심이 더 크다는 차이가 있다. 사회학은 집단생활의 사회조직이 어떻게 짜여지고 기능하며, 변동하는지를 중점적으로 연구하는 반면에 인류학은 이와 같은 조직생활을 누리는 동안 여러 세대를 통해 그 집단의 '관습'을 창조·습득·전승하는 모습을 중점적으로 연구한다(김경동, 현대의 사회학, 박영사, 1986, 11-18면 참조).

15) 문화사의 연구의 서술에 있어서 그 대상으로 되는 것은 자연이나 인간의

(Culture)를 매우 포괄적이고 전체적인 개념으로 사용하고 있다. 즉, 문화를 현실적인 '생활방식', '인간의 사는 모습' 등으로 이해하고 있다. 인간의 고답적인 정신세계를 문화이해의 출발점으로 삼는 주장에 있어서는 인류학 등에서 논의되는 문화 중에 포함된 '물질문화'를 문화와 구별되는 '문명'으로 구별 짓기도 한다. 한편 사적 유물론의 견지에서는 문화를 인간의 노동과정에 따라서 사회적·역사적으로 만들어진 물질적 및 정신적 소득의 총체라고 생각한다. 이 입장에서는 사회의 하부구조의 물질문화와 상부구조의 정신문화를 구별하는데, 이 양자는 상호관계를 가지고 있지만 가장 기본적인 것은 물질문화라고 주장한다. 요컨대 마르크스-레닌주의의 시각에서는 정신적인 문화를 물질적인 문화에 대치시키는 것을 반대하면서 어떤 높은 정신적 문화도 언제나 그 사회의 물질적인 생산이나 혹은 그에 입각한 사회관계에 의해 규정되어 왔으며, 정신적 문화와 불가분하게 결합되어 있음을 주장한다.[16] 그리고 자본주의 사회에서는 지배계급이 자신들의 지배의 정당성을 확립하는 주요 수단으로서 문화를 이용한다고 보아 문화의 계급성과 이데올로기성을 강조하고, 프롤레타리아 문화의 창출을 주장함으로써, 문화를 사회혁명의 원동력으로 이해하는 측면이 강하다. 네오마르크스주의의 문화이론에서는 문화의 능동적인 측면이 부각되는데, 특히 그람시는 문화를 계급투쟁의 관점에서 바라보며 실천적 투쟁과정 속에서 새로운 대항문화의 건설에 대한 논지를 펴고 있다.[17] 요즈음

생리적 현상을 제외한 인간행위 또는 생활의 전부에 관한 것이고 어떤 특정분야에 국한 되는 것은 아니다. 인간은 나면서부터 문화를 창조할 숙명적 존재이므로 끊임없이 많은 문화를 창조하기 때문에 그 창조의 내용은 넓고 다양한 것이다. 따라서 문화사학도 정치, 경제, 사회, 종교, 사상, 학술, 예술 등의 전반에 걸친, 발전과정을 종합적으로 다룬다(정재각·김학엽, 세계문화사, 일신사, 1982, 118면 이하 참조).

16) 藏原惟人, 유염하(편역), 문화활동세미나, 공동체, 1988, 12면.

17) 그람시의 문화이론에 관해서는 한인형, 그람시 문화이론의 실천적 특성에

많이 논의 되는 '문화운동'이라는 것도 주장하는 주체에 따라 관점의 차이는 있으나 문화를 단지 주어진 어떤 선물 같은 것이 아니라 무엇보다도 하나의 임무라고 보는 것으로 문화의 역동적이고 실천적인 성격을 강조하는 것으로 이해된다.[18)]

아무튼 문화와 같은 매우 중요한 현상은 다양한 해석시도(Deutungsversuche)의 대상임은 명백하다.[19)] 법학에서의 문화연구는 신칸트학파의 전통 하에서의 법철학적 연구가 있으며, 문화와 국가를 연결시키는 국가학적 연구는 독일적 전통 하에서 다루어졌으나,[20)] 나치즈독재 하에서 문화국가관념의 오용을 거치고 난 후 국가학에서는 이를 다루지 않는 경향이 지배적이었다가 최근에 새로운 의미를 가지고 다시 논의되어 왔다. 즉, 1958년 후버(Ernst Rudolf Huber)에 의하여[21)] 문화국가에 대한 문제가 법치국가, 사회국가와 같은 레벨에서 논

관한 일고찰, 서울대 대학원 석사학위논문, 1987 참조.

18) 이러한 입장에서 대해서는 김정한 등 저, 문화운동론, 서울공동체, 1986; C. A. Peursen, The Strategy of Culture, 吳榮煥(譯), 문화의 전략, 법문사, 1981; 藏原惟人, 유염하(편역), 앞의 책(주 16); 한인형, 앞의 논문(주 17) 참조.

19) H. Kunst/S. Grundmann, Evangelisches Staatslexikon, 2.Aufl., Kreuz, 1975, S. 1410.

20) Georg Jellinek, Allgemeine Staatslehre, Darmstadt 1959(6.Neudruck der 3.Aufl.), S.252ff., 259ff., 263ff에서 '국가의 목적론'이라는 표제 하에 다루고 있으며, Hans Kelsen, Allgemeine Staatslehre, Berlin 1925, S.42f., 231, 236; R. v. Gneist, Der Rechtsstaat und Verwaltungsgerichte in deutsch-land, Darmstadt, 3.Aufl., 1958(Neudruck der Ausgabe 1879), S.31ff.; 특히 헬러(Hermann Heller)의 국가론은 문화를 중심개념으로 다루고 있다. Herman Heller, Staatslehre, Leiden 1934, S.32ff("국가론은 문화과학이다"), S.37ff., 107f.; Grundrechte und Grundpflichten(1924), in:ders., Gesammelte Schriften, Bd.2, Leiden 1971, S.283 (286) (문화권으로서의 기본권); Vom wesen der Kultur(1924), in: ders., Gesammelte Schriften, Bd.1, Leiden 1971, S.425ff. Herman Heller의 국가와 문화의 고찰에 대해서는 Gerhard Robbers, Hermann Heller: Staat und Kultur, Nomos Verlagsgesellschaft, Baden-Baden, 1983, S.82-105 참조.

21) Ernst Rudolf Huber, Zur Problematik des Kulturstaats, J.C.B.Mohr, 1958,

의되기 시작한 이래 해벌레(Peter Häberle),[22] 마이호퍼(Werner Maihofer),[23] 로일(Günter Reuhl)[24] 등에 의하여 독일헌법의 기본질서로서의 문화국가성에 대한 문제가 활발히 논의되어 왔으며, 1983년의 독일국법학자대회는 "국가공동체에 있어서의 문화위임"을 주제로 하였다. 한편 1983년 연방정부에 의하여 설치된 "국가목적/입법위임" 전문가위원회는 국가목적규정으로 문화조항을 둘 것을 제안한 바 있다. 이러한 점에서 문화는 헌법의 중요한 연구대상으로 되고 있다. 그리고 P. Häberle와 그림(Dieter Grimm)등은 전통적으로 좁은 의미의 문화개념을 연구대상으로 했던 법학에 있어서도 문화개념의 확대를 주장하고 있다. 한편, 문화영역에 속하는 교육, 학문, 예술, 종교 등에 관한 법규와 문화재보호에 관한 법규를 중심으로 한 행정법적인 연구성과[25]와 이들 영역에 대한 개별적인 기본권적인 연구 및 법문화론[26]도 활발히 진행되고 있다.

여하튼 오늘날은 학문에 따라서 차이는 있지만 문화개념을 전통적인 엘리트적이고 선택적인 개념에서 보편적이고 인간적인 개념으로 확

---

jetzt in: P. Häberle(hrsg.), Kulturstaatlichkeit und Kulturverfassungsrecht, Wissenschaftliche Buchgesellschaft, Darmstadt, 1982, S.122ff.

22) Peter Häberle(hrsg.), Kulturstaatlichkeit und Kulturverfassungsrecht, Wissenschaftliche Buchgesellschaft, Darmstadt, 1982.

23) Werner Maihofer, a.a.O.(주 1), S.953-997.

24) Günter Reuhl, "Kulturstaatlichkeit im Grundgesetz", in: JZ 1981, S.321-327.

25) Thomas Oppermann, Kulturverwaltungsrecht. Bildung - Wissenschaft - Kunst, Tübingen: J.C.B. Mohr(Paul Siebeck), 1969 참조. Oppermann교수는 문화행정법의 대상을 교육, 학문, 예술로 나누고 예술은 다시 미술, 자연보호, 매스미디어, 국가상징으로 구성하고 있다.; 椎名愼太郎·稗貫俊文, 文化·學術法, 東京:ぎょうせい, 1986; 오세탁, 문화재보호법연구, 단국대학교 대학원 박사학위논문, 1983; 홍정선, 행정법원론(下), 박영사, 1993, 750-764면 등 참조.

26) 이에 대해서는 池田政章, "法文化論-その意義と方法", 憲法學の展開(小林直樹先生古稀祝賀論文集), 有斐閣, 1991, 1-24면 참조.

대해가는 경향에 있다고 하겠다.

III. 문화와 문명

문화와 아울러 항상 함께 등장되는 개념이 문명(文明, Civilization)이다. 통상적으로 문화는 철학, 종교, 예술 등과 관련된 것이고, 문명은 과학기술과 관련된 것으로 대비시켜 이해하는 경향이 있어 왔다. 이것은 앞에서 살펴본 것처럼, 독일을 중심으로 한 구라파 문화권의 문화 이해에 연유하며, 물질적인 번영을 문명의 속성으로 보고 있는 것이다. 문명과 문화의 대비는 스펭글러(Oswald Spengler)에게서 두드러진다. 그는 문화를 살아 있는 유기체로 파악하고, 문명은 단지 기술적·기계적인 영역으로 보면서 "가장 표피적이고, 가장 인위적인"[27] 문명을 "문화가 맞이하여야 할 피할 수 없는 운명"[28]으로 보고 있다. 즉 그는 문화의 말기적 현상으로 문명을 논함으로써 문화는 가치 있는 것으로, 문명은 무가치한 것으로 보려는 경향을 나타내고 있다. 그러나 오늘날 문명과 문화를 극단적으로 대비시키는 것은 크게 설득력이 없다. 문화를 인간이 함께 거하고 함께 생활하는 곳에 필연적으로 있어야 할 개념으로 보게 될 때는 문화는 인간의 목적으로, 문명은 인간의 수단으로 구분하는 것은 무의미하게 되며, 문화는 문명현상을 포함하게 된다.[29] 다만 오늘날 과학기술의 발달로 인한 기계화와 표준화는 생활의 안락함을 가져 왔지만, 반대로 자신의 목적달성을 위한 이성의 자기구

---

27) Oswald Spengler, Der Untergang des Abendlandes, Bd. I, Munchen, 1920, S.44.

28) Oswald Spengler, a.a.O.(주 27), S.43.

29) Tylor는 그의 고전적인 문화정의에서 문화와 문명을 구별하지 않고 있으며(주 34 참조), C. Wissler도 문명이란 말을 사용하지 않고 문화라는 말만을 사용하고 있다(C. Wissler, Man and Culture, 1923). 그 밖에 T. S. Eliot, Notes towards the Definition of Culture, London, 1948, p.13 참조.

현을 불가능하게 하고 소위 "도구화된 일차원적 인간"을 양산하는 현상을 수반하였는데,[30] 이에 대한 철학적 반성(문명비판)이라는 측면에서의 문화와 문명의 개념 대비는 의의를 갖는다고 하겠다.[31] 대개 문화와 문명의 구별은 자연과학적-기술적으로 규정된 문화에 대한 부적당한 평가절하에서 기인하는 것이지만,[32] 문화는 오늘날 갖가지 기술적인 가능성을 내포하고 있는 소위 문명을 전적으로 도외시 하고서는 그 진정한 의의를 가질 수 없다고 본다. 이러한 점에서 우리가 추구하는 문화국가가 정신적인 문화영역을 중심으로 고찰한다고 하더라도, 기술적인 문명과의 조화 속에서 인간이 자신의 목적달성을 위한 이성의 자기구현을 가능하게 해준다는 점에서 그 이념적 출발점을 찾아야 할 것이다.

---

30) 마르쿠제(Herbert Marcuse)는 기술의 발달은 풍요와 아울러 인간의 자유와 권리를 통제하고 지배하는 새로운 형태로 등장하게 된다는 점을 강조하면서, 현대산업사회의 "전체주의화" 경향을 지적하고 있다. 즉 "전체주의화"란 사회의 공포스런 정치적 등질화일 뿐만 아니라, 부여된 이해관계에 따라 욕구를 교묘히 조정하는 작용을 하는 비공포적·경제적·기술적 등질화이기 때문에, 그것은 전체에 대항하는 효과적인 반대의 출현을 방해한다고 한다. 즉 기계문명의 발달속에서 이성적인 자아를 상실하고 '자동기계화' 되어 가는 '일차원적 인간사회'를 비판하고 있는 것이다(Herbert Marcuse, One Dimensional Man-Studies in the Ideology of Advanced Industrial Society, Boston, Beacon Press, 1964, 차인석(역), 일차원적 인간 — 선진산업사회의 이데올로기 논고 —, 진영사, 1976, 26면 참조).

31) 소홍렬 교수는 '문명적'이란 말은 '원시적'이란 말에 반대되지만, '문화적'이란 말은 '야만적'이란 말에 반대되는 것으로 본다. 그는 '원시적' 야만만 있는 것이 아니라 원시사회의 야만행위보다 더 끔찍스러울 수 있는 '문명적' 야만도 존재하듯이, 문명사회만이 문화적일 수 있는 것은 아니고 원시사회도 문화적일 수 있다는 점을 지적하면서 문화적 가치가 문명비판의 기준이 된다는 점에서 문화와 문명을 서로 구별되는 대상영역으로 이해하고 있다(소홍렬(편), 문화와 사상, 이화여자대학교 출판부, 1986, 3-4면).

32) H. Kunst/S. Grundmann, Evangelisches Staatslexikon, 2.Aufl., Kreuz, 1975, S.1409.

Ⅳ. 문화개념정의의 다양성과 문화범위

우리는 일상생활에서나 또는 전문학술용어로서 '문화'라는 말을 흔히 쓰고 있는데, 문화의 개념은 매우 다양한 의미맥락에서 사용되고 있다. 예를 들어 문화인, 문화생활, 문화주택이라는 말에서 느껴지는 문화라는 개념은 '고급스럽고 세련되었으며 지적 수준이 높은 것', '개화된 것', '발전적인 것' 등을 표시하는 것으로 이해되기도 하고, 정치, 경제, 사회 등과 대비되는 문화개념에서는 주로 문학, 예술 등이 포함되고, 신문이나 잡지 그리고 행정부의 조직에서 다루어지는 문화라는 개념도 바로 이 부류에 속한다고 할 수 있다. 그리고 한 인간 집단 또는 지역이나 나라에서 특징적으로 나타나는 생활양식을 총칭해서 부르기도 한다. 나아가 정치문화, 대중문화, 생활문화, 대학문화 등에서 볼 수 있는 바와 같이 구성원이 어떠한 생활태도를 갖고 있는가, 어떻게 행동하는가를 알려주는 구성원의 생활풍토의 의미로 쓰이는 경우와, 시간적 관점에서 보면 초기문화(Frühkultur), 전성기문화(Hochkultur), 공동체의 '지배적인' 문화에 대하여 대치상황에 놓여 있는 하위문화(Subkultur)와 대항문화(Gegenkultur) 등이 존재한다. 그리고 문화라는 생활영역이 시각적, 장소적, 영역적으로 구체화되는 것을 나타내는 '문화공간'이라는 의미에서의 '문화' 등 이루 헤아릴 수 없이 많은 용례를 가지고 있다. 이러한 점을 고려할 때, 우리는 문화는 위험한 개념이라고 말할 수도 있을 것이다. 즉, 이러한 개념을 통하여 문화개념에 대한 명료한 이해가 얻어지기보다는 빈번히 방해되는 요소로 작용할 수 있기 때문이다. 그러나 비록 개념의 작위적인 설명이긴 하지만 문화개념에 대한 탐구는 포기될 수 없다.[33]

---

33) Peter Häberle, "Vom Kurturstaat zum Kurturverfassunsrecht", in: P. Häberle (hrsg.), a.a.O.(주 22), S.27.

1. 문화개념정의의 다양성

문화개념은 광의와 협의로 나누어 볼 수 있다. 광의로 본다면 문화라고 하는 것은 자연에 대립하는 인간의 행동과 그 결과와의 모든 것을 포함하는 것으로서, 생물로서의 자연적인 충동이외의 인위적인 행동과 그것에 의해 단순한 자연물과는 다른 어떠한 인간적 의미와 가치가 부여된 것의 전범위를, 그것이 유형이건 무형이건 모두 포함되는 것이다. 인류학적 용법이 대개 그와 같은 경향을 띠고 있다. 타일러(Tylor)의 기술이 고전적이다. 그는 "문화와 문명은 지식, 신앙, 예술, 도덕, 법률, 관습과 인간이 사회의 구성원으로서 획득한 모든 다른 능력(Capability)과 습관(Habits)을 포함하는 복합적 전체이다"라고 정의하고 있다.[34] 그 밖에 다른 정의 중에는 문화를 '사회적 유산'(Robert Harry Linton), '사회적 전통의 전체'(Ralph Lowie), '이런 저런 사람들의 생활양식'(C. Wissler)이라고 정의하고 있는데, 이러한 정의들은 인류행위의 포괄적 개념으로 문화를 파악하고 있다.

문화의 인류학적 이론은 크레버(Kroeber)에 의해 대표되는 '문화유형이론'과 래드클리프-브라운(Radcliffe-Brown)에 대표되는 '사회구조이론'의 논쟁으로 대별되었다.[35] 특정한 주기적인 유형('patterns')에 중점을 두는 Kroeber는 "문화는 그때그때의 구체화(embodiment)아래서 상징을 통하여 획득되고 전승된, 그리고 인간집단의 특수한 획득물을 표현하는 명시적 및 암시적인 행태유형으로 구성된다. 문화의 본질적

---

34) Edward Brunett Tylor, Primitive Culture : Reaserches into the Development of Mythology, Philosophy, Religion, Art and Custom. 2 vols. Glouchester, Mass.: Smith, (1871) 1958, Vol.1: Origins of Culture, P.1 (Milton Singer, Art. The Concept of Culture, in: International Encyclopedia of Social Sciences, Vol.3, The Macmillan Company & The Free Press, 1968, p.527에서 인용).

35) Milton Singer, op.cit.(주 34), p.527 이하 참조.

인 핵심은 전통적인(다시 말하면, 역사적으로 행해지고 선택된) 이념과 특히 그 이념에 정서된 가치로 구성된다. 문화체계는 한편에 있어서는 행위의 산물로서, 다른 한편으로는 그 밖의 행위에 조건이 되는(konditonierend) 요소로서 파악되어질 수 있을 것이다"라고 정의하고 있다.[36] Kroeber는 Kulckhohn과 함께 문화에 대한 150가지 이상의 정의와 개념적 접근으로부터 다양한 분류표지와 분류영역을 탐구하여 다음과 같은 것을 개념상 중심적인 것으로 간주하였다. 즉, 문화는 역사적(사회적 유산 혹은 전통으로서), 규범적(규정 혹은 생활습관으로서 내지 이상 혹은 가치와 행위를 고려하여), 심리학적(문제해결의 적응의 의미에 있어서 혹은 학습과정으로서), 구조주의적(문화의 유형 및 조직의 이해의 의미에 있어서), 발생학적(산물로서의 문화의 의미에 있어서, 이념으로서 혹은 상징으로서)으로 고찰된다고 한다.[37]

래드클리프-브라운(Alfred Reginald Radcliffe-Brown)에 의하여 대표되는 사회구조이론은 사회구조를 지속적인 사회집단과 세분화된 사회적 계층 및 사회적 역할을 포함하는 사회연관의 영역 혹은 체계로 이해한다.[38] 그의 이론은 사회적 제도들 사이에 존재하는 어떤 관계의 유형(사회구조)에 의하여 기능이 결정되는 것으로 보기 때문에 사회학적 기능주의라고 불리며, 사회구조는 그 사회 내에 존재하는 개개인의 대인관계 전체에서 파악된 기본적인 행위의 원리이며, 이것에 의하여 표면으로 나타난 것이 문화적 현상이라고 한다. 따라서 고전적인 의미

36) Kroeber, The Nature of Culture, Univ. of Chicago Press, A collection of essays That were first published between 1901 and 1951, 1952, p.181 (M. Singer, op.cit.(주 34), p.528에서 인용).

37) A.L.Kroeber/C.Kluckhohn, Cuture(1952), Reprinted New York: Vintage books O.J., p.357(Peter Häberle, "Neues Kulturverfassungsrecht in der Schweitz und in der Bundesrepublik Deutschland", Zeitschrift für Schweitzerischer Recht, 1968, 1.Halbhand Heft 1, S.196에서 인용).

38) M. Singer, op.cit.(주 34), p.530.

에서의 구조주의, 구조기능주의라고도 불린다.39)

사회학자와 인류학자 사이에 암시된 논쟁을 통하여(Radcliffe-Brown/Kroeber) 문화란 무엇인가라는 것에 대한 관심으로부터 연구의 중점이 문화란 어찌하여 지금과 같이 되었는가라는 문제에로 옮겨진다. 즉, 문화는 주어진 사회적 집단과 사회적 계급 속에서 습득된 사고방식, 감각방식 및 행위방식이 사람으로부터 사람으로 그리고 세대로부터 세대로 전승되는 과정으로 파악된다.40)

새로운 연구출발점은 문화의 구성요소 혹은 문화가 가지고 있는 구조적 성격에 집중되기도 한다. 예를 들어 Goodenough는 문화를 물질적인 현상으로 정의하지 않는다. 문화는 사물, 인간, 행위 혹은 정서로 이루어지는 것이 아니라, 오히려 이러한 사물의 유기적인 결합(조직)으로 이루어진다고 한다. 문화는 원래 인간의 머리속에서 존재하는 그러한 사물의 형식이며, 사물의 관찰을 위한 모델이며, 사물을 관련 속에서 파악하는 것과 그 밖의 해석이라고 한다.41) 즉 이러한 Goodenough의 견해에 따르면, 문화는 한 사회의 구성원들의 생활양식 그 자체가 아니라 그 생활양식이 기초하고 있는 관념체계를 의미하게 된다.

이러한 '인식적인' 문화개념에 대하여 레비-스토로스(Claude Lévi-Straus)의 구조주의적 문화개념은 상이한 요소들을 관련시키는 규칙적인 질서가 구조라는 매우 추상적이고, 수학적인 구조개념으로부터 문화를 이해한다.42) 이러한 이해는 뚜렷하게 구조화된 개별사회의 다양

---

39) 한상복·이문웅·김광억, 문화인류학개론, 서울대학교 출판부, 1993, 56면.

40) A. L. Kroeber, Antropology: Race, Language, Culture, Psychology, Prehistory, New York, 1948, S.253; A. R. Radcliffe-Brown, Structure and Function in Primitive Society, London, 1952, S.4f.(서문).

41) W.H. Goodnough, Cultural Antropology and Linguistics, in: D.H. Hymes, Language in Culture and Society: A Reader in Linguistics and Antropology, New York, 1964, S.36ff.(39).

42) Lévi-Straus의 구조주의는 Radcliffe-Brown의 고전적인 구조주의가 하나

한 측면사이의 연구에 이르게 된다. 예를 들어 언어, 인척관계, 사회조직, 법, 종교 등은 통상 사회 혹은 공동체의 특별히 분명하게 구조화된 측면이다. 단순화시켜 본다면, 문화라는 것은 결국 의사소통활동(즉, 예를 들어 사절의, 상품의, 용역의, 여성(및 남성)의 교환)이 어떻게 자연적 차원에서든, 문화적 차원에서든 반영되어야만 하는가를 결정하는 규율이다.[43]

이상에서 살펴본, 문화에 대한 개념 정의들은 예술이나 문학 또는 문화인 등에서 느낄 수 있는 좁은 의미가 아니라 생활의 모든 영역을 지칭할 수 있는 개념으로 동물과 인간을 구별하기 위하여 자연에 대치시킨 개념이라고 할 수 있다. 이러한 광의의 (문화)인류학적 논의들은 고등문화, 서민문화, 하위문화, 계급문화, 기생문화 등과 같은 개념을 더욱 많이 만들어 내었다. 이러한 개념들은 공동체의 문화가 다양한 수평적, 수직적 세분에 의하여 형성된다는 것을 지적하고 있다.

갈리(Boutros-Ghali)는 문화의 의미를 세 가지 개념으로 정의하고 있다. 즉, 가장 광범위한 개념으로 문화를 파악할 때는 '생활의 양식'(a way of life)을 의미하며, 둘째는 '보편적 혹은 세계적 의미의 표현'(an expression of universal or world significance)으로도 쓰이며, 셋째는 '개별 및 모든 사회에 적당한 현상'(a phenomenon proper to each and every

---

의 사회를 이루는 모든 요소들이 어떻게 구조적인 관계를 지니는가에 초점을 맞추는데 반하여 그러한 관계의 기원에 관심을 둔다는 점에서 차이가 있다. Lévi-Straus에 따르면, 인간의 심층심리에 깔려 있는 구조가 겉으로 표현되는 것이 문화이며 역으로 문화의 제차원들을 통과하여 심층까지 파고 들어가면 그러한 문화현상을 결정짓는 인간의 의식구조를 발견할 수 있는데, 인간의 의식구조는 2분적이며 이 양자 간에는 호혜성에 입각한 교환이라는 것이 늘 일어난다는 것이다. 이와 같은 입장에서 결혼도 두 집단 간에 여자를 주고받는 행위로 설명할 수 있다고 한다(한상복 외, 앞의 책(주 39), 58면).

43) C. Levi-Straus, Strukturale Antropologie, Frankfurt a.M. 1967, Bd.1, S. 299ff., 322ff.(Peter Häberle, a.a.O.(주 37), S.29에서 재인용).

community)을 의미하기도 한다고 한다. 그는 개별 사회에 특별한 문화의 형식들은 공존하며, 함께 보편적인 문화를 형성한다고 이해하면서, 두 가지 관점에서 문화를 이해할 때 문화의 개념에 대하여 정확한 정의를 내리는데 도움이 될 것이라고 한다. 즉, 인간은 다소간 수동적인 문화의 수령자라는 수용의 측면과, 인간은 이러한 일반적인 문화에 적극적으로 기여한다는 참여의 측면이 그것이다.[44)]

한편, 법학자 슈타이너(Udo Steiner)는 광의의 문화이해에서 문화의 총괄적인 사회학적 정의를 "사회내부에서의 전형적인(typisch) 생활형식, 가치관념, 행위방식의 총체"로 정의하고, 법학적 의미에서는 "국가에 대하여 특별한 관계에 있는 인간의 정신적, 창조적 활동의 영역, 즉 학문, 교육, 예술에 대한 합의 및 집합개념"(Ubereinkunfts-und Sammelbegriff)으로 파악하고 있다.[45)]

일상적으로 법질서나 실무에서 나타나는 최협의의 문화개념은 "예술문화"에 국한하여 사용하는 경우이다. 예술의 개념은 예술의 분야에 따라 혹은 사람에 따라 달리 이해될 수 있으며, 또한 이 개념은 시대에 따라 변천할 수 있기 때문에, 예술을 법적으로 정의하고 그 영역을 확정한다는 것도 불가능에 가까운 일이다. 대부분의 국가들이 예술을 문화의 가장 필수적인 구성요소라고 생각하는 이유에 대하여 D. Paul Schafer는 많은 사람들이 창조성과 탁월성을 문화의 근본이라고 평가하고 있으며 이는 예술에서 가장 두드러지며, 예술은 역사를 통하여 놀랄만한 지속성을 보여주고 있다는 사실과 세계의 대부분의 지역에서 문화인이 아직도 시를 잘 짓는 사람으로 간주되고 있는 만큼이나 낭만주의 시대의 영향을 크게 받고 있다는 점을 들고 있다.[46)] 음악, 연극,

---

44) Unesco, Cultural Rights as Human Rights, Paris, 1970, p.16-17.

45) Udo Steiner, "Kulturauftrag im staatlichen Gemeinwesen", VVDStRL 42(1984), 8f.

46) D. Paul Schafer, "Culture and Cosmos: the Role of Culture in the World

문학, 영화, 건축, 미술과 같은 활동이 예술의 공통핵심을 구성하고 있다. 유네스코의 연구에 따르면[47] 일본은 꽃꽂이와 다도를, 폴란드는 제과를, 탄자니아는 북두드리기(tattooing)를 포함하였는데 이는 분명히 이러한 국가들이 이와 같은 활동에 부여하는 문화적 중요성을 보여주는 것이라 하겠다.

2. 공법(公法)의 대상으로서의 문화

(1) 공법의 대상으로서의 문화범위

우리는 위에서 다양한 문화개념에 대한 정의들을 살펴보았다. 그러나 구체적으로 자율성에 기초한 보호의 영역 혹은 국가가 적극적으로 육성하여야 하는 과제가 부과되어 있는 영역이란 의미에서 문화를 말할 때는 문화의 범위문제가 더욱 중요하게 된다.

법석 목표설정에 요구되는 점은 무엇보다도 법학적으로 이해될 수 있도록 대상을 해석하는 것이다. 여기에서 사용되어야 할 문화개념도 또한 최소한 법개념이어야 한다. 그러나 법적인 고찰방법에 있어서도 그 범위는 보다 자세하게 확정되어야 한다. 실증주의가 극복된 이후로 법학전체를 '문화과학'이라는 의미에서 이해하는 것은 최근의 법철학과 법이론에 광범위하게 일반화된 인식으로 간주될 수 있다.[48] 여기에서 자세하게 논의할 수는 없지만, 그와 같은 인식의 기초를 이루고 있는 '문화관'은 문화행정법이라고 하는 보다 좁은 공법의 영역에서는 그 충분한 가치를 보유하고 있으며 또한 동시에 상당한 정도 이 범위를

---

of the Future", in: Cultures vol.8 no.2, 1980, p.37.

47) Pekka Gronow, "The Definition of the Sphere of Cultural Development", in: Unesco, Planning for Cultural Development: Methods and Objectives, Paris, 1976.

48) Thomas Oppermann, "Eigenart und Umriss des Kulturverwaltungsrechts", in: Peter Häberle(hrsg.), a.a.O.(주 22), S.251의 주 4 참조.

넘어서까지 효력을 미치고 있다. 여기에서 -특히 신칸트주의와 후기 서남독일학파에 있어서- 문화가 '정당한 것에의 추구'(Stammler), 혹은 그와 유사하게 '가치관련성', '가치실현적 소여'(Lask, Radbruch)로 이해된다면 이러한 표현들은 아주 명백하게 전체 학문영역의 질에 대한 평가를 포함하고 있으며 의식적으로 단어가 갖는 전통적인 의미영역을 넘어선다.[49] 이러한 입장에서 국가론 및 공법이론의 관점으로부터 인식될 수 있는 문화의 영역 -특히 그 한계-은 지금까지 다루어져 온 또다른 차원의 시도들과는 반대로 역사적·경험적으로 이해되어야 한다. 문화, 문화의식, 문화재, 문화국민, 문화국가 그리고 그밖에 유사한 단어형성물들은 표현의 단순한 의미나 혹은 그때그때 보다 상세하게 규정된 전문과학적 용어에 따르자면, 극히 다양한 생활영역에서 전개될 수 있으며, 또한 법학 및 국가학 전반에 걸쳐서 극히 상이하게 설명될 수 있다. 형법체계에 의해 보호되는 법익들이 광의의 의미에 있어서 한 국가의 '문화적' 특성으로부터 나오는 그 무엇(etwas)을 반영하고 있는 것과 마찬가지로 일정한 일반적 생활태도(Lebenshaltung)-예컨대 영국신사의-는 일정한 '문화적' 가치의 표현으로 파악될 수 있다. 이에 반해, 공인된 '문화'라는 표현이 국가, 행정 및 공법적 전통에 따른 조직과 보다 밀접한 관계에 놓이게 되면 '문화'는 훨씬 더 좁은 영역, 즉 법원, 판례 및 문헌에 의해 구체적으로 경계 지울 수 있는 영역을 대상으로 한다.

공법학은 통상 좁은 의미의 문화의 개념으로부터 출발한다. 좁은 의미의 문화개념은 상당히 다음과 같은 구체적인 영역으로 확정될 수 있다. 즉 국가가 정신의 세계와 특별히 밀접한 관계를 맺는 영역으로서 -물론 학자들에 있어 다소의 차이는 있지만- 교육, 학문과 예술의 세 가지 주된 영역이 그것이다.[50] 앞에서 살펴본 바와 같이, 1983년의

---

49) Thomas Oppermann, a.a.O.(주 48), S.252.

독일국법학자대회에서 Udo Steiner는 광의(사회학적 정의)와 협의(법학적 정의)로 문화개념을 정의한 바 있다. 협의로는 "특정한 주로 국가에 대하여 특별한 관계에 있는 인간의 정신적·창조적 활동의 영역 : 교육, 학문, 예술, 종교 등에 대한 합의 및 집합개념"으로 보았다. 국법상의 전문용어('문화헌법', '문화적 기본권')는 이러한 협의의 법학적인 문화개념 사용에 지향되어 있다고 한다. 한편, 그는 광의로는 "사회내부에서 전형적인 생활형식(Lebensform), 가치관념, 행위방식의 총체"로 정의를 내리고 있으며, 광의의 사회학적 문화개념은 (스포츠 및 청소년교류를 포함한) 현재의 대외문화정책의 관념의 기초가 되어 있다고 하고 있다.[51]

국가가 사회내부에서 다양한 형태를 띠고 나타나는, 정신의 세계와 특히 밀접한 관련을 맺게 되는 영역(교육, 학문, 예술), 즉 공법의 대상으로서의 문화영역[52]에 대해서는 -오늘날 일정한 범위에서는 기본권에 의해 보호되는- 유형적이며 특수한 정도의 자율성, 자유 및 국가의 강제력으로부터의 탈피 등이 문제되고 있다. 문화적 영역에 이러한 고유법칙성이 불가피한 것은 궁극적인 목표에 이르기 위해 정신세계의 각기 다른 분야에서 특유하게 행해지는 노력을 감안하면 자명한 사실일 것이다. 모든 진정한 교육이 도덕적 인간의 형성, 다시 말해서 광의의 의미에 있어서 인간성을 추구하고, 학문이 진리를 추구하고, 예술이 미적 이상과 창조적 충동(Impulsen)에 따라 노력하는 것은 -사실상 이러한 활동이 열매를 맺기 위해서는- 국가적·사회적 생활현실과 필연

50) Thomas Oppermann, Kulturverwaltungsrecht, 1969, S.8f.; Peter Häberle (hrsg.), a.a.O.(주 22), S.249(253f); BverfGE 10, 20(36).

51) Udo Steiner, a.a.O.(주 45), S.8-9 및 42(Letsätze).

52) 이것들은 헌법사적 및 행정사적 발전을 통해 이미 형성되었고, 국가의 조직형태 내에서 일반적으로 '문화적 사무'(kulturelle Angelegenheiten)로 이해되고 있는 것들의 모습이다(Th. Oppermann, a.a.O.(주 48), S. 253-254).

적으로 결부될 수밖에 없는 그러한 영역에서만 성취될 수 있다. 그러나 이들 영역이 국가의 일상적 요구라는 이질적 강제로부터 어느 정도 거리를 유지할 때에만 정신적 자기발현이 절대적인 것에 접근해가고자 하는 시도가 비로소 가능하게 되는 것이다.53)

(2) 해벌레(Peter Häberle)의 '문화과학으로서의 헌법이론'

Häberle의 '문화과학으로서의 헌법이론'은 헌법을 문화적 행위로서 그리고 문화적 관련 속에서 파악하고자 하는 것으로서, 헌법해석의 보다 나은 성취 및 헌법제정, 헌법개정, 비교헌법의 보다 나은 이해를 위한 노력이라고 주장된다.54) Häberle는 문화과학적 헌법이론은 정치적 사고와 행위의 경제적인 것에 의한 고정(Fixierung)을 지도해야 하며, 이를 통하여 위기시대의 독일에 있어서 헌법국가를 강화해야 한다고 한다. 그는 광의의 문화개념을 기초로 하고 있으며, 그것을 문화행정법을 향하게 하는 좁은 의미의 문화개념에 대치시키고 있다. 협의의 문화개념은 직접적으로 헌법도그마틱적 과제를 가진다. 협의의 문화개념은 국가적인 강제권력에 대하여 특별한 자율성의 영역, 즉 규범종속자의 자기이해가 규범이해에 있어서 특별한 의미를 가지고 있는 영역으로서 교육 · 학문 · 예술을 추론한다. 그에 반하여, 광의의 문화개념은 헌법이론적 의미를 가지는데 앞에서 살펴본 Tylor의 정의를 수용하여

---

53) Thomas Oppermann, a.a.O.(주 48), S.256.

54) Häberle는 광의의 문화개념에 의해서 포괄된 모든 요소와 산물을 헌법해석, 헌법개정, 헌법제정, 비교헌법의 바탕을 이루는 자료(grundierende Materialien)로서 인식하려고 한다. 즉, 헌법해석은 "문화적 배경"(kulturelle hintergründe)과 조우하며, 헌법개정은 "문화적 관련"(kulturelle zusammenhang)에 본질이 있고, 헌법제정은 "문화적 계수"(kulturelle rezeption)에서 활력을 발견한다고 한다. 그리고 비교헌법(Verfassungsvergleichung)은 "구체적인 헌법들을 서구의 전형적인 형태의 민주적 헌법국가라는 기본유형(grundtypus)의 문화제약적 변화로서" 인식한다고 한다(Peter Häberle, Verfassungslehre als Kulturwissenschaft, Duncker & Humblot, Berlin, 1982, S.27, 30, 32, 35참조).

"지식, 신앙, 예술, 도덕, 법률, 관습과 인간이 사회의 구성원으로서 획득하는 다른 능력과 관습을 포함하는 복합적 전체"로 특징 지우며, 헌법을 '문화적 결정화'로서의 중요함 속에서 그리고 다른 문화적 결정화에 대한 관련 속에서 파악하도록 하게 한다. Häberle의 경우에 있어서 광의의 문화개념으로부터 나오는 광의의 헌법개념은 성문헌법과 구별되어 살아 있고, 또 살아온 개념으로 보이며, 국민이 소유하고 있는 헌법과 구별된 국민이 그 안에 존재하는 헌법의 개념으로 보인다.[55]

협의 및 광의의 문화개념을 연결시키는 것이 Häberle의 개방성의 관념이다. 그에 의하면 문화는 교양을 가진 시민적인 것이며, 동시에 대중적인 관념이며, 전통문화로부터 대안문화(Alternativkultur), 대항문화(Gegenkultur)에까지 미친다. 헌법은 모든 시민을 위한 모든 시민의 질서이다. 즉, 모든 시민이 그것에 동의를 하고 있고 그것으로부터 모두가 이익을 얻을 수 있어야만 하는 질서이다. Häberle는 문화정책, 문화헌법 및 문화행정법, 국가관행, 판결과 법학에 있어서 그에 상응하는 개방성을 요구한다. 문화의 영역 중에서도 특히 "예술"이 그의 창조적이며, 생산적인 계기들로 인하여 개방된 사회와 그 기초로서 개방된 문화를 요구하는 문화헌법에서 특별히 중요한 역할을 한다는 점을 지적한다.[56]

Häberle가 지향하는 개방된 사회는 그의 기초가 되는 문화를 필요로 한다. 그러한 문화란 사회가 동일성(Identität)과 개성을 획득하고, 그럼으로써 "자유의 문화"가 일어날 수 있는 조건이다. 이러한 자유의

55) Bernhard Schlink (Bspr.), Peter Häberle, Verfassunslehre als Kulturwissenschft(Schriften zum öffentlischen Recht, Band 436), Duncker & Humblodt, Berlin · München, 1982, in: AöR Bd.109(1984), S.144.

56) Peter Häberle, "Die Freiheit der Kunst im Verfassungsstaat", in: AöR Bd.110(1985), S.577-619; ders, "Die Offene Gesellschaft der Verfassungsinterpreten", in: ders., Verfassung als öffentlicher Prozeß, Duncker & Humblot, 1978, S.155-181 참조.

문화가 없이는 문화의 자유에 대한 헌법국가적 내지 헌법적 보장이란 문자 그대로 "대상이 없고", "기초가 없는" 공허한 것이 되고 만다. 이처럼 실정헌법 뒤에는 현실적으로 문화적 배경이 서있는 것이다. 그에 따르면 법은 그때그때의 공동체가 갖는 문화전체의 일부인 것이다. 문화란 자유와 다양성과 개성과 자발성을 특징으로 하기 때문에 지나친 사법화는 문화를 위협하게 된다. 이와 같이, 사회와 이를 규율하는 법에 있어서 그 기초가 되는 문화를 강조하는 Häberle에게는 헌법학은 문화과학으로서, 또한 다른 문화과학과의 관련 속에서 탐구될 것이 요구된다. 그리고 헌법은 국가와 사회를 모두 규율하는 법질서이므로(그에게 헌법은 문화헌법일 것을 요구받고, 문화헌법의 기초는 주체의 다원주의이므로) 그에게는 문화국가란 말보다는 넓은 의미에서 국가와 사회 모두에 해당하는 문화헌법이 타당하게 된다. 그의 이론의 핵심은 문화헌법에 모아지며 문화헌법의 기초가 되는 문화의 본질적 표지는 다원성이다.57)

3. 우리나라의 법과 행정실무에서 다루는 문화범위

앞에서 살펴본 바와 같이, 관점에 따라 문화는 광의와 협의로 다양

---

57) Peter Häberle, a.a.O.(주 54); ders, Kulturpolitik in der Stadt – ein Verfassungsauftrag, R.v. Decker & C.H.Müller, Heidelberg/Hamburg/Karlsruhe, 1979; ders(hrsg.), Kulturstaatlichkeit und Kulturverfassungsrecht; ders, Kulturverfassungsrecht im Bundesstaat, Wilhelm Braumüer, Wien, 1980; ders, Erziehungsziele und Orientierungswerte im Verfassungsstaat, 1981; ders, Klassikertexte im Verfassungsleben, de Gruyter, Berlin, 1981; ders, Die Verfassung des Pluralismus, Athenäum (Taschenbücher, 6222) Königstein/Ts., 1980. 이상과 같은 그의 일련의 저작들은 이러한 관점에서 쓰여진 것이라고 볼 수 있다. 한편 이에 대한 비판에 대해서는 Wilhelm Henke, "Der fliessende Staat' zu Peter Häberles Verfassungstheorie", in: Der Staat Bd.20 1981, H.4 ;Bodo Pieroth, "Kultur als juristisches Spiel ohne Grenze. zu vier Kulturverfassungsrechtlichen Schriften Peter Häberle aus den Jahren 1979 bis 1982", in: Der Staat Bd.22(1983), H.3 참조.

하게 정의될 수 있으나, 자율성에 기초한 보호의 영역 혹은 국가가 적극적으로 육성하여야 하는 과제가 부과되어 있는 영역이란 의미에서 문화를 말할 때는 어느 정도 범위가 한정될 수밖에 없다. 이 경우에도 구체적인 법과 실무에서 대상으로 하는 문화는 나라에 따라 차이가 있을 수 있으며, 이를 담당하는 기관도 여러 기관에 분산되어 있는 경우가 있다. 우리나라의 경우 문화관계법과 문화행정의 담당부서는 여러 차례 변화를 가져왔다. 현재 문화관계 주무부서인 문화체육관광부와 그 소속기관의 조직 및 직무범위 그 밖에 필요한 사항을 규정함을 목적으로 하는 「문화체육관광부와 그 소속기관직제」(2012.8.13. 대통령령 제24035호)에 따르면 문화체육관광부는 문화・예술・영상・광고・출판・간행물・체육・관광에 관한 사무와 국정에 대한 홍보 및 정부발표에 관한 사무를 관장한다고 되어 있으며(제3조), 하부조직으로는 문화체육관광부의 정책 및 기획을 조정하고, 기획성과・재정・규제개혁법무 및 정보통계에 관한 업무를 관장하는 기획조정실과 인사과・운영지원과・종무실[58]・문화콘텐츠산업실[59]・국민소통실[60]・문화예술국[61]・관광산업국[62]・체육국[63]・미디어정책국[64]・아시아문화중

58) 종무실은 종무행정에 관한 종합계획의 수립 및 추진, 종교단체・법인의 업무 및 활동의 지원, 종교 교류 및 협력지원, 종교활동 실태에 관한 조사・연구, 전통사찰 및 향교재산의 보존・관리한다(제12조).

59) 영화・애니메이션・음악・비디오물・게임물・멀티미디어콘텐츠・캐릭터・만화 및 디지털콘텐츠 등 문화산업진흥에 관한 종합계획의 수립・시행, 저작권정책에 관한 종합계획의 수립・조정 등을 담당한다(제13조).

60) 국정홍보 총괄기능을 담당한다(제13조의 2).

61) 문화・여가, 국어, 민족문화・지역문화 및 박물관 정책에 관한 종합계획의 수립・조정 및 시행 등을 담당한다(제14조).

62) 관광산업진흥을 위한 종합계획의 수립 및 시행, 관광분야 전문인력 양성, 카지노업, 여행업, 관광숙박업, 관광객 이용시설업, 국제회의업, 유원시설업 및 관광 편의시설업의 육성 등을 담당한다(제16조).

63) 생활체육, 전문체육, 스포츠산업, 국제체육교류 및 장애인 문화・체육의 진흥을 위한 장기・단기종합계획의 수립, 장애인 생활체육 활동 프로그램의

심도시추진단·도서관정보정책기획단을 두고 있다(제4조). 그리고 문화체육관광부장관의 관장사무를 지원하기 위하여 문화체육관광부장관 소속하에 한국예술종합학교·국악고등학교·국악학교·전통예술고등학교·전통예술학교·국립중앙박물관·국립국어원·국립중앙도서관·해외문화홍보원·국립국악원·국립민속박물관 및 대한민국역사박물관을 두며, 책임운영기관으로 국립중앙극장·국립현대미술관 및 한국정책방송원을 둔다(제2조).

문화에 속하는 것으로 자주 언급되는 사항영역과 관련하여 볼 때, 우리의 문화체육관광부는 주로 문화·예술·종교·미디어·문화재보호[65)]·체육·관광 등을 주로 관장하고 있다. 학문·교육 등에 대해서는 주로 교육과학기술부가 주관하고 있으며, 방송, 신문 등에 관해서는 방송통신위원회의 주관사항으로 되어 있다.

6공화국에 들어와 문화부를 창설한 의도는 이제까지 문화공보부장관이 담당하던 기능, 예컨대 정부대변인 역할의 기능을 벗어버리고 명실공히 문화관계업무에 전념하게 하자는 것으로 바람직한 현상이었다. 사실, 서로 이질적이라 할 수 있는 문화행정기능과 공보행정기능이 한 부처에 속해 있었기 때문에 종전의 문화공보부의 업무가 당면한 공보행정기능에 중점을 두게 되어, 문화행정기능의 비중이 상대적으로 낮았던 부작용이 있었던 것이다.[66)] 그러나 국민의 생활수준향상에 따라 문화적 욕구와 수요는 증대하고 있으며, 이에 따른 문화행정기능의 확

개발·보급, 장애인 문화예술 정책 등을 담당한다(제17조).

64) 정기간행물·방송영상·광고·출판·인쇄 등 문화미디어산업 진흥에 관한 종합발전계획의 수립 및 시행 등을 담당한다(제17조의 2).

65) 문화체육관광부의 외청인 문화재청이 관장하고 있다.

66) 1989년 12월 개정된 정부조직법에 따라 문화공보부에서 문화·예술에 관한 업무가 신설된 문화부로 이관됨에 따라 공보처로 축소 개편되었던 공보처는 1999년 국정홍보처로 재편되었고, 2008년 문화체육관광부로 업무가 이전되었다.

충이 필요하게 되었고, 아울러 문화예술행정의 대상과 범위를 민주화, 자율화, 개방화 등의 관점에서 재검토한다는 점이 문화부 창설의 주된 이유라고 할 수 있다. 그러나 문화매체로서의 방송, 신문 등이 차지하는 역할을 고려할 때, 문화공보부를 문화부와 공보처로 분리시면서 정부의 홍보 또는 보도를 주목적으로 하는 공보처에 방송을 비롯한 언론매체를 귀속시킨 것은 문제가 있다는 비판을 받았다.

1993년에 문화부는 체육청소년부를 흡수·통합하여 문화체육부로 개편되었다. 1982년 3월 86 아시안게임과 88 서울올림픽의 성공적 개최, 그리고 국민생활체육발전을 위해 창설된 체육부는 88년 6월 청소년업무를 흡수하면서 체육청소년부로 확대 개편되었으나, 1993년 3월 새정부의「작은 정부」지향이라는 정책방향에 따라 문화부에 흡수된 것이다.67) 체육을 협의의 문화영역으로 볼 것인가에 대해서는 논란이 있을 수 있지만, 문화체육부의 체육정책에 있어서 핵심은 문화생활과 밀접한 관련을 가지는 사회체육의 육성에 기초를 두면서 엘리트 체육발전에도 과학적이고 합리적인 육성을 하는데 있다고 본다.68) 1998년 문화체육부를 문화관광부로 명칭을 변경하고 공보처 폐지에 따라 일부 기능을 흡수하였다.69) 이후 2008년 2월 정부조직법 개정에 따라 문화

---

67) 체육청소년부는 그간 체육·청소년발전에 많은 기여를 하였으나(86,88대회의 성공적 개최, 체육교류, 1시군 1체육관 1운동장 건립시책, 청소년육성법 제정(87), 청소년육성 10개년 계획 등), 반면에 대한체육회와의 기능중복으로 옥상옥이라는 비난도 있었다. 문화체육부 시대의 시작으로 체육행정의 위축의 우려가 제기되기도 하는 한편, 대한체육회의 위상은 상대적으로 커지게 되었다는 평가도 있었다(김수갑, 문화국가원리에 관한 연구, 고려대 법학박사학위논문, 1993, 22-23면).

68) 2008년 정부조직법의 개정에 따라, 현재는 방송통신위원회가 방송·통신에 대한 전반적인 사항을 규율하고 있다.

69) 1998년 2월 28일 정부조직법 개정을 통하여 국무총리의 정책조정 및 심사평가 기능을 강화하기 위하여 행정조정실을 국무조정실로 개편하고(법 제20조), 공보처를 폐지하며, 국무총리밑에 국정홍보 및 홍보업무조정에 관하여 국무총리를 보좌하는 공보실을 설치하고, 방송행정·출판·간행물·해외홍

관광부 및 정보통신부 일부와 통합하여 문화체육관광부로 개편되었다.

인류의 모든 행위가 문화라고 파악하는 식으로 문화개념을 무한정 확대시키는 것도 문제가 있지만, 평범보다 탁월성을 핵심으로 하는 점을 부인할 수 없는 예술의 범위로 좁게 문화를 한정하는 것도 '모든 국민을 위한 문화'라는 시각에서 볼 때 문제가 있다. 이렇게 볼 때, 다른 부처에 산재해 있는 법적인 의미에서(혹은 좀 더 광의의) 문화개념에 포함시킬 수 있는 활동들을 포괄적이면서도 효율적으로 전개할 기구의 설립이 요망되나[70] 만일 그것이 단기적으로는 어렵다고 한다면, 업무의 중복과 혼선을 막기 위하여 문화체육관광부와 기타 문화업무를 관장하는 부서와의 긴밀한 협조채널의 제도화가 필요하다고 하겠다.

한편, 문화예술의 진흥을 위한 사업과 활동을 지원함으로써 우리나라의 전통적인 문화예술을 계승하고 새로운 문화를 창조하여 민족문화의 중흥에 기여함을 목적으로 하는 문화예술진흥법(1972.8.14, 법률 제2337호, 1989.12.30, 법률 제4183호 개정)은 "문화예술"이라 함은 문학, 미술(응용미술을 포함한다), 음악, 무용, 연극, 영화, 연예(演藝), 국악, 사진, 건축, 어문(語文) 및 출판을 말한다."고 규정하고 있다(제2조). 이는 가장 좁은 의미의 문화라고 할 수 있는 예술의 영역을 보여주고 있다.

4. 문화영역의 국제표준화를 위한 UNESCO의 권고안

1980년 9월 23부터 10월 28일까지 벨그라드에서 개최된 유네스코

보 기능은 문화관광부로 이관하였다(정부조직법 제22조 및 제35조).

70) 이 점과 관련하여 김문환 교수는 "경제, 그 중에서도 생산과 연결된 정부부처를 총괄하는 경제기획원이 있듯이, 문화유산·교육·예술·복지·관광·사회적 활동(사회체육포함)등과 관계된 정부업무를 조정할 수 있는 문화기획원(가칭)이 있어야 할 것이다."라고 주장한다(김문환, 문화입국론, 느티나무, 1989, 428면 참조).

총회는 유네스코헌장 제4조 제4항에 비추어, UNESCO의 권한내에 있는 문제에 관한 국제적 조정제도를 작성하고 채택하는 것이 그 임무가 됨을 고려하여, 헌장의 제8조에 따라 각 회원국들은 총회에서 결정된 방법과 시기에 자국의 교육·과학·문화기관 및 활동에 대한 법률, 규정, 통계에 관한 보고서를 UNESCO에 제출할 것을 제안하였다.[71] 예술활동의 공공재정지원에 관한 통계의 수집과 교환을 관장하는 국가기구들은 정보의 이용뿐만 아니라, 문화정책 및 계획수립을 담당하는 사람들이 이용할 수 있는 지표의 국제적 비교성을 향상시키기 위해, 정의와 분류 및 제출을 정형화하며 '문화통계에 대한 기본틀'을 유네스코 및 여타 UN 기구가 장기적으로 공동 추진해야 한다는 인식하에, 동 권고안을 채택하게 된 것이다. 이 권고안에 따르면, 문화적 분야의 정의 및 해당활동 목록은 다음과 같은 범주로 구성된다.

문화분야는 크게 ① 문화유산, ② 인쇄자료 및 문헌, ③ 음악, ④ 공연예술, ⑤ 시각예술, ⑥ 영화 및 사진, ⑦ 라디오와 텔레비젼, ⑧ 사회문화활동, ⑨ 체육활동, ⑩ 자연과 환경, ⑪ 문화의 일반운영 및 비분담활동으로 나누고 있다. 그리고 이러한 문화분야의 해당 활동 영역을 자세하게 규정하고 있다.

① 문화유산분야는 유적의 보존과 유물의 보관, 수집 및 교류를 통해 문화유산 및 문화구조물의 보존과 개발에 목적을 둔 활동을 포함한다.[72]

② 인쇄자료 및 문헌분야는 서적, 정기간행물, 신문 등 인쇄된 형태

---

71) UNESCO, Recommendation Concerning the International Standardization of Statistics on the Public Financing of Activities, 1980; 한국문화예술진흥원, 문화정책, 1988, 316면 이하 참조.

72) 구체적인 활동목록으로 a. 역사적 유적과 유적지, b. 기록문서 보관소, c. 박물관, d. 고고학적 발굴물, e. 정부의 보호를 받는 기타형태의 문화유산, f. 공식교육제도외의 연구 및 훈련, g. 여타범주에 포함될 수 없는 문화유산의 보존과 등록에 필요한 활동 등을 규정하고 있다.

의 저작물의 창작, 제작 또는 보급에 목적을 둔 활동 및 도서관의 설립과 그 기능을 포함한다.[73)]

③ 음악분야는 음악작품을 악보, 녹음물 또는 연주회의 형태로 창작, 생산 또는 보급하는 활동을 포함한다.[74)]

④ 공연예술분야는 공연예술을 위한 문학적, 음악적, 시각적인 작품의 창작, 제작 또는 보급에 목적을 둔 활동을 포함한다. 구체적인 활동목록으로 유네스코는 a. 공연예술을 위한 작품의 창작, b. 연극공연, c. 무용공연, d. 여타 공연예술(서커스, 음악당, 무도회장, 버라이어티쇼), e. 공식교육제도 외의 연구 및 훈련, f. 공연예술을 위해 필요한 보조활동(장소의 임대, 중개의 알선, 장비의 생산 및 판매)등을 규정하고 있다.

⑤ 시각예술분야는 시각예술품을 회화, 조각물, 장식물이나 공예품의 형태로 창작, 제작 또는 보급에 목적을 둔 활동을 포함하는데, 구체적인 활동목록으로는 a. 시각예술작품의 창작, b. 시각예술작품의 출품 및 제작, c. 시각예술작품의 전시, d. 시각예술작품의 보급 및 판매, e. 공식교육제도 외의 연구 및 훈련, f. 시각예술을 위해 필요한 보조활동(조형예술 작품의 창조 및 출품에 요구되는 재료와 장비의 생산, 판매)등을 규정한다.

---

73) 구체적인 활동목록으로 a. 문학적 창작, b. 서적출판, c. 신문 및 정기간행물 간행, d. 서적, 정기간행물 및 신문의 보급, 매매, e. 도서관, f. 공식교육제도 이외의 연구 및 훈련, g. 문학작품제작과 인쇄를 위해 필요한 보조활동 등을 규정하고 있다.

74) 구체적인 활동목록으로는 a. 음악작품창작, b. 음악공연(악기 또는 성악연주), c. 음악작품 인쇄물의 발간, d. 오페라식 공연(오페라, 오페레타 등을 포함), e. 음악녹음물의 출반(음반, 자기테이프, 카세트테이프 등), f. 음악 인쇄물 및 녹음물의 보급 및 매매, g. 악기의 생산 및 매매, h. 음악의 재생 및 녹음을 위한 장비(녹음작동기, 테이프녹음기 등)의 생산과 판매, I. 공식교육제도 외의 연구 및 훈련, j. 음악작품 및 장비의 작품생산을 위해 필요한 보조활동 등을 규정한다.

⑥ 영화 및 사진분야는 a. 영화제작(영화필름의 생산), b. 필름보급, c. 필름전시, d. 사진, e. 공식교육제도 외의 연구 및 훈련, f. 영화와 사진을 위해 필요한 보조활동(필름, 영사막, 촬영기와 사진기, 음향장비, 기획사, 기획에 이용되는 구조물의 생산 및 판매)등 영화 또는 사진작품의 제작, 제작 또는 보급에 목적을 둔 활동을 포함한다.

⑦ 라디오 텔레비전분야는 a. 라디오, b. 텔레비전, c. 공식교육제도 외의 연구 및 훈련, d. 방송과 텔레비전을 위해 필요한 보조활동(송신기, 수신기, 방송망의 생산과 판매)등 라디오나 텔레비전 작품의 창작, 제작 또는 보급에 목적을 둔 활동을 포함한다.

⑧ 사회문화활동분야는 사람들이 일상생활에서 개별적 또는 집단적으로 의견을 표현하는데 목적을 둔 활동을 포함한다.[75]

⑨ 체육활동분야는 a. 운동활동과 운동단체(경기, 시합 등의 운영 및 주최), b. 운동장비의 생산, 운동장소와 기타시설의 건설 및 유지, c. 공식교육제도 외의 연구 및 훈련 등 운동장비의 생산, 운동장소 및 기타시설의 건설 및 유지(운동장, 수영장, 체육관 등), 운동경기의 주최 및 연관활동을 포함한다.

⑩ 자연과 환경분야는 자연과 환경, 생활의 특성과 관계된 시설 및 설비를 제공, 유지시키는데 목적을 둔 활동을 포함하는데 구체적인 활동목록으로는 a. 자연에 관계된 여가활동(국립공원, 자연보호지역, 공공해수욕장. 산책로 등), b. 도시환경의 특성과 관계된 활동(공원, 가로수, 아동을 위한 놀이시설 등)을 규정한다.

그 밖에 문화의 일반운영 및 비분담활동분야를 들고 있는데, 이는

75) 구체적인 활동영역으로 유네스코는 a. 사문화적 독창력, 공동체의 문화센타 및 비전문적 활동의 촉진, b. 시민단체 및 직업단체, c. 기타 사회문화활동(기념식, 종교적·도덕적·윤리적 또는 철학적 신념과 관계된 사회적 기능), d. 공식교육제도 외의 연구 및 훈련, e. 사회문화활동을 위해 필요한 보조활동 등을 규정한다.

대체로 앞서의 범주에 속할 수 없는 다목적 문화활동 뿐만 아니라, 유지, 설비 및 운영사업에 관한 활동을 포함한다.[76)]

이상과 같은 유네스코권고안에서 보여 지는 문화활동분야 및 해당활동목록은 비록 광범위하지만, 문화개념과 그 활동영역의 다양성으로 인해 정책 및 계획수립에 적지 않은 어려움을 주고 있는 점을 고려할 때, 이러한 문화영역의 국제표준화를 위한 권고안은 문화정책의 혼선, 중복 등을 줄이고 특히 국가 간의 비교를 통한 보다 나은 정책수행에 기여할 것으로 보인다.

5. 소결(문화국가의 대상으로서의 문화)

우리는 이상에서 문화개념에 대한 다양한 정의 및 공법의 대상으로서의 문화범위에 관한 논의들을 살펴보고, 우리의 법과 행정실무에서 쓰이는 문화범위와, 문화영역의 국제표준화를 위한 UNESCO의 권고안을 살펴보았다. 여기서 우리가 연구대상으로 삼는 문화에 대한 기본적인 시각을 밝히지 않을 수 없다. Häberle는 광의의 문화개념에 입각하여 문화과학으로서의 헌법이론을 주장하고 있는데, 이 취지를 "모든 시민을 위한 모든 시민의 질서"인 헌법은 "모든 사람을 위한, 모든 사람에 의한 문화"를 위하여 문화현상을 폭넓게 고려하여야 한다는 것으로 이해할 때, 우리는 그에게서 민주주의적 헌법이론의 가치를 인정할 수 있을 것이다. 그리고 광의의 문화개념은 문화정책을 수행하는데 있어서 중요한 고려대상이 됨은 물론이다. 앞에서 살펴본 바와 같이, 문화개념에 대하여 가장 열심히 탐구하는 인류학에서의 문화는 자연적으

---

76) 구체적인 활동목록으로 유네스코는 a. 문화에 대한 일반 공공운영, b. 기능적 분류내의 몇 가지 범주를 포괄하는 다목적 문화시설의 설비와유지(연주회장, 영화관 또는 회의장으로 사용되는 다목적 회관 등), c. 앞서의 범주에 의해서는 분류될 수 없는 기타활동 등을 규정한다.

로 결정되지 않은 모든 것, 특히 자연을 변화시키는 인간의 모든 활동을 포괄한다. 이러한 입장에 따른다면 국가와 법자체도 문화현상이 된다. 그러나 국가와 문화의 관계에 대한 물음은 이러한 기초 위에서는 충분하게 논의될 수 없으며, 법적인 맥락으로 더욱 더 나아갈 수 없다.[77] 따라서 구체적으로 자율성에 기초한 보호의 영역 혹은 국가가 적극적으로 육성하여야 할 과제가 부과되어 있는 영역이란 의미에서의 문화를 말할 때는 국가가 정신의 세계와 특별히 밀접한 관계를 맺는 그러한 영역이 주된 고찰의 대상으로 되고 있다. 학자들에 따라 차이는 있으나 문화는 보통 학문, 예술, 교육, 종교 등이 주된 영역으로 나타난다.[78] 이렇게 법학적 의미에서의 문화를 주된 연구대상으로 삼지만, 우리는 문화의 '사회적 기능'이라는 가교개념을 통하여, 협의의 법학적인 문화개념 및 광의의 인류학적(사회학적)인 문화개념의 이원론을 극복하고자 한다. 즉 문화를 경유하여 개인과 사회를 사회화 과정 속에서 동시에 고려하여야 한다고 본다.

Dieter Grimm의 주장처럼 문화의 기능을 "공동체의 관념적 재생산"[79]으로 보게 되면 문화에는 세계해석, 의미형성, 가치정당화, 가치전승, 가치비판과 그것들의 상징적 표현이 속하게 된다. 이렇게 볼 때, 문화에는 전통적으로 문화영역에 속했던 생활영역 이외에도 사회의 관념적 재생산이라는 기능을 수행하는 영역들을 그때그때의 국민(헌법적 표현으로 말한다면 헌법제정자)들에게 그가 '문화적인'것으로서 중요하게 간주하고 그에 상응하는 평가를 할 수 있는 형성의 여지를 남

---

77) Dieter Grimm, "Kulturauftrag im staatlichen Gemeinwesen", in : VVDStRL 42, 1984, S.59.

78) Thomas Oppermann, a.a.O.(주 48), S.249(253f.); Werner Maihofer, a.a.O.(주 1), S. 977ff.; Udo Steiner, a.a.O.(주 45), S.8ff.; BverfGE 10, 20(36).

79) Dieter Grimm, a.a.O.(주 77), S.60.

기게 된다. 또한 입법자는 문화적인 것을 형성하고 기준을 설정할 수 있게 된다. 집행과 행정은 그 권한의 범위안에서 '문화형성력'을 가진다. 마지막으로 분화하고 변화하는 학설과 판례는 현행법의 해석과 계속적인 발전에 있어서 문화적 측면을 제기할 수 있다. 이렇게 이해할 때 우리는 그 밖에 방송(라디오, 텔레비젼), 신문, 저작권, 기념물 및 문화재보호, 스포츠, 청소년보호 등을 문화영역으로 파악할 수 있는 가능성을 가지게 되며,[80] 대항문화, 하위문화 등도 배척의 대상이 아닌 문화영역의 대상으로서 고려할 수 있게 된다.

V. 보편적 문화개념의 표지

이상에서 우리는 문화개념에 대한 다양한 정의들을 살펴보았다. 문화란 무엇인가라는 것의 이해를 위한 인류학 및 사회학적 출발점은 문화국가와 문화헌법에 있어서 아무런 문제없이 그리고 결코 안전하게 사용될 수는 없다. 문화와 같은 중요한 현상을 더 깊이 그리고 넓게 이해하는 데는 문화를 철학적인 견지에서 반성하는 문화철학과 문화현상을 경험적으로 연구하는 문화인류학 등의 상호 보조가 필요하다. 법학에서도 이러한 학문성과의 도움을 기초로 하여 법적인 특성을 고려한 이론구성이 필요할 것이다. 여기서 문화개념의 지향방향 내지 표지를 살펴봄으로써 우리관점에서 문화를 이해하는데 한 발짝 다가가게 될 것이다.

문화개념은 다양성을 가지고 있음에도 불구하고, P. Häberle는 우리가 일상적으로 문화란 말을 사용할 때 발견할 수 있는 것처럼 문화개념에서 나타나는 보편적인 표지들을 세 가지로 기술하고 있다. 즉, 문

80) 우리가 문화법이라는 독자적인 법영역을 구축하려고 시도한다면 이와 같은 것들도 주된 과제영역이 될 것이다.

화는 과거에 존재했던 것의 전승이라는 "전통"의 측면과 문화는 과거에 존재했던 것의 확대발전이라는 "혁신적이고 (또한) 사회적 변화에 지향"된 측면, 그리고 문화는 모두다 늘 동일한 것은 아니며, 정치적 공동체는 다양한 문화를 가질 수 있다는 "다원주의적" 측면이 그것인데, P. Häberle는 전통, 혁신, 다원주의 내지 개방성의 세 가지 표지에 문화헌법의 이론은 방향이 맞추어야 한다고 주장한다.[81)]

그는 (단지) '교양을 갖춘 시민의' 문화이해로부터 전환하기 위해서는 다음의 이론적 해석의 기초, 즉 "모두를 위한 문화"(H. Hoffmann)와 "모두에 의한 문화"는 개방적인 문화관념이어야 한다고 하며, 이것은 문화개념의 확장과 동화를 전제로 한다고 한다. 광의의 다양하고 개방적인 문화개념은 시민적 전통 및 교육문화와 마찬가지로 대안문화(Alternativkultur), 하위문화 및 대항문화와 같은 '대중' 및 천박문화를 포함한다고 한다.[82)] 그의 주장의 취지는 다음과 같이 요약될 수 있다. 즉 모든 시민은 문화를 향유할 가능성을 가져야 하며, 또한 역시 문화를 창조할 가능성을 가져야 하는데 그것은 특히 전통적이고, 거의 '선험적으로' 언급되는 문화개념의 확대를 통하여 일어나야만 한다는 것이다. 문화개념은 여가영역에 있어서 그 전통적이고 보수적으로 자리 잡는 것 외에, 직업적 일상 속에서 안으로 작용하고 또한 역시 직업적인 일상으로부터 밖으로 작용한다는 것이다. 이러한 개방적인 문화이해는 정치적 공동체의 다원주의적 구조의 결과이다. 모든 사람들의 문화적

81) Peter Häberle, a.a.O.(주 33), S.31.

82) Peter Häberle, a.a.O.(주 33), S.32. 그의 '문화과학으로서의 헌법이론'에 대해서는 기본법에 있어서 문화법적 내용의 의미와 자유주의적 헌법국가를 인상적으로 기술하여, 문화창조를 가능하게 하고 세계관적 다원주의를 보장하는 기본적인 자유보장과 문화적 다양성을 촉진하는 연방국가원리에 큰 기여를 했다는 찬사와 함께 '한계없는 법학적 유희(Spiel)로서의 문화'라고 비판을 받기도 있지만(Bodo Pieroth, a.a.O.(주 57) S.401-405), 문화의 보편적인 표지로서의 개방성은 간과되어서는 안 되는 중요한 표지라 하겠다.

법익에의 접근가능성의 현실적인 강화라는 의미에서, (이제까지 문화로서 타당했던 것을 위한 것만은 아닌) 국가적 촉진행위와 국가와 자치단체 쪽에서의 다양한 문화정책의 활성화라는 의미에서, 즉 문화헌법의 완성의 의미에서 문화적 기본권의 참여구조를 둘러싸고 확대된다.83)

Peter Häberle가 고찰하고 있는 전통, 혁신, 다원주의(개방성)의 세 가지 문화개념의 표지 외에 우리는 자율성(Autonomie)과 정신성을 문화개념의 표지로 첨가할 수 있겠다. 이는 독일의 연방헌법재판소의 판결에서 잘 나타나 있는데, 동 재판소는 문화의 의미를 "국가로부터 독립해서 전개되고 그 스스로 가치를 지니는 사회내부에서 작용하는 정신력의 전체"라고 정의하고 있다.84) Huber는 문화를 자율적 인격도야재(Bildungsgüter)로 이해하고 있다. 그에 따르면 문화는 국가의 정치적, 행정적 수단에 의해서 조종될 수 없고, 문화기업가, 문화기능인에 의한 조직적, 기술적 준비에 의해서도 조종될 수 없으며 자신 안에 내재된 본질법칙성에 따라 자기 스스로 발생하고 성장하며, 번창하는 교양세계(Bildungswelt)로 이해하고 있다.85) Dieter Grimm은 "문화는 물질적인 대상보다는 정신적인 대상에 관련되어 있어서 정신적인 대상의 창조와 전수를 지향한다"고 하며, "문화에는 세계해석, 의미형성, 가치정당화, 가치전승, 가치비판과 그것들의 상징적 표현 등이 속한다"고 하고 있다.86) 유인원의 행위, 즉 원초행위(Proto Culture)(문화인류학자 A. Z. Hollwell의 표현)는 비록 학습에 의한 후천적 행위라 할지라도 그것은 어디까지나 피상적이고 외형적인 것이며, 그 행위 속에 어떤

83) Peter Häberle의 문화헌법이론은 K. Popper의 비판적 합리주의라는 인식론적, 사회철학적 기초위에서 다원주의, 개방주의를 지향하고 있으므로 문화의 다원주의라는 표지는 그의 문화헌법이론전개의 준거점이 된다.

84) BVerfGE 10, 20(36f).

85) Ernst Rudolf Huber, a.a.O.(주 21), S.125.

86) Dieter Grimm, a.a.O.(주 77), S.60.

정신적인 것이 게재되지 않았고 언어의 상징(Symbol)작용으로 성립된 것이 아니기 때문에 인간이 가지는 문화와는 다르다.87) 이와 같은 문화개념의 표지들은 서로 동떨어져 존재하는 것이 아니며, 상호관련성을 맺으며 발전하는 것으로 이해된다. 즉, Häberle의 개방성 속에는 전통과 혁신의 측면이 밀접하게 관련되어 있으며, “문화의 이러한 자율적 자기발전에는 창조적인 창작과 전승하는 교육, 그리고 조심스럽고 늘 새로워지는 훈련과 마지막으로 스스로 완성되어 있으면서도 새로운 것들에 개방되어 있는 전체교양을 누리는 내적 자유와 여가 등이 속한다”는 Huber의 자율성에 대한 설명88)에서도 알 수 있듯이, 창조성(혁신)과 개방성(다원주의)의 표지들이 그 속에 내포되어 있다. 또한 Grimm이 문화에는 전통적으로 문화영역에 속했던 생활 영역 외에도 사회의 관념적 재생산이라는 기능을 수행하는 영역들을 포괄할 수 있다고 주장하여89) 문화의 개방성(다원성)의 가능성을 열어 놓고 있는 점을 볼 때도 이와 같은 표지들의 상호관련성을 이해할 수 있다. 이와 같은 전통성, 혁신성, 개방성(다원성), 정신성, 자율성 등의 문화의 표지는 국가가 이러한 표지들을 보호하고 육성하여야 한다는 국가의 과제차원에서 이해할 수도 있을 것이다. 이 경우 이와 같은 표지들은 문화국가의 과제영역에 있어서 하나의 지침으로 작용할 수 있을 것이다.

---

87) 이광규, 문화인류학의 세계, 서울대학교 출판부, 1981, 32면; 인간을 ‘상징적 동물’(symbolic animal)이라고 한 E. Cassirer의 표현은 인간만이 언어와 문자 등 상징체계를 통하여 문화를 창조할 수 있는 존재라는 것을 강조한 것이며(E. Cassirer, An Essay on Man, Newyork, Doubleday, Anchor Books, 1953), Leslie A. White도 ‘인간은 상징(symboling)을 할 수 있는 유일한 동물’임을 강조하여 다른 동물과 구별 짓고 이것을 문화의 기초로 파악하고 있는데(Leslie A. White, The Concept of Culture, 이문웅(역), 문화의 개념 : 문화결정론의 입장과 문화진화론의 입장, 일지사, 1977, 1면 이하), 이러한 상징은 곧 정신성에 연결되는 것이다.

88) Ernst Rudolf Huber, a.a.O.(주 21), S.126.

89) Dieter Grimm, a.a.O.(주 77), S.60.

제2절 문화와 국가와의 관계

I. 서언

우리는 앞에서 문화개념에 대한 고찰을 통하여 문화개념이 오늘날 확대되고 있고, 또 확대될 필요성이 있음을 살펴보았다. 이러한 문화이해를 기본으로 하면서도, 우리는 국가와의 관련 속에서 문화를 파악하기 위해서 국가의 다른 과제영역(정치, 경제, 사회)과 관련하여 좀 더 구체적인 문화범위의 확정을 요구하였다. 그 결과, "국가에 대하여 특별한 관계에 있는 인간의 정신적·창조적 활동의 영역"이라는 법학적인 문화범위는 헌법을 비롯한 법규에서 국가에 대한 문화위임의 형태로 나타나며, 문화정책에 있어서 효율적이라고 할 수 있다. 다만, 우리는 문화의 사회적 기능을 통하여 전통적으로 문화영역에 속했던 생활영역 외에도 기타의 영역을 문화영역으로 파악할 수 있는 폭넓은 가능성을 인정한다.

다양한 문화개념들과 여러 가지 문화의 표지들은 서로 밀접한 관련 속에서 이해되어야 하는 것이지만, 국가와의 관계 속에서는 무엇보다도 문화의 자율성이 문제된다. 문화의 자율성이 획득되는 것에서부터 진정한 의미의 문화국가가 시작된다고 볼 수 있다. 그러나 여기서 분명히 해두어야 할 것은 문화의 자율성이라는 것이 국가로부터 완전히 분리되어 자의에 맡겨진다는 의미는 결코 아니라는 점이다. 국가의 일방적인 문화조종 하에서는 물론이고, 국가의 테두리를 벗어난 완전한 문화의 방임속에서도 국가는 문화국가가 될 수 없다. 문화의 자율성이라는 것도 각 문화영역에 따라 뉘앙스의 차이는 있지만, 국가와 문화의 대결이라는 의미에서의 자율성 획득이라는 관점에서 보다는 이전의 정치적, 종교적 및 기타의 원인에 의해 문화의 독자적인 목적이 왜곡되었던 상태에서 벗어나 문화목적 그 자체를 위한 문화활동을 가능하게 한다는, 헌법적인 표현으로 말한다면 진정한 「인간의 존엄과 가치」의 실현에 이바지하게 한다는 관점에서 파악되어야 할 것이다. 이러한 목적의 달성은 국가의 배제를 통해서는 이룰 수 없으며, 국가로 하여금 이러한 방향으로 유도하고 국가권력을 적절히 규제한다는 점에 문화의 자율성 주장의 참된 의의가 있다고 하겠다.

국가와 문화의 공통적인 자기발전 없이는 문화와 국가란 존재하지 않는다는 Huber의 지적처럼,[90] 우리가 문화, 국가, 나아가 문화국가를 다루고자 할 때는 문화와 국가의 상호의존성 속에서 파악해야 한다. 이제 이러한 법학적인 문화영역과 국가와의 관계를 역사적, 체계적으로 살펴봄으로써 문화의 자율성 획득과 그를 바탕으로 한 문화와 국가와의 상호의존성의 진정한 방향을 알게 될 것이다.

II. 역사적 고찰

19세기 초, 문화국가라는 형식속에 국가와 문화가 처음으로 개념적으로 상호 연결되었을 때,[91] 국가와 문화의 전통적인 결합은 곧 해체의 상태에 있었다. 그 해체과정은 경제의 분화와 나란히 진행되었고 시민계급의 해방의 원인을 제공하였다. 18세기 중엽 이래로 봉건제도, 길드제도, 특권제도가 경제적 성장의 장애물로서 점증하는 비판에 직

90) Ernst Rudolf Huber, a.a.O.(주 21), S.125

91) 문화국가관념의 기원은 더욱 거슬러 올라갈 수 있지만, 문화국가라는 말은 독일에 있어서 Fichte에게서 기원한다(J. G. Fichte, Die Grundzüge des gegenwärtigen Zeitalters, 1806, in : I. H. Fichte(hrsg.), Sämmtliche Werke Bd.Ⅶ, 1846, S. 189, 200ff); 개념사에 대해서는 I. Bauer, Die Geschite des wortes "Kultur" und seiner Zusammensetzungen, Diss.. phil. München, 1951; O. Jung, Die Entwickelung des Kulturstaatsbegriffs von J.G. Fichte bis zur Gegenwart, Dissiur. Würzburg, 1973 참조.

면했던 것과 같이 예술, 학문, 종교와 교육에 대한 외부의 조종 역시 문화발전의 방해물로서 점차 비난을 받게 되었다. 근대사회를 특징짓는 요소는 무엇보다도 넓은 의미에서 사회가 분화되면서 그 사회체계를 구성하는 각각의 구성체들이 자율성(Autonomie)을 가지게 되었다는 점이다. 그러한 발전은 문화로부터 시작되었다.[92] 일반적으로 법학적 문화개념에 속하는 개별 문화영역(예컨대, 예술, 학문, 교육, 종교)들이 국가와의 관계 속에서 어떻게 자율성을 획득해왔는지를 고찰함으로써 우리는 문화국가의 개념이해에 더욱 접근하게 된다.

1. 근대이전의 문화

근대이전의 사회는 사회의 기능 미분화로 특징 지워질 수 있다. 이 시기에 문화는 국가의 지배체계에 포괄적으로 종속해 있었다. 즉, 철저히 지배체계에 봉사하는 수단적 존재로 기능하였다.

(1) 예술

18세기 중엽까지만 해도 예술이란 고귀하고 신성한 것이라는 인식이 일반적이었다. 따라서 사회적으로 의존되어 있는 것을 주제나 양식으로 생각하지 못했다. 예술가들은 대체적으로 귀족의 신하들이었으며, 위임에 의해 생산하였다. 따라서 예술은 작고 동질적인 집단만의 기호품이었다. 예술은 그 자체 존재의의를 갖고 문화적 기준에 따라 평가되었던 것은 아니고, 신의 찬미(Verherrlichung), 군주 혹은 교회권력의 묘사, 국민의 교화(Erbauung) 및 궁정사회의 즐거움과 오락을 위해 봉사하였다.[93] 물론 교회나 장원 바깥에는 예술의 소비자가 없었

92) Dieter Grimm, a.a.O.(주 77), S.47ff.
93) 음악, 미술, 연극과 문학 등 예술의 각 장르별로 정도의 차이는 있으나, 근대 이전의 예술은 기본적으로 국가(정치)적 관점에 종속되어 있었던 것이다(Hans-Roperz, Die Freiheit der Kunst nach dem Grundgesetz, 1966,

고, 예술은 예술가들의 생계수단이었으므로 자발적인 선택에 의한 것은 아니었더라도 그러한 예술행위가 자신의 품위를 떨어뜨리거나 반예술적인 행위라고 생각하지는 않았다.

(2) **교육과 학문**[94]

교육과 학문의 영역에 있어서도 교육은 주로 교회와 신분적 교육기관에 의하여 실시되었기 때문에, 그 소유자의 목적에 복종하였다. 강의대상으로는 신학이, 교육방법으로는 암기가 지배적이었다. 그러나 18세기 이후부터는 학교실무와 국가학에서도 개혁의 요구가 높아졌는데, 그것은 한편에서는 실용적 지식의 확대를 우선 목표로 삼았고, 다른 한편에서는 강의의 근대화와 교수의 전문화를 우선 목표로 삼았던 것이다. 그러나 이러한 두 개의 목표는 절대국가에 대한 호소와 일치하고 있는데, 절대국가는 이러한 개혁을 관철시킬 수 있는 유일한 존재였고, 교육의 의미를 국가건설과 신분동화의 목적으로 인식하여 학교제도를 국영화했다.[95] 반대자들은 그로 인한 자율성의 침해를 알고 있었다. 그러나 자율성의 침해정도는 이전의 소유자인 교회보다는 덜했다.

계속적인 국가의 학교소유에 있어서 교육의 내용적 해방이 문제된다면, 학문에 있어서는 연구와 교수의 자율성 획득이 그러한 문제에 해당한다고 할 수 있다. 근세이전의 대학에 있어서는 이와 같은 인식이 심화되지는 못하였다. 대학은 국가공무원을 양성하는 직업교육의 장소로 기능하였고, 그 운영은 지방영주들의 필요에 따라 이루어졌다.

S.8).

94) 학문의 독자적인 의의가 강조되기 전에는 교육과 학문은 엄격하게 구별되지 않는다. Thomas Oppermann은 문화행정법의 주요영역으로 교육, 학문, 예술을 들면서 이를 언급하고 있다(Thomas Oppermann, a.a.O.(주 48), S. 271).

95) Dieter Grimm, a.a.O.(주 77), S.50.

중세 대학의 7학예(문법, 수사, 논리, 산술, 기하, 음악, 천문)는 말할 것도 없이 단지 입문적인 기능만을 수행하였고, 그 밖의 학과의 교수들도 연구자가 아니라, 권위있는 교과서에 기초하여 확인된 지식안에 있는 전통적 요소를 전달하는 전달자로 간주되었으며, 그것은 주당 20시간이 넘는 수업시간에서 잘 알 수 있다. 이러한 상황에서 중요한 학문적 업적은 대학의 바깥에서 이루어졌다. 종교에의 계속적인 구속은 신학과의 우위에서 나타나는데, 그러한 우위는 감독권 및 검열권과 결합되어 있었다.[96] 즉 학문의 목적인 진리탐구는 지배체계가 인정하는 범위내에서 인정되었다. 지동설을 주장한 갈릴레오가 종교재판을 받은 것은 이와 같은 사실을 말해준다.[97]

(3) 종교

종교의 경우는 중세에 있어서는 의미있는 세계해석과 사회적 통합의 기능을 수행하며, 정치적 지배를 종교적으로 정당화하였던 것이나, 강화된 국가가 교회를 점차로 자신의 세속적 목표안에서 계획하게 되었다. 국교제도에서 볼 수 있는 것처럼 믿음의 체계라는 의미외에 국가가 지시하는 신앙단체로서도 충실하게 되었다.

2. 문화적 자율성의 획득

시민계급의 성장은 문화의 자율성을 획득하는 계기가 되었다. 시민

---

96) Dieter Grimm, a.a.O.(주 77), S.50-51.

97) 지동설을 주장해 가톨릭교회로부터 파문되었던 갈릴레오 갈릴레이는 3백59년만인 1992년에 비로소 정식으로 복권되었다. 교황 바오로 2세는 지난날의 유죄판결에 대해 “고통스런 오해와 다시 되풀이 돼선 안 될 가톨릭교회와 과학간의 비극적인 상호이해부족에서 비롯된 것”이라고 강조하였다. 한편, 교황은 갈릴레오를 파문한 신문관들도 당시 알려져 있던 일반적 지식에 따라 행동한 것이라고 옹호하면서 “지구가 우주의 중심이라는 것을 확신한 당시 신학자들의 잘못은 물질세계구조에 대한 이해를 성서적 해석에만 의존한데 있었다”고 밝혔다(동아일보, 1992. 11. 12. 참조).

계급은 사회의 기능분화를 주도하였고, 문화영역에서는 다른 목적을 위한 도구에서 벗어나 문화 그 자체를 위한 문화활동을 영위할 수 있는 상황을 만들어 나갔다. 특히, 프랑스대혁명은 개인의 자유의 보장의 원칙에 의거하여 종래의 국가에 의한 문화간섭적 전개를 타파하고 문화의 자율성이 보장될 수 있는 결정적 계기가 되었다. 즉 국가는 개인생활이나 국가복지에 대한 책임을 상실하였고, 이러한 책임은 개인들의 자율성에 맡겨져서, 국가는 다만 자유의 침해를 방어하는 역할만으로 만족해야만 하게 되었다. 인간의 목적을 도덕성으로 확정한 Kant는 이러한 사실을 이론적으로 수용하면서 도덕성이란 국가적 강제의 결과물이 아니라 개인적 자유의 결과물이라고 표현하였다. 결국 Kant에게 있어서도 국가는 도덕성을 실현하는 것이 아니라, 다만 가능하게 할 뿐이었다. 이것은 국가의 유일한 과제인 평등한 자유의 보장을 통해서 비로소 가능하다고 보았다. 문화에 있어서도 이러한 분배의 원리에 따라 문화는 공동체의 측면에서 교환되고, 자율성에 참여한다는 사실은 원칙적으로 타당하게 되었다.[98] 물론 이러한 자율성의 기초위에서 문화개념은 자신의 독특하고, 우선적으로 정신적, 미적영역과 관련된 의미를 종래의 언어사용에 비해 처음으로 끌어내었는데, 종래의 언어사용에 따른다면 문화라는 말은 단지 부가어적으로만 결합되고, 모든 인간의 자연에 대한 영향력과 결합되었던 것이다. 이와 같은 사상이 국가와 문화의 관계에서 이상적인 모습으로 정립되었고, 이로써 문화의 자율성이 헌법적으로 확립되게 되었다. 또한 이러한 시민계급의 성장과 더불어 자유로운 시장경제질서의 성립으로 더 이상 군주나 귀족의 비호없이도 문화활동(특히, 예술)을 가능하게 했다.

98) Dieter Grimm, a.a.O.(주 77), S.52.

(1) 예술

다른 문화영역보다 제도적으로 지배체계에의 종속이 덜했던 예술이 자율성 획득에 큰 역할을 하였다. 중세적 봉건제도의 붕괴와 더불어 예술은 점차 종교적 내지 정치적 의도나 의식에 이용되는 것으로부터 벗어나면서 조금씩 자율성을 확보할 수 있었다. 이러한 예술의 자율성 확보에 직접적인 계기가 된 것은 시민계급의 성장 및 이와 더불어 형성・발전된 다원적 정치・사회구조 때문이다. 18세기 중엽 이후부터는 시민세력의 경제적 성장과 이들을 대상으로 한 예술작품의 상품화는 더 이상 군주나 귀족의 비호없이도 예술가들이 자신의 예술활동을 통해 생계를 유지하는 것이 가능하도록 만들었다.[99] 예술가에게 있어서는 이러한 예술주체 계층의 확대가 이루어짐으로써 비로소 –이전에는 늘 예외였던– 위임으로부터 자유로운 생산이 가능해졌다. 이러한 발전과정의 핵심적 측면은 예술가와 대중은 더 이상 개인적으로 서로 교류하지 않고서 시장을 통한 매개를 필요로 하게 되었다는 사실이다. 다른 한편, 시민세력의 힘에 의해 형성・발전된 다원적 정치・사회구조는 개인의 자유의 최대한의 보장을 통해 예술활동의 자율성이 국가에 의해 간섭받지 않을 수 있는 구조적 기본전제가 되었던 것이다. Kant는 바로 직전에는 실제로 소유하지도 않고 이해를 발견하지도 않았던 것, 즉 목적으로부터 자유로운 만족을 예술의 본질적 표지로 격상시켰다.[100]

(2) 교육과 학문

교육과 학문영역에서는 귀족교육・종교교육의 성격을 벗어나 인문교육의 성격을 띠게 되었다. 교육목표를 "인간의 발전"이라고 주장하

---

99) Dieter Grimm, a.a.O.(주 77), S.48ff.
100) I. Kant, Kritik der Urteilskraft, 1790.

는 루소(Rousseau)와 페스탈로찌(Pestalozzi)같은 사상가의 영향을 받아 개인의 개성신장이 강조되었으며,[101] 프랑스대혁명 이후의 격동기에는 꽁도르세(Condorcet)와 르뻴르띠에(Lepeletier)의 교육권사상이 돋보인다. 지롱드를 대표하는 꽁도르세는 교육의 기본요청을 진리교육으로 보아 전제정치와 종교에 의해 우매한 상태에 머물러야만 했던 인간을 구출하고 인간정신의 발달과 사회적 불평등의 감소를 위한 수단으로서의 교육은 모든 시민에게 균등하게 주어져야 한다고 주장하면서, 인민에 대한 사회의 의무로서의 공교육을 주창하였다. 모든 정치적 통제로부터 교육의 자유(내지 독립)를 주장하고 공교육은 어디까지나 부모의 자연권으로서의 교육권의 보완으로서 영위되는 것이라고 생각하였다.[102] 아울러 빈곤계급의 아동들을 고려하여 불평등을 줄이고 제계급의 상호결합을 위하여 전단계의 무상교육을 주장하였다. 꽁도로세의 사상은 인간정신의 무한한 진보에 대한 신뢰를 기초로 한 「교육의 자유」의 이론이라고 할 수 있는 반면, 르뻴르띠에의 사상은 어린이들을 공화국의 어린이로 교육하여 공정·정의·평등이라는 인간의 덕을 실현하려 했던 「교육의 평등」의 이론이라 할 수 있다. 르뻴르띠에는 직업과 재능의 차이에 의해 사회의 소유자의 전유물이 되어버린 지육(Instruction)보다는 훈육이 공통적으로 주어져야 한다고 주장하면서 상급단계의 교육기관의 설치에 앞서 모든 자의 요구에 따라 모든 자에 대한 공화국의 의무인 진정한 보편적인 국민교육을 주창하였다.[103] 한편, 그는 공교육무상을 차등적 세부담에 의한 무상교육을 주장하였으며, 꽁도로세가 알지 못했던 초등교육의 의무교육화를 주장하였다는

---

101) J. J. Rousseau, Emile, 1762; Pestalozzi에 대해서는 F. Delekat, Johann Heinrich Pestalozzi, 1968 참조.

102) 신현직, 교육기본권에 관한 연구, 서울대학교 대학원 박사학위논문, 1990, 13-14면.

103) 持出榮一(外)지음, 심임섭(편역), 교육행정, 1989, 거름, 26-33면 참조.

점은 발전적이라 할 수 있다.[104] 무엇보다도 시민 혁명 초기에는 교회와 정치세력들이 교육을 지배하는 것을 막기 위해 「교육의 자유」가 중시되었으며, 이는 확실히 교육목적으로써 일반적으로 논의되는 「인격의 완성」에 있어서 결정적으로 중요한 의미를 갖는다. 그 후 자본주의가 발전함에 따라 「교육의 평등」이 문제되면서부터 교육기회의 균등한 보장이 국가의 의무로 되어 공교육법제가 마련되기에 이르렀다.[105] 한편, 파시즘과 같은 정치체제의 등장은 국가권력에 의한 교육의 지배를 가져와 정치적 목적에 따라 교육의 내용이 왜곡되고 어린이와 학생을 위한 교육은 이루어지지 못하였던 경험을 가져다주었다. 그러나 제2차 세계대전 이후에 각국에 따라서 차이는 있지만 이러한 국가주의적 교육사상은 해소되어 가고 있고, 각국은 인간적 성장발달을 위한 교육을 위해 노력하고 있다.

학문의 자유는 사상적으로는 Bacon, Milton 등에 의하여 주장되었으나, 연혁적으로 볼 때 학문의 영역에서의 자율성의 획득은 독일의 제 대학에서 발전한 대학의 자유(Akademische Freiheit)에서 유래한다고 할 것이다. 종교의 영향력이 지배적이었던 시대에는 학문분야에서도 신학의 우위로 나타났는데, 그러한 우위는 검열권 및 감독권과 결합되어 있었다. 그러나 1737년의 괴팅엔(Göttingen)대학의 설립은 학문의 자율성을 획득하는데 하나의 전기를 마련하였다. 괴팅엔 대학에서는 교수의 자유가 지배적이었고, 교수들은 독일어로 자유로운 강의를 했으며 신학부의 감독권은 더 이상 행사되지 않았다. 이에 기인하는 괴팅엔 대학의 성공은 학문의 자율성도 역시 시대의 요구가 되게 만들었다.[106] 학문의 자유는 1849년의 프랑크푸르트헌법에서 처음으

---

104) 신현직, 앞의 논문(주 102), 14-15면.

105) 교육권사상의 역사적 고찰에 대해서는 신현직, 앞의 논문(주 102), 12면 이하 참조.

106) Dieter Grimm, a.a.O.(주 77), S.51.

로 헌법적 보장의 형태로 인정된 이래 여러 나라의 헌법에서 규정되고 있다. 학문의 자유란 진리탐구의 자유로 대학의 교수나 연구소의 연구원 등에 있어서 물론 중요한 의의를 가지지만, 진리탐구는 "사물의 바른 이치(진리)를 찾아내려는 모든 인간 노력의 대명사"[107]로서 모든 국민의 기본권이 되고 있다.

(3) 종교

예술, 교육 및 학문과는 달리 종교는 문화적 생활영역의 분화과정에서 결코 추진력이 되지 못하였다. 종교는 스스로 자율성을 획득했다기보다 다른 문화영역이 분화되면서 고유한 세계해석이나 사회통합의 기능을 상실해가면서 분화되어 갔다. 결국 예술, 학문, 교육영역의 자율성 획득으로 인하여 종교는 다른 여러 문화체계 중의 한 부분으로 축소되면서 자율성을 얻게 된 것이다.[108] 말하자면, 종교의 기능적 한정화는 다른 체계들의 독립에 따른 부수효과로서 나타난 것이다. 종교는 합리적으로 설명될 수 없는 것들과 인간의 한계상황에 대한 의미부여자로서 남게 되었다. 이러한 한정 속에서 종교는 결국은 자신의 편에서 볼 때 고유한 자율성을 형성할 수 있게 된 것이다.[109]

(4) 소결

이상에서 볼 때, 문화의 개별영역들은 시민계급의 태동, 개인의 자유의 철학적 확립 그리고 자유로운 시장경제질서의 성립이라는 배경 속에서 자율성을 획득해가면서 자신의 고유한 영역인 정신적, 미적 의미들을 발전시켜 나갔던 것이다.

---

107) 허영, 헌법이론과 헌법(중), 박영사, 1989, 251면.
108) Dieter Grimm, a.a.O.(주 77), S.51.
109) Dieter Grimm, a.a.O.(주 77), S.52.

3. 국가와 문화의 관계에 대한 새로운 결정

문화적 자율성의 성립은 문화와 국가의 관계에 대한 새로운 결정을 요구하였다. 문화국가라는 개념을 유래시킨 Fichte는 문화와 국가와의 관계를 처음에는 소극적으로만 규정지울 수 있었다. '자유에 이르는 길'로서의 문화는 Fichte에게 있어서 사실 인간의 궁극적 목적에 참여하는 것이지만, "결코 어느 누구도 문화화되어서는 아니되고, 모든 사람은 자기 스스로 문화화되어야만 한다"고 했다.[110] 그렇다면 문화에 대한 국가의 유일한 기여는 모든 문화적 활동을 자제하는 것뿐이다.[111] Fichte는 여기서 사람들이 미국에서 독립이래로 실제화 했던 것을 이론적으로 발전시켰다. 미국에서는 문화시설의 소유자인 장원도 존재하지 않았고, 종래의 국교는 새로운 헌법의 제정으로 인하여 인정

---

110) J. G. Fichte, Beitrag zur Berichtigung der Urteile des Publikums über die französische Revolution, 1793, in : I.H.Fichte(hrsg.), Sammtliche Werke Bd.VI, 1846, S.80 (Dieter Grimm, a.a.O.(주 77), S.53에서 인용).

111) 1789년의 프랑스혁명의 발생당시에 독일의 지식인들은 대체로 프랑스혁명을 위대한 계몽주의의 커다란 유산인 이성에 기반을 둔 합리주의가 성숙하여 이룬 결실이라 하여 열광적인 호의를 표시하였다. Kant는 정부의 자의를 근절하고 주권을 법률위에 수립하기 위한 위대한 노력으로서 축복을 보내고, 젊은 Fichte도 프랑스혁명의 정신에 찬사를 보냈다. 이미 1792년에 Fichte는 거침없이 모든 관습에서 해방된 절대적 인권을 옹호하는 입장을 "유럽군주들로부터의 사상의 자유의 반환청구" 및 "프랑스혁명에 관한 대중의 판단의 교정을 위한 기고"라는 논문에서 뚜렷이 밝히고 있다(이에 대해서는 高山一十, フィヒテの獨逸觀, 東京:古今書院, 1941, 26-33면). 그러나 나폴레옹전쟁에서 패배한 후 Fichte는 독일 국민의 민족적 자각과 통일적 국가조직을 위하여, 독일인의 국민의식을 고취시키고 독일의 민족적 갱생을 위하여 문화적 사명이 중시된 통일된 독일을 강조하였다. 이러한 Fichte의 민족논리는 프랑스의 계몽주의적 자유주의사상이 독일의 국가사상을 개인주의적 자유주의에 해체되는 사태에 직면하는 것을 피하게 하는 데 기여했음을 부인할 수 없다. 한편, Fichte의 哲學을 연구하여 체계를 수립한 Hegel은 국가를 "절대정신의 구현체"라 정의함으로써 강력한 국가를 존중하게 되었는데, 이러한 사상은 보수주의에 유리하게 전개되어 갔던 점을 부인할 수 없다.

되지 않았고, 1830년대에도 아직 어떠한 주도 기능하고 있는 학교제도를 갖지 못했다. 전문화된 교수신분도 결여되어 있었으며, 교수의 자유는 알지 못했고, 학문적 연구는 취미에 불과하였다. 유럽적인 의미의 대학(Universität)과는 다른 칼리지(College)에 대해서 국가는 거의 부양하지 않았다. 법관이나 의사와 같은 전통적으로 국가가 통제하는 직업조차도 실무에서 습득되었던 것이다. 예를 들어 극장, 박물관, 도서관 같은 국가적 예술시설이나 국가적인 예술진흥은 완전히 미국적 관념 밖에 놓여 있었다.112) 미국은 초기에 국가의 독립이라는 과제에 무엇보다도 관심을 집중했고 문화면에 대해서는 주로 사적인 영역으로 다루었던 것이다. 하지만 미국도 19세기를 거치면서 이와 같은 국가와 문화의 완전한 분리의 상황으로부터 명백히 벗어났지만, 이와 같은 전통은 여전히 잠재해 있었다.

하지만 유럽에서는 처음부터 문화와 국가는 분리의 길은 걷지 않았다. 프랑스대혁명은 문화의 자율성을 획득하는데 중추적인 역할을 하였지만, 그것이 문화와 국가의 완전한 분리를 의미했던 것은 아니었다. 사실 강의를 일종의 사적인 업무로 간주한 1792년의 미라보계획이 있었다. 하지만 혁명가의 대다수는 혁명이 얼마만큼 성공할 것인지는 지금까지 교회가 지배하고 있던 교육제도의 개혁에 달려 있다고 생각했다. 따라서 1791년 헌법은 제1장에서 공적인 학교제도를 만들 것을 규정하였는데, 그것은 모든 시민에게 평등하게, 그리고 기초단계는 무상이어야 한다고 하였다. 꽁도르세가 1792년 입법회의에 제출한 혁명의 교육계획은 국민학교에서부터 학문적 연구에 이르는 전체 교육제도를 자유와 평등의 헌법적 기본원칙에 따라서 –사립학교를 완전히 금지하지 않은 채– 국가적으로 규율하는 것이었다.113) 계몽이 많이 진전되

112) Dieter Grimm, a.a.O.(주 77), S.53의 각주 17참조.
113) 프랑스 혁명기에 제안된 교육계획안과 이와 관계된 헌법규정에 대해서는

어 공적 수업이 불필요하게 되는 시대는 여전히 장기적인 목표는 되었다. 하지만 이를 위한 문화적 전제조건을 일단 마련하는 것은 바로 국가의 할 일로 보았던 것이다.

독일에서도 국가와 문화의 구분은 새로운 국가관의 필연적 결과로 간주되지 않았다. Kant의 이론이 사실 국가목적론을 급격하게 변화시키기는 하였지만, 국가적 문화위임을 그 핵심까지 건드리지는 못했다는 사실을 고찰할 수 있다. 문화위임은 그때까지 평화목적 및 복지목적이 함께 존재하는 국가의 복지목적으로부터 도출되었는데, 복지목적은 신민의 경제적인 것뿐만 아니라, 정신적 복지도 포괄하는 것이었다.[114] 그러나 Kant의 절대주의에 대한 비판은 복지목적에 의해서 지지되고 있는 시민에 대한 후견과 관련된 것이었다. 국가목적론에 있어서 Kant의 비판은 복지목적으로부터의 탈출이며, 국가목적을 안전보장(위험방어)과 법적 보장에 제한하는 것이었다. 그렇지만 국가목적을 구체화하는 경찰학(Polizei- wissenschaft)은 복지목적과 함께 국가적 문화배려도 역시 단념할 준비가 되지 않았다. 국가목적을 결정하면서 유보없이 칸트적 전제에 입각하고 있는 사람들조차도 시민의 교양과 종교심(Religiosität)의 배양에 관여할 수 있는 국가의 권한을 다투지 않았다. Behr 같은 자유주의자는 국가의 문화목적이론을 매우 날카롭게 반대하고, 정부가 문화과정에 간섭하는 경우에는 항상 불합리가 발생한다고 하는 견해를 대표하는데, 그러한 사람도 어려움 없이 교육경찰

신현직, 앞의 논문(주 102), 12-17면 참조.

114) H. Maier, Die Alterre deutsche Staats-und Verwaltungslehre, 2.Aufl., 1980, S.157ff; D. Klippel, Politische Freiheit und Freiheitsrechte im deutschen Staat des 18.Jahrhunderts, 1976, S.50ff., 60ff., 131ff; Ch. Link, Herrschaftsordnung und bürgerliche Freiheit, 1979, S.132ff; U. Scheuner, Die Staatszwecke und die Entwicklung der Verwaltung im deutschen Staat des 18.Jahrhunderts, 1979, S.467; P. Preu, Polizeibegriff und Staatszwecklehre, 1983, 참조.

(Erziehungspolizei)을 견지할 수 있었다.115)

국가목적이 법적 보장에서 끝나는 것이라면 당연히 문화위임은 아직까지도 이 법적 보장에서부터 도출될 수 있었다. 이것이 자유주의적 국가론자들이 취한 길이었다. 법목적의 보다 효과적인 준수는 예방에 있다고 볼 때, 교육이야말로 법적 정서를 위해서는 가장 훌륭한 예방적인 효과를 가진 것이다. 따라서 복지목적은 사라진 것이 아니라, 다만 자신의 독립성만을 상실한 것이고 법목적에 대한 부가물로 바뀌었다.116) 예를 들어서 Rotteck는 국가의 모든 문화적, 경제적 과제를 법목적 아래 포섭하는 것은 가능하지만, 매우 인위적인 것으로 간주하였다. 오히려 결코 도달될 수 없거나 단지 불충분하게 도달될 수 있는 인간의 총체적 삶의 목적이란 것은 주요 목적인 법과 안정성을 해치지 않는 한에서는 국가목적 속에 포함되어서 국가에 의하여 준수될 수는 있다고 하였다. 이러한 우회로를 거친다면 국가에게는 심지어 종교와 예술에 대한 책임이 부여될 수 있는데, 이 종교와 예술이란 사실 자신의 자율성을 다시금 상실하지는 않지만, 도덕의 순화와 고상한 인격형성에 대한 그것들의 영향으로 인하여 국가에 의해 "사랑스런 배려"를 경험해야만 할 것이라고 하였다.117)

따라서 자유주의에 있어서도 국가의 문화적 책임은 계속해서 유지되는 것이지만 그 관계는 외적인 성질의 것이다. 국가는 문화를 법처럼 자신의 내용으로 삼지는 않으며, 문화를 법에 봉사하도록 한다. 문화와 국가의 내적인 결합을 기꺼이 인정하려는 경향은 프로이센에서, 더 정확히 말하면 1806년 나폴레옹에 대한 패배 이후에 성숙하였다. 프로이센은 위협당하고 있는 생존을 보존하고 물질적으로 재생하기 위

---

115) S. W. J. Behr, System der angewandten allgemeine Staatslehre(Dieter Grimm, a.a.O.(주 77), S.55의 註 21 참조).
116) H. Maier, a.a.O.(주 114), S.203ff.
117) Dieter Grimm, a.a.O.(주 77), S.55(註 23, 24참조).

해서는 남아있는 자원인 정신에 의해서만 버틸 수 있었다. 이것은 또한 전체적인 개혁계획 속에서 교육개혁이 차지한 높은 지위도 설명해준다. 그러한 교육개혁에서의 새로운 사실은 그 교육개혁이 절대주의가 문화의 계몽에 못지않게 비중을 둔 공리주의적 이해와는 거리를 두고 있다는 점이다. 즉 유용성이라는 관점보다 더 높은 관점에서 고찰되고 있는데, 그것은 인간성을 최고의 발전 상태까지 지원하는데 국가의 문화적 책임의 본질이 있다는 것을 인식하고 있다는 점이다.[118)]

이를 통하여 국가와 문화의 관련점이 변화되었다. 국가보다는 국가적 문화배려를 통해서 자신의 목표에 접근해가는 인간에 중점이 놓여진다. 그렇다면 국가는 문화를 이용하는 것이 아니라 문화에 봉사하게 되지만, 문화화된 국민을 통해서 자기 자신의 국력을 강화하는 한에서 자기 스스로도 다시금 문화를 통해서 이익을 얻게 된다. 정신적 개혁은 18세기 후반에 성립한 문화적 자율성이 국가의 문화위임과 일치할 수 있는 때야만 가능한 것이다.[119)]

프로이센 내무부에 속한 문화교육국의 초대국장이었던 Humboldt는 문화와 국가의 관계에 관한 형식을 고찰하였다.[120)] 그는 국가가 문화를 문화자체 이외의 목적을 위해서 더 이상 설정하지 않으며, 문화자체 이외의 목적으로 변질시키지 않고, 문화자체를 위한 국가목적으로 채택함으로써 국가의 편에서 볼 때는 필연적으로 자유국가가 되는 것을 중요하게 생각했다. 베를린에 세울 고등학문기관을 위한 그의 조직

---

118) Dieter Grimm, a.a.O.(주 77), S.56.

119) Dieter Grimm, a.a.O.(주 77), S.57.

120) Humboldt는 처음에는 초기의 Fichte와 마찬가지로 필연적으로 문화에 대한 조절과 통제를 일으키는 국가의 문화촉진에 대해서는 부정적 사고를 가졌으나, 나중에 문화에 대한 영향을 완전히 포기하는 것이 국가가 문화를 자발적으로 관철시키는 것에 이를 수 없다는 것을 인식하였고, 이점에서 그의 발전에 커다란 전환점을 이루었다(Ernst Rudolf Huber, a.a.O.(주 21), S.127).

계획은 다음과 같은 것이었다. 즉 국가는 대학과 짐나지움에 대해 "직접적으로 국가와 관련된 어떤 것도 요구해서는 안 되고, 대학과 짐나지움이 그것들의 궁극적 목적을 달성했을 때 국가의 목적들, 더 정확히 말해서 훨씬 더 고상한 관점의 목적들도 충족시킬 것이라는 내적 확신을 가져야 한다"고 하였다.[121] 이러한 입장은 문화적 자율성을 무시하는데까지 이를 수 있는 공리주의적 관점은 물론, 모든 문화적 생활영역을 정치적 목적에 복속시켜 문화적 자율성의 완전한 부인을 수반하는 관점(예컨대, 나찌즘)과는 구별되는 것이다.

III. 체계적 고찰

이상에서 문화영역이 자율성을 획득함으로써 문화와 국가의 관계에 대하여 새롭게 결정을 내려야만 했던 상황을 역사적으로 살펴보았다. 문화의 자율성 획득으로 문화의 독자적인 의의가 밝혀졌지만, 국가와의 완전한 분리를 통해서는 문화의 자율성은 그 진정한 의의를 발견할 수 없다. 어느 시대이건 문화활동은 항상 국가에 의존해왔다고 할 수 있다. 그러나 그 상호의존성은 시대와 나라에 따라 내용을 달리하고 있음을 우리는 고찰할 수 있다. 과거에는 국가는 독자적인 지배체계의 이익에 부합되는 범위 내에서 개인에게 문화를 지시하고 지원했던 반면, 오늘날에 와서는 대체로 국가의 문화에의 개입은 다른 목적이 아닌 문화에 봉사하는 목적을 가졌다는 점이 승인되고 있다. 문화와 국가의 상호의존성을 부인할 수 없는 현상으로 인식하고, 국가의 올바른 문화형성과제를 밝히려는 것이 오늘날 문화국가론의 주된 목적이라고 할 수 있다. 역사적으로 국가와 문화 간에 발생한 관계의 체계

---

121) W. v. Humboldt, Gesammelte Schriften, Bd. X, 1903, S.255(Dieter Grimm, a.a.O.(주 77), S.57에서 재인용).

화와 국가공동체내에서의 문화의 기능적 역할에 대한 분석을 통하여 문화와 국가에 대한 관계를 보다 깊이 근거지울 수 있을 것이다.

1. 문화와 국가의 관계에 대한 4모델(문화국가의 유형)

D. Grimm은 미국, 프랑스, 독일에 대한 역사적 고찰을 통해서 문화와 국가 간에 발생한 새로운 관계를 네 가지로 정리하고 있다.[122] 이는 문화에 대한 국가의 태도에 따른 문화국가의 유형분류로서의 의의도 아울러 가지고 있다.

(1) 이원적 모델(dualistisches Modell)

이 모델은 국가와 문화의 완전한 분리의 모델이다. 이러한 모델은 오늘날 존재하지 않는다고 본다. Grimm은 예로서 초기의 미국을 들고 있는데, 앞에서 살펴본 것처럼 이는 독립 후의 미국의 특수한 사정을 반영한 것이라 하겠다. Huber가 문화국가의 의미 분석의 첫 번째 요소로 들고 있는 '문화의 국가로부터의 자유'도 국가와 문화의 완전한 분리를 의미하는 것이 아니며, 문화와 국가를 완전하게 분리시키는 것은 문화의 사회적 독점현상을 가져오게 된다는 것이 Huber의 지적이다.[123]

(2) 공리주의적 모델(utilitaristiches Modell)

이 모델은 문화적 국가목적과는 다른 국가목적을 위한 국가의 문화육성모델이다. Grimm은 계몽절대주의를 예로 들고 있다. Huber도 문화자체의 목적이외에 다른 목적을 위한 도구로 사용되는 목적국가(Zweckstaat)는 문화국가에 절대적인 반대개념으로 보고 있다.[124]

---

122) Dieter Grimm, a.a.O.(주 77), S.58

123) Ernst Rudolf Huber, a.a.O.(주 21), S.144.

124) Ernst Rudolf Huber, a.a.O.(주 21), S.144.

(3) 지도적 모델(dirigistisches Modell)

이 모델은 정치적 기준에 따른 문화에 대한 국가의 조종으로서 나찌의 예를 들 수 있다. 이 모델은 극단적으로 문화가 전적으로 국가에 종속되는 모델로 Huber가 말하는 독재적 문화국가유형이며, Maihofer의 표현대로 획일주의적, 독재주의적, 권위적인 비자유주의적인 문화국가[125)]의 유형이라 하겠다. 문화의 자율성이 획득되기 이전의 시대에 있어서의 국가의 문화에 대한 지배도 대체로 이 모델의 카테고리에 넣을 수 있을 것이다.[126)]

(4) 문화국가적 모델(kulturstaatliches Modell)

이 모델은 문화적 목적자체를 위한 국가의 문화육성을 목적으로 하는 국가모델이다. 이 모델은 문화국가의 개념을 창출한 프로이센의 개혁, 특히 앞에서 살펴본 바와 같이 Humboldt의 교육개혁에서 이 모델이 나타난다.

(5) 소결

이상에서 우리는 문화와 국가의 상호관계에 관한 4가지 모델을 살펴보았는데, 이 과정에서 진정으로 추구해야 될 문화국가상이 무엇이며, 이와 구별될 수 있는 표지들도 어느 정도 밝혀졌다. 국가가 문화영역에 전혀 간섭하지 않는 극단의 자유방임적 분리모델은 Huber가 적절히 지적하는 바와 같이, 문화의 사회적 독점현상이라는 간과할 수 없는 부작용을 가져올 수 있다. 오늘날에는 문화와 국가의 완전한 분리

---

125) Werner Maihofer, a.a.O.(주 1), S.956

126) 전광석 교수는 문화가 전적으로 국가에 종속되는 모델을 "체제종속적 문화국가"와 "후견적 문화국가"로 나누고 전자는 역사적으로 기능미분화 시대인 근대이전에서 찾아볼 수 있는 유형이며, 후자는 오늘날에도 사회적 정당성 조작의 수단으로 문화를 지도하는 정치체제 등에서 볼 수 있다고 한다(전광석, "헌법과 문화", 공법연구 제17집, 한국공법학회, 1990, 170면).

란 있을 수 없으며, 상호의존성을 갖는다는 것을 부인할 수 없다. 국가와 문화가 상호의존성을 가진다는 것을 전제한다 하더라도 어떠한 형태의 상호의존성인가와 관련하여 우리가 추구하는 문화국가상은 좀 더 자세한 고찰을 요한다. 첫째, 문화자체의 목적이외에 다른 목적을 위하여 문화육성을 하는 공리주의적 모델(Huber의 표현에 나타나는 목적국가), 둘째, 정치적 기준에 따라서 문화를 조종하는 지도적 모델 등은 우리가 추구하는 문화국가와 구별된다. 이렇게 볼 때, 문화적 목적자체를 위한 국가의 문화육성을 목적으로 하는 문화국가적 모델을 우리가 추구하는 문화국가상과 관련되는 것으로 볼 수 있겠다. 다만, 우리가 추구하는 문화국가상은 개념형식상으로는 이 모델에 관련되지만 프로이센의 문화국가관념이 민족주의와 결부하여 배타적인 성격을 띠게 되어 뒷날 보수주의적, 권력국가적, 반자유주의적 그리고 반계몽주의적인 국가이데올로기에도 영향을 주었던 점을 생각할 때, 내용상 좀 더 자세한 헌법적 평가가 필요할 것이다.[127]

2. 국가공동체에서의 문화의 기능적 역할

공동체가 더 이상 개별화되거나 계층화되지 않고, 기능적으로 다양하게 분화하는 것이 발전된 공동체의 표지라 한다면,[128] 문화영역은 위에서 살펴본 문화영역을 구성하는 개별요소들을 결합하면서 사회의 그 밖의 부분체계들과 구별되는 특수한 징표를 그 기능에서 찾을 수 있어야만 한다. 통상 정치체계는 집단적으로 구속력 있는 결정을 내리고 관철시키는 점에 특수성이 있고, 경제체계는 사회의 물질적 재생산

---

127) 본장 제3절의 문화국가개념의 의미를 분석하고, 제4장에서 문화국가를 헌법의 다른 기본원리들과의 관계를 고찰함으로써 우리가 추구하는 문화국가상은 내용적으로도 정당성을 갖게 될 것이다.

128) 이에 대해서는 N. Luhmann, Gesellschaftsstruktur und Semantik, Bd.1, 1985, S.25ff 참조.

에 기여하는 점에 특수성이 있다고 할 수 있다. 반면, 문화영역은 다른 체계와 비교하여 우선 물질적 대상과 관련되어 있지 않고, 정신적 대상의 생산 및 전달을 지향한다는 점에 특수성이 있다고 할 수 있다.[129)]

Dieter Grimm은 문화가 국가공동체 내에서 특별히 담당하는 기능적 역할에 대한 분석을 통해서 문화와 국가의 관계를 보다 깊이 있게 근거지우려고 한다. 그는 문화에 관한 행위이론 내지 의사소통이론 같은 사회과학이론을 인용하면서 문화가 공동체 전체와 개인에 대하여 갖는 의미들을 제시하였다. 먼저 개인적인 측면에서 볼 때, 문화는 "해석, 가치, 표현형식이라는 초개인적 체계로서 개인의 의사소통이나 결정의 상황에서 지향방식과 우선선택의 규칙을 제공하여 상호주관적 이해와 사회적 행위를 가능케 한다"고 하였다. 결국 개인의 생활세계는 문화적으로 구성되어 있으며, 개인은 문화적 모범을 사회화과정에서 전수받아 섭취하게 된다. 또한 이를 통해서 문화를 재생산하며 개혁하기도 한다. 둘째로 공동체의 측면에서는 문화란 "사회적 통합에 기여한다"고 하였다. 즉 문화는 상호주관적으로 타당한 의미있는 해석모범이나 태도방식을 제공함으로써 공동체를 일치시키고 집단적 정체성을 획득하게 한다. 또한 사회적 통합을 위해 작용하는 사회제도들 역시 그 발생, 존립, 기능을 정당화하는 요소를 문화로부터 얻게 된다. 즉 문화적 정당화 없이는 국가제도를 강제하기란 어려운 것이다. 따라서 국가는 문화에 의존하고 있으며, 문화적으로 근거 지워진 해석과 규범도 개인적 내재화와 사회적 제도화를 필요로 하고, 이것은 국가적 차원에 의존하고 있는 것이므로 문화 역시 국가에 의존하고 있는 것이다.[130)]

---

129) Ernst Rudolf Huber, a.a.O.(주 21), S.59-60.
130) Ernst Rudolf Huber, a.a.O.(주 21), S.61-63.

제3절 문화국가의 개념

I. 서언

이상의 고찰에서 문화국가에 대한 대체적인 윤곽은 잡혔지만 좀 더 헌법적인 측면에서의 논의를 진행시키기 위해서 문화국가사고의 개별적인 요소를 분석하고, 구별개념과의 차이를 분명히 할 필요가 있다. 그렇게 함으로써 Fichte, Humboldt 등에게서 기원한 문화국가개념이 현대적인 의미를 가지고 법치국가, 사회국가 등과 같은 법적인 개념으로 기능할 수 있게 될 것이다.

문화국가란 용어를 최초로 개념화한 피히테(Fichte)는 세계사와 국가의 발전을 본능지배의 국가, 권위확립의 국가, 가치해소의 국가, 진리와 자유지향의 국가, 이성지배의 국가의 다섯 단계로 나누고 마지막 이성지배의 국가단계를 문화국가로 불렀다. 그는 국가의 최종목적은 '자유를 지향하는 문화'에 있으며, 따라서 국가는 이 목적을 실현하는 범위 안에서 개인으로부터 협력을 요구할 권리를 갖는다고 하였다. 다만, 국가는 문화를 획일화할 수는 없고 개인의 힘들을 전체적으로 고양시켜나가야 한다고 주장하였다. 이러한 피히테의 문화국가론은 자유주의적인 경향을 띠고 있지만, 나폴레옹전쟁에서 패배한 후에는 독일국민의 민족적 자각과 통일적 국가조직을 위하여, 독일인의 국민의식을 고취시키고 독일의 민족적 갱생을 위하여 문화적 사명이 중시된 통일된 독일을 강조하였다.131)

131) 이러한 Fichte의 민족논리는 프랑스의 계몽주의적 자유주의사상에 의해 독일의 국가사상이 해체되는 사태에 직면하는 것을 피하게 하는데 기여했음을 부인할 수 없다. 한편, Fichte의 철학을 연구하여 체계를 수립한 Hegel은 국가를 "절대정신의 구현체"라 정의함으로써 강력한 국가를 존중하게 되었는데, 이러한 사상은 보수주의에 유리하게 전개되어 갔던 점을 부인할

그 밖에 역사철학적 구성의 틀 속에서 사용되던 문화국가를 법적 개념으로 승화시켰으나, 문화국가는 공산주의와 조화될 수 없고, 예수회도 문화국가에서 배제된다고 주장하여 문화국가를 투쟁적인 개념으로 사용한 블룬츌리(Bluntschili), 문화국가를 4개의 기준에 따라 '그 시대의 최고위치에 서 있는 국가들'의 '공통적인 본질적인 것'으로 파악하고 문화국가에 있어서 행정의 합법률성을 강조한 굼플로비치(Gumplowicz), 문화국가 속에서 예술진흥의 계기를 파악하는 등 고전적이면서 심미적 성격의 문화국가관을 보이고 있는 트라이치케(Treitschke), 상대주의적 가치철학에 입각하여 인간이 선택·결정할 수 있는 가치관에 따라 개인주의적 자유국가, 단체주의적 전체국가, 문화주의적 문화국가의 성립의 가능성을 주장한 라드부르흐(Radbruch) 등에게서도 문화국가의 개념정의의 싹을 볼 수 있지만,[132] 좀 더 새로운 학문적 논의는 오늘날까지 후버(Huber)의 문화국가개념으로부터 현저하게 영향을 받았다는 점은 일반적으로 인정되고 있다.[133]

이하에서는 Huber가 전개한 문화국가개념 분석을 비판적으로 고찰하고, 판례에는 문화국가가 어떻게 나타나고 있는가를 검토한 다음, 나름대로 문화국가의 개념정의를 시도해 보고자 한다.

수 없다.

132) 문화국가의 개념사에 대해서는 Ottmar Jung, Die Entwickelung des Kulturstaatsbegriffs von J.G. Fichte bis zur Gegenwart, Diss.iur. Würzburg, 1973;I.Bauer, Die Geschite des wortes "Kultur" und seiner Zusammensetzungen, Diss. phil. München, 1951 참조.

133) Max-Emanuel Geis, Kulturstsst und Kulturelle Freiheit-Eine Untersuchung des Kulturstaatskonzepts von Ernst Rudolf Huber aus Verfassungrechtlicher Sicht, Nomos Verlagsgesellschaft, Baden-baden, 1990, S.20ff; W.Maihofer, a.a.O.(주 1), S.957.

II. 후버(Ernst Rudolf Huber)의 문화국가론의 비판적 수용

1. 후버의 문화국가개념 분석

Huber는 문화와 국가의 상호관계를 중심으로 문화국가개념의 의미를 다섯 가지로 나누어 분석하고 있는데,[134] 그는 이러한 분석을 통하여 문화국가의 여러 문제를 폭넓게 언급하고 있다. Huber의 말처럼 문화국가의 개념을 충분히 개념 정의하는 가운데 문화국가의 모든 문제가 해결된다고도 말할 수 있을 것이며, 문화국가의 개념을 명확히 하는 것은 바로 문화국가의 문제의 중심으로 들어온 것이 될 것이다. 다만, Huber의 문화국가개념의 세 지주라고 할 수 있는 1) 이상주의적인 문화개념, 2) 국가주의적인 국가개념, 3) 정신과학적인 변증법적 방법론의 회귀 등은 또한 비판을 받는다.[135] Huber는 문화를 자율적인 인격도야재(교양재)(Bildungsgüter)로 이해하고, 문화국가라는 개념속에 전제된 문화의 자율성은 어떻게 보장될 수 있고, 문화와 국가의 통일적 존재(Einsein)는 획득될 수 있는가라는 문제를 제기하였다.

(1) 문화의 국가적 자유

Huber에 따르면, 문화국가는 첫째 단계가 내재적 본질법칙성(Wesensgesetzlichkeit)에서 볼 때 "문화의 완전한 국가적 자유의 원칙을 승인하는 국가"이다. 여기서 문화의 국가적 자유의 원칙이란 국가와 문화의 분리를 의미하지 않고, 국가전체에 있어서 자유로이 발전되는 문화력(Kulturkräfte)과 문화재(Kulturgüter)의 자유로운 내적 성장을 의미

---

134) Huber는 다섯 가지의 중요한 의미들을 구분하는데, 그것들은 사실상 모순되어 보이지만 단순히 대립적 의미로 대치되어 있는 것이 아니라 "문화의 자율성"이라는 관념을 공통점으로하여 상호 의미연관을 갖는다고 보고 있다(Ernst Rudolf Huber, a.a.O.(주 21), S.125ff.)

135) 대표적인 비판에 대해서는 Max-Emanuel Geis, a.a.O.(주 133), S.117ff.

한다고 한다. 즉 문화의 독자적인 목적이 다른 원인(정치, 종교 등)에 의해 왜곡되었던 상태에서 벗어나 문화의 자율성이 국가에 의하여 인정된다는 뜻이다. 그러나 Huber는 국가의 문화에 대한 포기는 필연적으로 문화의 국가에 대한 포기에 이르며 절대적으로 설정된 문화의 국가로부터의 자유는 결국 국가의 문화상실로 끝난다는 점을 지적하고 있다. 즉, 국가가 문화국가이기 위하여 문화의 자율성의 승인으로부터 출발해야 하는 것은 사실이지만, 나아가 국가는 이러한 자율성을 고려하여 문화에 대한 모든 영향을 단순히 포기하는 것으로써 만족한다면 진정한 문화국가가 되지 못한다고 한다.[136] 문화를 방기한다는 의미는 문화를 사회에 떠맡긴다는 뜻이 되는데, Huber에 따른다면 이것이 모든 시대에 최고의 문화적 위협이 되었다고 한다. 즉, 국가만이 유일한 문화위협적인 주체는 아니며, 국가의 바깥에서 문화를 지배하고 문화를 조종가능한 것으로 다루며 문화를 자신에게 봉사하도록 강요하는 사회적 집단의 권력집중(Machtballung)도 위협이 된다는 것이다. 현대사회는 경제적 영역뿐만 아니라 문화적 영역에서도 사회라는 공간에서 발생한 문화적 독점과 과점을 형성하게 되는데, 사회적 문화독점권력과 사회적 문화과점자에 대하여 자율적 문화를 위한 몇 가지 생각할 수 있는 보호제도로 Huber는 "문화에 대한 자신의 책임을 의식하고 문화적 자유를 보장하는 데 단호하며, 헌법합치적 통제제도에 의해서 권력남용을 차단하는 헌법국가"를 들고 있다.[137] Huber는 문화의 자유에 대한 책임이 존재한다는 의식으로부터 문화국가는 문화에 대한 국가의 기여라는 그 의미의 두 번째 단계로 고양된다고 한다.

---

136) Ernst Rudolf Huber, a.a.O.(주 21), S.122.

137) Ernst Rudolf Huber, a.a.O.(주 21), S.128. Huber는 문화에 대하여 보호적이고 봉사적인 태도를 취하는 국가권력은 사회적 집단권력에 비해 직접적, 개방적으로 작용하고, 헌법적으로 규율되며, 헌법적으로 책임이 있으며, 감독할 수 있다는 점에서 장점이 있다고 한다.

(2) 문화에의 국가적 기여(**Dienst**)

Huber는 문화국가란 "문화의 자유는 국가로부터의 자유일 뿐만 아니라 국가에 의한 자유"라는 시각하에 문화의 자율성을 승인하는 것과 "자율적 문화에 대하여 능동적이고 책임있는 봉사"를 하는 것을 결합시킬 때에만 진실로 문화국가라 불려질 수 있으며, 문화에 대한 이러한 국가적 기여는 다음의 네 가지 중요한 문화활동에서 나타난다고 한다.138)

첫째, 문화보호(Kulturschutz)활동은 문화에 대한 정치적 침해로부터의 방어로 귀결될 뿐만 아니라 사회적 영역에서 발생하는 문화위협적 행위들에 대한 국가의 방어처분으로도 귀결되며,

둘째, 문화관리(Kulturpflege)활동은 교양재(Bildungsgüter)안의 전통적 요소가 탕진, 몰락, 멸망, 분산, 망각되는 것을 방지하기 위하여 법률 및 공적제도를 만드는 것이며,139)

셋째, 문화전승(Kulturvermittlung)활동은 문화의 전통적 요소를 보편화하는 과제를 여러 가지 형태로 수행하는 것이며,140)

넷째, 문화진흥(Kulturföderung)활동은 사회는 보통 자기힘으로는 문화를 모든 측면에서 발전시키기에 충분하게 활동하지 못하므로 국가가 문화영역에서 다양한 촉진적 조력을 제공하는 것을 말한다.141)

---

138) Ernst Rudolf Huber, a.a.O.(주 21), S.129-130.

139) Huber는 이러한 문화관리활동을 통한 국가의 기여는 다음의 문화전승의 필수적인 전제를 이루는 것으로 보고 있다.

140) Huber는 문화전승은 교육제도를 통해서 가장 잘 수행된다고 보고 있다.

141) Huber는 문화의 본질법칙성은 발전이고, 이미 유산으로 받은 것으로부터 새로운 내용과 형식으로의 끊임없는 진보이기 때문에, 국가적 문화진흥은 무엇보다도 문화로서의 발전을 다투는 새로운 것도 필요로 한다는 점을 적절히 지적하고 있다. 만약 국가가 전통적 문화의 보존과 전승에 국한되고 살아있는 문화발전을 위한 모든 지원을 포기하려고 한다면 단지 '박물관 문화국가'란 심한 질책에 직면하게 될 것이라고 한다.

(3) 국가의 문화형성력

Huber는 문화국가개념 분석의 3단계를 '문화의 능동적 형성'의 권한을 부여받는 국가로 이해한다. 그러나 그는 국가의 문화형성력도 처음에 세웠던 개념적 조건에 따라 문화의 자율성을 선언하는 국가에 대해서만 논의될 수 있으며, 문화적 독재의 국가, 즉 문화를 전체적으로 계획하고, 전체적으로 조직하며, 전체적으로 규제하는 국가는 결코 문화국가일 수 없다는 점을 분명히 하고 있다. 문화의 자율성과 국가의 문화형성력은 일견 모순으로 보일 수 있다. Huber에 따르면, 그럼에도 불구하고 국가의 문화형성력은 현대세계에서 국가성 뿐만 아니라 문화 자체의 없어서는 안 될 요소라고 보고 있다.142) 문화에 대한 기여로부터 능동적인 문화형성력에로의 문화국가가 전이하는 것의 피할 수 없는 명제는 다양한 모순에 부딪히게 되는데, Huber는 세 가지 차원에서 보다 자세하게 설명하고 있다.

첫째, 문화를 보존, 전승, 진흥하려는 국가는 먼저 '문화'란 무엇이고 '비문화'(Nicht-Kultur)란 무엇인가를 결정하는 것을 피할 수 없는 문제에 봉착하게 되는데(**문화와 비문화의 결정문제**), Huber는 우리가 국가에 대하여 요구하는 문화형성이라는 문제에 있어서의 중립성(Neutralität)은 문화와 비문화가 동일하게 다루어지는 불가지론(不可知論)에 빠져서는 안 된다는 점을 명확히 하고 있다. 그러나 문화와 비문화의 결정은 어려운 것이어서 국가기관(입법, 행정, 사법)이 그러한 결정을 내리는 것이 가능하고 그렇게 할 권한이 있는지에 대한 의심이 생긴다. 학문적·사회적 가치평가의 영역에서 타당할 뿐만 아니라 국가영역에서의 구속성도 가지는 결정이 문제로 된다. Huber에 따르면, 국가가 권한을 부여한 심급(Instanz), 즉 '독립적인 문화전문가 집단'에

---

142) Ernst Rudolf Huber, a.a.O.(주 21), S.131.

의해서 결정될 수 있을 것이라고 한다.143) 그러나 이 경우에도 국가는 이러한 집단의 구성원의 선발에 직·간접으로 관여하고 무엇이 독립적이고, 무엇이 문화적 사항의 전문성인가에 대하여 결정한다. 여기서 독립성과 전문성을 놓고 서로 딜레마에 빠질 수 있다. 국가가 국가외적 심급인 독립적인 전문가들의 집단에 문화의 핵심문제, 즉 무엇이 보존, 전승, 진흥할 만한 가치가 있는 문화에 속하고, 무엇이 그렇지 않은지에 관한 문제에 대한 계속적인 결정권을 부여한다면 이 심급은 국가적인 영역으로 들어오게 된다. 즉, 국가결정권은 사회적 심급으로 넘어가게 된다. Huber는 이러한 현상을 '국가의 탈국가화, 사회의 국가화'를 의미한다고 하며, 국가는 단순히 조직적인 정서(整序, Zuordnung)의 문제가 아니라 결국은 '기능'의 문제라고 볼 때 '국가안의 국가'라는 표현은 이것을 지적하는 것이라고 한다.144) 자유로운 사회영역 안에 구성된 전문가집단은 국가적 수권에 의해서 문화와 비문화의 구별에 관한 문제에 대하여 독립적이고 국가적 구속력이 부여되는 결정을 내려야만 하는데, 따라서 그 심급은 그 기능에 따라서 '국가화된 사회'라고 할 수 있다는 것이다. Huber는 독립된 문화전문가집단의 성향에 따라 보수, 혁신이 문제되지만 이것은 이미 국가적 형성권에 속하는 것이라고 보고 있는 것이다.

둘째, 국가적 결정권은 '문화'로 승인된 넓은 의미의 가치들 안에서 특히 문화적으로 긴급하게 중요한 것들, 즉 우선적으로 보호, 전승, 진흥될 만한 가치가 있는 것들의 '선택과 강조'에 이르게 되는데(**문화의 차별화(Differnzierung)문제**), Huber는 국가가 우선적으로 또는 제2의, 제3의 순서로 기여하는 문화영역과 교육방향의 선택과 긴급성의 단계화 없이는 국가의 문화정책은 불가능할 것이라고 한다.145) 일정한 문

143) Ernst Rudolf Huber, a.a.O.(주 21), S.132.
144) Ernst Rudolf Huber, a.a.O.(주 21), S.132-133.

화시대가 고전적 교양의 정신을 특징으로 하는지, 아니면 현대의 경험과학과 기술을 특징으로 하는지는 국가적 문화심급의 차별화 결정에 상당한 정도로 의존한다. 이러한 매우 까다로운 종류의 결정을 내릴 수 있는지 국가의 능력과 정당화에 대한 의심이 새롭게 등장하지만, 완전한 국가의 '중립성'과 그로부터 나오는 '문화영역내의 동등성'에 대한 결정도 역시 능동적인 문화형성의 처분이 될 것이다. 왜냐하면 국가가 모든 문화차별적인 선택을 포기한다면 상이한 문화영역은 아무런 규제 없이 성장할 자유를 가지게 되는데,146) 그것은 곧 문화에 참을 수 없는 불균등을 초래하고 문화적 부조화는 오직 반문화(Unkultur)의 극단적인 경우일 뿐이기 때문에 Huber는 이러한 증식과 이상 현상에 대하여 국가가 간섭해야만 한다고 한다. 국가의 문화정책에 있어서 '틀에 밝힌 동등성'은 실제로 불가능할 뿐만 아니라 원칙적으로 잘못된 것이라고 한다.

셋째, 국가의 문화형성력은 통치적 문화관할권과 문화형성권을 의미하는 하는 문화고권과 관련된다(**문화고권의 문제**). 특히 독일과 같은 연방공화국에서는 문화고권이 주의 권한이므로 국가적 문화형성력과 지방의 문화고권과의 관계가 문제로 되는데, Huber는 실제에 있어서 교육제도에서 잘 나타나는 것처럼 비록 국가적 문화형성력을 반박할 수는 있어도 그 효율성에 있어서는 부정할 수 없는 것이라고 한다.147) 즉, 모든 형태와 단계의 문화적 결정을 국가가 담당하는 것은 문제가 있지만, 제멋대로 내버려둔(überlassenen) 문화로부터 지배적인 문화이념이 스스로 나오지는 않으며, 반대로 사회적 독점이 야기될 수 있기 때문에 기본적인 틀은 국가의 문화형성권에 의존하지 않을 수 없

145) Ernst Rudolf Huber, a.a.O.(주 21), S.133.
146) Huber는 이러한 현상을 "거칠은(wild) 성장의 완전한 자유가 있다"고 표현하고 있다(Ernst Rudolf Huber, a.a.O.(주 21), S.134).
147) Ernst Rudolf Huber, a.a.O.(주 21), S.135f.

다는 것이다. Huber는 문화이념(후버는 교육이념을 예로 들었지만)의 우선순위와 내용에 대한 구속력 있고 정당한 결정은 오직 국가나 국가가 권위를 인정한 심급만이 내릴 수 있다고 하면서, 국가의 시민이 문화형성력의 행사를 부인한다면 국가는 문화국가로 타당한 요구를 상실하는 것일 뿐만 아니라, '국가의 국가성'이라고 부르는 것을 재건하는 기회를 잃어버리게 된다고 한다. 즉, 이러한 문화형성적 결정을 통해서 국가는 다름 아닌 '국가의 국가성'을 획득한다는 것이다.

(4) 문화의 국가형성력

Huber는 문화국가의 네 번째 단계는 문화가 자신을 위하여 국가를 형성할 능력이 인정되어야 한다는 점을 지적한다. 그는 Hegel의 '주인과 노예의 변증법'을 인용하여 문화와 국가와의 관계를 설명한다. 즉, 어떤 사물에 봉사하는데 몰두하는 사람이라면 그가 사물과 동일하게 되는 이러한 봉사에 대한 절대적 몰두에 의해서 사물의 지배자로 된다. 의식적으로 단순화하면 다음과 같다. 즉 "문화에 대한 봉사자로서의 문화국가는 문화와 하나가 되고 그것을 통하여 문화의 주인이 된다." 그러나 모든 변증법적 명제들처럼 이 테제도 역시 그 반대상황이 가능하다는 한에서만 참이다. 사물에 대해서 완전히 지배하려고 몰두하는 사람이라면 그가 똑같이 사물에 동일화되는 이러한 지배에 대한 절대적 몰두에 의해서 사물의 봉사자가 된다. 즉 사물도 그 지배자에 대한 지배를 획득한다. 이것을 문화와 국가와의 관계에 적용하면 "문화의 주인으로서의 문화국가는 문화와 동일하게 된다. 즉, 문화는 국가에 대한 지배를 획득한다."는 명제가 얻어진다는 것이다.

그에 따르면, 문화국가가 문화를 지배한다는 것은[148] 문화를 자율적 존재능력과 함께 국가안으로 편입시켜서 국가와 의미를 연결시키는

148) 여기서 지배는 고권(Hoheit)의 의미로 본다.

것이고, 국가가 문화에 대하여 고권을 행사하려면 국가를 독립적인 생활로서의 문화로 변형하는 것을 의미한다고 한다. 바로 이렇게 함으로써 국가의 문화에 대한 지배는 문화의 국가에 대한 지배로 변한다는 것이다.[149] 즉, 완성되는 문화국가에서 국가의 문화형성력과 문화의 국가형성력은 결합하게 된다는 점을 추론한다.

그에 따르면 현대의 헌법국가, 법치국가 및 사회국가는 어떤 특별한 의미에서 문화의 국가형성력이 나타난다는 요구와 함께 정치적 현실 속으로 들어 왔으며, 이때 문화는 추상적이고 구속력 없는 의미에서가 아니라, 구체적인 우리시대와 우리세계에서 발생하고, 자유와 질서, 법과 힘, 법적 안정성과 사회적 정의, 전통과 진보가 문화에 의하여 형성된 국가의 지도상(Leitbild)속에서 일치되려고 하는 책임있게 정서된 문화성향(Kulturgesinnung)이라는 의미에서의 문화인 것이라고 한다. 그러므로 문화국가의 이념은 그 발전의 이러한 단계에서는 “근대사회의 교양재의 총체인 자율적 문화는 그것이 문화로서 현실적이고, 강력한 것이 되려면, 지배해야만 하는 국가를 형성하고, 구성하며, 한계 지운다.”는 것을 의미하며, 헌법국가, 법치국가, 사회국가는 사회 전체 속에서 자율적으로 발전하는 문화이념의 결과물이라는 것이다[150]

Huber에 의하면, 문화의 국가형성력은 양면적 가치와 양면적 의미를 갖는데 예를 들어 문화는 혁명적 근원이면서 복고운동의 원인이 된다. 그러므로 문화의 국가형성력이라는 명제는 문화가 국가 형성적으로 작용하는 방향에 대해서는 아무것도 언급하지 않는다. 우리가 문화의 국가형성력이라는 명제를 일정한 상황에서 보수적이거나 진보적이거나 또는 혁명적 언명으로 느끼는지는 시대와 상황에 달려 있지만,

149) Ernst Rudolf Huber, a.a.O.(주 21), S.139.
150) Ernst Rudolf Huber, a.a.O.(주 21), S.139.

특히 우리들 자신에 달려 있다는 것이 Huber의 견해이다.[151]

(5) 문화형상으로서의 국가

Huber의 문화국가개념 분석의 마지막 단계는 국가의 문화형성력과 문화의 국가형성력의 양 계기를 일치시키고 있는 국가로써, 국가가 스스로 '문화형상'(Kulturgebilde)[152]으로서 자신을 이해하고 실현하는 국가의 단계이다. 그러나 극단적인 문화상실의 국가, 말하자면 비문화국가(Nicht-Kulturstaat)도 역시 문화과학적 고찰의 대상으로 또한 문화현상이기 때문에, 문화사와 문화사회학에서처럼 모든 종류의 국가를 문화현상으로 이해하는 방식에서 그렇다는 뜻은 아니며, 문화형상으로서의 국가란 문화과학의 단순한 대상으로서의 국가이외의 다른 어떤 것을 의미한다고 한다. Huber는 "문화형상으로서 자신을 실현시키는 국가로서의 문화국가는 지배가 문화로 설명되는 정치적 실존의 형식"으로 표현하고 있으며, 자신의 완성이라는 이러한 단계의 문화국가를 문화에 봉사할 뿐만 아니라 문화를 지배하기도 하고, 문화의 산물일 뿐만 아니라 그것이 바로 문화자체라고 하였다.[153] 이렇게 볼 때 문화국가란 "자신을 문화로 의식하고 실현하는 국가", "문화가 자신을 국가로 의식하고 실현하는 국가"라는 명제가 성립할 수 있다는 것이다. 그러나 Huber는 이러한 최상의 형태로서의 문화국가의 이상이 모든 시대에 걸쳐서 하나의 "유토피아"였음을 고백한다. 그렇다고 해서 이러한 문화국가의 이상을 포기해서는 안 된다고 주장한다. 유토피아로서의 문화국가의 이념은 우리가 국가를 실현시키는데 있어서의 지도상(指導像, Leitbild)으로 남는 것이라 한다.[154]

---

151) Ernst Rudolf Huber, a.a.O.(주 21), S.136ff.
152) '문화적 산물'이라고 번역하기도 한다(계희열, 헌법학(상), 박영사, 2005, 421면).
153) Ernst Rudolf Huber, a.a.O.(주 21), S.142.

2. 비판적 수용(문화국가의 정당화)

Huber의 문화국가개념의 의미분석은 많은 점에서 비판을 받지만, 문화국가를 법치국가, 사회국가와 더불어 그 가능성을 고찰하고 그 분석틀을 제시한 것은 탁견이라고 할 수 있으며, 그가 문화국가개념의 의미분석을 위하여 주장한 5가지의 요소는 한국에서의 문화국가개념의 정립을 위해서 비판적으로 수용할 필요가 있다고 본다. 자율적인 문화를 정당한 국가형성력으로서 승인하는 것은 오늘날 일반적으로 서구 자유주의적 국가개념의 기초라고 볼 때,[155] 우리나라에서의 문화국가논의도 '문화의 자율성'과 국가의 '문화형성력' 내지 '문화고권'의 문제가 어떻게 잘 조화하느냐가 관건이라고 하겠다.

'문화국가란 자신을 문화로 의식하고 실현하는 국가이며, 문화가 자신을 국가로 의식하고 실현하는 국가'라는 Huber의 문화형상으로서의 문화국가상은 확실히 이상적인 형태라 하겠다. 그러나 "문화가 국가로서 자기표현"하는 이러한 문화국가사고는 국가를 "도덕적 이념의 실현"으로 파악하는 Hegel적 형식과 "정신적 예술작품"으로서 국가를 파악하는 Schleiermacher의 관념에서도 나타나고 있지만, 확실히 실무에서는 국가의미에 대한 이론으로서는 그다지 효용이 없다.[156] 국가를 고유한 가치특성을 갖는 초개인적, 조직적인 통일체로서 이해하는 헤겔리안적인 국가이해는 주지하다시피 현실을 이성에 의하여 비판하고자 함보다도 현실에 있어서 이념을 보고, 현실과 이상과의 조화를 발견하고자 하는 생각으로, 일방에 있어서는 보수주의에 기초를 둔 동시

---

154) Ernst Rudolf Huber, a.a.O.(주 21), S.143.

155) Helmut Schelsky, "Die Idee des Kulturstaates", in: Peter Häberle(hrsg.), Kulturstaatlichkeit und Kulturverfassungsrecht, S.200.

156) H. Schelsky, a.a.O.(주 155), S.201.

에, 타방에 있어서는 유물사관과 같은 혁명적 사상에 계기가 된 바 있다. 이러한 헤겔리안적인 국가이해는 헌법의 인간중심적인 국가개념과 일치하지 않는다. 국가의 구속력 있는 결정은 문화영역(학문, 예술 등)에 따라서는 문화의 자율성을 침해하고, 일정한 방향으로의 문화의 조종을 가져올 위험성이 있기 때문이다. 변증법을 사용하여 국가의 문화지배, 문화의 국가지배를 도출하는 Huber의 견해는 국가와 문화의 깊은 관련성을 근거 지우고 국가도 결국 문화의 산물이라는 것을 강조한 점에서는 긍정될 수 있으나, 국가와 문화를 변증법적 통일체로 놓고서 문화의 충족 없는 국가는 있을 수 없고 국가 없이는 문화도 불가능하다는 결론은 나찌즈시대의 어용이론으로 남용된 예를 볼 수 있다. 변증법적 방법론은 헌법도그마틱에서는 사용하기 곤란하다고 본다. 왜냐하면 그것은 법적으로 필요한 세분화를 하는 대신에 난제(Aporien)를 은폐시키기 쉽기 때문이다. M.-E. Geis가 지적하듯이,[157] 문화적 자율성은 개인적 자유의 표출로서 어떠한 정당화도 필요치 않지만(물론 내재적인 한계는 있지만),[158] 국가의 문화형성적 간여는 항상 정당화를 필요로 한다. 오늘날 국가적 문화형성력의 정당화의 가장 명료한 착안점으로서 입법자의 의회민주주의적 규율 권한이 고려되는데, 이에 대한 고려 없이 포괄적인 문화형성력을 주장하는 것은 정당성을 인정받을 수 없다.

국가적 문화간여에 대한 정당화로서의 Huber는 문화고권의 관념을 내세우고 있는데, 국가의 문화형성력은 추상적인 '문화고권' 개념이나, 사회적 위험으로부터 개인적 자유의 보호를 위한 일반적 위임으로부터 직접 도출되는 것이 아니라, 인간존엄의 표현인 그때 그때의 개별기본

157) M.-E.Geis, a.a.O.(주 133), S. 213f(216)

158) 문화적 자율성에도 물론 내재적 한계가 따르지만, 이로 인하여 정당화가 필요하다고는 할 수 없다.

권의 규율 프로그램으로부터 전개될 수 있다.159) 이렇게 볼 때, 국가의 문화형성력은 헌법적 테두리 내에서 정당성을 부여 받게 되고, 아울러 헌법의 구속하에 놓이게 된다. Dieter Grimm이 적절히 분석한 바와 같이, 국가공동체에서 문화의 기능적 역할을 분석함으로써 문화국가의 정당성의 근거를 도출할 수 있다. 먼저 문화국가성은 헌법이 보장하는 개인의 지위로부터 도출할 수 있다. 즉 국가의 기능은 개인의 존엄 내지 인간의 존엄과 관련을 맺는다. 따라서 이러한 인간의 존엄에 관한 근본결단은 기본권영역에서는 개인의 존엄을 실질화 할 수 있는 자유권의 형태로 보장되고 있는데, 그 핵심은 개인의 자기결정권이며, 그 내용은 형식적인 것 뿐만 아니라 실질적인 조건을 포함하는 것이다. 개인적 자유를 실질화 하고 대화적 절차를 통해서 형성하기 위한 최소의 조건은 그것은 바로 인간을 "유적(類的) 표지"에 의해서 인식하는 것, 즉 인간을 "공동체의 구성원"으로서 인식하는 것이나. 다시 말해서 사회적 구속성과 관련을 갖는 인격체로서 인간은 어느 정도 자기가 소속된 공동체에 동질감을 전제로 하는 것이고, 이는 바로 문화에 의해서 매개되는 것이다. 바로 이러한 점에서 헌법은 개성의 문화적 기초도 보장해야 한다는 결론에 이르게 된다. 개인적 자유에 대한 헌법적 결단은 동시에 문화국가성의 승인이라고 볼 수 있다. 한편, 공동체의 측면에서도 문화국가성을 근거 지울 수 있다. 사회의 통합이라는 국가의 과제를 실현하기 위해서는 그 전제조건으로 문화가 필요하다. 왜냐하면 사회통합을 위해서는 그 때문에 설치된 제도들의 기능여부 뿐만 아니라 문화적으로 기초되어 있는 통합의 기초가 필요한 것이며, 또한 사회통합을 위한 제도 자체도 그것이 기능할 수 있는 여부가 문화적으로 근거 지워져야 할 사회적 정당성에 의존하고 있기 때문이

159) 문화형성력의 헌법적 정당화에 대해서는 M.-E.Geis, a.a.O.(주 133), S.229-259 참조.

다. 문화는 상호주관적으로 타당한 의미 있는 해석모범이나 태도방식을 제공함으로써 공동체에 일체감을 부여하고, 집단적 정체성을 획득하게 하며, 사회제도들 역시 그 발생, 존립, 기능을 정당화하는 요소를 문화로부터 얻게 된다. 즉 문화적 정당화 없이는 국가제도를 강제하기란 어렵다는 점에서 국가는 문화에 의존하고 있다. 그리고 문화적으로 근거 지워진 해석과 규범도 개인적 내재화와 사회적 제도화를 필요로 하는데, 이는 국가적 차원에 의존하고 있는 것이므로 문화 역시 국가에 의존하고 있는 것이다. 이렇게 볼 때, 헌법의 문화국가적 성격은 헌법 자체에 내재하고 있는 국가적 과제라고 할 수 있다. 이처럼 문화가 국가공동체에서 차지하는 기능적 역할을 분석함으로써 국가의 문화형성력과 문화의 국가형성력을 근거지우는 것이 더욱 헌법적 정당성을 가지게 될 것이다.

문화에 대한 국가형성력을 인정할 때, 문화와 비문화의 결정, 문화의 차별화가 가능하지만, 국가적인 문화형성력의 기초적인 결정은 일종의 무시할 수 없는 광범위한 효과와 심층효과를 갖기 때문에 그 결정을 누가하느냐의 문제는 어려운 문제이다. 문화의 본질인 자율성의 관점에서 볼 때, 국가에게 일임하는 것보다는 Huber의 지적처럼 '독립적인 전문가집단'의 결정에 의존하는 것이 바람직하다. 그러나 Huber는 독립된 문화전문가집단의 성향에 따라 보수, 혁신이 문제되지만 이것은 이미 국가적 형성권에 속하는 것이라고 보고 있지만, 전문가집단의 선정에 공정성과 전문성이 반영되지 못한다면 결국은 문화에 대한 국가지배의 결과를 가져오기 때문에, 사회속의 자율적인 기구의 의견을 수렴하는 민주적인 절차의 확보가 필요하다. 그래야만 문화와 비문화에 대한 결정을 국민들은 신뢰하게 될 것이고, 결정의 구속력은 의미를 갖게 될 것이다. 한편, 국가적으로 수행되는 문화의 차별화 없이는 문화에 대한 모든 종류의 국가적 기여는 불가능해지고 무의미해질 것이라는 Huber의 지적은 정당한 것이지만, 문화의 차별화는 문화정책의 수행에 있어서 필수적인 보호의 우선순위 결정문제이지, 보호의 후순위에 놓인 문화를 무시하거나 우선순위의 문화만을 국가가 계속적으로 보호하여 일정한 방향으로 문화를 유도하고자 하는 것은 아니다. 후순위의 문화라고 하더라도 문화로 승인된 가치이기 때문에 국가의 적극적인 보호의 대상이 된다는 점이 전제되어야만 한다.

III. 소결(문화국가의 개념정의)

Huber의 말처럼, 문화국가의 개념을 충분히 개념 정의하는 가운데 문화국가의 모든 문제가 해결된다고도 말할 수 있을 것이며, 문화국가의 개념을 명확히 하는 것은 바로 문화국가문제의 중심으로 들어온 것이 될 것이다.

한편, 국내학자들의 문화국가 정의를 살펴보면, "문화의 자율성을 최대한 존중하면서 국가가 적극적인 문화형성의 과제를 수행하고 실질적인 문화적 평등을 위해 노력하는 국가,"[160] "국가로부터의 문화활동의 자유가 보장되고 국가에 의하여 문화가 공급되어야 하는 국가, 즉 문화에 대한 국가적 보호·지원·조정 등이 이루어져야 하는 국가,"[161] "문화의 보호와 진흥을 위해 노력하는 국가, 즉 국가내의 문화활동을 보호하고 장려함으로써 국민의 삶의 질을 향상시키기 위하여 노력하는 국가,"[162] "문화의 자율성을 존중하면서 건전한 문화육성이라는 과제의 수행을 통하여 실질적인 문화적 평등을 실현하려는 국가"[163]등 주로 문화국가의 내용과 관련 지워 개념정의를 하고 있다.

---

160) 계희열, 앞의 책(주 152), 422면.
161) 권영성, 헌법학원론, 법문사, 2010, 143면.
162) 장영수, 헌법학, 홍문사, 2009, 229면.
163) 홍성방, 헌법학(상), 박영사, 2010, 223면.

필자는 앞에서 정의한 문화개념에 의존하면서 국가의 문화적 과제를 수행할 문화국가를 "문화의 자율성보장을 핵심으로 하면서 문화영역에 있어서 건전한 문화육성과 실질적인 문화향유권의 실현에 책임과 의무를 다하는 국가"라고 정의하고자 한다. 물론 이러한 정의에는 문화국가의 모든 문제점들을 모두 수용할 수 있는지는 의문이지만 논의의 지침으로 삼을 수는 있다고 생각한다.

제3장 | 문화국가성의 헌법적 수용

제1절 문화에 대한 헌법적 규율의 제 형태

앞에서 살펴본 문화국가논의가 (헌)법적 의미를 가시기 위해서는 우선 헌법에 문화국가성은 어떻게 수용되어 있는가를 살펴볼 필요가 있다. 보통의 법적인 언어사용의 의미에 있어서 학문, 예술, 교육, 종교 영역을 포함하는 헌법의 규정을 경제헌법에 대비하여 문화헌법으로 부를 수 있겠지만,[1] 그 밖에 문화와 관련이 있는 헌법상의 문화관련 조항을 살펴보는 것도 문화국가의 총체적 이해에 도움을 줄 것이다. 문화관련 조항을 일차적으로 검토함으로써 우리는 문화헌법의 윤곽을 그려볼 수 있으며, 문화(국가)현실이 사회전체적으로 볼 때 실제상 얼마나 반영되고 있는가를 엿볼 수 있다.[2] 헌법텍스트에는 모든 사항을 열거할 수 없는 한계가 있기 때문에, 헌법에 국가의 문화에 대한 기본입

1) 이와 같은 증거는 Thomas Oppermann, Kulturverwaltungsrecht, 1969, S.29ff.; Werner Maihofer, "Kulturstaatliche Element der Verfassungsmäßigen Ordnung", in : Ernst Bender·Werner Maihofer · Hans-Jochen Vogel(hrsg.), Handbuch des Verfassungsrechts der Bundesrepublik Deutschland, Walter de Gruyter, Berlin·New York, 1983, S.977ff에서 찾아 볼 수 있다. 그리고 출판과 방송 등에 관한 규정도 문화헌법으로 부를 수 있을 것이다.

2) Peter Häberle, "Vom Kurturstaat zum Kurturverfassunsrecht", in: Peter Häberle (hrsg.), Kurturstaattlichkeit und Kurturverfassunsrecht, Darmstadt, 1982, S.3.

장에 관한 직접적인 규정이 없더라도 기타 문화관련 조항의 체계적 해석을 통해서도 국가의 문화국가성은 도출될 수 있다.[3] 제2차 세계대전 이후의 각국의 헌법은 대부분 문화에 관한 규정을 두고 있다. 그것은 전쟁의 종결과 더불어 평화를 추구하려는 각국의 국민의 의사가 반영된 것으로 생각된다. 전쟁을 통하여 문화가 파괴되므로 무엇보다도 문화는 평화적 환경에서 그 성장의 기반을 갖게 된다. 전쟁과 문화는 양립하지 않는다. 따라서 그와 같은 역사적 교훈으로 말미암아 대전후 각국헌법은 평화에 관한 규정과 더불어 교육·문화에 관한 규정을 두고 있는 것이 하나의 특색이라고 할 수 있다.[4] 이하에서는 우선 문화국가원리가 어떠한 형태로 헌법상 규율되고 있는가를 살펴보고, 주요국가의 헌법에서의 수용여부와 특색을 비교법적으로 살펴보고자 한다.

문화국가성은 헌법에 여러 가지 형태로 규율될 수 있다. 어느 나라의 헌법이든 그 헌법의 여러 규정을 검토해 보면 문화국가성이 표현되어 있음을 알 수 있다.[5] 이러한 점에서 헌법의 문화관련 조항은 문화국가원리의 헌법적 실현형태라고 하겠다. 헌법의 문화관련 조항은 보는 시각에 따라 여러 가지로 분류될 수 있지만, 국가목적규정의 형태로 문화국가의 이념을 선언하는 경우, 입법위임·헌법위임으로 규정하는 경우, 학문, 예술, 교육, 종교 등 소위 문화적 기본권의 형태(때로는 제도보장의 성격을 포함)로 규정하는 경우가 대표적이라고 할 수 있

3) 독일에서도 이를 전제로 기본법 제20조 및 동종의 규정이라고 할 수 있는 제28조의 국가목적조항에 문화국가를 보충할 것인가에 대한 논의가 있다.

4) 永井憲一, "憲法과 文化", 憲法判例研究會 編, 現代の憲法論, 敬文堂出版部, 1970, 126면.

5) 다만, 불문헌법국가와 문화에 대한 문제를 개인적인 사항으로 여기는 경향이 있는 미국의 경우 헌법에는 명시적 규정이 없다. 그렇다고 하여 이러한 나라들이 문화를 덜 보호한다거나 국가의 문화적 과제를 부인한다고 말할 수는 없다.

다. 그 밖에 권한규범이나 조직규범의 형태로 규정할 수 있으며, 전문이나 교육목적규정을 통해서도 문화국가의 이념을 나타내고 있는 경우도 있다.[6)]

Ⅰ. 국가목적규정

1. 국가목적규정의 개념과 효력

국가목적규정(Staatszielbestimmungen)[7)]의 이론적 기초를 확립한 쇼이너(Urlich Scheuner)에 따르면 독일기본법에는 기본권적 특성을 지니지 않은 채, 국가기관의 행위에 대한 지시와 지침을 나타내는 규정이 있다는 점을 지적하면서, 그것이 '국가목적규정', '지도원칙', '헌법지시'(Verfassungsdirektiven), '헌법원리' 등으로 다양하게 불려왔다고 한다.[8)] 그는 국가목적규정을 헌법원리의 하위형태(Unterfall)로 이해하면서, 국가목적규정은 "일반적 혹은 제한된 형태로 국가행위에 대한 원칙과 지침을 설정하고, 국가행위에 대해 명령과 지시를 통하여 일정한 방향의 방향설정과 실질적 과제를 부여하는" 것을 내용으로 한다고 한다.[9)] 국가목적규정은 헌법규정이며, 따라서 국가목적을 법과의 관련을 무시한 채 고찰의 대상으로 하는 국가목적론(Staatszwecklehre)과는 내

---

6) Peter Häberle, a.a.O.(주 2), S.16ff.

7) 국가목적규정의 개념은 독일기본법 제20조 1항 및 제28조 1항에 내포된 기본법의 신조(Bekenntnis)를 국가목적규정으로 특징을 부여한 Hans Peter Ipsen에까지 소급한다(Hans Peter Ipsen, Über das Grundgesetz, 1950, S.14). 그 이후 이러한 표현은 여러 차례 반복되었지만, 이론적 기초를 확립한 것은 Urlich Scheuner를 들 수 있다(Jörg Lücke, "Soziale Grundrechte als Staatszielbestimmungen und Gesetzgebungsaufträge", in : AöR, Bd.107(1982), S.21).

8) Urlich Scheuner, "Staatszielbestimmungen", in: Festschrift für Ernst Forsthoff zum 70. Geburstag, C.H.Beck: München, 1972, S.328-329.

9) Urlich Scheuner, a.a.O.(주 8), S.335.

용과 성격을 달리한다.10) 국가목적규정은 역동적 성격을 가지고 있어서 국가적 활동에 어떤 한계를 정하는 것이 아니라, 오히려 길을 제시해 주는 것이라고 할 수 있다.11) 한편, 국가목적규정과 국가임무(Staatsaufgabe)규정과의 관계에 대해서 국가의 임무는 국가의 목적을 구체화한 것을 의미하므로 국가임무규정을 국가목적규정으로 부르는 견해가 있는가 하면,12) 국가목적규정과 달리 더욱 구체적으로 국가의 목적을 정한 헌법적 규정을 의미하는 것으로 양자를 구분하는 견해도 있다.13)

국가목적규정은 입법, 행정, 사법을 위한 행위의무와 해석기준을 근거 지운다. 국가목적규정의 효력과 관련하여 프로그램규정과의 관계가 문제된다. 마운쯔(Theodor Maunz)는 기본법에는 언급되지 않았지만, 바이에른주헌법 제3조에 언급된 "문화국가"의 개념 자체로부터는 어떠한 보장도 나오지 않는다고 한다. 우선 그 개념은 매우 다층적이고 다의적이기 때문에, 그로부터는 통상 국가의 과제는 도출되나 시민의 권리는 도출되지 않는다고 한다. 그에 따르면, 모든 과제는 통상 법적인, 법적으로 강제 가능한 국가의 의무로서가 아니라, 국가에게 인력(引力, Anziehungskraft)을 부여해야 할 정치적 프로그램으로 이해된다고 하여 국가목적규정의 의미를 프로그램규정과 동일시하고 있다.14) 사회적 기본권의 헌법적 실현형태의 하나로서 또는 사회적 기본권의 법적 성격으로서 프로그램이라는 용어가 자주 나타나고 있으나, 프로

10) Urlich Scheuner, a.a.O.(주 8), S.341.
11) Urlich Scheuner, a.a.O.(주 8), S.336.
12) Peter Badura, "Der Sozialstaat", in : DÖV 1989, S.492.
13) Hans Peter Bull, Die Staatsaufgaben nach dem Grundgesetz, 2. Aufl., Athenäum-Verlag, Frankfurt a. M. 1977, S.43f.; 이강혁, "헌법국가와 국가목적", 고시연구, 1992, 2 59면.
14) Theodor Maunz, "Die kuturelle Sicherheit des Bürgers", in : Peter Häberle(hrsg.), a.a.O.(주 2), S.146.

그램규정은 그 의미가 반드시 명확한 것만은 아니다. 레르헤(Peter Lerche)는 헌법지시(Verfassungsdirektiven)의 한 유형으로 프로그램규정을 언급하면서 그 개념의 불명확성을 지적하고 있다.[15] 바이마르헌법 하에서는 프로그램규정을 '현실적인 효력과 적용가능성을 결여한', '장차 제정될 법률에 대한 지침'으로만 파악하는 것이 지배적이었다.[16] 말하자면, 헌법규정을 권리규정과 객관적 법규정으로 분류하고, 객관적 법규정을 다시 직접 현실적인 효력이 있는 법규정과 직접 현실적인 효력이 없고 집행법률에 의한 현실화가 필요한 법규정으로 나누어, 이 후자의 법규정을 입법자에 대한 프로그램규정으로 보았던 것이다.[17] 바이마르헌법 말기에는 프로그램규정이 법적의무를 부과하는 명령으로 평가되기도 하였지만,[18] 지배적인 견해에 따르면 입법자에 대한 실질적인 구속력이 바이마르헌법에서는 인정되지 않았기 때문에 적어도 입법자는 그러한 프로그램규정의 구속력을 무시할 수 있었다고 한다.[19] 그러나 오늘날 사회적 기본권의 헌법적 실현형태의 하나로서의 프로그램규정에 대해서는 순수하게 정치적인 선언을 의미하는 것이 아니라, 어느 정도 법적 구속력이 있는 것으로 보는 견해가 유력하다.[20] 그러나 바이마르시대의 해석과 같이 법적인 구속력이 없는 정치

15) Peter Lerche, "Das Bundesverfassungsgericht und die Verfassungsdirektiven", AöR, Bd.90(1965), S.346-348.

16) Gerhard Anschütz, Die Verfassung des deutschen Reichs vom 11. August 1919, 14. Aufl., 1933(Nachdruck 1960), S.514f.

17) 김철수, 헌법학개론, 박영사, 1992, 495면.

18) Erich Kaufmann, Die Gleiheit vor dem Gesetz im Sinne des Art.109 der Reichsverfassung, VVDStRL 3(1927), S.2, 6f.(Jörg Lücke, a.a.O.(주 7), S.27).

19) Jörg Lücke, a.a.O.(주 7), S.27.

20) Loebenstein은 프로그램규정을 사회적, 경제적, 문화적 영역에서 국가의 목적을 엄숙히 보장하는 것으로 보고, 사회적 기본권과 관련하여 프로그램규정을 "개별입법에 대한 위임"으로서 파악하였다. 예를 들면, 그는 어떤 국가목적(완전고용 등)을 명확히 하고, 개별입법자를 의무지우고, 어떤 사회적 급부에 대

적인 것으로 보는 것이 우리나라와 일본의 지배적인 견해인 것 같다. 프로그램규정을 법적 구속력이 있는 법규범으로 이해하고, 입법자에게 그 활동의 특정한 '방향'을 지시하는 것으로 정의한다면,[21] 그것은 더 이상 프로그램규정이 아니다. 이러한 종류의 프로그램규정은 지도원칙(Leitgrundsätze)[22]에서 발견되어 질 수 있으며, 그것은 국가목적규정과 구별이 모호해진다.[23] 그러나 국가목적규정은 단순한 프로그램규정이 아니고 모든 국가권력을 구속하는 성격을 갖게 되는데, 이것으로부터는 원칙적으로 구체적으로 열거된 것과 같은 재판청구권은 생기지 않지만, 그 구속에는 그 명령이 적절히 이행되었는가에 대해 법원이 사법심사를 할 수 있다고 하겠다.[24] 즉, 국가목적규정에서 지시된 국가의 목적 내지 국가활동의 지침・방향을 위반하지 않을 국가의 소극적인 법적 의무는 인정되기 때문에, 이러한 의무를 위반한 국가행위로 말미암아 개인의 법적 지위가 침해될 경우 개인은 사법적 구제를 받을 수 있을 것이다.

한 주관적 권리를 구축하는(einbauen) 것으로 프로그램규정을 고찰하였다(Edwin Loebenstein, "Rechtsschutz-Sozial Grundrecht", in: Festschrift für Felix Ermacora, 1974, S.1, 10); 그 밖에 E. Friesenhahn, G. Bruner, L. Wildhaber 등도 프로그램 규정을 어느 정도 법적 구속력이 있는 것으로 파악하고 있다(Jörg Lücke, a.a.O.(주 7), S.27 참조).

21) Peter Lerhe, a.a.O.(주 15), S.341, 347.

22) Urlich Scheuner는 지도원리 혹은 지도원칙을 법적 구속력 있는 효력을 가진 어떤 지침(Richtlinien) 및 원칙(Grundsätz)이 규정되어 있는 헌법규정으로 이해한다. Scheuner가 사회적 법치국가를 지도원칙으로 언급하고 후에 국가목적규정에 넣은 점을 고려할 때 지도원칙과 국가목적규정은 차이점이 발견되지 않는다(Urlich Scheuner, a.a.O.(주 8), S.325, 328f; Jörg Lücke, a.a.O.(주 7), S.26).

23) Jörg Lücke, a.a.O.(주 7), S.28; 실제로 양자를 이러한 의미에서 동일하게 다루는 입장도 있다(한병호, 사회적 기본권의 법적 구조, 서울대학교 대학원, 법학석사학위논문, 1984, 155면).

24) Thomas Oppermann, "Ergänzung des Grundgesetzs um eine Kultur(Staats) Klausel?, in: FS für Otto Bachof zum 70 Geburstag, C.H.Beck, 1984, S.14.

2. 국가목적규정 형태로의 규정례

국가목적규정의 대표적인 예로는 "독일연방공화국은 민주적, 사회적 연방국가이다"라고 규정한 독일기본법 제20조를 들 수 있지만,[25] 문화국가원리를 일반적인 국가목적규정의 형태로 규정한 (문화국가조항의) 대표적인 본보기는 "바이에른은 법치국가 · 문화국가 · 사회국가이다..." 라고 규정한 1946년의 바이에른주헌법 제3조이다.[26] 그 수범자의 범위는 국가에 한정되지 않는다. 또한 자치단체의 영역단체들은 일반 문화국가조항의 적용영역에 토대가 되고 있다.[27] 한편 칠레헌법은 제196조 1문에서 "문화의 보전, 진흥 및 보급은 국가의 의무이자 제1목표이다"라고 규정하고 있다. 마찬가지로 공화국의 지방으로의 편제는 "국민의 경제적 문화적인 최대이익에 기여해야 한다"는 바이마르공화국헌법 제18조, "국가는 전통문화의 계승 · 발전과 민족문화의 창달에 노력하여야 한다"는 우리헌법 제9조, "공화국은 문화의 발전과 과학적 및 기술적 연구를 촉진한다"는 이태리헌법 제9조 제1항도 여기에 분류될 수 있다. Häberle에 의하면 '문화헌법'으로서의 국가교회법(Staatskirchenrecht)의 해석에서 볼 때, 이 분야로부터의 많은 규정들, 예컨대, 교회재산(또한 축제일)보장, 시설에서의 영혼배려(목회)(Seelsorg

---

25) Urlich Scheuner는 국가목적규정의 예로서 사회국가원리이외에 기본법 제109조 제4항에 의하여 도입된 "전체경제적 균형"의 유지임무, 기본법 제25조 및 제26조에서 선언된 국제법 존중과 평화우호에 대한 명령(Gebote), 나아가 가령 기본법 제74조 제13호(학술적 연구의 진흥) 혹은 제74조 제 19a호(병원의 경제적 안전)에서처럼 육성(Pflege) 혹은 진흥(Föderung)과 같은 표현을 통하여 국가적 활동형성을 위한 목적지향의 경향을 보여주는 권한규정을 언급하고 있다(Urlich Scheuner, a.a.O.(주 8), S.325, 337 참조).

26) Häberle는 이러한 주장('이다')에 있어서는 동시에 규범적인 언명이 놓여있으며, 가능한 도그마틱적인 설명은 단순한 권한규범으로부터 헌법위임에까지 미치고 개별적인 경우에 있어서는 아마도 여기에 주관법적인 구체적 형성에까지 미친다고 한다(Peter Häberle, a.a.O.(주 2), S.9).

27) Peter Häberle, a.a.O.(주 2), S.9.

e)의 보장(바이마르헌법 제138조 이하, 이를 적용하기로 규정하고 있는 기본법 제140조)과 바이에른주헌법 제35조에 의한 바이에른 상원의 구성에 있어서 문화적 측면에서 종교단체대표 5인, 자선기구대표 3인, 대학 및 학원대표 3인을 포함한다는 "문화적 대표"에 관한 규정도 일반문화국가조항에 분류시키고 있다.[28]

한편, Häberle는 일반문화국가조항외에 특별문화국가조항을 들고 있는데, 특별문화국가조항은 특별한 영역관련적 문화목적에 대한 국가의 권한 혹은 위임을 표현한다고 한다. 가령 해외로의 독일문화재의 유출에 대한 보호의 권한 및 헌법위임규정(바이마르헌법 제150조 제2항, 기본법 제77조 제5호), 혹은 대학신설과 같은 문화관련적인 공동사업 규정(기본법 제91a조 제1항 제1호, 기본법 제91b조 등)이 그것이라고 한다.[29] 그러나 이러한 특별문화국가조항의 분류는 다음에서 살펴볼 입법위임 · 헌법위임 등과 중복될 수 있다.[30]

3. 문화국가조항의 보충을 둘러싼 독일에서의 논의

(1) 서

독일에서는 비교적 최근에 문화국가성에 관한 헌법상 및 헌법정책상의 논의가 활발하게 진행되었다. 문화영역에 국가가 관여한다고 하는 것은 법치국가적인 자유 및 안전의 보호 그리고 공공의 복지를 달성하려고 하는 사회국가적 노력과 나란히 이전부터 현대국가의 제3의

---

28) Peter Häberle, a.a.O.(주 2), S.9.

29) Peter Häberle에 따르면, 또한 다른 권한규범(예를 들어 기본법 제74조 제13호 - 교육촉진), 저작자보호를 규정한 바이마르헌법 제158조도 언급될 수 있을 것이며, 성인교육과 국민교육에 대한 헌법조문도 결국 특별문화국가조항에 속할 것이라고 한다(Peter Häberle, a.a.O.(주 2), S.10).

30) 이러한 의미에서 Häberle는 헌법에서의 문화조항을 유형화하는데 있어서 입법위임을 별도로 분류하지 않고 국가목적규정, 기본권, 교육목적, 전문 등으로 분류하고 있다(Peter Häberle, a.a.O.(주 2), S.8-13 참조).

고전적인 임무영역이라고 할 수 있다. 국가를 문화국가로서(도) 이해하는 견해는 앞에서 살펴본 바와 같이 Herder로부터 Fichte까지 소급하는 독일의 사상사적 전통에 그 기원이 있다. 이미 본 바와 같이, 1946년의 바이에른헌법 제3조는 "바이에른은 법치국가 · 문화국가 · 사회국가이다"라고 규정함으로써 명시적으로 문화국가를 국가목적규정으로 인정하고 있으나, 기본법은 1949년 제정시에 이와 같은 세 가지 국가목적 중에서 법치국가와 사회국가만을 수용하였다(기본법 제20조 제1항, 제28조 제1항). 동시에 문화국가의 채용여부에 관하여는 전혀 고려되지 않았다. 이는 기본법이라는 "잠정적인 조직규정"에 있어서는 가능한 한 간단히 규정하고자 한 당시의 경향 및 문화사항을 거의 전부 주(州)에 위임하고자 하는 두 가지의 관점에서 이해될 수 있다.[31]

그 이후 지금까지 독일에 있어서 헌법의 발전은 새롭게 진전되었다. 주의 문화고권은 기본법 아래에서도 존속하고 있다. 그러나 교육 · 학문 · 예술의 영역에 있어서 연방의 역할은 1950년대 이래 적지 않게 증대하였다. 그 현상은 현행헌법에 있어서 생긴 것만은 아니며, 특히 1969년의 기본법 개정(대학건설, 연구조성, 교육계획 책정, 대학제도 대강결정권에 관한 개정)을 통해서도 생겼다. 그 결과 동시에 '협동적 연방주의'라는 이름하에 문화문제에 관한 연방과 주와의 공동작업(학문심의회, 교육심의회, 교육계획책정을 위한 연방-주위원회 등의 형태로)이 현저히 증대하였다. 특히 1980년대부터는 학교 · 대학제도가 양적 및 질적으로 확대됨으로써 연방과 주의 양 레벨을 합친 전체로서의 문화국가적 활동의 중요성이 크게 증대하였다. 그것은 특히 전국(즉, 연방과 주)의 연간 문화예산이 1960년부터 1980년 사이에 90억 마르크에서 680억 마르크로 증대한 것에서 알 수 있다.[32] 연방헌법재판소

31) Thomas Oppermann, a.a.O.(주 24), S.5.
32) KMK(hrsg.), Kulturpolitik der Länder 1961-62, 1963, S.244 및 Kulturpolitik

는 동재판소가 연방공화국을 현행헌법상 이미 문화국가라고 본다는 의미에서 이와 같은 상황을 고려하였다.33)

이와 동시에 연방의 문화국가성을 어떻게 구성할 것인가에 관하여 학설상의 논의가 강화되었다. Häberle가 편집한 「문화국가성과 문화헌법」이라는 논문집은 문화국가성에 관한 고찰방식의 중요한 도달단계를 제시해 주었다. 헌법상 문화국가성에 관한 논의는 1958년의 Huber의 「문화국가의 문제점에 대하여」란 유명한 연구에 의해서 시작된 것으로 그간의 전개과정을 살펴보면, Maihofer가 헌법질서에 있어서 문화국가적 제요소에 관하여 논문을 발표한 바 있으며, 1983년 쾰른에서 개최된 국법학자대회에서 발표된 Udo Steiner와 Dieter Grimm에의 보고서 가운데 요약되어 있다. 그와 동시기인 1982부터 1983년에 걸쳐 연방내무상과 연방사법상에 의하여 임명된 "국가목적규정/입법위임" 전문가위원회는 국가에 대한 문화사항의 위임에 관한 기본법상의 명시적 근거의 문제를 취급하였다. 독일에서는 문화국가가 헌법의 기본원리로 인정되느냐 하는 문제보다는 헌법에 다른 국가목적규정, 즉 민주주의, 연방국가, 사회국가, 법치국가와 나란히 문화국가를 새로이 보충할 수 있는가 하는 문제에 관한 논의가 활발하다. 이러한 독일에서의 논의는 우리나라에서의 문화국가논의에 있어서도 고려할 가치가 있으며, 문화정책의 수립에 있어서 참고될 점이 많다고 하겠다.

(2) "국가목적규정/입법위임" 전문가위원회의 보고

① 위원회의 설치배경과 구성

독일에서는 이미 1970년대에 기본법을 개정 혹은 보충할 필요가 있는지 여부의 문제에 대한 정책적 심의가 행해졌다. 독일 연방의회의

---

der Länder 1979-81, 1982, S.304; Thomas Oppermann, a.a.O.(주 24), S.5 참조.

33) BVerfGE 35, 79ff.(114); 36, 321ff.(331).

제6회기 및 제7회기에 설치된 "헌법개혁" 조사위원회(Enquete-Kommissionen "Verfassungsreform")는 그 임무를 조직의 문제, 즉 연방국가의 기관의 조직과 절차의 문제에 한정하였다. 거기에서는 기본권과 기본적인 국가목적규정은 연구의 대상이 아니었다. 1980년 11월 24일 연방수상은 정부보고에서 상세하게 기술된 국가목적규정 혹은 입법위임이 기본법에 수용되어야 하는지 여부에 대한 검토를 발표하였다. 1981년 3월 19일 법정책에 대한 연방정부의 보고에서 이러한 의견은 연방법무상에 의하여 연방의회에서 더욱 상세히 밝혀졌다. 연방법무상은 사회국가성에 관한 헌법명령의 발전적인 실현 및 기본법에 이미 포함된 국가목적관념의 명료화 및 보충을 강조하였다. 내적 및 외적인 평화의 보장, 환경과 건강의 보호 및 모든 사람을 위한 풍부하고 인간다운 노동의 제공이 예로써 언급되었다. 이러한 검토를 관철시키기 위하여 연방법무상과 연방내무상은 1981년 가을에 7명의 법학교수로 구성된 독립적인 "국가목적규정/입법위임" 전문가 위원회를 임명하였는데, 동위원회는 1982년 2월 12일 구성회의를 할 수 있었다. 위원회의 전문적인 구성에 있어서는 헌법에 중점을 두는 외에도 또한 행정법, 환경법 및 노동법과 사회법이 고려되었다. 그 밖에 스위스의 "연방헌법의 전면개정을 위한 전문가위원회"[34](Experten-kommission für die Vorbereitung einer Totalrevision der Bundesverfassung)의 구성원이 포함되었

34) 이 위원회의 활동으로 만들어진 1977년의 스위스 헌법초안(Verfassungsentwurf)은 헌법에 있어서 실질적인 국가과제를 주관적인 권리의 형태가 아니라 객관적 규범(국가목적규정, 입법위임)으로서 폭넓게 규정하고 있다. 기본권과 국가의 지도원칙을 규정한 제1부는 그 제1장에서 국가의 본질과 목적(제2조 목적)을 규정하고, 제5장은 문화정책(제36조: "국가는 문화창조를 장려하고, 모든 사람의 문화적 생활에의 접근을 용이하게 한다")에 대해서 규정하고 있다(이에 대해서는 Bundesminister des Innern und Bundesminister der Justiz (hrsg.), Staatszielbestimmungen/Gesetzgebungsaufträge(Bericht der Sachverstandigenkommission), 1983, S.64-66 참조).

다.[35)]

② 위원회의 보고내용

1982년 4월 16일부터 1983년 8월 8일에 이르기까지 위원회는 30번의 회합을 가진 결과, 1983년 9월에 다음과 같은 결과를 내용으로 하는 보고서를 제출했다. 즉, "노동(Arbeit), 환경보호(Umweltschutz), 국가의 문화창조(Kuturelle Prägung)에 관한 국가목적규정의 보충이 바람직하다"는 것이 그것이다. 위원회는 이에 상응하는 헌법개정을 소망스러운 것으로 보고 강제적으로 요구되는 것으로는 보지 않았다. 위원회는 다수결로 다음 사항을 추천했다:

– 국가에게 노동(및 직업교육)에 대한 (협동)책임을 명백하게 야기하는 국가목적규정의 수용. 그에 상응하는 헌법개정에 대한 공동의 제안을 위한 합의가 위원회에서는 이루어지지 않았다.

– 국가목적규정으로 환경보호를 헌법에 명문화하는 것은 문화영역에 대한 것과 마찬가지로 기본법 제20조 제1항 및 제28조 제1항 제1호의 보충을 통하여 행해질 것을 제안하였다.[36)] 제안된 기본법 제20조 제1항의 개정안은 "독일 연방공화국은 민주적·사회적 연방국가이다. 국가는 문화와 인간의 자연적인 생활기초를 보호하고 육성한다."는 것이었고, 제안된 제28조 제1항 제1호의 개정안은 "주의 헌법적 질서는 이 기본법의 의미에 있어서 공화적·민주적·사회적 법치국가의 원칙과 문화와 자연환경에 대한 국가의 책임의 원칙에 부합하여야 한

35) 이에 따라 Peter Badura(뮌헨대), Erhard Denninger(프랑크푸르트대, 의장), Jörg P. Müller(베른대), Thomas Oppermann(튀빙엔대), Thilo Ramm(하겐대), Eckhard Rehbinder(프랑크푸르트대), Walter Schmidt(프랑크푸르트대)가 위원회 위원으로 임명되었다(Der Buundesminister des Innern und Der Bundesminister der Justiz (hrsg.), a.a.O.(주 34), S.5).

36) Der Buundesminister des Innern und Der Bundesminister der Justiz(hrsg.), a.a.O.(주 34), S.106-107.

다."는 것이었다.

전문가위원회에 의한 제안은 특히 환경보호에 대하여 헌법에 명문화할 것인가를 두고 정치적 논의가 있었다. 전문가위원회는 헌법보충이 필요한 조건으로서 "상응하는 헌법개정 없이는 고쳐질 수 없는 문화정책적 상황의 혼란이 지속되고 있다는 명백한 증거"를 강조하였다.[37] 산업화 및 기술화의 시대에 있어서 문화육성의 점증하는 중요성에 대한 반복된 언급은[38] 기본법 제20조 제1항 및 제28조 제1항에 국가목적규정으로서 문화육성을 수용하도록 권고하기에 이르게 한다. 왜냐하면 "정당하고 중요한 것은 헌법에서 또한 명시적으로 표현되어야만 한다(헌법의 통일성과 완전성)"는 것이다.[39]

(3) 각 정당의 견해

독일 각 정당의 강령에는 문화에 대한 사항이 풍부하게 들어 있다. 1946년 3월의 사회민주당(SPD)의 성당의 기본원리(정강)는 '교회, 국가 및 문화'에 관한 장을 포함하며, 1959년 11월에 SPD가 고데스베르크에서 특별 당대회를 열고 채택한 고데강령(Godesberg Programm)도 '문화적 생활'에 관한 장을 포함한다.[40] 라인란트와 베스트팔렌에 있어서 기독교민주동맹(CDU)의 퀼른 지도원리의 2판의 제10 지도원리는 "문화적 창조는 국가적 강제로부터 자유로워야 한다. 문화적 창조의 기초는 독일의, 기독교의, 서양의 전통이다. 문화적 법익에 대한 참

---

37) Der Buundesminister des Innern und Der Bundesminister der Justiz(hrsg.), a.a.O.(주 34), S.118ff.

38) Der Buundesminister des Innern und Der Bundesminister der Justiz(hrsg.), a.a.O.(주 34), S.129.

39) Der Buundesminister des Innern und Der Bundesminister der Justiz(Hrsg.), a.a.O.(주 34), S.130.

40) "인간의 창조력은 풍부하게 분화되고 다양한 문화적 생활 속에서 자유로이 전개될 수 있어야만 한다. 국가의 문화정책은 모든 문화의지적인 힘을 고무하고 촉진해야만 한다."

여는 전체국민에게 보장되어야 한다."고 규정하고 있다. 베를린의 CDU 강령은(2판, 1971) "문화정책은 동시대의 예술에 발전의 가능성을 보장하고 예술가적 창조에 대한 가능성을 자극하는 과거의 문화적 가치들을 보존하고 육성해야 한다. 공공재정에 있어서 적당한 육성책이 보존되어야 한다."는 규정을 가진 '문화육성'에 관한 제57호를 두고 있다. 기독교사회당연합(CSU)의 강령은(1946) "국민의 내적가치는 그 문화 속에서 나타난다." 혹은 "예술은 자유 속에서만 번영한다.", "우리들은 전체국민을 위한 문화재의 개발을 요구한다. 문화적 생활에의 참여는 개인의 특권이어서는 안 된다."는 문장을 가진 '문화질서'라는 광범한 장을 포함한다. 1957년의 베를린의 자유민주당(FDP) 강령의 한 장은 "문화는 자유를 필요로 한다."라고 기술하고 있다.

위에서 살펴본, 전문가위원회의 제안으로 의회에서 정치적 논의가 제기되었을 때(주로 환경보호에 관한 헌법적 보충에 대해서 논의되었지만) 야당인 FDP과 녹색당(Die Grünen)은 서로 다른 초안을 가지고 기본법 개정을 주장하였다. FDP는 기본법 제20a조와 기본법 제28조 1항에서 새로이 환경보호에 관한 국가목적규정을 삽입하는 기본법보충을 주장하였고, 녹색당은 기본법 제2조에 제3항("건강한 환경에 대한 권리"등)을 신설하는 기본권목록의 확장을 주장하였고, 기본법 제37a조를 삽입하여 국가목적규정을 보충하려고 하였다.[41]

(4) 학자들의 견해

문화국가조항의 헌법적 보충에 대해서는 찬반양론이 있다. 먼저 보충을 주장하는 학자들의 견해를 살펴보자. Thomas Oppermann은 국가의 문화활동의 중요성이 본질적으로 높아진 상황에서 기본법이라는

---

41) 이에 관한 정치적 논의에 관해서는 E. Wienholtz, "Arbeit, Kultur und Umwelt als Gegenstände verfassungsrechtlicher Staatzielbestimmungen", in : AöR Bd.109 (1984), S.532-535 참조.

"유효하게 작용하고 있는" 헌법의 구조내에 문화국가의 문제를 설정한다면 그것은 다음과 같이 의미있는 것이 될 것이라고 한다. 즉, 사회국가원리의 경우와 같이 독일의 "문화국가"로서의 성격도 그것이 국가목적으로서 병기하는 형태로 헌법상 명문으로 규정됨으로써 이후의 상황전개에 영향(Impakt)을 주게 될 것이라고 한다.[42] 그는 기본법 제20조에 규정된 다른 국가목적규정이 1970년대에 있어서 헌법의 전개과정 가운데에서 성과있게 실현되었던 것을[43] 생각한다면, 독일의 국가목적의 가운데 간결한 "문화조항" 같은 것을 새롭게 규정하는 것이 긍정되어야 한다고 한다. 문화에 대한 국가의 공적 배려가 중요하고 불가결하다고 하는 사고방식은 오늘날 1945년과 1969년 당시보다도 사회의식 가운데에 깊이 뿌리 박혀 있으므로 문화를 기본법 제20조 제1항 가운데 연방국가·민주주의·사회적 법치국가와 더불어 병기하고 그것과 동순위의 것으로서 규정한다면 그것은 기본법 제정후의 독일 국가제도의 발전에 대응하는 것이 될 것이라고 한다. 또한 지금까지의 역사적 전개로부터 판단할 때 금후 수십 년간 국민에게 받아들여져 그 생활을 좌우할 정도의 중요성을 가진다는 점에서 기본법 제20조에 규정된 전통적인 국가목적에 결코 뒤지지 않는 과제를 생기게 할 임무영역을 명확히 하는 것이 될 것이라고 한다. 또한 기본법 가운데 문화국가원리를 실정화한다면 그것은 독일이 국가의 진력을 요구하는 분야로서 인간생존의 불가결의 조건이라는 의미에서의 정신적 영역의 보호·육성을 법과 질서의 유지와 사회복지의 유지와 같은 수준의 중요한 것으로 보고 있다는 것을 나타내는 것이 될 것이라는 점과, 그 경우 문화육성의 특수성은 정신세계의 특수한 자율성 -그 자율성은 특히 학문의

42) Thomas Oppermann, a.a.O.(주 24), S.14.
43) 기본법에 국가목적규정을 규정했던 것을 성공적으로 평가한 것에 대해서는 Th.omas Oppermann, a.a.O.(주 24), S.3-4 참조.

자유와 예술의 자유의 가운데 표현되고 있고, 또한 (친권, 사립학교의 자유, 교사의 교육의 자유 등이라는) 몇 개의 특정의 구체적 권리의 형태를 취하고 있는 경우에는 교육의 영역에 있어서도 표현되고 있는 것인데- 을 승인하고 또 끊임없이 존중한다는 것에 있다는 점을 강조한다.

Oppermann은 문화국가성을 국가목적규정으로 규정한 경우 그것은 단순한 프로그램규정은 아니고 모든 국가권력을 구속하는 성격을 갖게 되는데, 이로부터는 원칙적으로 재판청구권은 생기지 않지만, 구속력에 기하여 그 명령이 적절히 이행되었는가에 대해 법원이 사법심사를 할 수 있다고 한다. 더구나 문화조항은 "문화상의 최저기준"의 원칙적 보장이라고 생각할 수 있는 것이며, 이 최저기준을 인하시키려고 하면 공권력은 우선 첫째로 설득력 있는 근거를 제시할 의무를 부담해야 할 것이라고 한다. 그리고 "명백히 문화적인" 영역을 벗어난 "부차적인 문화적 부수현상"을 보이는 기타의 무수한 사실(예를 들어 문화재에 대한 세율)의 경우에는 포괄적인 문화조항이 가지는 보충기능[44]이 중요하게 될 것이며, 문화육성의 중요성이 연방헌법 가운데 극히 중요한 장소에서 강조된다고 한다면, 입법권과 집행권에 의해서 또한 필요에 따라서는 법원의 통제시에 문화라는 관점이 아울러 배려되는 것이 용이해질 것이라는 이유로 국가목적규정의 제도화에 찬성한다.[45]

이에 대하여 제도화(특히 국가목적규정으로서)에 부정적인 견해들

---

44) 지금까지의 연방헌법재판소의 판례는 이와 같은 보충기능을 사건이 있을 때마다 강조하였다. 특히 BVerfGE 36, 321ff(레코드 매상고에 관한 부가가치세율의 높이).

45) Thomas Opermann, a.a.O.(주 24), S.16; 그밖에 Peter Häberle, "Das Problem des Kulturstaates im Prozes der Deutschen Einigung-Defizite, Versäumnisse, Chancen, Aufgaben", in : ZöR Band 40(1991/1992), S.352ff.; Der Buundesminister des Innern und Der Bundesminister der Justiz(hrsg.), a.a.O.(주 34), S.106ff. 참조.

을 살펴보면 다음과 같다. 제도화에 반대하는 견해들은 기본법 제20조 제1항과 제28조 제1항에 '문화조항'의 수용은 지방권한의 강화와 일치할 수 없는 연방영향력의 강화를 의미하며, 연방의 강한 재정력을 고려할 때 평형을 이루는 권한구조가 중요한 충격에 내맡겨질 우려가 있다고 지적하기도 하나, 헌법보충에 반대하는 보다 결정적인 이유는 이러한 문화의 영역에 대한 기본법의 개방성을 암묵적으로 제한할 수 없다는 점에서 찾고 있다. Wienholz에 따르면 "구속력 있는 국가목적규정으로서 이해된 '문화조항'은 구체적 형성(Ausgestaltung)을 요구하며, 문화위임, 경우에 따라서는 문화형성위임을 의미한다. 문화내용을 결정하고 나아가 '통일적인 문화개념'을 발견하는 명백한 어려움은 차치하더라도 국가의 과제는 아무튼 자유로이 전개되는 예술, 학문, 연구 등을 위한 조건의 보장에 있는데, 이에 대한 현재의 권한은 충분하다." 고 한다. 그는 예술과 학문에 대한 정책적 자제와 관용에 대한 국가의 의무는 자유주의적 국가의 구성요소에 속한다는 점을 강조한다.46) Wienholz는 국가목적규정의 수용은 단지 구체적인 문제설정을 위한 헌법해석의 방법 속에서는 해결방법이 보여지지 않을 때에 한하여만 헌법상 요청되는 것으로 현재의 권한으로도 충분하기 때문에 헌법적 보충은 필요하지 않다고 한다.47) Steiner는 현재 독일과 그 지방에 있어서의 문화국가성에 대해 설정된 문제는 문화정책에 의하여 대답되어야 하기 때문에 필요한 대답은 기본법에 문화국가 내지 문화육성규정을 수용하는 것이 그에 거의 영향을 미칠 수 없다고 한다.48) 한편, 독일 기본법 제20조가 '문화국가'에 대하여 침묵하고 있는 사실은 문화국가

46) E. Wienholz, a.a.O.(주 41), S.545.
47) E. Wienholz, a.a.O.(주 41), S.537, 522ff.
48) Udo Steiner, "Kurturpflege", in: J.Isensse/P.Kirchhof, Handbuch des Staatsrecht des BRD, Bd.Ⅲ, C.H.Müller Juristischer Verlag, Heidelberg, 1988, S.1261.

개념 파악의 어려움에 직면해 볼 때 이것은 결함이 아니라 오히려 장점이라고 평가하면서, 이것이 국가로부터의 문화의 자율과 국가의 문화적 중립성을 가능하게 하고 보호한다는 주장[49]도 문화국가의 헌법적 보충에는 부정적인 견해라고 하겠다. 이 견해에 따르면, 문화국가 개념에 대한 헌법의 침묵은 우연한 방치가 아니라 법치국가의 문화적 중립성의 필연적인 결과로 이해될 수 있다는 것이다. 이러한 해석은 문화국가를 일종의 '문화적 법치국가'로 축소하는 견해라 할 수 있는데, 이 견해에 대해서는 국가로부터 문화의 자유를 보장하는 것만으로 족한 것인지, 아니면 오히려 국가를 통한 문화의 육성을 포함하는 국가 속에서 문화의 자율성이 보장될 수는 없는지가 검토되지 않고 있다는 비판을 받는다.[50] Dieter Grimm은 인간의 존엄이라는 최상의 헌법적 가치와 이에 관련된 민주적 지배는 단지 특정한 문화적 조건하에서만 실현될 수 있기 때문에, 기본법은 명시적인 문화조항 없이도 국가에게 문화위임을 수여하고 있다고 한다. 그러므로 기본법에 문화국가조항이 삽입된다고 하여도 이에는 어떠한 본질을 구성하는 의미가 아니라 단지 선언적인 의미가 부여될 것이라고 한다. 그러나 문화국가조항은 문화적으로 확대된 기본권해석과 기본권정책에 호소적으로 작용할 수 있을 것이라고 한다.[51]

M.-E. Geis는 앞에서 살펴본 바와 같이, Huber의 문화국가론에 반대하면서, 문화국가 개념은 (헌)법리적으로 단지 인식을 돕는 의미만을 가지며, 문화개념에의 의존성으로 인하여 내용적으로는 공허한 형식을 표현한 것에 지나지 않는다고 한다.[52] 나아가 그는 "문화국가조

49) Hammann/Lenz, Kommentar zum GG, 3.Aufl., 1970, S.338.
50) Werner Maihofer, a.a.O.(주 1), S.954.
51) Dieter Grimm, "Kulturauftrag im staatlichen Gemeinwesen", in : VVDStRL 42, S.67f.
52) Max-Emanuel Geis, Kulturstsst und Kulturelle Freiheit-Eine Untersuchung

항"을 통한 기본법의 보충은 무익한 동어반복이며, 개념상 모순되는 내용을 일치시키려고 하는 마지못해 하는 형식적 타협의 시도라고 하면서 문화국가조항의 보충에도 반대한다.53) Geis는 국가적 문화위임의 기초를 기본법 제1조의 인간의 존엄과 그것의 표현인 개별기본권에서 찾고 있기 때문에, 국가적 문화간여에 대한 정당화로서의 문화형성력은 그때그때의 개별기본권의 규율프로그램으로 부터 전개될 수 있다고 한다.54)

독일에서 국가목적조항으로 문화조항을 보충할 것인가에 대한 논의는 문화국가조항을 둠으로써 새로운 내용이 형성된다는 의미가 아니라 이미 문화국가로서 파악되고 있는 독일의 헌법현실을 확실히 할 것인가에 대한 논의라고 할 수 있다.

(5) 문화국가조항채용시의 개별문제점 논의

① 표현문제

기본법 제20조 제1항에 있어서 다른 국가목적규정과 병행해서 동조항 가운데 문화조항이 채택된다고 할 때, 그 표현을 어떻게 할 것인가에 대한 논의가 있다. 즉, 문화국가조항의 표현을 '문화국가'의 독일적 전통과 결부시켜야 할 것인가 혹은 그와 같은 표현보다 국가주의적 색채가 옅은 표현이 선택되어야 할 것인가가 문제되었다. 전자의 경우로는 바이에른헌법 제3조가 법치국가·사회국가·문화국가를 병기하고 있는 것을 한 예로 들 수 있는데, 연방헌법재판소도 그와 같은 문화국가개념을 사용한 바 있다.55) 후자의 경우는 문화를 육성하고 보호하

---

des Kulturstaatskonzepts von Ernst Rudolf Huber aus Verfassungrechtlicher Sicht, Nomos Verlagsgesellschaft, Baden-baden, 1990, S.117ff., S.260.

53) Max-Emanuel Geis, a.a.O.(주 52), S.262-264.

54) Max-Emanuel Geis, a.a.O.(주 52), S.235ff.

55) BVerfGE 35,79ff.(114); 36,321ff.(331); Peter Häberle, a.a.O.(주 2), S.25f.

는 국가의 역할을 전자의 국가주의적 표현보다 개방된 표현을 사용해서 표현하는 것인데 예를 들어 "국가는 문화를 보호하고 육성한다."는 표현을 사용하는 경우이다.[56] 이 후자의 경우가 더욱 호응을 얻고 있는 실정이라고 한다. 후자의 경우와 같은 표현을 사용함으로써 다른 '고전적인' 국가임무와의 관계에서 문화가 가지는 고유한 의의가 보다 명백히 표현될 것이라고 한다.[57]

② 주의 문화고권과의 관계

기본법의 국가목적의 틀 안에서 연방공화국의 문화국가성을 강조한다면 가장 우려를 나타내게 될 것은 주(Land)일 것이다. 연방이 그와 같은 시도를 한다면 그것은 지방국가원리의 가장 중요한 영역에 있어서 연방의 중앙집권적 활동을 위한 돌파구로 간주되고, 그로 인해 주의 문화고권을 제한할 가능성이 있다는 것은 쉽게 알 수 있다. 이에 대하여 Thomas Oppermann은 그와 같은 예상될 수 있는 우려는 (그것이 현실로 되지 않는다면) 합헌성의 심사대상이 아니며, 기본법 제20조 제1항에 규정되어 있는 다른 국가원리와 마찬가지로 문화조항이 동조에 규정되어도 그 문화조항은 문화문제에 있어서 연방과 주사이의 권한분배에 하등 변경을 초래하는 것은 아니라는 의미에서 '중립적 연방주의'(föderalismusneutral)로 될 것이라고 한다.[58] 기본법 제20조 및 제28조에 열거되어 있는 국가목적은 각각의 권한질서에 있어서 국가전체(연방과 주)에 관련하고 있다.[59] 따라서 그와 같은 의미를 가진 문화국가규정이 채택될 경우 그 문화국가조항은 연방과 주에 있어서 동일한 의미를 가지게 된다. 환언하면 각각의 권한을 가진 기관은 기

56) 앞에서 살펴본 "국가목적규정/입법위임" 전문가위원회의 제안은 그 대표적인 예이다.
57) Thomas Oppermann, a.a.O.(주 24), S.17.
58) Thomas Oppermann, a.a.O.(주 24), S.17-18.
59) Maunz/Dürig/Herzog/Scholz, Grundgesetzkomentar, Rn.22ff. zu Art.28.

본법 및 주헌법의 의미에 있어서 그 기관의 권한을 행사하고 또 기본법 및 주헌법에서 부과하는 의무를 다할 것을 항상 요청받고 있다는 것이다. 이것은 연방과 주간의 원칙적 임무분담의 면에서 본다면 일반적 문화국가조항이 가지는 호소 및 보호기능이 본질적으로는 주차원에서 발휘되게 된다는 것을 의미한다고 한다. 그리고 문화가 국가전체의 최고목적 하에서 그들과 같은 서열을 가진 것이라는 것이 확인된다고 한다면 그것은 연방차원과 마찬가지로 주차원에서도 다른 제이익과 모순관계에 서있는 '각각의 문화권한을 가지고 있는 기관'(Kulturzuständigen)에게 받아들여져서 중요한 원호를 의미할 것이라고 한다. 국가와 사회에 있어서 정신적·문화적 사항에 책임을 부담하는 자는 경험칙상 대개 유력한 로비를 가지지 않은 소수파이기 때문에 문화조항이 가진 이와 같은 원호기능은 이 소수파에 있어서 특별한 중요성을 가진 것이라고 한다.[60]

③ 문화국가조항의 보충과 기본법 제79조 제3항의 관계

기본법 제20조 제1항에 문화국가조항을 보충하는 것이 경우에 따라서는 기본법 제1조 및 제20조에 규정된 제원칙에 대한 제79조 제3항[61]의 특별한 '영속성의 보장'에 부합하지 않을 수도 있다는 문제가 제기될 수도 있으나, 이것이 문화조항의 기본법상의 보충이 인정되지 않는다는 논거는 될 수 없다고 한다. 사실 논리적으로 또한 의미에 맞게 고찰한다면 헌법을 개정하는 입법자에 대한 기본법 제79조 제3항의 불가침성 보장은 단지 기본법 제1조 및 제20조의 '본래적 구성요소'(즉, 기본법 제정 이래 존재하는 요소)에만 적용된다고 하는 것이

---

60) Thomas Oppermann, a.a.O.(주 24), S.18.

61) "연방을 각주(지방)로 분할 편성하는 것, 입법에 있어서 주의 원칙적인 협력 또는 제1조와 제20조에 규정한 제 원칙 들에 저촉되는 기본법 개정은 허용되지 아니한다."

지배적 견해이다.62) 그에 의하더라도 기본법 제20조 제1항이 갖는 중요한 기능의 결과로서 동조항은 어떠한 '간단한' 보충이 있더라도 그것이 충분히 중요하다고 하는 것에는 변함이 없다. 여하튼 기본법 제20조 가운데 그와 같은 보충이 제79조 제3항의 의미에서의 허용되지 않는 '저촉'은 아니라고 하는 것을, 1968년에 제20조 제4항에 저항권이 채용된 것이 보여주었다.63)

II. 입법위임(헌법위임)

1. 입법위임의 개념과 효력

입법위임이란 "입법적으로 행해져야 할 내용으로서, 헌법에 포함되어 있는 입법부에 대한 지시"를 의미한다.64) 이러한 지시는 입법자에 의무를 지우는 것이지만, 이념사적으로 입법위임은 오늘날에도 소위 입법자의 형성의 자유 속에서 부분적으로 계속 작용하는 우월한(souveränen) 입법자의 관념과 모순되기 때문에 입법자에 의무지워진 것이라는 것은 분명한 것은 아니다.65) 그렇지만 "헌법질서"에 입법자가 구속된다는 점에 비추어 볼 때,66) 입법위임에 포함된 헌법적 지시는 입법부로 하여금 위임에 적합한 실행을 하도록 의무지운다.67) 국가목적규정과의 관계에 대해서는 양자가 국가적인 활동형성을 하게 한다

62) Klaus Stern, Das Staatsrecht der Bundesrepublik Deutschland, Bd. I, 1977, S.165ff.

63) Thomas Oppermann, a.a.O.(주 24), S.18.

64) Jörg Lücke, a.a.O.(주 7), S.22.

65) Jörg Lücke, a.a.O.(주 7), S.22-23.

66) 독일기본법 제20조 제3항은 "입법은 헌법질서에 구속되고, 집행과 사법은 법률과 법에 구속된다"고 규정하고 있다.

67) Jörg Lücke, a.a.O.(주 7), S.23.

는 점에서는 공통되지만, 국가목적규정은 입법·행정·사법의 모든 국가권력에 관계되지만 입법위임은 오로지 입법자에게만 관련된다는 점에서 양자는 구별될 수 있다.[68] 입법위임은 입법자에게만 관련되지만, 자세한 내용에 관하여 입법자에게 위임에 따른 실행을 하도록 의무를 부과하기 때문에, 국가목적규정과 프로그램규정의 경우보다 강력한 법적 구속력을 가지고 있다.[69]

입법위임이 더욱 큰 의무부과력(Verpflichtungskraft)을 가지는 것은 일반적으로 "자세하고, 아주 특수한 규범에 지향된 내용"을 그 특징으로 한다는 것과 "통상 원칙적인 문제에 관련된 것이 아니라, 종종 한정적으로 중요한 집행적 헌법보충 혹은 입법적 변경에 관련된다"는 점으로부터 명백해진다.[70] 그러나 모든 차이에도 불구하고 국가목적규정과 입법위임을 명확히 개념상 구분하는 것은 사실상 불가능하다는 주장도 있다.[71] 그리고 입법위임과 관련하여 헌법위임이 논의되기도 하는데[72] 헌법위임은 입법위임의 상위개념으로서 입법·행정·사법의 모든 국가권력에 대한 구속적인 지시로 이해될 수 있고,[73] 이와 같은

68) Jörg Lücke, a.a.O.(주 7), S.23; Urlich Scheuner, Normative Gewährleistung und Bezugnahme auf Fakten im Verfassungstext, in: Festschrift für Scupin, 1973, S.323.

69) Jörg P. Müller, "Sozial Grundrechte in der Verfassung?", Zeitschrift für Schweizerisches Recht(ZSR) 92(1973), S.686, 906; Jörg Lücke, a.a.O.(주 7), S.23-24.

70) Urlich Scheuner, a.a.O.(주 8), S.325, 334f.

71) Bull은 입법위임을 국가목적규정과 넓게는 동일시하고 있다(Hans Peter Bull, a.a.O.(주 13), S.128); 한편 Jörg Lücke도 국가목적규정으로서 그리고 동시에 입법위임으로써 간주되는 사회국가원리의 예에서도 이미 그러한 사실을 보여주고 있다고 한다(Jörg Lücke, a.a.O.(주 7), S.24).

72) 학설과 판례에서는 대개 헌법위임은 입법위임의 의미로 개념 지워진다. Erhard Denninger, "Verfassungsauftrag und gesetzgebende Gewalt", in: JZ 1966, S.767f; Klaus Stern, a.a.O.(주 62), S.66; Kalkbrenner, "Verfassungsauftrag und Verpflichtung des Gesetzgebers", in: DÖV 1963, S.41,42f; BVerfGE 8, 210(216); 25,167(184); 44, 1(22) 참조.

방식으로 독일기본법 제1조 제1항 2문에 포함된 인간존엄을 존중하고 보호할 "모든 국가권력의 의무"는 입법자에만 구애되지 않고 헌법위임으로서 평가되어 질 수 있다고 한다.[74] 그리고 국가과제의 실현에 있어서 (특히, 사회적 기본권의 경우) 입법에 대한 특별한 의존성과 민주적 권한질서에 있어서의 법치국가원리와 권력분립원리를 고려할 때, 헌법위임은 입법위임을 의미하는 것으로 보아도 큰 문제는 없을 것이다.[75]

입법위임 · 헌법위임이 규정되면 입법자는 입법위임 · 헌법위임에 포함되어 있는 내용을 입법적으로 실현할 의무를 진다. 다시 말하면, 입법위임 · 헌법위임은 그와 같은 내용의 입법에 대하여 헌법적 정당성을 부여하는데 그치지 않고, 그러한 입법을 할 의무를 부과하는 것이다.[76] 문제는 입법위임 · 헌법위임이 있다는 사실 그 자체로부터 개인의 주관적 권리가 도출되는가와 입법자가 부과된 의무를 이행하지 아니하거나, 불충분하게 이행한 경우 이를 사법적으로 강제할 수 있는가 하는 점이다. 주관적 권리가 인정되기 위해서는 입법위임 · 헌법위임에 따른 집행이 있어야 하므로 헌법규정이 있다는 사실 그 자체로부터는 개인의 주관적 권리가 연역되기는 어렵다.[77] 그러나 그것은 사고 필연

---

73) Jörg Lücke, a.a.O.(주 7), S.25.
74) Jörg Lücke, a.a.O.(주 7),, S.25-26.
75) Jörg Lücke, a.a.O.(주 7), S.26.
76) E.-W. Böckenförde는 1) 헌법위임에 규정된 목적 또는 프로그램 그 자체는 정치적 기관의 자유로운 목적선택으로부터 벗어나, 정치적 기관을 구속하며, 2) 국가기관에 의한 부작위 그리고 목적 내지 프로그램의 명백하고 현저한 태만은 허용되지 않으며, 3) 일단 그 목적에 따라 이행된 규정과 조치는 헌법적으로 보호됨으로써, 보상없이 폐지될 수 없으며 한계를 넘어 현저한 태만에 이르는 정도의 감축으로부터 보호된다는 점을 헌법위임이 가지는 법적 구속력으로 들고 있다(E.-W. Böckenförde, "Die Sozialgrundrecht im Verfassungsgefüge", in: Böckenförde/Jekewitz/Ramm(hrsg,), Soziale Grundrecht, 1981, S.14)
77) 이것은 국가목적규정에서도 마찬가지이다.

적으로 생각할 수 없는 것은 아니며, 그 침해가 동시에 가령 기본법 제3조 제1항을 위반하는, 즉 기본권을 무시하는 것이라면 주관적 권리가 도출된다고 본다.[78] 그리고 입법자가 입법위임·헌법위임에 의하여 부과된 의무를 이행하지 않거나 불충분한 이행을 하는 경우의 사법적 구제가능성에 대하여 L. Wildhaber는 명시적인 입법위임에 의하여 부과된 의무의 불완전한 집행을 이유로 한 헌법소원은 단지 입법자가 부작위로써 헌법을 침해했다는 확인을 위해서만 제기될 수 있다고 한다.[79] 그러나 입법자가 일단 행해진 입법을 임의로 폐지하거나 내용을 감축시키는 변경은 할 수 없다고 하겠으며, 입법자가 위임에 따른 의무를 위반하는 내용의 입법을 한 경우와 같은 적극적 침해의 경우는 개인은 입법위임·헌법위임에 근거하여 사법적 구제를 받을 수 있다고 하겠다.[80] 그러나 입법위임·헌법위임의 경우에도 입법자에게는 형성의 자유가 인정된다는 점은 부인되지 않으므로[81] 입법자의 의무불이행과 불충분한 이행에 대한 사법적 구제가능성은 완전하지 못하기 때문에 한계가 인정된다. 다만, 국가의 목적 내지 국가활동의 지침·방향을 규정하는 국가목적규정보다는 그 내용·범위·방법 등에 관하여 좀 더 상세한 입법규정의 필요성을 헌법상 요구하는 입법위임·헌법위임의 경우에는 입법자의 형성의 자유는 국가목적규정보다 광범위하지 않으므로 법적 구속력이 더욱 강하다고 할 수 있는 것이다. 즉, 입법위임

78) Jörg Lücke, a.a.O.(주 7), S.24; 연방헌법재판소는 특히 입법의무를 밀접히 침해한 입법위임에 대해서 인정한다(BVerfGE 6, 257, 264; 23, 242, 249). 한편, 이러한 입장에 비판적인 견해에 대해서는 Peter Lerche, a.a.O.(주 15), S.341, 350ff. 참조.

79) L. Wildhaber, "Sozial Grundrecht", in: Der Staat als Aufgabe (Gedankschrift für Imboden), 1972, S.388.

80) 한병호, 앞의 논문(주 23), 162면, 이 논문에서는 우리헌법에 있어서 사회적 기본권의 법적 성격으로 논의되는 추상적 권리설의 '추상적 권리'는 실질적으로 입법위임·헌법위임과 유사하다고 한다(163면).

81) Peter Lerche, a.a.O.(주 15), S.335.

은 입법자에 대한 명령을 넘어 그 계획을 위하여 어떤 보장작용(Garantiewirkung)에 연결되어 있으며, 또한 그 실질적인 내용을 통하여 해석지침의 효력을 가질 수 있다.82)

2. 입법위임 형태로의 규정례

우선 문화에 관한 입법위임 규정을 떠나 입법위임의 규정례를 살펴보면 “사생아에 대하여서는 입법에 의하여 그들의 육체적 및 정신적 발전과 사회에 있어서의 그들의 지위에 관하여서는 적출자와 동일한 조건을 부여한다”고 규정한 독일기본법 제6조 제5항, “남녀는 동등한 권리를 가지고 있다”고 규정한 독일기본법 제3조 제2항과 관련된 경과규정으로서 독일기본법 제117조 제1항은 “제3조 제2항에 저촉되는 법은 그것이 조정되어 헌법의 당해규정에 적합할 때까지는 그 효력을 가지는 것으로 한다. 단, 그것은 1953년 3월 31일을 초과하여 효력을 가지지 않는다”고 규정하고 있는데, 이것은 좀 더 강한 입법위임 규정이라 하겠다. 그리고 앞에서 살펴본 특별문화국가조항은 입법위임 · 헌법위임의 형태를 취하고 있는 경우로 볼 수 있다. 우리헌법의 “저작자, 발명가, 과학기술자와 예술가의 권리는 법률로서 보호한다”(제22조 제2항)는 규정과 “근로조건의 기준은 인간의 존엄성을 보장하도록 법률로 정한다”(제32조 제3항)는 규정은 입법위임 규정이라고 볼 수 있다. 그리고 국가의 주택개발정책을 통한 국민의 쾌적한 주거생활 확보를 위한 노력의무를 규정한 헌법 제35조 제3항은 헌법위임 내지 국가목적규정이라고 볼 수 있다.

82) Bundesminister des Innern und Bundesminister der Justiz(hrsg.), a.a.O. (주 34), S.21.

III. 기본권

1. 기본권의 성격변화(기본권 이론)

문화국가성은 학문, 예술, 교육 등 영역에서 기본권의 형태로 각국 헌법에 규정되어 있는 것이 일반적이라고 할 수 있다. 시대가 변하고 현실적 여건이 변함에 따라서 기본권에 대한 이해도 변화한다. 전통적으로 기본권은 절대적 국가권력으로부터 개인의 자유와 권리를 보장하기 위한 방어적·주관적 공권, 소극적 권리로 이해되어 왔다. 자유민주국가에서는 그 개념과 내용의 인식이 변화한다. 즉, 절대적 군주국가에서 자유주의국가로, 이로부터 또다시 민주주의 국가, 사회국가 또는 복지국가로 이행해 감에 따라, 기본권은 다양한 기능을 갖게 되었으며 그 성격도 크게 변화되었다.[83] 이처럼 그 기능과 성격이 변화된 기본권을 어떻게 이해하고 평가할 것인가를 다루는 기본권 이론 문제는 기본권 해석과 관련, 대단히 중요한 의미를 갖는다. 기본권 이론은 개별적 조항에서가 아니라 헌법의 전체에서 나오는 종합적 이론으로 도출된다.

기본권 이론은 기본권과 제도와의 관계를 어떻게 파악하느냐에 따라 전혀 다르게 나타난다. 그 예로서 슈미트(Carl Schmitt)는 자유주의적 의미에서의 소극적이며 전국가적인 자유의 영역을 진정한 기본권으로 이해함으로써 제도적 보장의 구조를 자유권의 구조와 전혀 다른 것으로 파악하였다.[84] 다시 말하면, 시민적 법치국가의 기초를 이루는 배분의 원리(Verteilungsprinzip)에 입각하여 전국가적이며 초국가적인,

83) 계희열, "헌법관과 기본권이론", 공법연구, 제11집(한국공법학회), 1983년 12면.

84) Carl Schmitt, Verfassungslehre, Duncker & Humblot, Berlin, 1954 (Neudruck), S.170-174.

원칙적으로 무제한적인 자유의 영역을 진정한 기본권으로 이해하는 Schmitt에게 있어서 자유는 결코 법제도(Rechtsinstitut)도 아니며, 또한 조직화되고 정형화된 공법상의 제도(Institution)도 아니다. 이러한 맥락에서 Schmitt는 제도적 보장을 일반적 자유에 대한 연결적·보충적 보장으로서만 인정하는 것이 자유주의적인 법치국가적 헌법정신에 부합한다고 함으로써, 기본권과 제도와의 본질적인 내적 관련을 부정하고 그것들을 원칙적으로 양자택일적으로 파악한다.

이에 반하여, 스멘트(Rudolf Smend)는 카우푸만(E. Kaufmann)의 영향을 받아 법적 자유를 제도적으로 해석한다. 법적 자유는 더 이상 전적인 개인적 임의가 아니라, 오히려 처음부터 전체 질서 속에 편입되어 있다고 한다. 즉, 기본권은 국가적 전체의 통합을 추구하는 규범으로서 또한 헌법의 전체적 목적을 추구하는 규범으로서 하나의 가치체계 또는 문화체계를 규정하고 있으며, 동시에 국민의 실질적 지위를 규정함으로써 이들이 하나의 국민으로 통합되게 한다는 것이다. 다시 말하면, 기본권이란 특정사회에 전래되어 유지되고 있는 가치와 문화가 그 사회구성원의 합의를 바탕으로 집약되어 나타나며, 동시에 이들을 통해 그 구성원들이 하나의 국민으로 통합된다는 말이다. Smend는 이 가치 및 문화체계와 국민의 통합이라는 두개의 의미 속에서 기본권의 적극적 측면을 보고 있다.[85] Smend의 통합론적 기본권 이론은 오늘날의 기본권 이론의 논의에 큰 영향을 미쳤는데, 특히 그의 제자 헷세(Konrad Hesse)는 헌법의 객관적 규범으로서의 기본권의 성격을 기초로 해서 기본권의 이중적 성격을 인정한다. 즉 기본권은 주관적 권리로서 개인의 법상태(Rechtszustand)를 근본적으로 규정하고 보장하는 한편, 민주적·법치국가적 질서의 객관적 기본요소로서 개인을 이 질

85) Rudolf Smend의 기본권 이론에 관해서는 계희열, 앞의 논문(주 83), 43면 이하(특히, 52-57면)참조.

서 속으로 편입시키는데, 이 질서는 그 편에서 볼 때 개인의 주관적 권리행사를 통해서 비로소 현실성을 획득할 수 있다고 한다. 이점에서 기본권의 주관적 권리성과 객관적 규범성은 긴밀한 상호연관의 관계 속에 공존한다.[86] 한편, 오리우(M. Hauriou)의 제도이론[87]을 기초로 하여 Smend와 Hesse의 이론을 더욱 심화시킨 해벌레(Peter Häberle)는 그의 제도적 기본권 이론에서 기본권이 기본권 주체에게 주관적 공권을 보장하는 인적 권리를 의미하는 한편, 그 객관적・제도적 의의로 인해서 개인적 자유와 그 한계의 도식이나 개인과 국가의 일차원적 관계로 강요되거나 혹은 개인에게만으로 환원될 수 없는 자유롭게 정돈되고 형성된 생활영역들에 대한 헌법적 보장을 의미한다고 한다.[88] Häberle에게 있어서 기본권의 본질은 기본권 주체로 볼 때에는 주관적 공권으로 나타나고(인적 측면), 생활관계・객관적 질서・생활영역으로 볼 때에는 제도로서 나타나는(물적 측면) 이중적 성격에 있다.[89] 주관적 공권의 측면과 제도의 측면은 불가분적으로 결합되어 있기 때문에 양자 모두가 총체적으로 기본권을 구성하며 서로를 강화시켜 준다고 한다. 따라서 개인권적 측면 및 자유와 제도적・객관적 측면과의 관계는 상관관계이며, 자유와 제도는 반대개념이 아니라 상관개념이라고 한다. 그에 의하면, 제도적 측면과 개인권적 측면은 수단과 목적의 관계로 처리되어서도 안 되고, 오히려 상관관계 및 동등한 지위의 관계에 서는 것으로 이해되어야 한다고 한다.[90]

---

86) Konrad Hesse, Grundzüge des Verfassungsrechts der BRD, 계희열(역), 서독헌법원론, 삼영사, 1987, 180면 이하 참조.

87) M. Hauriou의 제도이론에 대해서는 김주환, "P. Häberle의 제도적 기본권 이론의 기초-특히 M. Hauriou의 제도이론과 제도개념을 중심으로-", 고시연구, 1992.10, 173면 이하 참조.

88) Peter Häberle, Wesensgehaltgarantie des Art.19 Abs.2, 2 Aufl., C.F.Müller, 1972, S.70.

89) Peter Häberle, a.a.O.(주 88), S.71.

2. 해벌레(Peter Häberle)의 문화적 기본권관

Häberle는 그의 문화과학적 헌법이론의 관점에서 기본권 영역에서도 폭넓은 문화적 기본권관을 피력하고 있다. 그는 "문화적 기본권관은 문화과학적 연구방법을 요구한다. 그러나 문화과학적 연구방법은 또한 문화사적, 문화정책적으로 선행되어야 한다. 헌법사적 및 도그마틱적 출발점은 단지 부분적인 측면에 불과하다. 기본권은 인간문화의 표현으로서 이를 가능하게 한다. 법적인 자유보장은 문화적 관련의 맥락(Kontext) 속에서 존재한다. 문화적 관련이 없다면 법적인 자유보장은 그 법적 실효성 면에서 제대로 평가될 수 없다."고 주장하면서 문화적 자유의 객관화, 예술과 학문분야에 있어서 창작품, 비법학적인 고전적인 문언, 정당강령 및 소수자보호, 예를 들어, 수공업에 있어서와 같은 직업적 전통의 유지 및 국가의 스포츠부문의 공적 장려들은 기본권의 사회-문화적 콘텍스트의 일부분이라고 한다.[91]

Häberle는 국민문화 역시 그 보편적인 특성 및 대안적인(Alternativ) 특성에 있어서 그 고유한 법(Recht)을 가지고 있다는 점을 지적한다. 그는 '기본권 문화', 기본권적 자유의 '문화적 충족', 문화헌법적 기본권 이해, 개별적 자유의 문화적 의미부여- 그것은 전통적인 법학적 기본권도그마틱을 포기하고, 포기할 수 있다고 믿는 곳에서 시작하는 테마와 개념이며, 차원과 문제중심(Topoi)이라는 점을 강조하고 있으며, 그렇게 이해하지 않는다면 기본권적 자유의 경우에 있어서 문화적인 것과 법적인 것은 좀처럼 상호 관련되지 않는다고 한다. 가령, 단지 시민의 특별한 문화적 자유의 경우에 있어서만이 아니라 그것을 넘어서는 자유 일반에도 그렇다고 한다.[92]

---

90) Peter Häberle, a.a.O.(주 88), S.71f.
91) Peter Häberle, a.a.O.(주 2), S.42.
92) Peter Häberle, a.a.O.(주 2), S.43.

Häberle에 의하면, 자유로운 국민은 그 기본권을 통하여 그 자체로서 구성되며, 문화적 창조는 (문화적 및 사회적) 기본권을 통하여 촉진된다고 한다. 시민이 사실상 그의 법적인 자유에 일신전속적인 의미를 부여할 수 있는 법적인 자유를 가지고 시도할 수 있는 것은 시민을 둘러싼 문화로부터 해답이 얻어질 수 있다고 한다. 법적인 기본권도그마틱이 이로 인하여 '상대화'된다 하더라도 기본권도그마틱이 포기불가능하고 중요하다는 점에는 변함이 없지만, 법률가는 그의 주장의 한계를 인식해야 하며, 이보다 더욱더 중요한 것은 문화의 포괄적인 연관속에의 자신의 몰입을 인정해야만 하며, 법률가의 '연구작업'은 문화의 일부라고 한다.[93]

3. 문화적 기본권(문화권)

(1) 문화적 기본권의 체계화의 필요성

우리는 여기서 모든 기본권을 문화적 관련 하에서 파악하는 Häberle의 문화적 기본권관까지는 나아가지 않더라도 기존의 기본권의 분류체계 속에서 문화적 기본권이 어떠한 체계적 지위를 차지하고 있는가를 살펴볼 필요가 있다. 종래에는 옐리네크(Georg Jellinek)의 '지위이론'에 바탕을 둔 자유권, 생활권(사회권), 참정권 등의 기본권 분류방식이 전통적인 것이었다. 이러한 방식의 이념적 기초가 되고 있는 국민의 국가에 대한 예속관계가 더 이상 그대로 받아들여질 수 없다는 점과, 자유권 중심의 사고방식이 생활권(사회권)중심으로 옮겨지고 있고 특히 '자유권의 생활권화 현상'이 두드러지고 있는 오늘날 Jellinek식의 기본권 분류는 많은 비판에 직면하여 새로운 분류방법의 시도가

---

93) Peter Häberle, a.a.O.(주 2), S.42-43. Häberle는 이러한 기본권의 문화적 이해의 관점 하에서 예를 들어 정치문화, 교육목적, 전문 등 문화적 콘텍스트를 폭넓게 고려한다(S.43-46).

행해지고 있다. 우리나라의 학자들은 대부분 Jellinek적인 '지위이론'에 바탕을 두면서 조금씩 다른 분류를 하고 있다. 그러나 이러한 분류방법에 대해서는 Schmitt의 이론체계에 따라 국가권력에 대한 방어권으로서의 '자유권'을 중심으로 한 것이기 때문에, 기본권이 자유권에서 생활권으로 옮겨지고, '자유권의 생활권화 현상'이 보편화되어 가는 오늘의 시점에서 생활권을 실효성 없는 장식적 기본권 유형으로 보는(생활권의 법적 성격을 프로그램 내지 추상적 권리로 파악하는) 점을 비판하면서 생활영역에 따른 기본권 분류방식을 주장하는 견해도 있다.94)

앞에서 살펴본 공법의 대상으로서의 협의의 문화개념에 포함되는 학문·예술·종교·교육 등은 종전의 기본권 분류에 따르면, 학문·예술·종교 등은 자유권 중에서 정신적 자유권으로 분류되고, 교육은 생존권적 기본권(사회적 기본권)으로 분류되는 것이 일반적이었다. 자유권 및 생활권과 별도의 문화적 기본권이라는 분류는 논의되지 않았다. 독일에서도 학문·예술의 자유의 문화적 성격을 강조하지만, 기존의 기본권 분류와는 달리 별도의 문화적 기본권 체계를 수립하고 있지는 않은것 같다. 주로 학문과 예술의 자유는 자유권적 기본권의 정신적 자유권의 측면에서 파악하고 문화국가실현의 기초인 교육의 권리에 대해서는 사회적 기본권의 한 유형인 문화적 권리로 파악하는 경향이 있다.

다만, 문화적 기본권에는 어떠한 기본권이 속한다는 언급은 있다.

---

94) 허영, 헌법이론과 헌법(중), 박영사, 1989, 184면. 허 교수는 고전적이고 전통적인 개념으로서의 '자유권', '생활권'(사회권), '청구권', '참정권' 등이 개별적 기본권의 연혁적 의의를 시사해주는 개념으로 이해하고 이를 구태여 배척할 필요는 없다고 하더라도, 우리헌법이 보장하는 기본권의 기능을 그 전체적인 시각에서 합리적으로 설명하기 위해서는 '자유권'과 '생활권'을 획일적으로 구별하는 종래의 태도를 버리고 '자유권의 생활권화현상'에 부응할 수 있는 새로운 기본권의 유형화와 체계화가 필요하다고 주장한다.

예컨대, Maihofer는 문화적 기본권에는 1) 교육에 관련된 기본권, 2) 예술과 학문 또는 신문과 방송의 문화영역에 관련된 기본권, 3) 신앙과 고백의 문화영역에 관련된 기본권이 속한다고 하며,[95] Maunz는 양심의 자유, 종교의 자유, 의사표현의 자유, 신문의 자유, 학문과 예술의 자유, 연구와 교수의 자유, 친권의 자유 등을 문화적 기본권으로 들고 있다.[96] 앞에서 살펴본 바와 같이, 넓은 의미의 문화적 기본권관을 주장하는 Häberle도 문화적 영역에 속하는 기본권, 즉 '문화적 기본권'으로서 언론 및 출판의 자유, 예술의 자유, 학문과 연구의 자유, 종교의 자유, 또한 직업적 결사의 자유 혹은 친권(과 같은 외관상으로는 제1차적으로 문화에 관련되지 않는 기본권)을 들고 있다.[97] 그리고 사회적 기본권의 실정화에 있어서 우리나라와는 달리 미비점이 많은 독일의 경우는 학자들에 따라 사회적 기본권의 유형·체계에 관하여 견해대립이 있다.[98] Th.Tomandl은 사회적 기본권을 노동권, 사회보장권, 사회적·문화적 발현권으로 분류하고 있으며, G.Brunner도 Th.Tomandl과 같이 노동권, 사회보장권, 문화적 발현권으로 분류하고 있다. P.Badura는 노동의 기본자유, 사회보장의 확보, 사회적·문화적 발현권, 만족스러운 생활조건에 대한 권리 등으로 사회적 기본권을 분류하고 있다. L.Wildhaber는 문제되는 이익에 따라, 노동권, 사회보장과 배려에 대한 권리, 인간의 정신적·심적(seelisch) 능력의 자유로운 발현에 대한 사회적 기본권, 인간의 외면적·육체적 생활의 보호에 대한 사회적 권리, 현대의 노동권적 공동생활의 특수한 형태에 관련되는 권리, 법평등의 원칙 등으로 사회적 기본권을 분류하고 있다.

---

95) Werner Maihofer, a.a.O.(주 1), S.988.
96) Theodor Maunz, a.a.O.(주 14), S.146.
97) Peter Häberle, a.a.O.(주 2), S.41-42.
98) Peter Badura, "Das Prinzip der sozialen Grundrecht und seine Verwirklichung im Recht der BRD", in: Der Staat 14(1975), S.17-48 참조.

이상에서 볼 때, 문화적 기본권의 독자적 지위는 자유권과 생활권의 엄격한 대치 속에서는 체계적으로 파악될 수 없음을 알 수 있다. 기본권을 생활영역 또는 생활이익에 따라 분류할 때만 종전의 자유권, 생활권의 분류에 속해 있던 문화적 요소들을 문화적 기본권이라는 독자적인 유형·체계 속으로 포용할 수 있게 된다. 나아가 전통적으로 문화로 이해되는 영역(학문, 예술, 교육)외에 오늘날 문화적 요소로서의 중요성이 강조되는 방송과 그 밖에 확대되는 문화개념에 따라 확장되는 기본권 영역을 포괄하는 문화적 기본권을 체계적으로 파악하는 것은 앞으로의 중요한 연구과제라고 생각한다.

(2) 문화적 기본권의 체계화의 시도

① 문화적 기본권의 정의

문화국가의 이념은 앞에서 살펴본 바와 같이 국가목적규정으로 선언하고 있는 경우도 있으나, 세계 각국의 헌법은 다양한 형태의 문화적 기본권을 규정하고 있다. 어떻게 보면 헌법에 보장된 문화적 기본권이 문화국가의 헌법적 근거를 도출하는 가장 보편적인 개념이라고 할 수 있다. 근래 문화권, 문화적 기본권, 문화적 권리, 문화향유권 등의 용어가 비교적 많이 회자되고 있으나, 기존의 자유권, 사회권(생존권) 등에 비하여 개념과 체계를 명확히 정립하기가 용이한 일은 아니다. 이는 문화국가가 기존의 민주국가, 법치국가, 복지국가(사회국가) 등에 비하여 비교적 최근에 논의되고 있어 그 개념구성을 비롯하여 그 이론체계를 세움에 있어 어려움이 있는 것과 맥을 같이 한다. 특히, 문화개념의 다의성으로 인하여 다른 개념과 중복이 되는 경우가 많아 그 독자성을 밝히고 체계를 세우는 것이 무엇보다도 중요한 과제이다.

한국에서는 사회가 점차로 민주화되면서 다양한 영역에 걸쳐 시민들의 권리를 찾으려는 운동이 활발하게 진행되고 있고, 인권정책도 상당한 발전을 이루고 있다. 그러나 문화영역에서의 권리들은 다른 권리에 비해 상대적으로 덜 중요하게 취급되거나 부차적인 것으로 간주되어 온 점도 사실이다. 문화권은 노동권과 같은 기초권리들이 보장되고 나서야 획득될 수 있는 권리라고 인식하는 점, 대중들이 적극적으로 요청하는 일상적 권리로 인식하기보다는 국가가 국민들에게 부여하는 복지의 형태로 인식하는 점, 문화권을 문화예술 창작자들이나 생산자들의 권리로 축소해서 이해하는 점 등이 원인이었다고 진단할 수 있다.

문화권[99]은 문화를 정의하는 방식에 따라 다양하게 기술될 수 있는 매우 포괄적인 개념으로서 법률적으로 정의하거나 구체적인 실행정책 과제를 도출하는 것이 쉽지 않다. 그러나 시민들의 일상에서 문화적 경험이 증가하고 일상 자체가 문화적으로 재편되면서 문화권은 인간 삶의 중요한 가치가 되고 있고, 다른 한편 문화산업의 증대, 문화자본의 독점화, 문화적 종다양성의 위협, 지역문화의 소외를 극복해야 하는 문화정세 속에서 시민들의 문화적 권리는 부차적인 것이 아니라 우선적인 것이며, 이론적·실천적으로 시급하게 정비해야 할 개념이라 아니할 수 없다.[100] 특히 헌법상 문화권을 체계화하고 그 영역들을 구

99) 문화권에 대한 논의가 본격적으로 시작된 것은 국제연합인권규약(International Covenant on Human Rights)이 '경제적·사회적·문화적 권리에 관한 국제규약'(ICECR, A규약)과 '시민적·정치적 권리에 관한 국제규약'(ICCPR, B규약)으로 구성되면서부터라고 할 수 있지만, 이미 1948년 '세계인권선언'(제27조)에서도 문화적 권리의 중요성이 언급되어 있으며, 특히 국가와 시민들의 문화적 권리는 유네스코의 다양한 문화선언문과 헌장 및 협약 등에 내포되어 왔다. 80년대 인권정책이 발전하면서 영역별 인권정책의 개발과 연구의 과정에서 문화권은 구체적으로 논의되기 시작하였고, 주로 각 국민-국가의 문화정체성과 문화유산의 특성을 보존하기 위한 권리와 국민-국가 내 소수민족이나 종족들의 언어와 관습, 문화유산을 보호하기 위한 실천적 수단으로 논의되었다.

100) 이동연 외, 문화권 NAP 수립을 위한 기초현황 실태조사와 정책연계방안(2004년 국가인권위원회 연구용역보고서), 문화사회연구소, 2004, 38-47

체화함으로써 법적인 지위를 확보하는 연구는 문화정책과 인권정책의 수립 및 시행에 정당성과 실효성을 확보한다는 점에서 현실적으로 대단히 필요한 과제라 하겠다.

국민의 기본권으로서 문화권을 정립하는 경우에도 그 대상으로서의 문화개념이 전제되어야 하며, 앞에서 살펴보았던 문화국가의 대상으로서의 문화개념은 문화권 논의에 있어서도 기본적으로 타당하다. 문화권도 현행법과의 관련 속에서 실천과제라는 관점에서 범위의 한정이 어느 정도 필요하기 때문에 우선 영역으로서의 문화범위 확정이 필요하지만, 문화가 가지는 기능을 고려할 때 영역이 가지는 한계를 극복하고 원리로서의 문화의 측면도 중요한 고려대상이 되어야 한다고 생각한다.[101]

그동안 학설이나 유네스코를 비롯한 국제기구의 문화권의 정의는 문화를 파악하는 다양한 관점에서 이루어져 왔다.[102] 가장 좁게는 예술영역에서의 창작자의 권리, 나아가 협의의 문화영역에서의 기본권 등을 주요내용으로 설명하는 입장에서부터 문화정체성과 문화유산의 특성을 보존하기 위한 권리, 나아가 영역으로서의 문화에 한정하지 않고 문화권을 정의하는 입장[103]까지 실로 다양하다.

면.

101) 원리로서의 문화의 의미에 대해서는 문화관광부, 창의한국-21세기 새로운 문화의 비전, 2004, 20면 참조.

102) 국제연합의 "경제적·사회적·문화적 권리에 관한 국제규약"(A규약)은 '문화적 권리'로 1) 문화적인 생활에 참여할 권리, 2) 과학의 진보와 그 응용에서 혜택을 누릴 수 있는 권리, 3) 자기가 창조한 과학적·문학적·예술적 작품에서 생기는 유형·무형의 이익을 보호받는 데에서 오는 혜택을 누릴 수 있는 권리를 들고, 가맹국이 이 문화적 권리의 완전한 실현을 이룩하기 위하여 취하는 조치 중에는, 과학과 문화의 보전·발전·보급에 필요한 조치가 포함된다고 하며, 가맹국은 과학과 문화 분야에서 벌이는 국제적 연락·협력의 장려 및 발전이 여러 이익을 가져온다는 것을 인정한다고 기술하고 있다(제15조).

103) "인간의 보편적 가치를 담고 있는 권리이면서 인권의 구체적인 실천영

결론적으로 문화권은 문화를 정의하는 방식에 따라 다양하게 기술될 수 있지만, 대체로 인간의 삶의 감성적인 발전을 위해 추구될 수 있는 보편적 가치이자 특수한 가치와 관련하여 정의되어야 한다.

법적 권리로서 문화권을 정의하기 위해서는 그 대상으로서의 '문화'가 어떠한 것을 포함하는가를 밝히는 것이 필요한데, 앞에서 살펴본 바와 같이 문화개념의 다의성으로 그것을 완전히 목록화하기는 불가능하다. 그러나 협의의 전통적인 문화영역(학문, 예술, 교육, 종교)과 "공동체의 관념적 재생산"이라는 기능을 수행하는 영역도 문화국가의 대상으로서의 문화영역에 포함시킬 것을 주장한 필자의 견해에 따르면 방송(라디오, 텔레비전), 신문, 저작권, 문화재보호, 스포츠, 청소년보호 등의 영역과 언어, 관념, 믿음과 같은 민족적 정체성과 공동체 의식과 관련된 분야를 문화권의 대상으로 삼을 수 있을 것이며, 이러한 분야는 정책영역화가 가능하다고 생각한다. 즉, 이러한 영역내지 분야에서 활동하는 것 및 그 성과의 향수와 계승 및 특별한 보호가 이 권리의 대상이 된다고 하겠다. 이를 토대로 문화권을 "국민이 문화적 활동을 자유롭게 행하고 타인의 문화 활동의 성과와 문화적 유산을 향유하고 승계하며 문화성 풍부한 환경 아래에서 생활할 권리 내지 이익"이라고 일단 정의하고자 한다.

이러한 정의가 다소 포괄적이지만, 문화권은 ① 몇몇 문화예술생산자들의 표현의 자유를 보장하는 것만이 아니라 일반 시민들의 다양한 문화적 표현을 주장할 수 있는 권리, ② 창작의 권리만이 아니라 수용의 권리를 모두 포함하는 권리, ③ 문화활동이 부당한 제한을 받지 않을 권리만이 아니라 구체적인 문화적 향수기회와 조건을 요구하는 적극적인 복지를 지향하는 권리, ④ 경제적 효율성보다 인간을 중심에

역"(Halina Niec), "보편성에 대한 욕망이라기보다는 다양성에 대한 욕망"(Alice Tay)이라는 정의를 예로 들 수 있다.

놓는 정신적 태도, 정치적 이해관계의 득실을 따지기보다 공동선을 중심에 놓는 사고에 바탕을 두는 권리, ⑤ 개인적인 문화향유의 권리만이 아니라 문화정체성, 문화유산에 대한 권리처럼 집단적 권리의 성격도 있다는 점이 강조되지 않을 수 없다.

② 문화적 기본권의 법적 성격

문화국가 내지 문화복지의 이념은 실질적인 삶의 질 향상을 위한 정신적인 풍요를 확보할 수 있는 정책방향을 요구하는데, 이러한 이념을 기본권적 관점에서 말한다면, 국민의 문화권 내지 문화향유권(문화향수권)을 보장하는 것이다. 문화권을 실효성 있게 보장하기 위해서는 전통적인 기본권분류방식인 자유권적 관점과 사회권적 관점을 포괄하여 문화적 권리를 기본적 인권의 하나로 보장하는 시책들이 필요하다.[104)]

특히 자유권적 기본권의 이념은 전체주의적 문화통제에 대한 반성으로부터 '국가로부터의 자유'를 강조하는 것이다. 즉, 문화영역에 극단적으로 개입하는 전체주의 국가에 대한 반성의 결과, 국가가 문화의 영역에 개입하는 것을 경계하고, 문화적 자율성을 확보해야 한다는 의식이 발생하였다. 이러한 의식은 정신적 자유를 형성시키고 문화에 관한 권리개념의 발생을 가져왔으며, 국가의 문화에 대한 개입은 일정한 근거 하에 극히 예외적으로만 가능하게 되었다. 자유권적 문화권은 근대 인권선언과 각국 헌법에 거의 예외 없이 반영되어 있으며, 대표적으로 사상 및 양심의 자유, 학문・예술의 자유, 종교의 자유, 표현의 자유 등의 정신적 권리를 예로 들 수 있다.

한편, 문화를 진흥할 때의 기본적 이념으로서 뿐만 아니라 문화행

---

104) 小林眞理, 文化權の確立に向けて -文化振興法の國際比較と日本の現實-, 勁草書房, 2004, 41-51면; 정갑영, "문화복지정책의 이념적 근간으로서의 문화권", 문화예술 1996년 10월호(통권207호), 19-21면.

정을 공공적으로 정당화하는 근거가 되는 것이 사회권적 문화권이다. 비록 문화가 국민 각 개인의 자발적인 영역이기 때문에 국가의 간섭은 최대한 배제되어야 한다는 것은 이념적으로 타당하지만, 방대한 인류 문화 유산의 보호·계승사업 같은 영역은 국민 한사람 한사람의 자발성 또는 민간의 투자에만 맡겨서는 그 목적을 달성할 수 없다. 그것은 국가의 책무로 돌리지 않으면 안 되는 이유가 여기에 있다. 국가나 사회의 개입을 주장하는 사회권적 문화권은 자유권적 문화권에 비하여 인권선언이나 각국 헌법에 뒤늦게 반영되고 있지만, 생활권과 교육권처럼 '인간의 보다 나은 삶'을 지향하고 있고 문화 자체의 진흥을 넘어서 국민을 위한 문화의 공급과 그것에 대한 국민의 참여 보장이 현대국가의 목표가 되고 있는 오늘날 그 중요성이 날로 증대하고 있다. 우리 헌법상의 "모든 국민은 인간다운 생활을 할 권리를 가진다"는 규정이나 (제34조 제1항) 일본헌법의 "모든 국민은 건강하게 문화적으로 최저생활을 영위할 권리를 가진다"는 규정은(제25조) 적극적으로 사회권적 문화권을 수용한 규정으로 볼 수 있다.

이러한 관점에서 문화권의 헌법적 성격은 소극적으로는 문화향유를 위한 문화활동이 부당한 제한을 받지 않을 자유권적 기본권의 성격, 누구든지 문화적 생활을 함에 있어 차별을 받지 않을 평등권적 성격, 적극적으로는 인간다운 생활을 위한 필수요소로서 국가나 정부에 법적, 제도적 급부를 요구하는 생존권적(사회적) 기본권의 성격 등 소극적, 적극적 기본권으로서 복합적 성격을 가지고 있다.

③ 문화적 기본권의 특성

문화권이 다른 기본권과 다른 특성은 우선 문화의 특성에서 찾을 수 있다. 문화권은 이러한 문화의 특성이 국민들의 삶 속에서 실질적으로 구현될 수 있도록 하는 법적 근거이자 도구이기 때문이다.

필자는 문화국가 내지 문화권의 대상으로서의 문화의 특징(표지)

으로 자율성, 정신성, 전통성, 혁신성, 다원성(개방성)을 주장한 바 있다.[105] 여기서 논의되는 일부 특성은 상호 충돌하는 외양을 보일 수도 있지만, 그 의미부여에 따라서는 상호보완개념으로 작용할 수 있다고 생각한다. 이와 같은 정신성, 자율성, 개방성(다원성), 전통성, 혁신성 등의 문화의 특질 내지 표지는 문화권 내지 문화행정의 독자성을 밝혀주는 요소가 된다. 즉, 이러한 표지들을 보호하고 육성하는 것이 문화국가가 담당해야 할 역할이며, 문화권실현의 기본방향이 되어야 한다.

④ 문화적 기본권의 규정형태

문화적 기본권 유형에 어떠한 기본권이 속할 수 있는지에 대해서는 앞으로의 연구과제이지만, 문화적 기본권은 대체로 세 종류의 형태로 규율될 수 있을 것이다.[106]

1) 방어권적 및 주관적 공권형태로의 규정례

독일의 주헌법으로부터 하나의 예가 골라질 수 있다. 즉 1946년 헷센(Hessen)헌법 제10조는 “어느 누구도 그의 학문적 및 문화적 창조와 그의 작품의 유포에 있어서 방해 받아서는 안된다”고 규정하고 있다.

2) 주관적 공권 및 객관적 가치질서형태로의 규정례

대개의 문화적 기본권은 주관적 공권의 성격외에 객관적 가치질서로서의 성격도 아울러 가지는 것으로 이해되나, 특히 제도적 기본권이론을 정립한 Häberle는 “예술과 학문, 연구와 교수는 자유이다. 교수의 자유는 헌법에 대한 충성을 면제하지 않는다”라고 규정한 기본법 제5조 제3항의 예술과 학문의 자유 규정을 객관법적 제도적 기본권 형태의 예로 들고 있다.

---

105) 김수갑, 헌법상 문화국가원리에 관한 연구, 고려대 법학박사 학위논문, 1993, 29-31면.
106) Peter Häberle, a.a.O.(주 2), S.10f.

3) 급부국가적 및 급부권 형태로의 규정례

특정의 국가적 급부를 필요로 하는 문화적 참여권이 여기에 규율된다. 이것은 Häberle에 따르면, 일부는 특별한 문화국가위임으로서 나타나고, 일부는 그 효력이 주관적 공권인 기본권의 지위에까지 미칠 수 있다고 한다. "문화적 창작은 국가에 의하여 장려된다"라고 규정한 1947년의 자－르(Saar)헌법 제34조가 그 예이다. 1947년의 독일 브레멘헌법은 문화적 참여권과 교육목적의 주목할 만한 결합을 규율하고 있다. 이 헌법은 교육목적을 문화적 생활에의 참여로 규정한다(제26조 제4호). 이러한 교육목적은 또한 문화적 참여규범에 이르게 한다. 왜냐하면 교육목적에 따라서 교육목적을 실현시킬 (법적인) 가능성이 존재한다면 교육목적의 규율화는 결론적으로 의미가 깊은 것이고 단순한 정신적인(Platonisch) 것은 아니다.

⑤ 문화적 기본권범주의 체계화

1) 기존의 기본권 분류 체계에 있어서 문화권

앞에서 살펴본 공법의 대상으로서의 협의의 문화개념에 포함되는 학문 · 예술 · 종교 · 교육 등은 종전의 기본권 분류에 따르면, 학문 · 예술 · 종교 등은 자유권 중에서 정신적 자유권으로 분류되고, 교육은 생존권적 기본권(사회적 기본권)으로 분류되는 것이 일반적이었다. 자유권 및 생활권과 별도의 문화권이라는 분류는 별로 논의되지 않았다. 문화권의 법적 성격에서도 보았듯이, 자유권과 생활권으로 대별되는 기본권 분류 체계 하에서는 문화권의 독자적 지위를 확보하고 체계를 세우는 일은 용이하지가 않다. 다만, 기본권을 생활영역 또는 생활이익에 따라 분류하여 종전의 자유권, 생활권의 분류에 속해 있던 문화적 요소들을 문화권이라는 독자적인 유형 · 체계 속으로 포용하는 것이 하나의 방법이 될 수 있으나, 전통적으로 문화로 이해되는 영역(학문, 예술, 교육, 종교)외에 오늘날 문화적 요소로서의 중요성이 강조되는 방송과 그 밖에 확대되는 문화개념에 따라 확장되는 기본권영역을 포괄하는 문화권을 체계적으로 파악하는 것이 중요한 과제라 하겠다.

2) 문화관련 영역의 개별적 기본권을 중심으로 한 문화권의 범주화

문화개념의 다의성과 발전적 성격으로 인하여 어떠한 권리가 문화권의 목록에 속해야 하는지를 결정하는 문제도 간단하지가 않다. 그리고 헌법텍스트에는 모든 사항을 열거할 수 없는 한계가 있기 때문에, 국가의 문화에 대한 기본입장에 관한 직접적인 규정이 없더라도 기타 문화 관련조항의 체계적 해석을 통해서 문화권을 도출해야만 하는 경우도 있다.

학자에 따라서는 문화적 권리들의 이해 가능한 목록들을 창조하기 위한 시도에서 여러 문화적 권리들을 11개의 목록에 따라 분류하는 견해도 있다. 즉, Birgitta Leander는 i) 신체적 문화적 생존 권리, ii) 문화공동체와 연계하고 동일화하는 권리, iii) 문화적 정체성을 존경할 권리, iv) 유무형 문화유산에 대한 권리, v) 종교적 믿음과 실천에 대한 권리, vi) 의사 및 표현과 정보의 자유에 대한 권리, vii) 교육의 선택과 학습에 관한 권리, viii) 문화정책의 내실화에 참여할 권리, ix) 문화적 삶에 참여하고 창조할 권리, x) 내적인 발전을 선택할 수 있는 권리, xi) 사람들 스스로의 신체적 문화적인 환경에 관한 권리 등으로 문화적 권리를 목록화 하고 있다.[107] 한편, 문화적 삶에 참여하기 위한 권리들의 목록을 동일시하는 것을 제안하는 전문가 집단이 유럽의회에서 발표한 'Reflections on Cultural Rights Synthesis Report'는 i) 다양한 문화들을 선택하고 그 문화들을 표현할 수 있는 자유, ii) 문화 접근의 권

107) Birgitta Leander, "Preliminary List of Cultural Rights", Paper prepared for UNESCO, 1996(unpublished) 참조.

리, iii) 문화의 이점을 즐기고 그러한 이점들을 보호할 것을 포함하는 권리, iv) 문화발전에 공헌할 권리, v) 문화의 민주화를 증진시키기 위해 기회를 평등화하고 차이를 없애는 권리, vi) 확장의 방법에로의 접근의 권리, vii) 국제적인 문화협력의 권리, viii) 정보를 알 권리 등으로 문화권을 목록화 하고 있다.

필자는 협의의 전통적인 문화영역에 속했던 생활영역 이외에도 사회의 관념적 재생산이라는 기능을 수행하는 분야도 문화국가 내지 문화권의 대상으로 포함시킬 것을 주장한 바 있다. 이러한 문화개념에 따라 우선 문화권에 속하는 개별기본권의 목록을 다음과 같이 열거할 수 있을 것이다.

i) 협의의 문화영역에서의 문화권
  a. 학문의 자유
  b. 예술의 자유
  c. 종교의 자유
  d. 교육권
ii) 문화활동의 소산 및 지적・정신적 창조물로서의 문화권
  a. 문화재향유권[108)]
  b. 지식재산권(특히 저작권)
iii) 문화적 자율성과 문화적 다양성을 보장하기 위한 문화권
  a. 양심(사상)의 자유
  b. 표현의 자유(방송, 신문)
iv) 개인의 창의성 제고 및 감수성 풍부한 삶을 영위하기 위한 문화

108) 문화재향유권에 대해서 김수갑, “문화재향유권의 법리에 관한 고찰-일본에서의 논의와 한국헌법상의 법리구성을 중심으로-”, 법과 사회 제23호, 법과 사회이론학회, 2002, 227-260면.

권

a. 레저·스포츠권

b. 관광권

v) 가장 역동적인 문화집단일 뿐만 아니라 국가의 장래를 책임질 미래사회의 주역을 보호대상으로 하는 문화권

a. 청소년인권

vi) 이념적·방법적 기초로서의 문화권

a. 인간의 존엄과 가치 행복추구권(문화권실현의 이념적 기초)

b. (문화적) 평등권(차별금지 및 기회균등 보장의 방법적 기초)

vii) 문화적 생존권, 문화적 약자보호를 위한 문화권

a. 인간다운 생활을 할 권리

viii) 문화적 환경에서 살 권리

a. 환경권

ix) 문화적 정체성에 대한 권리[109)]

a. 언어권

x) 문화민주주의를 위한 문화권[110)]

a. 행동(규범) 문화권

b. 반문화현상으로부터 보호받을 권리

이상의 개별기본권 목록은 무척 포괄적이고 법적 성격도 같을 수 없으며 때로는 기본권의 성격을 벗어나 제도보장 내지 국가목적의 의

---

109) 문화재보호와도 밀접한 관련이 있다.

110) 허영교수가 비민주적인 문화에 대한 항의적 성격을 띠고 있는 연좌제의 폐지를 문화국가원리의 당연한 표현으로 들고 있는 것이나(허영, 한국헌법론, 박영사, 2010, 173면), 20여년 동안 오염된 군정문화를 세척하기 위하여 국군의 정치적 독립성을 선언한 제5조 2항도 문화국가주의를 지향하는 것으로 설명하는 견해(강창웅, 헌법연습, 박영사, 1988, 84면)도 이와 같은 관점에서 이해할 수 있다.

미를 띠고 있으나, 각각 나름대로 독자적인 의미를 가지면서 상호 관련되어 있으며, 중복적인 문화권의 근거로도 기능할 수 있다고 생각한다.

3) 문화권범주의 체계화

앞에서 살펴본 문화관련 영역에서의 개별적 기본권을 중심으로 한 문화권의 목록화와 법적 성격에 따른 문화권의 유형화를 바탕으로 우리가 지향해야 할 문화권의 범주를 필자는 공동으로 참여한 연구보고서에서 문화권의 범주를 문화자유권, 문화평등권, 문화참여권, 문화환경권으로 범주화 한 바 있다.[111] 이러한 범주화 역시 매우 포괄적이지만, 영역으로서의 협의의 문화개념이 갖는 한계를 극복하면서 문화를 고려하지 않은 발전이 파생시킨 다양한 사회적 문제들을 문화적 차원에서 해결하기 위한 목적과 문화의 시대에 모든 인권을 문화적 연관하에서 이해할 수 있게 하자는 목적을 가진다. 문화권을 이렇게 4가지로 범주화하는 것은 유엔 인권선언에 명시된 조항들이나 문화권에 대한 그간의 이론적, 학술적 논의에 있어서 문화를 자유롭게 창작하고 향수할 수 있는 권리, 누구나 문화적 차별을 받지 않을 권리, 누구나 문화적 접근과 참여활동을 보장받을 수 있는 권리, 그리고 문화적으로 행복한 환경 속에서 살 권리들이 가장 많이 언급되었다는 점에서도 그 근거를 가지고 있다고 생각한다.

문화자유권은 국가로부터 문화적 활동을 부당히 제한 받아서는 안되는 '국가로부터의 문화의 자유'의 성격을 가지는 것으로 모든 국민의 권리이지만, 주로 문화예술 창작활동을 하는 사람들에게 현실적으로 중요한 권리이다.[112] **문화평등권**은 문화활동에 있어서 국가로부터 부

111) 이동연 외, 앞의 보고서(주 100), 60-157면.
112) 문화자유권의 분야로 표현의 자유, 학문의 자유, 예술의 자유, 양심의 자유, 종교의 자유 등을 들 수 있겠다.

당하게 차별대우를 받지 아니함은 물론 국가에 대하여 평등한 처우를 요구할 수 있는 권리로 문화권 실현의 방법적 기초로서의 기능을 가진다.113) **문화참여권**은 자유권적 문화권에서 강조하는 중립성과 관용의 특성을 넘어 모든 국민이 적극적으로 자신들의 문화를 만들어나가고 찾아가는 여건마련을 위하여 적극적인 국가의 육성과 지원을 요구하는 권리이다.114) 이러한 국민의 문화참여권에 상응하여 국가는 일정한 문화적 급부의무를 부담하게 된다. **문화환경권**은 좁게는 물리적 환경 중 역사적·문화유산 등을 주된 대상으로 하지만, 넓게는 자연적, 인격적, 문화적 환경 속에서 살 수 있는 권리를 의미한다.115) 이러한 네 가지 문화권은 앞서 말한 대로 좁은 의미의 문화개념을 넘어 넓은 의미의 문화적 실천을 위해 문화의 영역을 확대한 것이라 볼 수 있다.

IV. 교육목적

Häberle는 문화조항으로서 교육목적(Erziehungsziele)도 들고 있다. Häberle는 헌법국가에 있어서 합의형성적 요소로서 교육목적과 지향가치(Orientierungswerte)를 그의 문화과학으로서의 헌법 이론에서도 중요하게 다루고 있다.116) 교육목적은 헌법조문에서 다음 두 가지 형태로 나타난다고 한다.

---

113) 문화평등권의 분야로 성별, 종교, 사회적 신분에 있어서의 문화평등 외에 실질적 문화평등권실현을 위하여 소위 문화적 약자(빈자, 장애인, 청소년, 이주노동자, 성적 소수자 등)의 보호도 중요하다.

114) 문화참여권의 분야로 퍼블릭 엑세스, 문화교육권, 문화공공서비스권, 문화행정시민참여권 등을 들 수 있다.

115) 문화환경권의 분야로 주거문화권, 보행권, 문화재향유권 등을 예시할 수 있겠다.

116) 상세한 내용에 대해서는 Peter Häberle, Erziehungsziele und Orientierungswerte im Verfassungsstaat, Verlag Karl Alber Freiburg/München, 1981 참조.

1. 명시적인 교육목적

이것은 1945년 이후의 독일 각 주헌법에서 많이 발견된다. "도덕적 인격" 및 "책임"(바덴-뷔르템베르크헌법 제12조 〈1953〉, 바이에른헌법 제131조, 헷센헌법 제56조, 잘란트헌법 제26조), "정직"(Rechtlichkeit)(헷센헌법 제56조, 라인란트-팔츠헌법 제33조 〈1947〉), "관용"(브레멘헌법 제26조 1호 등), "인간존엄의 존중"(바이에른헌법 제131조, 노르트라인-베스트팔렌헌법 제7조 〈1950〉) 그리고 "공동체 의식"(Gemeinschaftsgesinnung)(브레멘헌법 제26조 1호)등을 그 예로 들 수 있다.

더 나아가 다음과 같은 것이 교육목적으로 나타난다. 즉, "자유민주주의적 신념"(바텐-뷔르템베르크헌법 제12조, 바이에른헌법 제131조)과 "국민화해"(Völkerversöhnung)(바이에른헌법 제131조, 잘란트헌법 제30조), 그리고 공민교육(Staatsbürgerkunde)이 여기에 속한다(바덴-뷔르템베르크헌법 제12조, 노르트라인-베스트팔렌헌법 제11조). "국제협조"라는 교육목적은 특별히 국제법에로의 (문화법적) 가교를 이룬다.

그리고 "학교는 청소년을 공동체에 대한 책임을 의식하는 생활을 영위할 수 있는 능력과 자세를 갖춘 독자적으로 사고하고 행위하는 인간으로 교육하여야 한다."고 규정한 메켄-폴포메른헌법(1947) 제98조 제1항이 주목된다. 또한 기본법 제7조에 따른 국가의 학교위임과 기본법 제7조 제4항의 사립학교의 자유에 있어서 교육목적에 대한 최소한도도 여기에 속한다.

2. 교육목적으로 해석되는 헌법규범

많은 교육목적은 우선 헌법해석의 결과이다. Häberle에 의하면 가령 기본법 제1조 제1항의 인간존엄은 연방전체에 걸친 교육목적의 효력을 획득한다고 한다. 인간의 존엄과 "인격의 자유로운 발현"과 같은 기본권은 교육목적으로서의 헌법원리의 주제에 관한 증거라는 것이다.

V. 기타

그 밖에 헌법전문에서 문화국가의 이념을 선언하기도 하며, 국가원수의 취임선서에서 문화수호의 의무를 지우는 경우도 있다. 전문은 문화헌법의 보고로서 증명되고 있다. 전문의 규범적 효력의 문제가 논의되지만, 직접 법적인 의의를 갖는다고 본다.117) 헌법전문에서는 국가의 목표와 원칙적 과제들을 정하고 있다. 몇 가지 예를 들면 "....에스파니아인 및 에스파니아 국민의 인권의 행사는 그 문화·전통·언어 및 제반제도를 보호한다. 모든 자에게 풍부한 생활수준을 보장하기 위하여 문화 및 경제발전을 촉진한다..."고 규정하고 있는 1978년의 스페인헌법 전문은 직접 문화적이다. "유구한 역사와 전통"을 강조한 우리나라의 헌법전문도 예로 들 수 있다. 그러나 넓은 의미에서 보면 전문의 특별히 문화적이 아닌 내용도 문화관련성을 나타낼 수 있다. 예를 들어 여러 나라의 헌법이 인권에 대하여 빈번히 언급하는 것이 그것이다.118)

국가원수의 취임선서에서 국민의 복지증진의 의무를 지우는 표현은 많지만 문화보호 의무를 지우는 헌법례는 많지 않다. 우리헌법 제69조는 대통령에게 "민족문화창달의무"를 지우고 있으며, 이란헌법 제

---

117) 이에 대해서는 BVerfGE 5, 85(127); 36, 1(16,20) 참조.

118) 한편, Peter Häberle는 독일기본법 전문의 "신과 인간에 대한 책임을 자각하고..."와 같은 조항은 문화와 문화로부터 나타나는 문화관련성의 모습을 보여준다고 한다. 왜냐하면 독일 혹은 서유럽문화는 기독교적 신앙의 특별한 형성 없이는 역사적으로 생각할 수 없기 때문이라고 한다(Peter Häberle, a.a.O.(주 2), S.13).

121조는 "...조국의 정치적, 경제적, 문화적 독립을 수호함에 있어서 필요한 모든 수단을 도모..."할 것을 대통령에게 선서하게 하고 있다.

제2절 주요국가에서의 문화국가성의 수용

Ⅰ. 독일

1. 독일의 문화국가적 전통

문화를 국가와 관련하여 파악하는 문화국가관념은 문화를 시민문화의 차원에서 파악하는 영미에서와는 달리 독일적 전통의 소산이라고 볼 수 있다. 독일에서는 국민과 국가의 개념을 "문화국민(Kulturnation)"의 개념으로 파악하는 전통은 19세기 초 나폴레옹전쟁에서 패한 후 싹텄다. 특히 Fichte, Hegel 등에 있어서 국민의 개념은 언어, 문화 및 그 기원의 동일성을 결합시켜 옛 대제국에 대한 주권을 주장하는 민족적 통일체를 의미하였다. 그들은 독일민족의 영웅적 역사, 독자적인 특성과 사명을 발견할 것을 촉구하였다. 19세기 중엽 이후 독일의 국민적 존재는 문화적 규정과 병행하여 인종적, 민족지상주의적 규정이 나타나 국가형성의 기초가 되었다.[119] 국가성의 결핍 속에서 국민에게 중요한 통합요소를 제공해주는 문화적 의식은 독일에 있어서 결정적인 의미를 가지게 된 것이다.[120]

나폴레옹이 1807년 틸지트화약으로 프로이센을 굴복시키면서 동쪽에 바르샤바공국, 서쪽에 베스트팔렌 왕국을 만들어 라인연방에 가

119) 백경남, 바이마르공화국, 종로서적, 1985, 21면.
120) Max-Emanuel Geis, a.a.O.(주 52), S.15-16

입시킴으로써 프로이센 영토는 절반으로 줄어든 엘베강 이동으로 한정되었다.121) 이러한 굴욕은 프로이센의 민족적 각성을 촉구시켜 시타인(Stein), 하르덴베르크(Hardenberg) 등이 중심이 되어 농노해방과 행정·군사·교육개혁을 추진하였고, 피히테(Fichte)의 민족적 각성도 이때 일어났다.122) 피히테는 독일국민의 민족적 자각과 통일적 국가조직을 위하여, 독일인의 국민의식을 고취시키고 독일의 민족적 갱생과 아울러 문화적 사명이 중시된 통일된 독일을 강조하였다. 그는 이상적 국가를 세우는 방법으로 교육과 계몽을 찾았다. 교육은 그 자체가 국가목적이며, 국가는 교육을 임무로 함으로써 문화의 실질에 참여한다는 것이다. 독일이 영방으로 분열되어 있는 상황에서 독일 문화의 고유성을 보장하고 창조하기 위한 중요한 전제는 "독일통일"과 "민족국가의 형성"이라는 것이다. 피히테는 독일 민족을 원민족(Urvolk)으로 파악하였는데, 여기서 보편성이 배제된 배타적 민족주의의 소지가 나타난다. 이러한 피히테의 민족에 대한 논리는 뒷날 보수주의적, 권력국가적, 반자유주의적 그리고 반계몽주의적인 국가이데올로기로의 전향에 정당성을 부여하였다고 할 수 있다.

나폴레옹이 몰락하고 유럽은 보수반동체제로 복귀하여 각국의 자유주의운동을 억압하였다. 비인체제는 1830년의 7월 혁명과 1848년의 2월 혁명을 거치면서 붕괴되기에 이르렀다. 프랑스에서의 2월 혁명은 독일에 영향을 미쳐 학생, 노동자들은 3월 혁명을 일으켰다. 이에 프로이센왕은 국민에게 헌법제정을 약속하고, 1848년 5월에 프랑크푸르트 국민회의가 열려 통일과 헌법제정이 논의 되었다. 1848년 가을까

121) 나폴레옹의 영향하에 1807년 베스트팔렌헌법은 평등권과 종교의 자유 등을 규정하고 있었으며, 1808년의 바이에른헌법도 신체, 재산, 신앙, 출판 등의 전통적인 자유권을 규정하고 있었다.

122) Fichte, Reden an die deutsche Nation, 1808, 「독일국민에게 고함」, 삼성문고 1, 1981, 324-325면 참조.

지 헌법의 전문에 해당하는 국민의 기본권을 규정하였다. 기본권이 결정된 후 국민회의는 독일제국에 오스트리아를 포함시키자는 대독일주의와 오스트리아를 제국에서 제외한 통일을 이루자는 소독일주의로 대립되었으나, 소독일주의가 채택되고 의회는 좌우파 협력으로 평등·직접·보통선거권, 제국의회에 대해 책임을 지는 의원내각제도, 제국의회의 결의에 대한 제국황제의 심의연장거부권 행사를 규정하였다. 그리고 세습군주제를 채택하여 프로이센국왕 프리드리히 빌헬름4세를 독일제국의 황제로 선출하였다. 그러나 프리드리히 빌헬름4세의 거절과 반동세력의 부활로 프랑크푸르트 헌법전은 실행을 보지는 못했지만, 이는 독일헌법사상 중대한 의미를 가진다. 「독일국민의 기본권」이라고 명명된 이 헌법의 기본권장(제6장 제130조부터 제189조)은 종교, 출판, 집회, 학문(제152조), 인신의 자유권과 청원권 등이 규정되어 있었다. 1848년 11월 비인에서의 반혁명세력의 승리로 프로이센의 토지귀족을 중심으로 한 보수파가 고무되었으며, 왕은 이 반혁명세력에 접근하여, 의회를 해산하고 1850년 흠정헌법을 발포하였다. 이 헌법은 법률 앞의 평등권, 언론, 집회, 결사의 자유, 종교의 자유,[123] 학문·교수의 자유(제20조), 인신의 자유, 주택의 불가침권, 소유권의 불가침 등을 보장하였으나 프로이센의 헌법적 실현은 군국주의와 보수주의 등에 의하여 결정되었으므로, 그 기본권 조항이 제기능을 발휘하지 못하였다.[124] 1871년의 비스마르크헌법은 기본권장을 두지 않았고 제3조에서 입법사항과 관련하여 기본권보장을 포괄적으로 규정하였다. 바이마르공화국이 성립되기 이전까지 독일은 "문화민족"의 개념으로 국가형성의 과제를 달성하려는 가운데 보수주의적 경향을 강하게

---

123) 프로이센헌법은 양심의 자유를 종교의 자유의 내포로 규정하였다.
124) F. Hartung, Deutsche Verfassungsgeschite, 8.Aufl., Stuttgart, 1964, S.256ff.

띤 국가체제로 운영되었다.

제1차 세계대전의 패전 후 제정된 1919년의 바이마르공화국헌법은 독일에서 민주주의의 첫 시도였고, 근본적으로 자유민주주의를 지향한 나무랄 데 없는 민주주의헌법이었다.[125] 개인의 권리와 자유가 제2편 "독일인의 기본적 권리와 의무"에서 인정되고 있었는데, 고전적인 자유권과 참정권 이외에 특히 사회적 기본권이 최초로 규정되었다. 바이마르공화국의 정신은 인권의 존엄과 정치적 자유 그리고 관용의 정신에 적합하였으나 국민의 정신상황이 이를 따르지 못하였다. 즉 독일국민들은 1871년 독일통일 이후 군국적 군주국가의 권위주의적 정치생활에 젖어 내면적으로는 종전의 제2제국에나 어울리는 심정을 가지고 있었다. 독일인들은 바이마르공화국이 제1차 세계대전에서의 패전 후 등장하였다는 데서 이를 마치 외세에 의하여 강요된 국가체제인 양 빈축하려는 심정의 영향을 벗어나기 어려웠기 때문에, 그들은 시대의 새로운 요청을 이해하려 하지 않았던 것이다. 적잖은 독일인들은 그들의 정치적 전통과는 다른 민주주의원리를 충분히 확신하지 않았기 때문에 자유민주적 기본질서, 구체적으로 자유주의적 정당국가를 옹호하는 의무가 결여되어 있어, 지도자와 피지배자의 동일성을 통하여 국민 내지 민족이 다시 정치적 실제로 등장할 때 비로소 독일적 민주주의가 이루어진다고 주장하면서 민주주의원리 위에 세워진 공화국을 반대하는 정치세력에 쉽게 동조하고 말았다. 그 결과 국민 스스로의 투표에 의하여 합법적으로 선출된 한 지배자에게 국가의 모든 권력을 위임하고 말았다.[126] 이상의 고찰을 통해서 볼 때, 바이마르공화국이 실패한 원인은 독일의 정치문화적 전통, 즉 보수주의와 결합한 문화국가적 전통[127]에 기인하는 점이 크다고 하겠다. 제2차 세계대전 후 독일

125) 바이마르헌법정신에 관해서는 백경남, 앞의 책(주 119), 141-145면 참조.
126) 백경남, 앞의 책(주 119), 7-10면 참조.

에서의 문화국가 논의는 새로운 현실성을 띠고 전개되었다. 나치즈국가와의 단절이라는 과제와 국가의 정치적인 분할로 인한 새로운 동일성 발견이라는 과제를 달성하기 위해서 문화국가사고가 필요했지만, 과거와 같은 민족지상의 문화국가사고와는 달리, 입헌민주주의의 틀 속에서 문화국가를 파악하고자 하는 것이다. 즉 문화국가를 헌법상의 국가목적규정으로 이해하여 민주주의, 법치국가, 사회국가와 관련하여 논의하며, 사회적 통합이라는 요소 외에 문화적 생활영역에서의 문화적 자유를 강조하는 경향이 그것이다.[128] 독일의 기본법은 국가목적규정에서 명시적으로 문화국가를 언급하고 있지는 않지만, 학설은 "기본법상의 헌법국가는 국가목적규정과 헌법위임의 의미에서" 또는 "문화적 기본권" 규정에서 볼 때 문화국가라는 것을 인정하는 것이 일반적이며, 연방헌법재판소의 판례도 기본법의 민주주의를 법치국가, 사회국가 및 문화국가로서 해석하고 구상하는 기본적 입장에서[129] 이루어

127) 바이마르시대에 있어서의 문화국가사상에 대해서는 Max-Emanuel Geis, a.a.O.(주 52), S.149-153 참조

128) 이에 대해서는 Max-Emanuel Geis, a.a.O.(주 52), S.164ff. 참조

129) BVerfGE 10, 20(36f.)을 시발로 해서, 특히 메피스토-클라우스만 결정에서 두드러진다. 즉, "우리가 문화를 공동체 내부에서 작용하는 국가로부터 독립하여 전개되고 그 가치에 지니고 있는 정신적 힘으로 이해한다면 이러한 의미에 있어서 문화는 그 본질에 따르면 국가적으로 경영될 수 없을 것이다. 다른 한편 현대국가는 공동체의 문화적 발전을 촉진시키는 것을 그 과제로 고려하며, 이런 까닭에 또한 지속적으로 증대하는 조치로 문화적 행정과제를 수행한다. 학회, 연구시설, 대학, 극장, 박물관의 창설과 보존 등은 이러한 목적에 봉사한다. 문화의 영역에 있어서 이러한 과제의 수행을 위하여 국가는 또한 문화육성에 없어서는 안 될 대상을 획득하고 보존하여야 한다."(BVerfGE 30,173), 이 결정에 대한 소개와 평석에 대해서는 계희열, 판례연구 제2집(고려대 법학연구소), 1983, 7-45면 참조; 또한 Peter Häberle, "Menschenwürde Verfassung, am Beispiel von Art.2 Abs.1 Verf. Griechenland 1975", in: Rechtstheorie 11(1980), 389(401f) 참조; 그 밖에 연방헌법재판소는"...국가목적규정의 의미에 있어서 문화국가로 이해되는 현대국가"(BVerfGE 36, 321(331)), "문화국가"(BVerfGE 39,1(46)), "세계관적으로 중립의 문화국가 및 사회국가"(BVerfGE 44,103(104))라는 표현

지고 있다.130) 그러나 독일에 있어서도 헌법원리로서의 문화국가문제의 이론적인 연구는 민주주의, 법치국가, 사회국가만큼 되어 있지는 않고, 문화국가를 전제하고 국가목적조항에 문화국가를 보충할 것인가에 대해서 논의가 활발하다.131)

2. 바이마르공화국에서의 문화헌법

바이마르헌법에서의 문화관계조항을 살펴보면, 우선 일반문화국가조항이라고 할 수 있는 제18조132)를 들 수 있다. 기본권편에서도 폭넓

을 통하여 독일의 국가질서를 문화국가로 파악하고 있다.

130) "예술의 자유에 대한 객관적 가치결정으로서 그것은(기본법 제5조 제3항) 국가목적규정의 의미에 있어서 또한 문화국가로 이해되는 현대국가에게 동시에 자유주의적인 예술생활을 보존하고 촉진할 과제를 설정한다."(BVerfGE 36,321(331)). "국가목적규정"에 관한 단어를 통하여 이 판결은 메피스토-클라우스만 결정(BVerfGE 30, 173)을 능가하여 나아갔다. 이 판결은 기본권으로서의 기본법 제5조 제3항의 2중적 성격을 구하였다("가치결정적인 원칙규범"과 "개별적인 자유권"). 연방헌법재판소는 이와 같이 개별적인 문화영역으로부터 점차로 문화국가조항에까지 탐구하여 나아가고 있는데, 이러한 방식에 머무르는 것은 다음과 같다: "공동체의 문화적 발전을 촉진할 (현대국가의) 과제"(BVerfGE 10, 20(36)); "문화적 법익에의 방해받지 않는 접근에 대한 공중의 이익"(BVerfGE 31, 299(LS 3); 그 밖에 BVerfGE 31, 248(253f); BVerfGE 31, 255, 275; BVerfGE 49,382(394f)참조; 나아가 학문에 대한 관점에서 "문화국가로 이해되는 국가의 성립"(BVerfGE 35,79(114)), 여기에서의 결정은 "참여권능을 지향하여" 자유권을 강화하였다. (ebd., S.115); 국가는 "학교 및 교육체계를 떠받친다."(BVerfGE 45,104(125)), 또한 JuS 1980, S.536 참조. 문화국가판결은 더 나아가 예를 들어 종파학교(Gemeinschaftsschule)에 대한 결정속에서 완성된다. 즉, 기독교를 서양사의 "문화 및 교육요소로서"로 본 BVerfGE 41,29(52,64)와 유사한 판결로 "서양의 문화영역의 공통의 과거", "서양의 문화영역의 공유재산"으로 본 BVerfGE41,65(84f) 참조; "국민이 그 정신적 문화적 발전의 특정한 시점속에서 도달하고 그 헌법속에서 확정한 가치관념의 총체로 부터 우선 출발되어야만 한다."(BVerfGE 7,198(206))라고 하여 연방헌법재판소가 문화와 법, 문화와 헌법간의 관련을 인식하고 이미 그것으로 부터 구체적인 법적 추론을 끌어내는 것은 주목할 가치가 있다.

131) 상세한 논의에 대해서는 본서 제3장 제1절 I, 3 참조.

게 문화적 권리를 규정하고 있다. 종교와 종교단체의 장(제3장)에서는 신앙의 자유, 종교행사 및 종교단체결성의 자유, 국교의 불인정, 축일의 보장 등을 규정하고 있으며(제135조-제141조), 교육 및 학교의 장(제4장)에서는 "예술, 학문 및 그 교수는 자유이다. 국가는 그를 보호하고 그의 육성에 참여한다."는 규정을 필두로(제142조)[133] 교육·학교제도, 취학의무, 기념물 및 풍치보호,[134] 독일문화재의 해외 유출방지[135]등을 규정하고 있다(제142조-제150조). 그리고 제5장 경제생활의 장에서 저작권 등의 보호에 관하여 규정하고 있다(제158조).[136] 그 밖에도 언론·출판의 자유를 제118조에 규정하고 있다.

3. 기본법체제하에서의 문화헌법

독일에 있어서의 문화헌법은 실정법 조문에 따라 4단계의 효력차

---

132) "라이히를 각 란트로 분할함에 있어서는 가급적 관계주민의 의사에 좇아 국민의 경제 및 문화상의 최고의 이익에 부응할 수 있게 하여야 한다."(제18조 제1항).

133) 바이마르헌법은 예술의 자유를 독자적 기본권으로 명문화한 최초의 헌법이다. 독일의 경우 예술의 자유가 헌법에 규정되기까지는 특별한 사정이 있었다. 즉 바이마르헌법 제142조는 독일제국 성립 직후인 1870년대에 비스마르크가 통제를 강화하기 위해 반 프로이센적인 가톨릭교도에 대한 탄압정책인 문화투쟁(Kulturkampf)에 대한 반작용으로 탄생되었다. 이는 후에 독일기본법 제5조 제3항(학문, 예술의 자유)이 나치시대의 국가예술주의에 대한 반성에서 나온 사실과 맥락을 같이 한다(Karl-Heinz Ladeur, Art.5 Abs.3 II der Alternativkommentar zum Grundgesetz, 2.Aufl., 1989, S.585-608 (590f.) 참조).

134) "예술, 역사 및 자연의 기념물과 풍치는 국가의 보호와 배려를 받는다." (제150조 제1항).

135) "독일의 예술적 소유물이 국외에 유출되는 것을 방지하는 것은 라이히의 소임이다."(제150조 제2항).

136) "(1) 정신적 작품과 저작자, 발명자 및 예술가의 권리는 라이히의 보호와 배려를 받는다. (2) 독일의 학문, 예술 및 기술의 창작물은 국제간의 합의에 따라 외국에서도 효력을 갖고 보호받도록 하지 않으면 안 된다."(제158조).

원(Geltungseben)에서 도출될 수 있다. 즉 주(州)헌법, 연방헌법, 자치단체의 (문화)헌법, 유럽법 및 국제법상의 문화조항이 그것이다.137)

(1) 주(州)헌법(**Länderverfassung**)에서의 문화헌법

문화헌법의 고찰은 주헌법에서 시작되어야 한다. 왜냐하면 독일에 있어서는 기본법 제30조, 제70조 이하, 제83조 이하의 연방국가적인 권한분배에 따라 문화고권이 주로 주(州)에 맡겨져 있기 때문이다. 즉, 주는 문화적 규율 권한을 가지는데 그 권한은 연방을 위하여 기본법에서 명시적으로 선언된 특별권한에 의해서만 제한된다.

주헌법에는 다양한 형태로 문화에 관한 사항이 규정되어 있다. 바덴-뷔르템베르크(Baden-Württemberg)헌법은 제11조 이하에서 교육 및 직업교육에 대한 권리, 교육목적과 기타의 학교법적인 원칙들을 상세히 규정하고 있으며, 동시에 대학의 자유에 관해서 기본법 제5조 제3항 보다 더욱 명확하게 수용하고 있다. 바이에른(Bayern)헌법은 일반문화국가조항을 두어(제3조) 바이에른을 문화국가로 특징짓고 제128조 이하에서는 학교 및 대학의 원리와 예술의 자유에 대한 상세한 규정을 두고 있으며, 나아가 예컨대, 자연의 아름다움에 대한 향유권, 영재육성(Begabtenföderung) 및 창조적인 예술가, 학자, 작가의 육성의 강조와 같은 많은 독자적인 보장규정을 통하여 앞에서 선언된 문화국가적인 요청을 구체적으로 전환하기 위하여 노력하고 있다. 라인란트-팔츠(Rheinland-Pfalz)헌법은 제1편 제3장에서 '학교, 교육 및 문화육성'에 관한 장을 두고 있으며, 1990년의 쉬레스비히-홀슈타인(Schleswig-Holstein)헌법은 제9조 제1항에서 "주(州)는 예술 및 학문, 연구와 교수를 육성하고 보호한다"고 규정하여 문화영역에서의 육성조

137) Peter Häberle, "Das Problem des Kulturstaates im Prozes der Deutschen Einigung-Defizite, Versäumnisse, Chancen, Aufgaben", ZöR Band 40(1991/1992), S.310-313.

항을 두고 있다. 브레멘(Bremen)헌법은 전형적인 교육목적을 "국민과 외국인의 문화생활에의 참여를 위한 교육"으로 규정하고 있으며(제26조 제4호), 그 밖에 헷센(Hessen)헌법 제62조의 기념물 및 풍치규정, 짤란트(Saarland)헌법 제28조의 사립학교의 자유, 바덴-뷔르템베르크 헌법 제4조에서 제10조까지의 종교관계규정 등도 주(州)의 문화헌법적 규정들이다.

브레멘헌법은 제26조 이하의 상세한 문화규정에서 관용사상(Toleranzgedanke)을 특별히 강조하는 것이 특징이다. 헷센헌법 제56조 이하도 이와 유사한 규정인데, 이 규정은 몇 개의 특별조문과 함께 헷센주에 있어서 실제 문화정책 속에 유지되고 있는 동일성(Identität)을 헷센 문화헌법에 규정한 것이다(학교제도의 국가성 강조, 특히 역사교육의 보호, 교육내용의 결정에 있어서 부모의 공동결정). 노르트라인-베스트팔렌(Nordrhein-Westfalen)헌법의 문화규정(제7조 이하)은 문화영역에 있어서 "사적으로 자유로운"(Privatfreiheitlich)" 활동을 강조하고 나아가 학교조직에 관한 상세한 규정을 두고 있다(친권, 사립학교 지원, 대학자치, 성인교육 등). 라인란트-팔츠헌법 제27조 이하는 더욱이 "고전적-인간적인 교육이상"과 같은 특정교육목적을 승인하고 있다. 또한 짤란트헌법 제26조 이하도 문화영역에 국가의 영향력을 가능한 한 제한한다는 시각에서 규정되었다.

이에 반하여, 슐레스비히-홀슈타인헌법 제6조 이하의 규정은 원칙적으로 공적인 교육제도의 형태로부터 시작하며 관용과 국가적 육성을 규정하고 있다. 베를린, 함부르크, 니더작센헌법은 문화영역 관련 규정을 순수한 조직규정으로 규정하고 있다.

이상에서 살펴본 바와 같이, 주(州)의 문화헌법적 규정들이 광범위하고 다양함에도 불구하고 그들은 두 가지의 공통분모로 집약될 수 있을 것이다. 하나는 학교, 대학, 교회 등에 대한 통상적인 자유보장을 넘어서 정신의 자율성을 존중한다는 의미에서 문화영역의 독자성을 인정하고 강조하고 있다는 점이다. 다른 하나는 주(州) 헌법들이 필요한 재정적 및 그 밖의 수단의 보장을 통하여 다양한 문화제도(학교, 대학, 성인교육, 기념물보호, 예술진흥 등)의 적절한 작용이 가능하도록 국가적 배려를 규정하고 있다는 점이다.[138] 따라서 문화의 보호와 육성은 각 주(州)의 정치적-사회적 여건에 따른 상이한 강조에도 불구하고 모든 주(州)의 공통의 기본신념이 되고 있다. 어쨌든 각 주(州)의 문화헌법은 연방에 자극을 줄 수 있으며, 반대로 연방이 주(州) 헌법에 자극을 줄 수 있을 것이다.[139]

(2) 연방헌법(기본법)에서의 문화헌법

기본법 제30조, 제70조 이하, 제83조 이하에 따른 기본법상의 권한배정에 따라서 연방은 문화사항에 있어서 어떠한 일반적 및 원칙적 권한을 가지고 있지 않다. 연방은 단지 단편적이고 부분적인 문화권한만을 가지고 있다. 즉 성문의 연방권한으로는 기본법 제73조 제9호, 제74조 제5호, 제13호, 제75조 1a호와 같은 개별적인 입법권한 및 대학설립의 공동과제(제91조 제1호; 제91b조)의 형태, 해석을 통하여 축적된 객관적- 문화국가적인 내용을 가진 기본법 제4조, 제5조와 같은 문화적 기본권 및 교육기본권의 형태, 기본법 제140조에 따른 제도적인 종교의 자유의 형태가 있다. 문화사항에 있어서 불문의 연방권한으로는 대외문화정책권한[140] 및 국가적인 대표에 있어서 제한적으로 나

---

138) Bundesminister des Innern und Bundesminister der Justiz(hrsg.), Staatszielbestimmungen/ Gesetzgebungsaufträge (Bericht der Sachverstandigenkommission), 1983, S.111-112.

139) Peter Häberle, a.a.O.(주 137), S.311.

140) 독일에서 전후에 추구했던 대외문화정책은 민족사회주의의 극복이라는 큰 테두리 안에서 이루어지고 있다. 대외문화정책의 개념은 국제적·문화적 관계들을 대외정책 속에 통합하는 것인 동시에, 한 국가가 대외관계들에 대한 관심 속에서 국제적으로 조직한 문화정책을 의미한다(독일에서의 대외문화

타난다.[141] 주(州)헌법과 기본법이 동시에 독일연방공화국을 만들기 때문에 문화에 관하여 명시적인 국가목적규정이 없더라도 독일은 전체적으로 볼 때 문화국가라는 수식어를 붙일 수 있다고 한다.[142] 아무튼 기본법에 문화국가에 대한 명시적 언급이 없더라도 독일을 문화국가로 보는 데는 거의 의견이 일치되어 있다. 다만, 문화국가임을 실증하는 방법에 있어서는 차이가 있으며, 1969년의 기본법 개정 이래 문화사항에 관한 연방의 헌법적 지위가 강화되고 입법, 행정, 사법의 영역에서 연방전역(연방과 주)에 걸쳐 통일적으로 이해하려는 경향이 고조됨에 따라[143] 기본법에도 법치국가, 사회국가와 마찬가지로 문화국가에 대한 국가목적규정을 둘 필요가 있는가에 대하여 논의가 있어 왔다.[144]

(3) 자치단체의 문화헌법

자치단체의 문화헌법은 주(州)헌법과 기본법에 의하여 공동으로 구성된다. 자치단체의 문화헌법은 학문적 개념으로는 1979년에 비로소 발전되었고,[145] 오늘날은 일반적으로 받아들여지고 있다. 기본법의 영역에서는 기본법 제28조 제2항[146]으로부터 일단의 자치단체문화헌

정책에 관해서는 Hans Arnold, Auswärtige Kulturpolitik : Einüberblik aus deutscher Sicht, München - Wien, Carl Hanser Verlag, 1980; 김문환, 문화민주주의, 조선일보사, 1988, 61면 이하 참조).

141) 독일 국가재단(Nationalstiftung) 또는 연방미술관을 둘러싼 논쟁 속에서 현실적이라고 한다(Peter Häberle, a.a.O.(주 137), S.312).

142) Peter Häberle, a.a.O.(주 137), S.312.

143) 연방독일의 문화질서의 오늘날의 상황에 대해서는 Thomas Oppermann, "rgänzung des grundgesetzes um eine Kultur(Staats)Klausel?", in: Günter Püttner (hrsg.), Festschrift für Otto Bachof zum 70. Geburtstag, C.H.Beck, 1984, S.6-9 참조.

144) 이에 대해서는 본서 제3장 제1절 I, 3 참조.

145) Peter Häberle, Kulturpolitik in der Stadt, 1979; Werner Maihofer, a.a.O (주 1), S.953(984ff); E. Pappermann, "Grundzüge eines kommunalen Kulturverfassungsrechts", in: DVBl, 1980, S.701ff.

146) "지방자치단체(Gemeinde)에게는 법률의 범위 내에서 그 지역사회의 모든

법이 전개될 수 있다. 특히 바이에른헌법 제83조 제1항은 "지역적 문화육성"을 명시하고 있고, 나아가 국가와 자치단체에 관련된 일반 및 특별한 문화촉진위임규정도 자치단체의 문화헌법을 구성한다. 이러한 헌법조문은 자치단체법적으로 자치단체의 문화고권으로 집약되고, 자치단체를 문화사항에 있어서 권한을 행사하는 다원적인 주체들의 제3의 지주로서 구성하는데, 이는 좁은 의미의 문화적 권력분립이라고 할 수 있을 것이다.

(4) 유럽법 및 국제법상의 문화헌법

유럽법은 독일의 문화헌법을 구성하는 마지막 분야이다. 엄격히 말하면 아직은 유럽 문화헌법에 대한 것을 말할 수는 없다. 왜냐하면 아직 유럽헌법국가가 존재하지 않기 때문이다.[147] 그럼에도 불구하고 유럽이 "생성중인 헌법"을 가지고 있거나 이미 유럽 그 자체가 "생성중인 헌법"이라고 보면 그 원형(Vorformen)이 인식될 수 있다.[148] 마스트리히트 조약(1992. 2. 7 체결, 1993. 11. 1 발효)에 따라 창설된 유럽연합(European Union, EU)의 유럽헌법제정조약(유럽헌법, Treaty establishing a Constitution for Europe)[149]은 전문과 4개의 본문 등 6개 부분

사무를 자기책임하에 규율할 권리가 보장되어야 한다."

147) 이에 대한 논의에 관해서는 J. Schwarze/R.Bieber(hrsg.), Eine Verfassung für Europa, 1984, S.15ff(특히 23ff).

148) Peter Häberle, a.a.O.(주 137), S.313.

149) 유럽헌법조약은 유럽연합(EU) 및 유럽공동체(EC), 유럽경제공동체(EEC), 유럽석탄철강공동체(ECSC) 아래 체결, 비준된 50여개 이상의 조약과 의정서, 부속 문서를 대신하여 이들 조약의 이념과 효력을 하나의 헌법의 형태로 집약해 유럽 연합 가맹국의 의사 결정을 통일화하려는 조약이지만, 2005년 프랑스와 네덜란드에서 조약 비준이 부결된 바 있다. 부결된 유럽연합 헌법을 대체하기 위해 리스본조약이 체결되어 2009년 12월 1일 발효되었다. 본 조약은 유럽연합이사회(EU이사회) 의장직과 외교안보정책고위대표직을 신설하는 내용 등을 담고 있으며, 유럽이사회의 의사결정방식인 가중다수결의 의사결정 방식도 'EU 인구의 65% 이상이 찬성하고(인구기준), 전체 27개국 중 15개국 이상 찬성하면(국가 기준)' 가결되도록 한

으로 구성되어 있다. 유럽헌법의 핵심내용은 하나의 정치적 공동체로 국제무대에 등장시키는 제도적 장치들로 이루어져 있다. 이 유럽헌법에 따르면 EU는 다른 개별국가처럼 국제조약에 대표로 서명할 권리도 주어지며, 회원국에 대해서는 개별국가의 헌법이나 법률보다 상위의 개념으로 초국가적 효력을 가진다. 유럽헌법에는 생명권, 자유권, 파업권 등 인간의 기본권을 보장하는 조항도 포함되어 있으며, 종교는 정교분리 원칙에 따라 기독교에 관한 언급이 들어있지 않다. 유럽헌법 전문은 "유럽의 문화, 종교, 인도주의 유산으로부터 정신을 이어 받는다"고 포괄적으로 규정하고 있다. 다문화사회는 오늘날 세계적 현상으로 다문화사회인 유럽을 고려할 때, 유럽연합차원의 통합적 문화정책을 수행하기에는 한계가 있을 것으로 생각된다.

유럽연합의 시민권의 문제는 문화적 인종주의나 유럽 정체성의 구체적인 표현이자 결과물이라는 점에서 유럽 형성의 복잡함을 내포하고 있다. 암스테르담조약에서 천명하고 있듯이, 유럽시민권에 대한 보충성의 원칙을 따른다는 것은 각 회원국의 국내법을 우선하겠다는 의사표명이며, 유럽시민권의 현실적 구속력이 없다는 점을 보여주는 것이다. 이러한 점에서 유럽연합의 시민권도 전적으로 특정 국가에의 소속에 의존할 수밖에 없는 한계가 있지만,[150] 유럽의 제 조약과 협정 등에는 많은 문화적 권리에 대한 규정이 존재한다. 즉, 유럽에 있어서 개별 헌법국가의 국내 문화헌법을 함께 형성하는 많은 문화적 법조문이 이미 존재한다. 문화적 기본권으로 1950년의 인권협정의 개별적 보장, 예컨대 사상, 양심, 종교의 자유(제9조)와 1952년의 부속의정서상의

제도로 변경하였다. 리스본조약은 유럽헌법 조약과는 달리 유럽기를 두는 것과 같은 헌법적(국가기관적)인 성격은 제거되었지만, 유럽헌법의 내용 중 상당부분이 이 조약에 포함되어 있다.

150) 이에 대해서는 조재현,"유럽연합 시민권 개념의 발전과 전망-사람의 자유로운 이동을 중심으로-", 유럽헌법연구 제11집, 2012.6, 84-87면 참조.

교육에 대한 권리(제2조) 등을 들 수 있다. 그 밖에 이미 전문에서 공동의 문화적 유산에 대한 소명(Berufung)을 규정하고 있는 1949년의 유럽이사회(Europarat)의 창설협약(Satzung)과 유럽의 문화적 유산의 공동의 구성요소인 "유럽문화재"에의 접근을 규정하고 있는 1954년의 유럽문화협정 등도 들 수 있다. 그리고 여기에다 적어도 1966/73년의 경제적, 사회적, 문화적 권리에 관한 국제인권규약에 규정되어 있는 헌법수준의 보장이 해석보조로서 덧붙여진다. 예를 들면 제15조 1a항에 따른 모든 사람이 "문화적 생활에 참여할 권리"가 그것이다.[151)]

II. 영국 · 미국

1. 특색

유럽대륙에 있어서의 전통적인 문화이해가 (물론 국가에 따라 차이는 있지만) 자연과 대조되는 고상한 정신영역의 핵이 되는 것으로 좀 더 잘 다듬어지고 세련된 창조적 · 정신적 창조상황으로 파악하는 경향을 띠는 것과 달리, 영미(특히 미국)에서는 사회학이나 인류학에서의 문화이해와 마찬가지로 문화를 "생활양식"으로 파악하는 경향이 강하다.[152)] 이러한 이해 하에서는 높고 낮음의 가치판단이 작용하지 않기 때문에 예를 들어 미개한 토인족에게는 문화가 없다는 식으로 말하지 않으며, 그곳 나름대로 독특한 생활양식이 있다는 점을 인정한다.

---

151) Häberle에 따르면 1966년의 인권규약의 "문화적 권리", 이와 함께 또한 제15조 1호 a, b로부터의 "문화적 참여권"이 모든 유럽의 헌법국가에 있어서 효력이 있다는 것이 고려되어만 한다고 한다(Peter Häberle, a.a.O.(주 137), S.313).

152) 한완상, "현대청년문화의 제문제", 이중한(편), 청년문화론, 현암사, 1974, 224-225면에서는 이러한 문화이해의 차이를 '상극적인 전통'으로 표현하고 있다.

문화를 가치개념으로 파악하여 국가형성과 국민통합의 과제와 결부시켜 이해하는 유럽의 문화적 전통과 달리, "시민문화" 차원에서 문화를 사적(私的)인 것으로 보아 사회의 자율에 맡기는 것이 영미에서의 주된 경향이다. 이러한 전통 하에서는 시민문화를 구성하는 많은 하위문화(Subculture)와 고급문화와 대비되는 대중문화(보통문화, 서민문화) 등의 발전이 특징으로 나타난다. 영국도 최근에는 문화의 중요성을 고려한 정책을 추진하고 있지만, 전통적으로 문화와 예술진흥을 국가정책의 한 부분으로 보지 않았기 때문에 민간부문의 자발적인 참여와 주도를 유도하는 정도에서 정부의 역할을 한정시킨 자유방임주의적 입장을 기본적으로 취하여 왔다고 할 수 있다.

2. 영국

(1) 문화헌법적 규정의 결여

성문헌법을 가지고 있지 않지만, 그것에 관한 권리헌장이라고 해야 할 마그나 카르타(1215), 권리청원(1628), 권리장전(1689)의 어디에도 교육·문화에 관한 기본방향에 관한 조항은 없다. 그 이유는 교육에 관해서 살펴보면, 17세기 당시에는 아직 교육에 관한 권리를 자각하는 인식과 그와 같은 인식의 배경이 없었다는 것과 원래 영국에서는 교육은 국민의 필요에 응해서 국민들 사이에서 행해진다는 것으로 부터 출발하며, 그것은 국민의 손에 의해 행해져야 할 것이라는 것이 전통적 관습으로 되어 있었기 때문이다.[153] 영국에서 교육행정기관이 생긴 것은 제2차 세계대전 중이었던 1944년이었다. 그 밖에 호주헌법, 뉴질랜드헌법, 남아공연방헌법에도 교육·문화의 기본방향에 관한 규정이 없다. 그것은 한편으로는 이러한 나라들이 영국의 식민지였던 관

153) 永井憲一, 앞의 책(주 4), 130면.

계로 아직 영어를 국어로 하고 정치적으로도 영국과 밀접한 관계를 맺고 있다는 것과 다른 한편으로는 모두 연방국가이므로 그것을 규정하더라도 주(州)헌법이 우선하기 때문이다.

(2) 영국의 문화정책과 법제

영국에서의 문화예술에 대한 정책은 잉글랜드, 웨일즈, 스코틀랜드, 북아일랜드 4개 지역에 따라 차이가 있다. 현재 문화와 예술에 대한 영국정부의 정책을 총괄하는 부서는 문화・미디어・체육부(Department of Culture, Media and Sports; DCMS)이지만, 스코틀랜드청, 웨일즈청, 북아일랜드청은 각 지역의 예술정책을 관장하고 있다. 영국 DCMS의 문화정책기조는 1) 소수가 아닌 다수를 위한 문화예술에 대한 접근성 확대, 2) 문화예술분야의 우수성과 혁신 추구, 3) 문화예술에 대한 균등한 교육기회 제공, 4) 고용과 부를 창출하는 창작산업 육성에 두고 있다.[154] 한편, 영국에서는 문화예술에 대한 방송의 영향력이 크며, 방송통신융합 현상에 따라 2003년 커뮤니케이션법(Communication Act 2003)을 제정함으로써 통합규율기구인 커뮤니케이션청(Office of Communications; OFCOM)이 탄생하였다.

영국에 있어서 문화에 대한 공적인 지원(Support)은 20세기를 통해서 볼 때 역사적으로 세 단계로 나누어 볼 수 있다.[155] 첫 번째 단계는 제2차 세계대전 전으로 영국에서는 제2차 세계대전 전까지는 1891년의 박물관 및 체육관법(Museums and Gymnasiums Act)과 1892년의 공공도서관법(Public Library Act)에 의한 공공도서관 및 박물관의 설치라는 중요한 예외를 제외하고는 사실상 공적인 정부정책에 의하여 주도

154) 서헌제・정병윤, 캐나다와 영국의 문화정책 및 법제에 관한 연구, 법제연구원, 2006.10, 134-135면.

155) Michael Green & Michael Wilding, Cultural Policy in Great Britain, UNESCO, 1970, p.9-12.

된 문화활동은 없었다. 그리고 지방정부 지원의 전통도 없었다. 그러나 1939년에 음악 및 예술증진심의회(the Council for Encouragement of Music and the Arts(CEMA)가 설치되었는데, 그 심의회는 전쟁 중 문화적 전통과 활동을 보존하고, 음악, 연극 및 다른 예술을 지방에까지 확대할 목적으로 설치되었다. 심의회는 자발적 조직에 대해 재정지원을 하였고 그 자체 상당한 행사를 후원했다. 심의회는 교육부(the Mistry of Education)로부터 승인을 받았다. 두 번째 단계는 1946년의 Royal Charter에 의한 예술심의회(the Arts Council)의 설립으로부터 시작한다. 예술심의회는 이전의 음악 및 예술증진심의회로부터 성장하였다. 심의회는 하나의 정부부서로서 고안된 것은 아니다. 심의회는 재무부(the Treasury)로부터 승인을 받았으나 예산운용에 대해서는 스스로 결정했다. 심의회의 목적은 1967년 개정된 Royal Charter에 기술되어 있다. 이 헌장의 제3절은 심의회가 설치된 목적을 a) 예술에 대한 지식, 이해 및 공연의 개발 및 향상, b) 전영국의 공중에게 예술의 접근 증대, c) 앞서의 목적과 직·간접으로 관련된 문제에 대한 정부부처, 지방당국 및 기타 단체에의 조언 및 협력 등으로 들고 있다. 그러나 20년 동안 심의회의 지원은 축소되었고 심의회의 활동은 예산의 부족으로 심각한 어려움에 봉착했다. 이 시기에 심의회의 운영방식을 심의회 스스로가 "엄격한 수입조사(means test)를 통하여 순수한 생존차원에 지원을 한정하는 구빈법의 방식(poor-law technique)"에 의해서 통제된 시기로 기술하고 있다.156) 세 번째 단계는 1964년, 문화예술에 대한 정부의 지원이 실질적으로 증대했던 노동당정부의 선출로부터 시작한다. 노동당정부의 관심은 일반적으로 영국에 있어서 예술에 관한 현저한 사고의 변화의 증대와 부합하였으며, 의심없이 이를 보강하였고 원인을 제

156) Arts Council Report, 1965-66, Key year, p.9(M. Green & M. Wilding, op. cit.(주 154), p.10 에서 인용).

공하였다. 공적 지원에 대한 전체적인 문제가 진지하게 그리고 정열적으로 논의되었다. 이는 이전에는 볼 수 없었던 것이었다. 이는 1969년 개최되었던 한 예술세미나에서 보수당이 강한 정부의 필요성을 거의 논의 없이 받아들였다는 점은 새로운 합의의 암시로 받아들여질 수 있다. 그러나 공적 지원에 대한 일반적인 사례는 전제의 현저한 다양성에 대해 논의되고 있다. 가장 밀접한 논의는 증가된 교육시설이 예술에 대한 더 큰 수요로 인도되어야 하느냐 하는 점이다. 영국에서도 문화예술분야에 대한 공적인 지원에 대한 관심이 높아가는 것은 사실이지만 문화예술면에 대한 기본적인 시각은 시민문화차원에서 유지되고 있다. 즉, '지원은 하되 간섭을 하지 않는다'는 팔길이 원칙(arm's lenngh principle)이 하나의 특징을 이루고 있다.

그러나 영국에서도 문화산업이 가지는 경제적 창출효과가 매우 클 뿐만 아니라 사회복지정책의 실현수단으로 문화의 역할이 크다는 점을 인식하여 1980년대에 들어서면서 적극적인 문화정책 기조도 나타나고 있다. 문화부의 관할 업무도 대폭적으로 확대되어 음악산업과 뉴미디어시대의 새로운 창작산업(creative industry), 관광, 스포츠까지 관장하고 있다. 문화부는 2005년에 패션디자인, 광고, 예술시장에 대한 책임을 통상산업부(Department of Trade & Industry; DTI)로부터 인수받아 선진국의 문화부서 중에서도 가장 광범위한 영역을 관장하고 있다. 이는 영국이 문화에 대한 정의를 가장 광의적으로 해석하고 있는 것과 연관된다. 그러나 문화부는 문화정책의 기본만 정할 뿐 이를 실제 집행하고 시행하는 기관은 1994년 왕립헌장(Royal Charter)에 근거를 둔 잉글랜드 예술심의회[157](Arts Council England)을 위시해서 그 밖의 문화예술 관련기구들이다.[158]

157) Arts Council을 예술진흥원으로 번역하기도 한다.
158) 영국에서의 문화정책 수행기구들에 대해서는 서헌제 · 정병윤, 앞의 보고서

자유방임적 문화정책을 기조로 했던 영국의 문화영역에 대한 법제는 주로 문화유산에 대한 법제,[159] 문화기금 조성의 기본이 되는 국민복권제도, 대중오락시설 면허제와 도박관련법 등 산발적으로 존재한다.[160]

(3) 시민적 문화재보호운동으로서의 National Trust

영국에 있어서 자율적인 시민문화의 단면을 극명하게 보여주는 것을 우리는 문화재보호운동에서 찾아볼 수 있다. 영국에서는 역사적 문화환경의 보존법제의 발전도 있지만,[161] 그것보다 무시할 수 없는 중요한 것이 주민운동으로서의 National Trust[162]이다. 이 단체는 정부기관이 아니고 순수한 민간단체로 당시 분별없는 개발에 의해 영국인들이 자랑으로 삼던 아름다운 자연이나 역사적인 환경이 파괴되는 것을 걱정한 선각적인 시민들이 기부금으로써 이들을 사들여 보존할 것을 결의한데서부터 시작되었다. 이 단체는 1895년에 창립된 이래 1982년 회원이 104만명에 이르고,[163] 현재는 3백만 명의 회원, 전국토의 1.7%, 전국의 주요 저택, 성, 정원, 산업시설, 그리고 습지, 해안선의 많은 부분을 직접 소유관리하고 있는 영국최대의 문화재보호단체이자

(주 154), 128-134면 참조.

159) 영국에서의 문화재보호법제에 대해서는 김수갑, "영국에서의 문화재보호법제 및 문화재보호운동에 관한 연구", 법학연구 제8권, 충북대 법학연구소, 1997, 235면 이하 참조.

160) 서헌제 · 정병윤, 앞의 보고서(주 154), 138면 이하 참조.

161) 오세탁, 문화재보호법연구, 단국대학교 대학원 법학박사 학위논문, 1983, 86면 이하; 김수갑, 앞의 논문(주 159), 237면 이하 참조.

162) 정식명칭은 '역사적으로 중요하고 자연이 아름다운 장소를 보전하기 위한 국민신탁(National Trust for Places of Historic Interest and Natural Beauty)'으로, 1895년 변호사 로버트 헌터(Robert Hunter), 여류 사회 활동가 옥타비아 힐(Octavia Hill), 목사 하드윅 론즐리(Canon Hardwicke Rawnsley) 등 3인에 의해 출범하게 되었다.

163) 木原啓吉, 歷史的 環境, 東京:岩波書店, 1982, 65면.

토지소유단체로 성장하였다.[164] National Trust의 회원들이 갹출하는 회비는 현재 35파운드인데, 이 단체가 내세우는 "한사람이 1만 파운드를 기부하는 것보다는 1만 명이 1파운드씩"이라는 모토에서 볼 수 있듯이 시민운동단체로서의 성격이 주목된다.[165]

이렇게 순수한 민간운동으로 출발한 National Trust는 국가에 의한 몇 가지 제도적 특권을 보장받고 있다.[166] 1907년 제정된 National Trust Act는 Trust의 목적을 "아름답거나 역사적으로 중요한 토지나 건물을 국민의 이익을 위해 영구히 보존한다"(제4조)고 명시하여 국가적 차원에서 이 운동을 보증하였다. 동법 제21조는 이 법률의 보존의 대상이 되는 자산을 '양도할 수 없는' 것으로 선언할 수 있는 권리를 인정함으로써 National Trust의 보존재산은 매각되거나 저당 잡히지 않을 뿐 아니라 의회의 동의 없이는 정부에 의해 강제수용 당하지 않게 되어 확고한 것이 되고, 기증자도 안심하고 그의 재산을 맡길 수 있는 제도적 장치가 마련되었다.[167] 한편, 1931년 Finance Act는 National Trust에 기증 또는 유증되는 자산에 상속세를 부과하지 않는 비과세원

164) 한국내셔널트러스트 홈페이지(http://www.nationaltrust.or.kr/).

165) 木原啓吉, 앞의 책(주 163), 26면.

166) 오세탁, 앞의 논문(주 161), 95면 이하 참조.

167) 영국에서 사적의 중요부분을 차지하는 성곽은 1940년 이후에는 상속세 등 중과세 등으로 인하여 소유주는 성곽을 소유하거나 자손에게 물려주는 것이 어려워 보호의 필요성이 제기되었다. 이런 상황에서 Trust는 대저택계획(Cou-House Scheme)이라는 것을 전개하였는데, 이에 따르면 문화재적 저택이나 토지를 소유한 자는 후대에 보존을 위하여 Natinal Trust에 이것을 기증할 수 있었다. Trust는 그 물건을 엄격히 심사하고 이를 인수하게 되면 기증자는 상속세가 면제되며 그 자손은 무료로 그 저택의 일부에 거주할 것이 인정된다. 그리고 Trust는 입장료를 받고 일반에게 공개하며 그 입장료는 유지관리비로 충당된다. Trust가 보유하는 재산은 로마시대의 유적에서부터 Winston Churchill의 저택에 이르기까지 다양하다고 한다. 이렇게 National Trust에 기증된 토지나 건물 등의 특별보호는 Statutory Orders Act(1945)에 의한 특별의사절차로 이루어진다고 한다(오세탁, 앞의 논문(주 161), 90면 참조).

칙을 결정함으로써 Trust의 재정적 뒷받침을 해주었다.

그리고 1937년에 개정된 National Trust법은 건축학적, 미술적으로 중요한 건축물이나 그 주변보호를 그 목적 속에 명시하고, 동시에 건물내에 있는 가구나 장식물의 보존 및 자산의 공개까지도 목적에 추가함으로써 Trust의 목적과 대상은 확대되었다.

3. 미국

(1) 연방헌법에서의 문화헌법적 규정

미국의 연방헌법에는 문화의 기본방향에 관한 규정은 존재하지 않는다. 그 이유는 미국의 독립초기의 역사적 상황과 관련이 있다. 초기의 미국은 영국의 식민지로부터의 독립과 자유의 보장을 궁극적 목적으로 삼았으며, 국가공동체 형성은 부차적 과제였다. 따라서 문화에 대한 국가의 불개입현상이 나타났다. 미국에는 문화시설의 소유자인 장원도 존재하지 않았으며, 국교제도는 존재하지 않았다. 상이한 각 주(州)헌법들은 사실 공적 학교를 규정하였지만, 그 시설은 계속해서 설치되지 않았다. 1830년대에도 아직 어떠한 주(州)도 기능하고 있는 학교제도를 갖지 못했다. 전문화된 교수신분은 완전히 결여되어 있었다. 유럽적인 의미의 대학과는 다른 칼리쥐(College)에 대해서 국가는 거의 배려하지 않았다. 법관이나 의사와 같이 전통적으로 국가가 통제하는 직업조차도 실무에서 습득되었다. 교수의 자유는 알지 못했고, 학문연구는 취미에 불과하였다. 국가적 예술시설, 예를 들어 극장, 박물관, 도서관이나 국가적인 예술진흥은 결여되어 있었다.[168] 문화에 관한 사항은 주로 국가의 문제라기보다는 개인의 문제로 간주되었다. 1787년 연방헌법의 제정에 있어서는 이러한 역사적 상황하에서 문화에 관한

168) Dieter Grimm, a.a.O.(주 51), S.53.

규정을 헌법에 두지 않았다. 최초로 제정된 미국연방헌법은 주로 '정부구조'에 관한 성문헌법이었고, 인권보장에 관해서는 몇 개의 산발적 규정이 있었을 뿐이었고, 소위 '권리장전'은 없었다. 헌법회의에서의 다수의견은 이미 각주헌법에 권리장전이 규정되어 있고, 또 연방정부는 그 권한이 제한되어 있으므로 인권을 침해할 우려가 거의 없기 때문에 권리장전은 필요하지 않다는 의견이었다.169) 미국연방헌법은 각주의 비준을 얻어 효력을 발생하기까지 약 10개월 동안 많은 반대의견에 직면하게 되었는데, 권리장전이 없다는 것도 하나의 이유였다. 그리하여 권리장전의 제안이 있었고, 수정 제1조부터 제10조까지 10개조의 권리장전이 1789년 미국의회를 통과하였으며, 1791년 주(州) 4분의 3의 비준을 얻어 효력을 발생했다. 그 수정 제1조는 1) 종교의 자유, 2) 언론·출판의 자유, 3) 집회의 자유, 4) 청원권의 4가지를 보장하고 있는데,170) 이 조항을 미국 연방헌법에서의 문화관련 조항으로 들 수 있다. 신앙의 자유야말로 신대륙에서 새로운 천지를 구하러 건너왔던 개척자들의 최대의 희망이었다. 그럼에도 불구하고 영국국교회를 국교로서 인정한 주(州)도 존재하였다. 그래서 영국국교회와 비슷한 국교

169) 그 밖에 권리장전은 인민의 권리의 불완전한 열거이기 때문에 권리는 열거하지 않고, 도리어 정부에 위임되지 않는 권한은 다 인민에 유보된다는 이유로 반대한 사람도 있고(James Wilson), 권리장전은 영국의 예를 보더라도 군주와 국민간의 협정이고 군권의 제한인데, 권리의 제한의 대상이 없는 민주국가에서는 권리장전이란 필요가 없는 것이라는 이유를 첨가한 사람도 있었다(문홍주, 기본적 인권연구, 성균관대학교 출판부, 1976, 22, 24면 참조).

170) 수정 제1조는 "합중국의회는 종교를 수립하거나 언론 또는 출판의 자유를 제한하거나 또는 평온하게 집회하고 고통의 구제를 위하여 정부에 청원하는 인민의 권리를 침범하는 법률을 제정할 수 없다."고 규정하여 법률로서는 제한할 수 없는 절대적 자유권의 형식으로 규정하고 있다. 다만, 청원권은 영국의 권리장전에서 유래해 온 역사적 사실로 보아 피치자의 치자에 대한 희망구신이므로, 이것을 '인간의 권리'로 보겠는가에 대해서는 의문이 있다(문홍주, 앞의 책(주 169), 25면).

를 인정의 지위를 인정하지 않기 위해서 버지니아주에 있어서는 주로 토마스 제퍼슨의 노력에 의해서 종교의 자유에 관한 법률(Statute for Religious Freedom, 1784)이 제정되었다. 이 버지니아주의 법률제정 반향은 컸지만, 13개 주(州) 전체를 납득시키지는 못했다. 1787년 헌법 제정의 당시에는 여하한 결론도 얻지 못한 채 규정을 설치하지 못했다. 다만, 공무원에 취임하는데는 어떠한 종교상의 심사도 부과해서는 안 된다는 취지를 규정하는 것에 그쳤다. 그러나 종교의 자유에 관한 보장을 흠결한 것은 헌법으로서 극히 불비한 것이라는 주장이 강력하였기 때문에 수정시에 우선적으로 이 규정을 설정하기에 이르렀던 것이다.[171] 또한 연방헌법은 언론 및 출판의 자유(표현의 자유)의 규정에서 인간의 정신활동을 외부로 표현하는 것 전부를 포괄하는 것으로 보아 학문의 자유나 예술의 자유를 독립된 기본권으로 구성하지 않고 표현의 자유의 한 내포로 이해하고 있다.[172] 교육에 관한 규정도 연방헌법에서는 발견되지 않는데, 교육은 영국으로부터 독립한 이후에도 국민들 사이에서 개인적으로 행해지는 것으로 발전하였고, 결국 국민의 교육에의 평등한 참가를 주가 경제적으로 보장하려는 의도에서 주(州)헌법이 규정하고 있었기 때문이다. 따라서 미국에서는 교육을 포함한 문화행정은 지방분권제의 확립하에 실시되고 있다. 미국정부에서는 이에 해당하는 행정관청도 실재하지만, 그것은 주(州)에 대한 교육의 보조금사무 기타 교육조사와 통계 등의 교육에 관한 사무를 행하는데 지나지 않는다. 그러나 근래에는 보조금이 증대되는 경향이 있다. 또한 국방교육법(National Defense Education Act)의 제정(1951)에 의해 미국정부의 교육에 관한 간여가 강화되고 있다.[173] 연방의 문화면

171) 塚本重頼, 註解 アメリカ憲法(増補版), 酒井書店, 1980, 168면.

172) 한편, 1776년 버지니아 권리장전 제12조에서도 "출판의 자유는 자유의 유력한 방벽의 하나이며, 이 자유를 제한하는 자는 전제적 정부라고 하지 않으면 안된다."고 규정하고 있었다.

에 대한 활동이 증대된다고 하여도 연방의 역할은 제한적으로 되어 있다. 의회는 기본적인 입법을 함에 있어서 문화는 지방 및 사적 주도권이 우선이며, 연방의 역할은 보조 및 격려하는 것이라고 인식하고 있다.[174]

(2) 주(州)헌법에서의 문화헌법적 규정

연방국가인 미국의 문화헌법을 이해하기 위해서는 주(州)의 정치, 경제, 사회, 문화의 기본을 규정하고 있는 주(州)헌법의 고찰이 필요하다. 문화를 사적(私的)인 문제로 파악하고 주(州)의 자치에 위임하는 기본적인 입장을 가지고 있는 상황 하에서는 더욱 그렇다. 성문의 각 주(州)헌법은 물론 중요한 관행, 기본적인 법률, 중요한 판례 혹은 의결 등도 고려해야 하겠지만, 여기에서는 각 주(州)헌법에서의 문화관련 조항을 비교하는데 그친다. 미국의 연방헌법은 1787년에 제정되었지만, 미국의 독립을 쟁취했던 동부 13개주(州)는 이미 합중국(United States) 탄생 이전에 존재해 있었고, 이러한 각 주(州)는 연방헌법 제정 이전에 각자 헌법을 가지고 있었다. 특히 코네티컷주기본법, 버지니아주헌법, 매사추세츠주헌법은 그 내용의 점에서 각기 대표적인 것이었다. 코네티컷주기본법(The Fundamental Orders of Conneticut)은 1639년에 제정된 것으로 신앙의 자유를 철저하게 하고 정교분리주의를 확립했으며, 인민자치의 사상에 기초해서 정치권력의 인민에 의한 관리라는 원칙을 구현했던 근대민주주의 최초의 성문헌법으로 평가할 수 있다.[175] 이 기본법은 1881년 더욱 민주적으로 개정되어 새로운 주헌법으로 개정되었다. 이것이 코네티컷주의 현행헌법이다.

---

173) 永井憲一, 앞의 책(주 4), 130면.
174) Charles C. Mark, A Study of cultural policy in the United States, Unesco, 1969, p.11.
175) 小倉庫次, アメリカ合衆國 州憲法の 硏究, 有斐閣, 1961, 3면.

미국의 독립선언은 1776년 7월 4일 이루어졌지만, 버지니아(Virginia)주헌법은 그에 앞서 1776년 6월에 제정되었다. 버지니아주헌법은 권리선언(6월 12일 채택)과 정치조직(6월29일 채택)을 합쳐서 부르는 것이며, 앞의 코네티컷기본법을 제외하고 독립선언 이전에 성립했던 최초의 헌법으로 중요시된다.[176)]

매사추세츠(Massachusetts)주헌법은 1780년에 제정되었는데, 입법부가 압도적으로 우위를 점하고 있던 버지니아주헌법과는 달리 입법, 행정, 사법의 3권이 균형을 이룬 헌법으로서 여러 주(州)헌법 가운데 연방헌법 제정에 가장 많은 영향을 미친 주(州)헌법이며, 이후에 제정된 각 주(州)헌법에 많은 영향을 주었다.[177)]

미국의 각 주(州)헌법[178)]은 제정 후 다수의 수정조문을 부가하거나 전면 개정되어 새로운 헌법으로 수정되고 있으며, 합중국을 형성하는 50개주의 헌법은 각 주(州)의 인민의 자유의사의 결정으로 각 주(州)에 따라 차이는 있지만, 미국의 역사적, 전통적 이유에서 각 주(州)헌법의 기본정신, 근본원칙에 관해서 공통점을 가지고 있다. 이러한 공통점은 대표적으로 권리장전(Bill of Rights), 3권분립(입법, 사법,

---

176) 이 헌법은 권리선언에서는 인간고유의 권리, 인민주권, 정부의 목적, 개인 또는 집단의 특권금지, 3권 분립, 선거의 자유, 개인의 자유, 배심재판, 언론·출판의 자유, 군대의 문권(Civil Power)에의 복종, 정부수립의 권능, 정치의 자유, 신앙의 자유 등에 관하여 규정하고, 정부조직에 있어서는 3권 분립의 원칙에 따라 입법부의 구성, 행정수장인 주지사 및 재판소에 대해서 규정하고 있다. 이 헌법은 매우 급진적인 것의 전형으로 불려진다. 그 특색은 3권 분립을 규정하고 있지만, 정치권력이 현저하게 입법부, 특히, 하원에 집중되고 있다는 점에 있다(小倉庫次, 앞의 책(주 175), 5면).

177) 이 헌법은 매우 긴 전문을 두고 제1부의 권리선언은 30조로 이루어져 주민의 기본적 권리를 규정하고 있으며, 제2부의 정치조직은 제1장 입법권, 제2장 행정권, 제3장 사법권, 제4장 합중국의회에의 대표, 제5장 캠브리지 소재 대학교 및 학문의 진흥, 제6장 선서 등으로 규정되어 있다.

178) 미국의 각 주(州)헌법의 제정년도, 조문수, 어수, 수정조문수, 합중국가맹년도에 관해서는 小倉庫次, 앞의 책(주 175), 11면 참조.

행정), 민주적 정치조직의 세 가지로 나타난다.[179)]

연방헌법과 주(州)헌법과의 관계에 대해서는 연방헌법 수정 제10조의 규정에 잘 나타나 있다. 즉, 수정 제10조는 "헌법에 의하여 합중국에 위임되지 않고, 또한 주(州)에 대해 금지되지 않는 권한(powers)은 각기 각 주(州) 및 각 주(州)인민에 유보된다"고 규정하고 있는데, 이 규정의 의미는 연방국가는 그 헌법에 의해서 위임된 특정 권한만을 가지고, 반대로 각 주(州)는 연방헌법에 의해서 금지되지 않는 한 연방에 속하는 권한 이외의 모든 권한을 가지는 것으로 해석된다.[180)] 합중국국회가 연방국가에게 위임한 권한을 초과하여 행한 입법은 각 주(州) 또는 각 주(州)인민의 권리를 침해하는 것으로 연방법률로 될 수 없으며, 무효이다. 반면에 주(州)헌법이 합중국헌법에 위반하는 규정을 둘 수 없다는 것을 물론이다.

주(州)헌법의 내용은 다종 다양하지만,[181)] 문화관계 조항(문화헌법)은 많이 발견되지 않는다. 이는 앞에서 살펴본 바와 같이, 미국의 전통적인 문화이해와 무관하지 않다. 미국의 주(州)헌법에 있어서 문화헌법 조항은 대체로 전문, 권리장전, 교육에 대한 규정에서 도출할

---

179) 小創庫次, 앞의 책(주 175), 18-19면 참조.

180) James Madison(1751-1836, 제4대 대통령)은 주(州)에 유보되는 권한은 "인민의 생명, 자유, 재산 및 주(州)의 질서, 개선, 번영에 관한 모든 사항을 포함한다"고 기술하고 있다. 만약 주민이 그들이 가지는 권능을 행사함에 있어서 생각없고(unimaginative), 태만하고(negligent), 현명하지 못하고(unwise), 무능(inefficient)하더라도 그것은 합중국헌법에 위반은 아니며, 각 주민의 잘못(faults)이라는 것이다(Charles A. Beard, American Gonernment and Politics, 10.ed., 1952, p.536).

181) 小創庫次는 다양한 주(州)헌법의 내용을 (1) 전문, (2) 권리선언, (3) 주(州)의 구역과 수도, (4) 선거권 및 선거, (5) 권력분립, (6) 입법부, (7) 국민발안(Initiative), 국민표결(Referendum), 국민소환(Recall), (8) 집행부, (9) 사법부, (10) 과세와 재정, (11) 지방자치, (12) 교육, (13) 주(州)병제도, (14) 잡칙, (15) 주(州)헌법의 개정 등으로 분류하여 비교하고 있다(小倉庫次, 앞의 책(주175), 23면 이하 참조).

수 있다.

① 전문

미국의 주(州)헌법도 4개 주(州)를 제외하고[182]모두 전문을 가지고 있다. 특히 오레곤(Oregon)주와 테네시(Tennessee)주 헌법을 제외하고 전문을 가진 주(州)헌법 모두는 전문에서 주(州)인민이 전지전능한 신[183]에게 감사하고, 또한 신의 축복을 받아서 주(州)헌법을 제정한다는 것을 명시하고 있다.[184] 이처럼 전문에 나타나는 종교적인 언급은 각 주(州)의 권리장전에서 규정되고 있는 신앙의 자유와 더불어 문화헌법을 구성하는 중요한 요소가 된다.

② 권리장전

모든 주(州)헌법은 권리선언 내지 권리장전을 규정하고 있다.[185]

---

182) 뉴햄프셔(New Hampshire), 버몬트(Vermont), 버지니아(Virginia), 웨스트버지니아(West-Virginia)의 4개 주(州)는 전문을 가지고 있지 않다. 과거의 버몬트주헌법은 전문이 있었다.

183) '신'을 표현하는 말은 각각 Allmighty God 또는 God이지만, Supreme Ruler of the Universe(콜로라도, 미주리, 워싱톤), Sovereign Ruler of Nations(노스캐롤라이나)를 사용하고 있는 주(州)도 있다.

184) 미국국민의 지도적 역할을 수행했던 것은 영국계인들이며, 그들은 17세기초에 있어서 영국민의 청교도적 전통을 풍부히 신대륙에 이식했던 사람들이라는 점을 생각하면, 그것은 당연하다. 신에 직접 연결되는 개인의 영혼의 가치와 양심의 지상권이라는 중심사상에 입각해서 청교도들이 품었던 개인의 존엄과 사회적 책임의 관념은 '합의에 의한 정치'의 원리에 통하며, 민주적 이념의 뿌리를 한층 배가시켰던 것으로 평가될 수 있다(高木八尺, 近代アメリカ政治史, 1957, 1면).

185) 권리선언(Declaration of Rights)이라는 문자를 사용하는 주(州)는 24개이며, 권리장전(Bill of Rights)의 문자를 사용하고 있는 주(州)는 25개이며, 뉴저지주헌법만이 '권리와 특권'(Rights and Privileges)이란 문자를 사용하고 있다. 이와 같이 사용하는 문자는 다르더라도 규정의 내용은 거의 차이가 없다. 여기서는 주(州)가 사용하는 문자와 관계없이 권리장전이라는 용어를 사용하기로 한다.

다만 최초의 주(州)헌법이라고 할 수 있는 코네티컷주기본법에는 권리장전이 규정되어 있지 않았었다. 연방헌법이 수정을 통하여 권리장전을 규정한 것과는 달리, 대부분의 주(州)헌법은 대체로 그것을 제1조, 제2조 또는 제3조 등 헌법의 모두에서 그것을 규정하고 있다.[186] 버지니아주헌법은 전문을 가지지는 않지만, 제1조에 '권리장전'을 규정하고 다음과 같이 기술하고 있다. 즉 "권리선언은 버지니아주의 선량한 인민(good people)에 의해 그들의 주권의 행사로서 행해졌기 때문에, 그 제권리는 정치의 기초로서 주(州)인민 및 그 자손에게 고유한 것이다"고 쓰고 있는데, 이것은 주권이 주(州)인민에게 속하는 동시에 권리선언이 주(州)인민의 고유의 권리라고 하는 본질을 명확히 선언하고 있다.

1) 고유권(생명, 자유, 행복추구권)

각 주(州)의 권리장전에 규정하고 있는 내용은 다양하지만, 주된 내용은 직·간접으로 자유권에 관한 것이 많다. 그러나 독립선언에서 명확히 선언되고 있는 생명, 자유, 행복추구권은 본래 인간에 고유한 권리로서 선언 또는 헌법에 의하여 부여된 권리는 아니고, 선언 또는 헌법 이전에 인간이 인간이기 때문에 가지는 기본적 권리이다. 이 권리는 권리장전 중에 가장 중요한 것으로 조문의 표현은 차이가 있지만, 인민이 고유한 인권 또는 천부의 권리(Natural Rights)를 가진다는 것을 모든 주(州)헌법에서 규정하고 있다. 물론 이러한 고유권은 생명, 자유 및 행복추구권에 한정되는 것은 아니다. 가장 최근의 알라스카

186) 플로리다(Florida)주헌법과 캔자스(Kansas)주헌법은 전문 다음에 권리장전을 두고 있다. 매사추세츠주헌법은 헌법을 제1부와 제2부로 나누고, 제1부를 권리장전으로 하고, 뉴햄프셔주헌법도 권리장전을 제1부로서 규정하고 있다. 이러한 권리장전의 취급방식은 무엇보다도 권리장전이 더 없이 중요한 규정임을 의미하고 있는 것이다.

(Alaska)주헌법은 "이 헌법은 모든 사람들이 생명, 자유, 행복의 추구, 노동의 보수를 향수할 천부의 권리를 가지고, 모든 사람이 법 앞에 평등하고, 평등한 권리와 기회와 보호를 받으며, 인민 및 주(州)에 대해 권리에 따르는 의무를 부담한다는 원칙을 위해 바쳐진다"고 규정하고 있다(Art.1 Sec.2). 알라스카주헌법이 규정하고 있는 바와 같이, 기본적 인권의 확립은 각 주(州)헌법의 근본적 요소이다. 미주리(Missouri)주헌법은 "이러한 것(고유의 권리)을 보장하는 것은 정치의 주된 임무이며, 이 보장을 부여하지 않는 정부는 주요목적을 달성하지 않는 것이다"고 규정하여 천부의 인권을 확보하고, 이것을 발전시키는 것이 주(州)정치의 근본이며, 주(州)정부는 그 목적을 위해 존재한다는 것을 분명히 밝히고 있다. 이는 비단 미주리주에만 한하는 것은 아니고 모든 주(州)에도 통용되는 것이다. 이와 같은 고유권은 모든 기본적 권리보장의 핵심을 이루는 것이며, 이 기본정신을 바탕으로 통치권력을 주(州)인민의 고유권으로 보게 되고 자유정부의 유지가 정부의 기본임무라는 것이 도출된다. 이 고유권은 문화적인 권리에도 그 기본을 이루는 것으로 자유주의적 시각에서 문화를 보는 전통을 형성한 주요한 배경이 되는 것이다.

2) 종교의 자유

종교의 자유에 관해서는 1776년 버지니아주헌법이 "모든 사람은 양심이 명하는 바에 따라 자유로이 종교를 신앙하는 평등한 권리를 가진다"고 규정한 것이 최초의 것이다. 그 후 제정된 주(州)헌법은 규정의 문언은 반드시 동일하지는 않지만, 예외 없이 종교의 자유를 보장하고 있다. 예를 들어 매사추세츠주헌법은 "모든 사람은 우주의 창조자인 신을 공공연히 신앙하는 권리와 의무를 가진다. 누구라도 양심이 명하는 바에 따라서 신을 신앙하고 또는 신앙을 고백하고 혹은 종교감정을 가졌음을 이유로 하여 자기의 신체, 자유 또는 재산을 침해, 방해, 제한되지 않는다. 그러나 누구라도 공안을 해하면서 타인의 신앙을 방해할 수 없다"고 규정하고 있으며(제1부 Art.2), 캘리포니아주(California)헌법은 종교의 자유를 양심의 자유(Liberty of Conscience)의 표제하에서 규정하고 있다.[187] 알라스카주헌법은 "어떠한 법률도 종교의 수립을 수립하거나 또는 종파의 자유로운 활동금지에 대해서 규정할 수 없다"고 규정하고 있다(Art.1 Sec.5). 본국에서 종교적 박해를 피해서 신대륙으로 건너왔던 사람들이 각 주(州)의 건국에 있어서 종교의 자유를 중요한 기본적 인권으로 취급하고 있는 것은 당연하다. 그리고 많은 주(州)헌법은 종교의 자유와 관련하여 종교에 대해서 공금을 지출하거나 공적 재산을 공여하는 것을 금지하고 있다. 이와 같은 규정은 말할 필요도 없이 정교의 분리를 명확히 하여 종교, 종파의 차별대우를 금지하고 종교에의 부당한 압력이 미치는 것을 금지하는 규정이다. 예를 들어 애리조나주헌법은 "공금 및 공적 재산은 어떠한 종교적 예배, 행사, 설교에도, 또한 어떠한 종파의 원조를 위해서도 지출 또는 제공해서는 안 된다"고 규정하고 있고(Art.2 Sec.12), 알라바마주헌법은 "법률에 의해서 종교를 수립해서는 안 된다. 법률에 의해서 어떠한 종파, 교회 및 예배방법에도 차별대우가 부여되어서는 안 된다. 법률에 의해서 누구라도 예배에 출석을 강제당해서는 안 된다. 신앙의 장소의 건설 및 유지 혹은 성직의 유지를 위해서 어떠한 조세 기타의 부담이 강제되어서는 안 된다. 이 주(州)에 있어서 어떠한 공직에도

187) "이 주에서는 신앙의 고백과 예배의 자유는 영구히 보장되며, 종파에 의해 하등의 차별대우를 받지 아니한다. 어느 누구도 신앙에 대한 의견 때문에 증인 및 배심원이 되는 자격을 박탈당하지 않는다. 그러나 여기에서 보장된 양심의 자유는 그것을 남용하거나, 이 주의 평화 및 안전과 양립하지 않는 행위를 정당화하는 것으로 해석되어서는 안 된다"고 규정하고 있다(Art.1 Sec.4).

자격조건으로서 종교적 테스트를 요청해서는 안 된다. 주민의 시민권, 특권 및 행위능력은 그 자의 종교적 신조에 의해 어떠한 방법에서도 영향을 미쳐서는 안 된다"(Art.1 Sec.3)고 규정하고 있다.[188]

3) 언론 · 출판의 자유

인민이 기본적 권리의 하나로서 언론 · 출판의 자유를 가진다는 것은 모든 주(州)헌법에서 규정하고 있다. 초기의 주(州)헌법, 예컨대 매사추세츠주헌법, 뉴햄프셔주헌법은 단지 출판의 자유가 보장되지 않으면 안 된다는 것을 규정하고 있다. 이 자유는 처음에 출판의 자유로부터, 다음에는 언론의 자유로 확장되고, 그 후에는 자유의 남용에 대해서 책임을 져야한다는 것, 바꾸어 말하면 남용하지 않는 한에서 자유권을 향유한다는 것이 명확하게 되어 왔다. 버몬트주헌법은 "인민은 언론의 자유 및 정부의 행위에 대해서 자기의 생각을 기술하고, 출판하는 자유의 권리를 가진다. 따라서 출판의 자유는 제한되어서는 안 된다"고 규정하고 있으며(제1장 XⅡ), 코네티컷주헌법은 "언론 또는 출판의 자유를 감축하거나 제한하는 법률을 제정해서는 안 된다"고 규정하고 있으며(Art.1 Sec.6), 알라스카주헌법도 "모든 인간은 일체의 제목에 대해서 자유롭게 말하고 쓰고 출판할 수 있지만, 이 권리의 남용에 대해서는 책임이 있다"고 규정하고 있다(Art.1 Sec.6). 미국 주(州)헌법들은 학문과 예술의 자유에 관해서 언급하고 있지는 않지만, 이와 같은 표현의 자유, 즉 말하고 쓰고 출판할 수 있는 권리에서 이들 자유는 도출될 수 있다.

---

188) 플로리다주헌법(권리선언 제4조), 조지아주헌법(Art.1 Sec.14), 미주리주헌법(Art.1 Sec.7), 인디애나주헌법(Art.1 Sec.5), 오클라호마주헌법(Art.2 Sec.5), 텍사스주헌법(Art.1 Sec.7), 와이오밍주헌법(Art.1 Sec.19)도 참조.

4) 교육

교육에 대해서는 모든 주(州)헌법이 규정하고 있지만, 몇 개의 주(州)에서는 교육을 받을 권리를 주(州)헌법의 권리장전에서 규정하고 있고 4개주(州)[189]를 제외한 46개주(州)는 모두 '교육'(Education)을 별도로 규정하고 있다.

교육의 중요성을 기술하고 주(州)헌법에 의해 주(州)의회에 교육제도제정의 의무를 지우고 있는 주(州)는 많다. 예를 들어 메인주는 "교육의 관심을 일반에게 널리 미치게 하는 것은 인민의 권리와 자유의 복지를 위해서 게을리 할 수 없는 것이므로, 그 중요한 목적을 달성하기 위해 주(州)의회는 각 타운(Town)으로 하여금 그 부담으로 공립학교를 경영할 것을 요구할 권능이 있으며, 그것을 경영하는 것은 타운의 의무이다"(Art.8)고 규정하고 있다. 와이오밍주는 전문을 두고 "인종, 피부색, 사회적 신분, 성별을 이유로 차별 또는 우위를 부여할 수 없으며, 영역내에 모든 아동의 교육을 행하는 것은 주의 가장 중요한 책무이다"(Art.9 Sec.1)고 규정하고 있는 점은 주목된다.[190]

대다수의 주(州)헌법은 교육의 최고책임자로서 선거인의 직접선거에 의한 교육장관(Superintendent of Public Education, 명칭은 각주에 따라서 차이가 있음)을 두고 있으며, 주(州)헌법은 주(州)교육장관외에 교육에 관한 기관으로서 주(州)교육위원회(State Board of Education)의 설치를 규정하고 있다. 그 위원회의 구성은 각 주(州)가 반드시 같은 것은 아니며, 권능도 각각 주(州)헌법에 규정하는 이외에는 주(州)법률에 의하도록 하고 있다. 예를 들어, 애리조나주헌법은 주지사, 교육

189) 메사추세츠, 뉴 햄프셔, 테네시, 버몬트.

190) 그 밖에 아칸소(Art.14 Sec.1), 캘리포니아(Art.9 Sec.1), 인디애나(Art.8 Sec.1), 캔자스(Art.1 Sec.1), 네브라스카(Art.6 Sec.2), 네바다(Art.11 Sec.1), 노스캐롤라이나(Art.9 Sec.1), 오하이오(Art.1 Sec.7), 테네시(Art.11 Sec.11), 와이오밍(Art.1 Sec.23)항 등 참조.

장관, 대학총장, 주립사범학교장 및 주지사가 임명하는 시감독관, 고등학교장, 카운티감독관 등으로 구성하고(Art.11 Sec.2), 조지아주헌법에서 위원은 상원의 조언과 동의에 의해 주지사가 임명하는데, 각 국회의원선거구에서 1명식, 임기는 7년으로 한다고 규정한다(Art.8 Sec.2). 아이오와주는 부지사와 각 재판구(judicial district)에서 1명씩 공선되는 위원(임기 4년)으로 구성하고, 주지사는 당연직으로 하고 있다(Art.9 Sec.1). 다수의 주(州)가 위원회의 구성에 주(州) 집행부의 수장인 주지사를 참가시키고 있는 것에서도 위원회가 매우 중요시된다는 점을 알 수 있다. 그리고 약간의 주(州)헌법은 주(州)내 각 카운티(County)에 카운티 학교감독관(County Superintendent of Schools)을 둘 것을 규정하고 있다.[191] 감독관의 임무는 공립학교의 일반적 지도감독이지만, 그 권능과 직무에 대해서는 각각 법률에서 정하도록 하고 있다. 감독관은 각 카운티의 선거인에 의해 공선되며, 그 임기는 주(州)헌법에 규정하고 있는 경우도 있고 법률에 위임하는 경우도 있다.

거의 모든 주(州)헌법은 주민의 자제의 교육을 위해 보통학교(common school) 제도를 제정하고 학교를 유지하는 것을 주(州)의회의 의무로 하고 있으며, 학교제도는 주(州)를 통해서 균등하며, 교육은 무상을 원칙으로 하고 있다. 그 권능은 대체로 주(州)법률이 정하는 바에 따른다. 6개주(州)헌법은 보통학교의 교과서를 무상으로 학생에게 대여해야 할 의무를 주(州)에 부과하고 있다.[192] 나아가 교과서에 관해서 콜로라도주헌법은 “주(州)의회도 주(州)교육위원회도 공립학교에서 사용되는 교과서를 규정하는(Prescribe) 하는 권능을 가지지 못

---

191) 일리노이(Art.8 Sec.5), 캔자스(Art.6 Sec.1), 네바다(Art.6 Sec.32), 캘리포니아(Art.9 Sec.3) 참조.

192) 캘리포니아(Art.9 Sec.7), 델라웨어(Art.10 Sec.2), 루이지애나(Art.12 Sec.14), 오클라호마(Art.18 Sec.6), 텍사스(Art.7 Sec.3), 버지니아(Art.9 Sec.139).

한다”(Art.9 Sec.16)고 규정하고 있는 반면, 오클라호마주헌법은 주(州)의회는 주(州)의 보통학교용 교과서제도를 제정하고 주지사에게 공식교과서목록을 작성할 위원회를 임명할 권능을 부여하고, 그 위원회는 주(州)의 교육실무가들로 구성되며, 그 작성한 목록 가운데서 각 학교구의 교육자로 구성하는 위원회가 각각 학교에서 사용할 교과서를 선정하도록 하고 있다(Art.13 Sec.6).

교육재원에 대해서도 각 주(州)헌법은 자세하게 규정하고 있다. 교육재원은 원칙적으로 주민의 조세부담에 의존하고 있다. 그러나 대부분의 주(州)는 주(州)학교기금(State School Fund or Literary Fund)을 설정하고 있다. 이 기금은 각각 합중국정부가 각 주(州)에 교육목적을 위해 교부한 토지로부터 얻어진 자산, 상속인이 없는 유산 또는 유언에 의해 주(州)에 귀속한 재산, 교육목적을 위해 사인이 기부한 재산, 병역을 면하기 위한 납부금 등으로 구성되며, 그 기본재산은 처분할 수 없는 영구적인 기금(Perpetual Fund)이며, 그 재산의 운용에서 생기는 수익을 매년 법률의 규정에 따라서 보통학교를 경영하는 지방단체에 배분된다. 배분의 기준은 각 각 학생수에 따른다.

주(州)는 교육목적을 위해 재산세(Property Tax)를 부과할 수 있지만, 종종 세율은 주(州)헌법에 의해서 제한되며,[193] 그리고 많은 주(州)는 일정의 주민에게 인두세(Poll Tax)를 부과하고, 그 수입을 교육목적에 충당하고 있다. 이러한 인두세수입은 그것이 징수된 지방공공단체에 교육목적을 위해서 교부된다.

주(州)법률의 위반에 따른 벌금(fine)과 과료(forfeiture)수입을 교육목적에 사용할 것을 규정하고 있는 헌법도 있다. 특히 미시간주헌법은 “법률에 따라 각 타운 및 시에게 적어도 하나의 도서관의 설치를 의

193) 텍사스주헌법은 100달러에 대해 35센트를 초과할 수 없도록 하고 있다(Art.7 Sec.3).

무지우고, 카운티, 시 및 타운에서 과징되는 모든 벌금수입은 오직 지역의 도서관경비에 충당되지 않으면 안 된다"(Art.9 Sec.14)고 규정하고 있다.

다수의 주(州)헌법은 권리장전의 장에서 종교에의 공금지출을 금지하는 규정을 두고 있으며, 이 정신의 발로로서 대다수 주(州)헌법은 종파가 경영하는 학교 또는 종교교육을 행하는 학교에 공금에서 보조를 해서는 안 된다는 것을 규정하고 있다. 이 규정은 물론 주민의 교육이 편향되지 않고 중립적이어야 하기 때문에 종교, 종파의 부당한 압력이나 영향을 배제하기 위해서 규정되었다.

대부분의 주는 주(州)헌법에 대학에 관한 규정을 두고 있다. 그 규정은 각각 대학의 관리기관인 대학이사회에 관한 것과 대학의 재정에 관한 것이다. 주(州)헌법에 대학에 관한 규정이 없는 주(州)에 있어서도 물론 공·사의 대학이 존재하지 않는 것은 아니다(예, 뉴욕). 미시간주헌법은 미시간 대학이사회에 법률에 따라서 대학에 사용하기 위해서 사유재산을 수용할 권능을 부여하고 있는 점은 주목된다(Art.13 Sec.4).

한편 남부의 각 주(州)헌법에는 백인과 흑인을 차별대우하는 규정들이 있었는데, 특히 교육에 있어서 대표적인 것이 흑인과 백인의 교육의 분리를 규정한 헌법규정들이다.[194] 남북전쟁에서 패배한 남부의

194) 예컨대, 알라바마주헌법: "백인의 자녀와 흑인의 자녀를 위해서 별도의 학교가 설치되지 않으면 안된다. 그리고 쌍방의 인종의 자녀는 다른 인종의 학교에 취학하는 것은 허용되지 않는다."(Art.15 Sec.256); 델라웨어주헌법: "학교기금의 배분에 있어서 인종 또는 피부색에 따라 차별이 행해져서는 안되지만, 백인과 흑인의 자녀를 위한 별개의 학교가 설치되지 않으면 안 된다."(Art.10 Sec.2); 플로리다주헌법: "백인의 자녀와 흑인의 자녀는 같은 학교에서 교육되어서는 안되지만, 양방에 공평한 조치(impartial provision)가 행해지지 않으면 안 된다"(Art.12 Sec.12); 미주리주헌법: "법률에 별단의 규정이 있는 경우를 제외하고 백인의 자녀와 흑인의 자녀를 위한 별개의 학교가 설치되지 않으면 안된다"(Art.9 Sec.1a)는 규정이 있었다.

제 주(州)가 소위 남북전쟁조항이라고 불리는 수정헌법 제13조, 제14조, 제15조를 1866년과 1867년에 비준하여 노예금지와 법 앞의 평등과 흑인선거권을 인정하기는 하였지만, 남부의 제 주(州)에서는 전통적 인습에 따라 가지가지의 탈법행위에 의해 인종차별은 종식되지 않고 있었다. 교육에 있어서 seperate but equal 원칙을 적용한 분리교육, 같은 원리를 적용한 기차, 식당, 공원 등의 분리 등이 그것이다. 그러나 전통적으로 인정되어 오던 '분리하되 평등하게'라는 원칙을 타파한 Brown 사건판결[195] 이래 각종의 인종차별적 행위들에 대한 위헌판결이 뒤따랐으며, 1964년에는 새 인권법을 제정하기에 이르렀다.[196] 이 법률도 1875년의 인권법과 같은 법리를 내포하고 있지만, 인종차별에 대한 사회관념과 대법원의 태도가 다르므로 이 법률의 적극적인 운용이 기대될 수 있다.

III. 프랑스

1. 헌법에서의 문화헌법적 규정

프랑스의 경우 헌법에서 문화에 관한 직접적인 규정을 찾아볼 수는 없다. 그러나 프랑스인들은 전통적으로 국가는 예술적, 문화적 삶에 중

195) Brown v. Board of Education of Topeka, 349 U.S. 294(1955).

196) 남북전쟁 이후에도 인습에 따라 남부 제주에서 인종차별이 지속되자 이를 철폐하기 위해 연방정부는 1875년에 인권법(Civil Rights Act)을 제정하여 호텔, 극장, 기타 공공시설에서의 인종차별을 금지하려고 하였으나, 수정헌법 제14조의 평등보호조항이 주(州)정부 자체의 차별대우를 금지하는 것이지 개인이 경영하는 영업체에서의 차별까지 금지하는 것은 아니라는 법이론으로 말미암아 연방정부의 노력은 실패했다. 그러나 대법원의 노력에 의해 구체적인 사건에 있어서 차별철폐의 노력이 지속되었고, 그 획기적인 판결이 바로 Brown 사건판결인 것이다(이에 대해서는 문홍주, 앞의 책(주 169), 48면 이하 참조).

요한 역할을 한다고 믿고 있다. 구제도(ancien regime)하에서 문화, 특히 예술은 군주의 영예와 위엄을 반영했다. 1789년의 프랑스대혁명은 문화의 자율성을 획득하는데 큰 기여를 하였지만, 전제정권의 전승된 구조들을 뒤엎지는 못했다.[197] 프랑스의 문화적·예술적 삶은 국가의 정치적·행정적 조직의 집중화를 반영하는 극단적인 '파리화'(Parisization)를 특징으로 한다.[198] 프랑스 제5공화국헌법은 그 국가형태 내지 국가목적규정에서 "프랑스는 불가분적, 비종교적, 민주적, 사회적 공화국이다."(제2조 1항 1문)라고 규정하고 있다. 여기에도 문화에 관한 언급은 없지만, 문화의 자유에 관한 것은 별개로 하더라도 "프랑스의 여론은 널리 보급되어 있는 학교교육은 진정한 사회민주주의의 성과였다는 것을 지지한다"[199]는 표현에서 볼 수 있듯이, 국가의 적극적인 문화진흥과제는 사회국가의 과제로 보고 있는 것 같다. 한편, 기본권에 관해서도 프랑스 헌법은 개별기본권의 체계적 목록을 가지고

197) 예컨대 가장 독재적인 지배기인 루이 14세의 통치시기에 생성된 몰리에르(Moliere)의 왕립극단(Troupe du Roi, 1665)이 지금의 국립극장(Comédie Francise)의 전신이며, 희극오페라단(Opera Comique, 1715)과 아카데미왕립음악단(Academie Royale de la Musique, 1672)은 지금의 오페라극장이다. 이러한 전통과 무관하지는 않지만, 프랑스에서는 특히 역사적 기념물에 대한 보호법제가 발달하였다. 1913년에 역사적 기념물에 관한 법률(loi sur les monuments historiques, 1913.12.31)은 '점'으로서의 문화재를 보존하려고 한 동시에 그 문화재를 중심으로 반경 500미터의 범위 내에서의 현상변경을 허가제로 하여 '면'으로서의 역사적 환경의 보호를 꾀하고 있는 점이 특징이다(제1조). 그리고 드골 대통령 밑에서 문화부장관을 지낸 말로(Andre Malraux)에 의해 제정된 'Malraux 법'(정식명칭은 따로 있지만 통상 이렇게 불림)은 노후화한 도심부를 그 역사적 환경을 보존하면서 근대적으로 정비하여 현대도시의 일부로서 재생시킬 것을 목적으로 하며, 문화부장관과 건설부장관이 공동으로 보존해야 할 가구를 지정할 수 있게 되어 있다(제1조)(이에 대해서는 오세탁, 문화재보호법연구, 앞의 논문(주 161), 94-101면 참조).

198) 한국문화예술진흥원, 문화정책, 1988, 222면.

199) Unesco, The Studies and Research Department of the French Ministry of Culture, Some aspects of French Cultural Policy, 1970, p.10.

있지 않다. 다만, 현행 프랑스 제5공화국헌법의 전문은 "프랑스국민은 1789년의 인권선언에 의해서 확정되고, 1946년 헌법의 전문에 의해서 보충된 인권 및 국민주권의 제원칙에 대한 프랑스국민의 집념을 엄숙히 선언한다"라고 규정하고 있으므로, 1789년의 인권선언에서 보장된 기본권과 1946년 헌법에서 선언된 권리들인 남녀평등권, 망명권, 근로권, 조합결성권, 파업권, 근로조건 및 경영에의 참여권, 개인 및 가족의 발전보장권 등이 주된 기본권으로 보장되고 있다. 프랑스의 헌법평의회는 제5공화국헌법 전문을 근거로 1789년의 인권선언과 그 인권선언을 보충하는 1946년 헌법 전문에 대해 헌법적 효력을 인정함으로써 기본권규범들을 확대해 가고 있다. 그리고 헌법본문에는 기본권에 직·간접으로 관련되는 중요한 규정들이 있는데, 앞에서 살펴본 국가형태규정은 공화국원리를 선언하고 계속해서 법률 앞의 평등보장과 모든 신앙의 존중을 규정하고 있다(제2조 제1항). 여기서 규정한 신앙의 자유에는 사상의 자유가 포함된다고 한다.[200] 또한 입법권과 입법사항을 규정한 제34조는 공민권(droits civiques)에 관한 제 규칙(règles)을 법률로 정할 것과 또 시민의 공적 자유권의 행사를 위해 부여되는 기본적 보장들의 규칙들도 법률로 정할 것을 규정하고 있다(제2항). 그 밖에 프랑스에서는 판례가 기본권규범의 연원으로 인정하는 법의 일반원칙이 불문법원으로 들어진다.[201] 학문·예술의 자유에 관해서는 "사상과 의사의 자유로운 교환은 인간의 가장 귀중한 권리의 하나이다. 따라서 모든 시민은 자유로이 말하고 쓰고 인쇄할 수 있다. 다만, 법에 의해 규정된 경우 그 자유의 남용에 대해서는 책임을 져야 한다."고 규

200) F. Goguel, La jurisprudence du Conseil constitutionnel, cours d'IEP, 1883- 1984, p.168(정재황, "프랑스에 있어서 위헌심사제를 통한 기본권 보장의 법리와 실제", 방산 구병삭 교수 정년기념논문집, 박영사, 1991, 251면에서 인용).

201) 자세한 것은 정재황, 앞의 논문(주 200), 253-254면 참조.

정한 인권선언 제11조에서 그 근거를 찾을 수 있다. 즉 자유로이 말하고 쓰고 인쇄할 수 있다는 것이 구체적으로 어떤 것을 의미하는지에 대해서는 특정한 기준이 없이 해석에 맡겨져 있지만, 이를 인간의 정신활동을 외부로 표현하는 것 전부를 포괄하는 것으로 보아 학문의 자유나 예술의 자유를 표현의 자유의 한 내포로 이해한다.[202)]

2. 국가주도의 프랑스 문화정책

영국과 미국의 경우와 비교해 볼 때, 프랑스의 문화정책은 거의 국가가 주도해 왔고, 지금도 90% 이상 문화기관은 국가가 통제하고 있다. 1959년 프랑스 문화부가 창설되고 드골정부는 초대 문화부장관으로 문인 앙드레 말로를 임명하였는데, 말로는 수많은 문화정책을 실현했으며 특히 각 지방에 미술관을 건립하고 레지던시 프로그램을 만들고 도서관을 만들면서 문화정책을 실천할 수 있는 토대를 마련했다.[203)] 그 후 퐁피두센터를 건립한 퐁피두 대통령, 세계에서 가장 큰 도서관을 건축한 미테랑 대통령 등이 프랑스 문화정책을 적극적으로 펼쳐 나간 본보기이며, 이러한 정책이 오늘날 프랑스를 문화강대국으로 유지시키고 발전시킨 원동력이 되었다는 점은 부인할 수 없을 것이다. 특히, 프랑스의 외교정책에서 정치와 문화, 프랑스어는 일체가 되어 항상 움직여 나가고 있으며, 국외에서 대사관과 문화원, 알리앙스

202) 학문·예술의 자유를 독립된 기본권으로 규정한 나라보다도 일반적 표현의 자유를 통해 보장하고 있는 나라가 오히려 더 많은 실정이다.

203) "문화부장관의 임무는 인류의 가장 중요한 업적들, 무엇보다도 먼저 프랑스의 업적들, 그리고 가능하면 최대다수의 프랑스인들의 업적을 세상에 공개하며, 문화유산을 널리 알리고 예술작품과 그 작품을 풍성하게 하는 인간정신의 창조를 유도하는데 있다"는 앙드레 말로가 제정한 법령(1959년 2월 3일) 가운데 나타난 표현에서 문화정책의 기조를 엿볼 수 있다(마르코 퓌마롤리 지음/박형섭 옮김, 문화국가-문화라는 현대의 종교에 관하여, 경성대학교출판부, 2004, 56면 참조).

프랑세스는 많은 부분을 공유하며 일사분란하게 일을 해 나가고 있다.[204] 1922년에 창립된 프랑스예술진흥협의회는 외무부와 문화통신부에 소속되어 프랑스 문화 국제교류에 힘을 써온 대표적인 기구이다.

이러한 국가주도의 문화정책이 프랑스를 문화의 사막으로 만들고 있다고 비판하는 견해가 있다. 퓌마롤리는 문화부에서 기획하고 펼치는 고정관념적 문화가 인간의 정신과 창조성에 기여하지 못한다고 진단하며 프랑스 문화정책을 비판하고 있다. 그는 양적으로 풍부한 공공서비스와 그것이 도와준다고 해도 결코 거장이 될 수 없는 예술적 창조의 재능 사이에 어떠한 공통점도 없음을 강조하며,[205] 프랑스는 오늘날 정치적·행정적 권한을 행사하려는 권력의지가 섬세한 감각의 세계에까지 침투하여 지성을 파괴하고 고상한 취향을 억압하고 있다고 비판하고 있다.

Ⅳ. 일본

일본의 현행헌법에는 교육·문화의 기본방향에 관한 규정은 없지만, 신교의 자유(제20조), 학문의 자유(제21조), 교육을 받을 권리(제26조)등 문화적 기본권에 관한 규정을 두고 있으며, 생존권규정으로 불리는 제25조에서는 "모든 국민은 건강하고 문화적인 최저한도의 생활을 영위하는 권리가 있다."고 규정하고 있는데, 이러한 것들이 주로 문화헌법을 구성하고 있다고 하겠다.

현행 일본국헌법 이전의 메이지(明治)헌법에는 문화에 관한 기본방향에 관한 규정은 물론, 교육을 받을 권리, 학문의 자유에 관한 아무

204) 1963년의 통계에 의하면 프랑스 외무부 총예산의 절반이상이 문화활동에 할당되고 있다고 한다(조부근, 문화선진국의 문화정책과 문화외교, 어디로 가고 있는가, 민속원, 2007, 319면).

205) 마르코 퓌마롤리 지음/박형섭 옮김, 앞의 책(주 203), 24면 이하.

런 규정도 없었다. 교육은 신성화된 절대적 권력인 천황의 명령이라고 하는 형식의, 헌법과는 별개의 칙령주의(勅令主義)에 근거해서 행해졌으므로, 국민의 의사에 기초를 둔 "법"에 의한 것은 아니었다. 국민이 교육을 받는다는 것은 다른 병역·납세의 의무와 나란히 3대 의무의 하나로 되었으며, 국민은 그것을 무비판적으로 받아들여야만 했다. 교육은 오로지 「부국강병(富國强兵)」을 위한 목적에서 혹은 「충군애국(忠君愛國)」, 「황국민(皇國民)의 연성(鍊成)」이라는 이름 하에서 철저히 국가주의적·군국주의적인 목적을 위해서 강제되었다. 이는 태평양전쟁의 패전에 이르기까지 계속되었다. 메이지헌법은 그 제정시에 교육·문화의 기본방향에 아주 무관심했으며, 오히려 문화조항을 적극적으로 배제했던 것이다. 그 증거는 메이지헌법의 제정과정에 직접 관여했던 이토오 히로부미(伊藤博文) 이후에 편찬한 「憲法資料」의 가운데 명백히 나타난다. 그것에 따르면, 교육·문화를 헌법사항으로 하지 않았던 이유는 "예를 들면, 학문과 교육은 자유라고 하는 것이 보국(普國)의 헌법에도 명문의 규정이 있다. 이 조항과 마찬가지로 불국(佛國)의 헌법에 비슷한 것이 있지만 모두 실제 무익한 것이다.... 만약 위와 같은 교육의 자유라고 하는 것을 명문화하는 경우는 반드시 이로부터 백단(百端)으로 의론(議論)을 생기게 하기 때문에 행정의 권력은 매우 감살(減殺) 되어져야만 할 것이다."206)라는 말에서 잘 나타난다. 요컨대 메이지헌법은 그 제정의 목적자체를 국력증강을 위한 정치체제(국가)의 확립에 두었던 것이다. 그러므로 문화의 창조라는 것 등을 포함해서 생각할 여유를 가지지 못했으며, 전체적으로는 메이지헌법체제가 오히려 교육과 문화를 절단하고, 그것을 전제적인 거대한 행정권력을 중심으로 해서 한결같이 「부국강병」의 실을 거두는 정치적 수단

206) 伊藤博文, 憲法資料(中卷), 334쪽(永井憲一, 앞의 논문(주 153), 133면에서 재인용).

으로 하려는 것이 처음부터 목적화 되어 있었던 구조였다고 할 수 있을 것이다. 메이지헌법의 모법이었던 구프로이센헌법조차 제20조에 "학문과 그 교수는 자유이다"는 규정을 가지고 있었다.[207)]

일본국헌법은 제2차 대전의 패전을 계기로 해서 "또다시 전쟁의 참화가 일어나지 아니하도록 할 것을 결의하고, ...평화를 사랑하는 제국민의 공정과 신의에 신뢰하여, 우리들의 안전과 생존을 보장하려고 결의" 한다는 전문의 표현처럼 평화주의를 기반으로 하고 국민주권원리에 기초를 두는 민주주의국가를 확립할 목적에서 제정되었다. 일본국헌법은 메이지헌법에는 없었던 제9조(전쟁의 방기(放棄)), 제23조(학문의 자유) 및 제25조(생존권), 제26조(교육권), 제27・28조(노동권) 등의 규정을 두고 있다. 특히, 생존권을 규정한 제25조에서 문화적인 생활을 보장한다는 이념을 명시하고 있다. 그렇지만 그 "문화적 생활"을 어떻게 구체적으로 보장하는가, 그를 위한 문화의 기본방향은 어떠한가, 문화창조의 기초조건을 이루는 교육의 기본방향은 어떠한가 등에 관해서는 정면으로 규정하지 않고 있는데, 그 이유에 대해서는 견해가 나뉜다. 일본국헌법 제정당시 문부상(교육부장관)이었던 田中耕太郎은 "우리들이 문화국가 건설의 중요성을 고려할 때 문화에 관한 헌법의 규정이 빈약한 것은 아닌가라고 걱정하는 사람도 전혀 없지는 않다. 그렇지만 ...문화적 창조는 본래 국가적인 것은 아니고, 개인의 창의와 사회적 환경의 소산이므로 그것은 강한 자주성을 요구하는 것이다. 이와 같은 이유로 문화에 관한 규정이 헌법 가운데 결여되었다는 것은 결코 문화에 대한 국가의 열의의 부족을 의미하는 것은 아니

207) 이미 메이지헌법이 제정되었던 당시(明治 22년, 1889)에는 제외국의 헌법에도, 예를 들어 포루투갈헌법(1826), 오스트리아헌법(1868), 그 밖에 스의스, 폴란드, 덴마크 등의 각국헌법이 교육조항을 가지고 있었기 때문에 반드시 교육조항이 없는 것이 당시의 일반적인 풍조였다고는 말할 수 없다(永井憲一, 앞의 논문(주 153), 132-133면).

며, 그것 자체가 국가가 문화를 존중하는 의도를 보여주는 것이기도 하다"[208]고 하여 문화를 자유주의적인 입장에서 파악하고 있다. 한편 그와 달리 永井憲一은 일본국헌법은 메이지헌법에 없던 몇 몇의 규정을 두고 있지만, 교육・문화의 목적・방침 및 문화재보호 등을 규정하지 않은 것과 관련하여 일본국헌법이 메이지헌법 제73조의 개정절차에 기해서 메이지헌법의 개정이라는 형식으로 제정된 것이기 때문에 메이지헌법의 체계적 구성을 기초로서 계승하고 있다는 점을 말하면서 "... 메이지헌법에는 없었던 문화의 기본방향 등에 관한 규정을 새롭게 규정하는 것이 배려되지 않았던 것 자체가 문화에 대한 국가의 열의의 부족을 비유적으로 말해주고 있다고 할 수 있다."고 하면서 문화에 관한 헌법규정의 빈약성을 비판한다.[209]

V. 사회주의(권) 국가

사회주의권 국가의 헌법[210]에는 특히 문화에 관한 규정이 많이 발견된다. 마르크스-레닌주의 이론에 있어서 문화개념은 인간의 정신문화의 발전에만 국한되지 않으며, 특히 노동의 발전사는 인간사회 전체의 발전의 열쇠일 뿐만 아니라 인간사회・문화발전의 열쇠로 파악한

208) 田中耕太郎, "新憲法と文化", 新憲法體系(6), 1948, 國立書院, 6-7면.

209) 永井憲一, 앞의 논문(주 4), 134-136면. 그는 이와 같은 헌법의 태도는 그런 역사적 사정에 기한 일본국헌법의 특수성과 후진성을 보여주는 것이라고 한다.

210) 사회주의헌법의 분류방법에 관해서도 2분설(인민민주주의헌법과 사회주의헌법)과 3분설(근로자의 권력형성을 확고히 하는 단계로서의 헌법, 즉 인민민주주의헌법, 사회주의건설의 최초 결과를 총괄한 사회주의헌법, 발전하는 사회주의 건설과정을 확고히 하는 사회주의헌법)등이 있으나(상세한 것은 김철수, "북한헌법과 공산제국의 헌법과의 이동에 관한 연구", 국토통일원, 1978, 5-6면 참조). 여기서는 자본주의국가에 대비되는 사회주의국가의 헌법일반을 지칭한다.

다. 마르크스주의 시각에서는 문화의 계급성을 강조하면서[211] 현존의 자본주의문화는 부르주아 계급이익을 대변해 주는 것으로 보고 있다. 반면에 생산력 발전의 직접적인 담당자인 인민대중은 모든 물질적 가치의 창조자일 뿐만 아니라 모든 정신적 생산을 위한 물질적 전제의 창조자이며, 사회구성체를 혁명적으로 변혁시키는 원동력으로 보아, 이들이 주인이 되는 새로운 프롤레타리아문화는 그것이 모든 혁명적-민주적 그리고 휴머니즘적 문화전통을 보존할 뿐만 아니라, 예술작품을 통해 노동자계급의 사회주의적 의식발전에 강력히 이바지 한다는 점을 강조한다. 요컨대 마르크스-레닌주의에서의 문화는 정치적인 힘이 더해진 사회혁명의 원동력으로서 이해되는 측면이 강하다. 즉 국민들에게 사회주의 이념을 전파시키기 위한 수단의 측면으로 강조되는 경향이 있다. 오늘날 사회주의권 국가들에 있어서 많은 변혁이 있어왔지만, 사회주의국가의 헌법에는 국가질서의 기초로서 '문화'에 관한 기본규정을 두는 것이 일반적이며, 사회적 기본권과 더불어 문화적 권리에 관한 규정이 많이 존재하고 있다.[212]

과거 동독의 1974년 헌법은 제1편 사회주의 사회질서와 국가질서의 기초에서 정치적 기초(제1장)와 함께 경제적 기초, 학문, 교육과 문화(제2장)를 규정하고 있었다. 이 헌법 제18조는 모든 다른 문화관련 조항의 지침이 되는 사회주의적 국가문화(Staatskultur)조항이다. 제18조 제1항은 "사회주의 국민문화는 사회주의사회의 기초이다. 독일민주공화국은 평화 · 인도 및 사회주의 인간공동체의 발전에 기여하는 사회주의문화를 촉진시키고 보호한다. 독일민주공화국은 호전적이고 인간을 경시하는 제국주의적 반문화(Unkultur)를 반대한다. 사회주의사회

211) 쎄꾸 · 뚜레, "문화에 대한 변증법적 이해", 김정환 편역, 민중문화운동의 실천론, 화라, 1984, 41면.

212) 사회주의국가의 기본권론에 관해서는 구병삭, "북한·중공헌법상의 기본적 인권", 북한법률논총 제3집, 고대법학연구소, 1979, 9면 이하 참조.

는 근로자의 문화생활을 촉진시키고, 민족적 문화상속과 세계문화의 모든 인도적 가치를 보호하며, 사회주의 국민문화를 전체국민의 과제로서 발전시킨다."고 규정하는데, '제국주의적 반문화'라는 용어사용에서 보여주는 바와 같이, 사회주의 목적을 위한 문화의 일반적인 도구화(Instrumentalisierung)가 분명하게 나타난다.[213] 제2항과 제3항은 이러한 취지의 표현으로 특별한 문화촉진규정이다.[214] 한편, 학문과 교육의 기본방침은 제17조에서 규정하고 있는데,[215] 이러한 문화적 기본권은 문화적 자유권으로서의 고전적인 방어차원으로 규정되지 않고, 오히려 국가적 문화촉진의 기초로서 기능하고 있다. 문화・예술의 기본방침을 규정한 제18조는 한편 제19조부터 제46조까지는 시민의 기본권과 의무를 규정하고 있는데, 제21조는 "독일민주공화국의 모든 시민은 사회주의 공동사회와 사회주의국가의 정치적, 경제적 및 문화적 생활을 넓게 공동으로 형성시킬 권리를 가지고 있다..." 고 규정하고 있고, 제25조-제26조는 교육을 받을 권리를 상세히 규정하고, 제27조는 표현의 자유 등을 규정하고 있다.

---

213) Peter Häberle, a.a.O.(주 137), S.315.

214) "예술의 장려, 모든 근로자의 예술적 관심과 능력의 계발 및 예술작품과 업적의 전파는 국가와 모든 사회구성원의 의무이다. 예술창작은 문화창작인의 인민생활과의 밀접한 결합에서 나온다"(제18조 2항). "사회주의문화의 요소로서 체육경기 및 여행(Touristik)은 시민의 각 방면의 육체적 및 정신적 발전에 기여한다"(제18조 3항).

215) "(1) 학문연구와 더불어 그 지식의 응용은 사회주의의 본질적인 기초이며, 국가로부터 각 방면에 걸쳐 장려된다. (2) 통일적인 사회주의 교육제도로서, 독일민주공화국은 모든 시민에게 항상 증대하고 있는 사회적 요구에 적합한 고등교육을 보장한다. 독일민주공화국은 시민에게 사회주의사회를 형성하고 사회주의 발전에 창의적인 협동을 하는 권능을 부여한다. (3) 독일민주공화국은 사회와 시민생활을 보호하며 풍부하게 하고, 과학적・기술적인 혁명을 극복하고 또한 사회주의사회의 항구적인 진보를 보장하려는 목표로서 학문과 교육을 장려한다. (4) 평화, 민족간의 이해, 인간생활과 인간의 존엄성에 반대하여 취하여진 모든 학문의 남용은 금지된다." (제17조)

1992년 개정된 북한의 '사회주의헌법'[216]도 문화를 하나의 장(제3장)으로 규정하고 있다. 제39조부터 제42조까지에서 사회주의 문화건설의 기본방침을 규정하고 있는데, 72년 헌법과는 약간 다른 경향을 보여주고 있다. 즉, 제39조는 "조선민주주의인민공화국에서 개화 발전하고 있는 사회주의적 문화는 근로자들의 창조적 능력을 높이며 건전한 문화정서적 수요를 충족시키는데 이바지한다"고 규정하고 있는데, "근로자들의 창조적 능력을 높이며 건전한 문화정서적 수요를 충족시키는데 이바지한다"는 표현은 72년 헌법[217]에서는 볼 수 없던 것으로 문화의 본질이해에 가까운 것으로 발전된 것으로 평가할 수 있으나, 기타의 규정들을 고려할 때,[218] 문화를 사회주의 이념의 전파를 위한 수단으로 파악하는 점은 72년 헌법과 큰 차이가 없다고 하겠다. 제3장 문화의 장에서는 계속해서 교육,[219] 과학기술,[220] 문학예술,[221] 문화

216) 1972년 12월 27일 북한 최고인민회의 제5기 1차 회의에서 채택한 '사회주의헌법'을 1992년 4월 9일 제9기 제3차 회의에서 개정하였다. 92년 헌법은 제17조에서 "대외정책의 기본이념이며 대외활동원칙"으로 자주, 평화, 친선을 규정하고 있고, "주체사상을 자기활동의 지침으로 삼는다"는 표현은 여전히 존재하나 72년 헌법 제4조에서 규정되어 있던 '마르크스-레닌주의'란 표현을 삭제하고 있는데, 이는 변화한 국제정세를 반영한 것이라고 풀이된다.

217) 72년 헌법은 "조선민주주의인민공화국에서는 전체인민이 다 공부하며 사회주의적 민족문화가 전면적으로 개화발전한다"고 규정하고 있었다(제35조).

218) "조선민주주의인민공화국은 문화혁명을 철저히 수행하여 모든 사람들을 자연과 사회에 관한 깊은 지식과 높은 문화기술 수준을 가진 사회주의, 공산주의 건설자로 만들며 온사회를 인테리화한다"(제40조). 72년 헌법과는 "모든 근로자들"이란 표현을 "모든 사람들"이란 표현으로 바꾸었고, "온사회를 인테리화한다" 표현을 첨가한 점에서 차이가 있다. "조선민주주의인민공화국은 사회주의 근로자들을 위하여 복무하는 참다운 인민적이며 혁명적인 문화를 건설한다. 국가는 사회주의적 민족문화건설에서 제국주의의 문화적 침투와 복고주의적 경향을 반대하며 민족문화유산을 보호하고 사회주의 현실에 맞게 계승·발전시킨다(제41조). "국가는 모든 분야에서 낡은 사회의 생활양식을 없애고 새로운 사회주의적 생활양식을 전면적으로 확립한다(제42조).

219) "국가는 사회주의교육학의 원리를 구현하여 후대들을 사회와 인민을 위하

시설,[222] 어문,[223] 체육, 국민건강, 환경[224]에 대한 기본방침을 규정하고 있다(제43조-제57조). 그리고 제5장 국민의 기본권리와 의무의 장에서는 "조선민주주의인민공화국에서의 공민(公民)의 권리와 의무는 《하나는 전체를 위하여, 전체는 하나를 위하여》라는 집단주의원칙에 기초한다."(제63조)고 전제하고, 제64조는 "...공민에게 행복한 물질문화생활을 실질적으로 보장한다."고 규정하고 있으며, 제65조는 "공민은 국가사회생활의 모든 분야에서 누구나 다 같은 권리를 가진다"는 점을 규정하고 있다. 그리고 제67조는 표현의 자유를, 제68조는 신앙의 자유,[225] 제71조는 문화시설의 증설에 의한 공민의 휴식의 권리를, 제73조는 교육을 받을 권리를, 제74조는 과학과 문학예술활동의 자유와 저작권 및 발명권의 보장을 각각 규정하고 있다.

중국헌법은 1954년에 제정된[226] 이래 몇 차례 개정을 거쳐 오늘에

여 투쟁하는 견결한 혁명가로, 지덕체를 갖춘 공산주의적 새 인간으로 키운다"(제43조)는 규정을 필두로 각종 교육형태들을 규정하고 있다(제44조-제49조).

220) 과학기술에 관해서 72년 헌법과 달리 선진과학기술을 적극 받아들인다는 규정(제50조)이 있는데, 이도 변화된 일면을 보여주는 것이라고 하겠다.

221) "국가는 민족적 형식에 사회주의적 내용을 담은 주체적이며 혁명적인 문학예술을 발전시킨다. 국가는 창작가, 예술인들이 사상예술성이 높은 작품을 많이 창작하며 광범한 대중이 문예활동에 널리 참가하도록 한다"(제52조).

222) "국가는 정신적, 육체적으로 끊임없이 발전하려는 사람들의 요구에 맞게 현대적인 문화시설들을 충분히 갖추어 주어 모든 근로자들이 사회주의적 문화정서생활을 마음껏 누리도록 한다"(제53조). 이 규정도 신설된 규정으로 제39조에서처럼 발전된 표현이 보인다.

223) "국가는 우리말을 온갖 형태의 민족어 말살정책으로부터 지켜내며 현대의 요구에 맞게 발전시킨다"(제54조). 72년 헌법에서 표현된 "제국주의자들과 그 앞잡이들"이란 구체적 지칭을 삭제하고 "온갖 형태"라는 표현으로 바꾸었다.

224) 환경에 대한 규정을 처음으로 신설하였으며, 문화의 장에서 규정한 것이 특기할 만하다(제57조).

225) 72년 헌법에서 규정되었던 반종교선전의 자유는 삭제되었으나, 종교를 외세를 끌어들이거나 국가사회질서를 해치는데 이용할 수 없다는 한계 규정을 새로이 두었다.

이르고 있다. 문화혁명에 바탕을 두고 1975년에 1차 개정이 있었으며,[227] 마오저뚱(毛澤東) 사후 4인방 체제가 무너지면서 1978년 다시 헌법 개정이 있었고,[228] 1982년에는 덩사오핑(鄧小平)의 '실용주의노선'에 따라 3차 개정이 있었다. 이 3차 개정헌법은 현대화에 필요한 장치를 갖추는데 초점이 있었다. 이 헌법은 전문에서 '헌법은 국가의 기본법'이라는 점을 명시하고 있고 종전 헌법과는 달리 통치구조에 관한 장보다 기본권장을 앞에 놓고 있다. 그리고 1988년에는 '현대화'의 보완을 위한 일부의 부분개정이 있었는데, "개인경영 경제는 사회주의적 공유제 경제를 보완하는 것이다. 국가는 개인경영 경제의 합리적인 권리와 이익을 보호한다"(제11조)는 경제활성화의 요체인 개인경영규정을 두어 생산의욕의 제고를 도모한 점과 토지임대를 토지사용권의 양도의 형식으로 인정한 점은 지금까지 있어온 현실을 추인한 것이지만, 앞으로 있을 외국기업진출에 대비하는 의미가 큰 것으로 평가된다.[229] 그러나 중국헌법은 사회주의국가의 골격을 유지하고 있기 때문에,[230]

---

226) 1949년 중화인민공화국 성립 후 1954년 헌법제정시까지는 중국인민정치협상회의의 '공동강령'이 잠정(임시)헌법의 역할을 하였다.

227) 이 헌법의 특색은 문화혁명의 이념인 프롤레타리아 독재하의 계속 혁명노선을 명문화하고(전문), 국가의 성격을 "노동자계급이 지도하고 노동자와 농민의 동맹을 기초로 하는 프롤레타리아 계급독재의 사회주의국가이다"라고 규정한 점이다.

228) 이 헌법의 특징은 현대화와 계속혁명론이라는 서로 어울리지 않는 두 가지 목표를 함께 세운 정책전환기 헌법이라는 데 있다(김영수(편), 사회주의국가헌법, 인간사랑, 1989, 447면). 이 헌법은 소위 '문화대혁명'의 종결을 선언하면서 전문에서 "...제1차 「프롤레타리아」 문화대혁명이 승리 속에 종결됨으로써 아국의 사회주의혁명과 사회주의건설은 새로운 발전의 시기에 들어섰다."는 점을 명시하고, 제1편 총강에서는 교육·문화 등에 관한 기본방침을 밝히고 있으며, 제3편 인민의 권리와 의무에서 여러 가지 문화적 권리들을 규정하고 있다.

229) 이 헌법개정으로 말미암아 중국은 교조적 사회주의의 틀에서 벗어나게 되었다고 평가할 수 있다(김영수, 앞의 책(주 228), 450면).

230) "① 중화인민공화국은 노동자계급을 지도하고 노동동맹을 기초로 하는 인민민주주의 독재의 사회주의국가이다. ② 사회주의제도는 중화인민공화국

'문화'를 사회주의 건설의 동적 요소로 폭넓게 파악하고 있다. 전문은 모두에서 "중국은 세계에서 역사가 가장 유구한 국가의 하나이다. 중국 각 민족의 인민은 공동으로 찬란한 문화를 창조하였으며 영광스런 혁명의 전통을 가지고 있다"는 것을 규정하고, 제1장 총강에서는 교육·문화 등에 대한 기본방침이 규정되어 있으며,[231] 제2장 공민의 기본적 권리와 의무에서 종교의 자유(제36조), 교육을 받을 권리(제46조), 언론·출판의 자유(제35조), 과학연구 및 문화활동의 자유(제47조) 등 문화적 권리들을 규정하고 있다.[232]

사회주의국가들에 많은 영향을 주었던 구소련의 헌법은 소비에트 연방이 해체되고 러시아공화국을 중심으로 한 독립국가연합이 구성되기까지 1918년의 '레닌헌법'(1924년 개정), 1936년의 '스탈린헌법', 1978년의 '브레즈네프헌법'(이른바 발달된 사회주의헌법), 1988년의 '고르바초프헌법'의 형태로 발전해 왔다. 1977년의 브레즈네프헌법은 대체로 과거의 소련헌법(1918, 1924, 1936)의 원칙과 이념을 계승하고 있다. 제1편 소연방의 사회제도와 정치의 기초에서 사회발전과 문화의 장(제3장)을 두고 있다. 즉, 제20조는 "「각자의 자유로운 발달은 만인의 자유로운 발달이다」라고 하는 공산주의의 이상에 따라 국가는 시민들로 하여금 자신의 창조적 능력 및 재능을 발전시키고 발휘시키

의 근본제도이다. 어떠한 조직이나 개인도 사회주의제도를 파괴하는것을 금지한다"(제1조).

231) "국가는 사회주의 교육사업을 발전시키고 전국 인민의 과학·문화수준을 향상시킨다"(제19조 1항).
"국가는 인민과 사회주의를 위하여 봉사하는 문화예술사업, 신문, 방송·TV사업, 출판발행사업, 도서관·문화관, 기타 문화사업을 발전시키면서 대중적인 문화활동을 전개한다"(제27조 1항).

232) 기본적 권리가 헌법조문상 보장되어 있으나, 모든 공민은 "...자유와 권리를 행사함에 있어서 국가·사회·집단의 이익 및 다른 공민의 합법적인 자유와 권리를 침해할 수 없다"(제51조)고 규정하고 있기 때문에 사회주의체제 비판이나 그 반대의 자유는 상당히 제한을 받는다.

며 개인의 전면적인 발달을 위한 현실적인 가능성을 확대시키는 것을 그 목표로 한다."고 규정하였고, 제25조는 교육,[233] 제26조는 과학의 발전, 제27조는 문화예술[234]에 대한 기본방침을 규정하고 있다. 그리고 소연방시민의 기본적 권리, 자유 및 의무의 장(제2편 7장)에서는 사회·문화적 권리를 규정하고 있다. 제45조는 교육을 받을 권리를 폭넓게 규정하고 있다.[235] 제46조는 문화적 성과를 이용할 권리를 규정하고 있는데 이는 1936년 헌법에는 없었던 것으로 "...이 권리는 국가 및 사회안에 있는 소련과 세계의 문화적 가치물이 일반에게 공개되어 있다는 것, 국내에서의 문화교육 시설의 확대와 균등한 배치, 「텔레비젼」과 「라디오」 방송 발전, 도서, 신문 및 정기간행물 출판, 무료도서관의 확대, 제외국과의 문화교류확장으로 보장한다."는 것으로 되어 있다. 한편, 제47조는 사회·문화적 권리의 중핵이라고 할 수 있는 창조의 권리를 규정하고 있다. 즉 "소연방시민에게는 공산주의건설 목적과 상응해서 과학적, 기술적, 예술적 창조의 자유가 보장된다. 이 자유는 과학연구, 발명 및 생산합리화 활동의 광범한 전개와 문학 및 예술의 발전으로서 보장된다. 국가는 이에 필요한 물질적 조건을 조성하고 자발적 단체에 원조를 제공하며 발명과 합리화안이 생산과 기타 분야에

---

233) "소연방에는 획일적인 학교교육 제도가 있으며 이 제도는 계속 개선되어 나가고 있다. 이 제도는 인민에게 일반교육과 직업교육을 시키고 있고, 청년들의 공산주의 교육, 지적 및 육체적 발달에 이바지하며 노동과 사회활동을 통해 그들을 훈련시킨다"(제25조).

234) "국가는 사회의 정신적 가치를 보호 증대하고 이것을 소련인민의 문화수준향상을 위해 광범하게 이용하도록 배려한다. 소연방에서는 직업적 예술과 민중예술의 창조발전이 적극 권장된다"(제27조).

235) "...이 권리는 각종 교육의 무료, 청년들에 대한 전반적인 중등의무교육, 학습을 실생활과 생산에 결부시키는 기초 위에서의 직업기술교육, 중등전문교육 및 고등교육의 광범한 발달, 통신교육 및 야간교육의 발전, 학생들에게 국가장학금 및 기타 특전의 제공, 교과서의 무상지급, 모국어로 학교교육을 받을 기회 및 근로자의 독학을 위한 제조건을 조성함으로써 보장한다."고 규정하고 있다.

도입되도록 한다. 작가, 발명가, 합리화 제안자의 권리는 법률에 의해 보호된다."고 규정하고 있다. 조문에서 나타난 바와 같이, 이 자유는 공산주의 목적에 입각하여 행사되어야 하는 일반조항의 제약을 받는다. 전문에서의 표현처럼 "발달된 사회주의사회는 공산주의로 향하는 도상의 합법적인 단계"이므로 발달된 사회주의사회에서는 모든 것이 공산주의건설의 목적에 입각하여 행해져야 하기 때문이다. 그 밖에 표현의 자유(제50조), 종교의 자유(제52조) 등을 규정하고 있다. 1988년의 '고르바초프헌법'은 권력구조 개편이[236] 주요 골자이므로 문화에 관한 규정은 1977년 '브레즈네프헌법'과 완전히 동일하다.

이상에서 사회주의권국가들에 있어서 문화에 관한 헌법규정을 살펴보았다.[237] 대체로 이들 헌법은 사회주의 이념의 실현이라는 목적하에서 문화조항을 규정하고 있기 때문에 국가에 의한 지도적 성격이 강한 '국가주의적 문화'를 이루고 있다. 따라서 개인의 창의와 자율성을 바탕으로 한 문화창조라는 면에서 보면 많은 결함을 가지고 있다고 하겠다.

제3절 국제법적 차원에서의 문화보호

제2차 세계대전 이후, 각국헌법이 문화이념을 실현하기 위하여 문화관련 내용을 성문화하고 있는 것과 더불어, 문화적 권리의 보편성과

---

236) 특히 고르바초프의 개혁정치(페레스토로이카)를 실현시킬 목적으로 '소연방최고회의'를 완전히 폐지하고 새로운 대의기구인 '소련인민대의원대회'와 '소련최고소비에트'를 신설하였다. 헌법규정에 따라 실시된 인민대의원 선거는 소련 역사상 처음으로 복수선거제도를 도입하였다.

237) 기타 사회주의국가의 헌법에 대해서는 김영수, 앞의 책(주 228), 참조.

그 권리성을 국제적으로 보장하려는 노력이 국제기구를 중심으로 각종의 선언, 협정, 규약 등의 형태로 이루어지고 있다.238) 이러한 국제법상의 문화조항은 비록 선언적인 의미가 강하고 법적인 기속력이 약하다고는 하지만 '국내의 문화헌법의 해석에 있어서 해석보조(Interpretationshilfen)'239)로서의 의미를 가질 뿐만 아니라 국제적인 인권규약은 인권보장에 대한 하나의 국제적인 최소당위지표를 제시해 주고 있는 것이기 때문에 이를 무시하는 국가는 국제사회에서 발언권이 제약될 수밖에 없을 것이다.240)

1948년의 세계인권선언은 제27조 제1항에서 "모든 사람들이 사회·문화적 활동에 참가하고, 예술을 감상하고 과학의 진보와 그 응용의 혜택을 받을 권리를 가진다."고 규정하고 있다. 1966년 12월 16일 제21차 국제연합총회에서 채택된 국제연합인권규약은 A규약(경제적·사회적·문화적 권리에 관한 규약)과 B규약(시민적·정치적 권리에 관한 규약) 및 B규약 선택의정서의 셋으로 구성되어 1977년부터 서명국에 효력이 발생하고 있는데, A규약인 경제적·사회적·문화적 권리에 관한 규약은 문화적 기본권에 관하여 주목할 가치가 있는 규정들을 두고 있다.241) 그 밖에 문화적인 내용과 목적이 일반적 혹은 특별한

---

238) 유럽 및 국제법상에 있어서의 문화조항에 대해서는 Peter Häberle, a.a.O.(주 2), S.16-19 및 Bundesminister des Innern und Bundes- minister der Justiz(hrsg.), a.a.O.(주 34), 1983, S.113-114 참조.

239) Peter Häberle, a.a.O.(주 137), S.310.

240) 허영, 한국헌법론, 박영사, 2010, 214면.

241) 제15조 제1항은 당사국들은 1) 문화생활에 참여할 권리, 2) 사회적 진보 및 그 적용에 대한 혜택을 받을 권리, 3) 그 자신의 모든 과학적, 문화적 또는 예술적 산물의 정신적·물질적 이익에 대한 보호의 혜택을 받을 권리 등을 모든 사람의 권리로 인정한다고 하고 있으며, 제15조 제2항은 체약국에 있어서 과학과 예술을 위한 촉진의무를, 제15조 제3항은 학문적 연구와 창조적 활동의 자유의 존중을, 제15조 제4항은 학문 및 문화적 영역에 대한 국제적 공동협력의 촉진과 발전을 각각 규정하고 있다. 그리고 제1조는 체약국의 경제적, 사회적, 문화적 발전의 자유주의적 형성을, 제6

표현형식으로 나타나고 있는 것으로는 유네스코창설협약(UNESCO-Satzung),[242] 유럽문화협정 그리고 세계의 문화 및 자연유산의 보호에 대한 합의 등을 예로 들 수 있을 것이다. 한편, 유엔 산하의 교육・과학・문화기구(UNESCO)의 문화활동은 두드러지는데 유네스코헌장은 그 서문에서 폭넓은 문화의 보급, 정의와 평화, 자유에 대한 인간교육이 인간존엄에 필요불가결한 것으로 선언하고 있다. 1966년 11월 4일의 제14회 유네스코 총회에서 채택된 국제적 문화협력의 원칙의 선언은 제1조에서 "각 문화는 존중되고 보존되어야 할 가치와 존엄성을 갖는다"고 명시하고 있으며, 제4조에서 국제문화협력의 목적 중의 하나는 "모든 사람들로 하여금 지식에 접근할 수 있게 하고, 모든 국민이 예술과 문학을 향유케 하며, 세계 모든 지역에서 이루어진 과학의 발전과 그 혜택을 공유하게 하고, 문화생활을 풍요하게 만드는데 기여할 수 있게 하는 것"이라고 규정하고 있다. 그리고 꾸준히 문화발전을 위한 권고안을 채택해 오고 있다. 1976년 11월 26일 나이로비에서 개최된 제19차 총회에서는 '문화의 국민참여를 위한 권고안'과 '번역물과 번역가의 법적 보호를 위한 권고안'이 채택되었고, 1980년 10월 27일, 벨그라드에서 개최된 제21차 총회에서는 '예술가의 지위를 위한 권고안'과 '문화영역의 국제표준화를 위한 권고안' 등이 채택되었다.[243] 특

조는 항구적인 경제적, 사회적, 문화적 발전 등의 교육을 위한 원칙과 절차의 확정을, 제13조는 제1항에서 인간의 인격의 발현을 위한 교육에 대한 권리의 승인을, 2a항c는 모든 사람을 위한 국민학교 및 대학강의 등을 규정하고 있다.

242) 이것은 1945년 11월 16일 제정되었는데, 제1조는 제1항에서 교육, 학문과 문화에 대한 국민들 간의 공동협력의 촉진을, 2b항은 교육방법의 자극을 통한 국민교육과 문화의 전파의 촉진을, 2c항은 서적, 예술작품, 기념물 등에 관한 세계의 유산의 보호를 통한 지식의 유지와 심화를, 제3항은 문화와 교육체계의 독립성, 불침해성 및 창조적 다양성을 각각 규정하고 있다(F. Berber, Völkerrecht, Dokumentensammlung, Bd.1, München/Berlin, 1967, 참조).

히 국가와 시민들의 문화적 권리는 유네스코의 다양한 문화선언문과 헌장 및 협약 등에 내포되어 왔다.[244]

243) 상세한 권고안의 내용에 대해서는 한국문화예술진흥원, 문화정책(문화예술총서 10), 1988, 287-335면 참조.

244) 대표적으로 '자유와 문화'(1950, 유네스코의 첫 출판물로서 세계인권선언의 6가지 문화적 범위에 대한 내용을 수렴), '교육의 차별에 대항하는 약정'(1960), '인종과 인종차별적 편견에 대한 선언'(1978), '국제 문화협력의 원칙에 대한 선언'(1966), '문화적 삶에 많은 사람의 참여와 그에 대한 공헌에 대한 권고'(1976), '문화정책에 관한 멕시코시티 선언'(1982), '세계 언어 권리선언'(1996), '문화적 자산의 소유권에 대한 무허가 수입, 수출 및 교류방지를 위한 방법에 대한 협약'(1970), '세계문화와 자연유산의 보호에 대한 협약'(1972), '도난당했거나 불법적으로 유출된 문화유산들에 대한 협약'(1995), '전통문화와 민속 보호에 대한 권고'(1989), '문화적 권리에 대한 선언'초안(1997), '고등교육 교원의 지위에 대한 권고'(1997), '발전을 위한 문화정책 국제회의'(1998), '유네스코의 문화다양성 선언'(2003), '문화적 표현의 다양성 보호와 증진 협약'(2005)과 같은 선언문과 권고안 및 협약의 역사 속에서 문화권의 이념과 내용들이 수렴되어 있다.

제4장 | 한국헌법과 문화국가

제1절 문화국가원리의 수용

I. 우리헌법상의 문화관련조항

1. 학설 개관

학자들이 문화국가원리의 구현에 관계있는 헌법규정으로 들고 있는 것은 대체로 헌법전문의 '유구한 역사와 전통에 빛나는 …… 정치·경제·사회·문화의 모든 영역에 있어서 각인의 기회를 균등히 하고…'의 표현과 '국가는 전통문화의 계승·발전과 민족문화의 창달에 노력하여야 한다.'고 규정한 제9조, '국가는 평생교육을 진흥하여야 한다.'라고 하여 국가의 문화책임을 규정한 제31조 제5항, '…민족문화의 창달에 노력하여…'라는 대통령의 취임선서규정(제69조), 학문과 예술의 자유(제22조), 종교의 자유(제20조), 교육을 받을 권리 등의 문화적 기본권 조항 등을 들고 있다.[1] 일부의 학자는 무상의무교육제도(제

---

1) 계희열, 헌법학(상), 박영사, 2005, 429-432면; 구병삭, 신헌법원론, 박영사. 1996, 215-216면 ; 권영성, 헌법학원론, 법문사, 2010, 145-146면 ; 김철수, 헌법학(상), 박영사, 2009, 264-265면 ; 성낙인, 헌법학, 법문사, 2012, 287-289면; 안용교, 한국헌법, 고시연구사, 1992, 168-169면 ; 이준일, 헌법학강의, 홍문사, 2011, 188-189면; 장영수, 헌법학, 홍문사, 2009, 232-233면; 정재황, 헌법입문, 박영사, 2012, 176-177면; 한수웅, 헌법학, 법문사,

31조 제2항 및 제3항)와 평생교육제도(제31조 제5항) 등 국가의 교육책임을 강조하면서 문화국가가 요구하는 교육의 다양성이 침해되지 않도록 교육의 자주성·전문성·정치적 중립성 및 대학의 자율성을 보장한 제31조 제4항, 환경권의 권리성과 의무성을 동시에 강조한 제35조 제1항 및 제2항, 전근대적인 연좌제를 폐지한 제13조 제3항도 개인책임을 중요시하는 문화국가원리의 당연한 표현이며, 혼인·가족제도의 보장도 문화민족의 이념을 실현하기 위한 제도라고 보는 견해가 있다.[2] 그리고 민족문화국가의 구현으로 인간의 존엄과 가치·행복추구권(제10조), 최저생활의 보장(제34 제1항-제6항), 근로자의 권익보호(제32조), 교육제도(제31조), 환경권(제35조), 주택개발(제35조 제3항), 경제질서(제119조 이하)를 들고 있는 견해도 있다.[3] 또한 20여년 동안 오염된 군정문화를 세척하기 위하여 국군의 정치적 독립성을 선언한 제5조 제2항도 문화국가주의를 지향하는 것으로 드는 견해도 있다.[4] 아무튼 이와 같은 제 조문을 종합하여 볼 때, 우리나라는 문화국가를 지향하고 있다는 설명이다. 그러나 어떤 의미에서는 문화국가원리의 가장 핵심적인 내용이라고 할 수 있는 학문·예술의 자유, 종교의 자유, 교육을 받을 권리 등을 상대적으로 덜 강조하고 있는 경우가 많다.[5]

2012, 351-351; 허영, 한국헌법론, 박영사, 2010, 172-173면; 홍성방, 헌법학(상), 박영사, 2010, 226-228면.

2) 허영, 앞의 책(주 1), 172-173면. 한편 생존권적 기본권을 "경제질서에 관한 기본권"과 "문화질서에 관한 기본권"으로 나누고, 문화질서에 관한 기본권에는 '교육을 받을 권리'와 '혼인의 순결과 보건을 보호받을 권리'로 나누는 견해도 있다(갈봉근, 유신헌법론, 한국헌법학회 출판부, 1976, 186-188면).

3) 구병삭, 앞의 책(주 1), 216면. 이 견해는 문화국가를 사회국가적 시각에서 파악한 느낌이 든다. 한편, 김기범교수도 우리헌법의 기본원리로 문화국가(복지국가)주의를 들고 문화국가를 복지국가(사회국가)와 동일시하고 있다(김기범, 한국헌법, 교문사, 1973, 78-81면 참조).

4) 강창웅, 헌법연습, 박영사, 1988, 84면.

2. 문화관련 조항의 체계적 분류

우리헌법의 문화국가성은 헌법의 문화관련 조항을 통하여 확인되며, 이러한 조항들은 각종의 문화정책에 규범적 근거를 제공한다. 광의로 보면 모든 헌법조문이 문화관련 조항이라고 볼 수도 있다. 즉, 헌법은 한 민족의 민족정신의 표현, 혹은 문화의 산물이기 때문에 헌법도 문화현상의 한 단면이라고 볼 수 있다. 이러한 시각 즉, 문화현상으로서의 헌법을 보는 관점도 전광석교수의 지적처럼,[6] 헌법을 만드는 주체들은 당대의 문화적 기초를 충실히 반영해야 한다는 요청과 헌법은 형성되어가고 있는 법으로 파악할 때에는 그 헌법이 -국민의 헌법에 대한 태도라는 의미에서의- 헌법문화에 충실하게 운영되어야 한다는 시사를 주는 측면이 존재한다는 점에서는 광의의 문화헌법론으로 볼 수 있지만, 이는 원칙적으로 규범학인 법학의 기본적인 연구대상은 아니다.

앞에서도 살펴보았지만, 공법의 대상으로서의 문화는 국가가 정신의 세계와 특별히 밀접한 관계를 맺는 영역으로 학문, 예술, 종교, 교육 등이 핵심을 이룬다. 이들은 문화적 기본권을 보장한 것으로서 가장 핵심적인 우리헌법의 문화조항을 이루고 있다. 그러나 이러한 문화조항의 실현에 전제조건을 이루거나 국가의 문화과제에 관한 제 규정들도 문화관련 조항을 구성한다. 그리고 문화국가의 과제를 문화영역의 자율성 보장과 문화법익에의 접근가능성을 적극적으로 보장하는 외

---

5) 다만 허영, 앞의 책(주 1), 173면은 문화국가를 건설하기 위해서 국가가 반드시 존중하고 또 그 문화정책의 가치기준으로 삼아야 되는 기본권으로 양심의 자유, 종교의 자유, 학문과 예술의 자유를 들고 있다. 즉 양심의 자유와 사상의 자유는 '사상의 다원성'을 그 본질로 하는 문화국가의 불가결한 활력소를 뜻하고, 학문과 예술의 자유는 문화국가를 건설하기 위한 필수적인 전제조건이라고 하고 있다.

6) 전광석, 「헌법과 문화」, 공법연구 제18집 (한국공법학회), 1990, 162-163면.

에 널리 반문화적인(혹은 비합리적인) 것에 대한 규제까지를 포함시키는 입장에 따른다면 반문화적인 것에 대한 규제를 규정한 조항도 넓은 의미의 문화관련 조항으로 볼 수 있다.

이렇게 볼 때, 우리헌법에 규정된 문화관련 조항은 최광의로 보면 모든 헌법조항이 그에 포함될 수 있겠고, 가장 좁은 의미로는 학문, 예술, 교육, 종교 등의 기본권 규정과 국가적인 의무의 원칙규정인 문화국가 조항을 들 수 있겠다. 여기에 문화적 생활의 기반조성에 밀접하게 관련된 기타 자유권 및 생존권적 기본권 규정과 반문화적인 것에 대한 항의적인 성격을 가진 규정도 광의의 문화관련 조항으로 나누어 볼 수 있겠다.

(1) 국가목적규정으로서의 문화국가조항(제9조)

제5공화국헌법은 총강에서 "국가는 전통문화의 계승발전과 민족문화의 창달에 노력하여야 한다."(제8조)는 국가목적조항을 규정하였고, 현행헌법(제9조)도 이를 계승하고 있다. 이 규정의 취지는 일단 국가의 문화육성 의무를 강조하여 문화에 대한 인식을 국가적인 과제로 선언한 것이라고 할 수 있다. 앞에서 살펴본 바와 같이, 국가목적규정은 국가활동이 지향하여야 하는 원칙 내지 방향을 정해주거나 명령・지시 등을 통해서 국가기관에게 특정한 임무를 부여하는 헌법규정으로 단순한 프로그램규정이 아니고 국가권력을 구속하는 중요한 성질을 갖는다. 이 조항으로부터 우리는 문화국가를 국가과제수행에 기준이 되는 헌법의 기본원리로 파악할 수 있는 직접적인 근거를 가지게 된다.

그리고 우리헌법에서 있어서 국가적 과제와 국가적 질서형성에 관한 지도이념이 집약적으로 나타나 있는 헌법전문에서의 문화관련 언급은 제9조의 국가목적규정과 더불어 문화국가원리를 우리헌법의 기본원리로 파악할 수 있는 근거가 된다. 즉, 전문에서의 "유구한 역사와 전통에 빛나는 우리 대한국민은"이라는 표현은 민족의 동질성과 주체성을 확립하고 사회적 통합을 이루려는 문화국가 이념의 표현이라고 할 수 있으며, "정치 · 경제 · 사회 · 문화의 영역에 있어서 각인의 기회를 균등히 하고..."의 표현도 제11조의 평등권 조항과 함께 정치 · 경제 · 사회면 못지않게 문화면에서의 평등을 강조하고 있다.

그 밖에 대통령의 취임선서규정에서 "...민족문화의 창달에 노력하여.."라는 규정은 국가목적규정과 관련된 문화조항이다. 즉, 국가목적규정의 일차적인 수범자인 국가기관 중에서도 국가의 최고집행권자에게 문화국가 이념의 성실한 실현의무를 지우고 있는 것이다.

(2) 문화적 기본권(협의의 문화헌법)

공법의 대상으로서의 문화의 중심적 영역인 학문(제22조), 예술(제22조), 교육(제31조), 종교(제20조) 등의 권리를 규정하는 문화적 기본권은 개개인의 주관적 공권인 동시에, 이러한 문화영역에서의 활동을 자율적 생활영역으로 보호하고 장려한다는 의미에서 객관적 가치질서로서의 성격도 아울러 가지는 것으로 가장 중요한 문화조항이 될 것이다.[7] 이러한 문화적 기본권 규정을 구체적으로 실현하기 위한 개별 법률들은 실질적 문화헌법이자 문화행정법의 대상이 된다. 그러나 협의의 문화영역은 문화가 갖는 사회적 기능으로 인하여 그때그때 국민들에게 '문화적인' 것으로 중요하게 간주되고, 그에 상응하는 평가를 내릴 수 있는 영역에 대하여 개방의 여지를 남기게 됨으로 협의의 문

---

7) Thomas Oppermann은 문화행정법의 세 가지 주요영역으로 교육, 학문, 예술을 들고, 이들 영역은 다양하게 서로 관련되어 있지만 특히 자유주의적인 고유법칙성에 대한 경향을 공통으로 가진다고 한다. 하지만 이들 영역은 문화행정법내에서 구별될 수 있는 풍부한 개성도 아울러 가지고 있다는 것을 지적하고 있다(Thomas Oppermann, "Eigenart und Umriss des Kulturverwaltungsrechts", in: Peter Häberle(hrsg.), Kulturstaatlichkeit und Kulturverfassungsrecht, Wissenschaftliche Buchgesellschaft, Darmstadt, 1982, S.269-272).

화헌법으로서의 문화적 기본권은 고정된 체계로 머무르는 것이 아니라 발전적인 성격을 가지게 된다. 따라서 정신적, 지적 산물의 가치를 금전적으로 보호해주는 지식재산권(제22조 제2항)도 재산권이지만, 경제적 기본권의 성격보다 문화적 기본권의 대상으로 들 수 있을 것이다. 그리고 정신적 자유의 핵심으로서의 양심의 자유(제19조)는 문화적 자율성의 기초가 되는 점에서, 언론·출판의 자유(제21조)는 문화활동의 표현매체라는 점에서 중요한 문화조항이다. 이 중에서 특히, 방송과 신문 등 출판물이 일반대중의 문화생활에 끼치는 영향을 생각해볼 때 이들 부문은 문화국가의 중요한 과제영역이 될 것이다.

(3) 그 밖의 문화관련 조항

① 인간으로서의 존엄과 가치(제10조)

헌법전체를 지배하는 가치질서의 핵으로서 기본권에 대하여는 물론 통치조직에 대하여도 최종목적적 성격을 갖는 인간의 존엄의 핵심은 개인의 자기결정권이며, 그 내용은 형식적인 것뿐만 아니라 실질적인 조건을 포함하는 것이다. 또한 조직법의 영역에서도 권력을 분립시키고, 결정절차를 공개함으로써 개인의 의견과 이해의 차이를 대화적 절차를 통하여 수립해 나간다는 의미에서 개인의 자유를 보장한다. Grimm에 따르면, 개인적 자유를 실질화하고 대화적 절차를 통해서 형성하기 위한 최소한의 조건은 인간을 "공동체의 구성원"으로 인식하는 것이다. 다시 말해서 인간을 개인으로서 자기 이해하는 것은 사회의 문화적 발전단계에 따라서 다양하게 조건 지워진다. 따라서 인간의 존엄은 일정한 문화적 기반위에서 비로소 실현이 가능하다고 할 수 있다. 이렇게 볼 때, 인간의 존엄과 가치·행복추구권을 규정한 헌법 제10조는 중요한 문화조항이다. 비록 문화국가에 관한 명시적인 규정이 없더라도 문화국가원리는 헌법에 내재한 과제라고 볼 수 있는 것도 인

간의 존엄에서 그 근거를 찾을 수 있기 때문이다.[8]

② 인간다운 생활을 할 권리(제34조 제1항)

인간이 인간다운 삶을 영위하기 위해서는 물질적인 최저한의 생존의 보장에만 만족할 수는 없으며, 인간의 존엄과 가치를 보장할 수 있는 문화적 생존권을 보장하여야 한다. 우리헌법 제34조의 인간다운 생활을 할 권리의 기준[9]에 관해서는 견해가 대립하지만, 헌법 제9조에서 국가에게 문화육성 의무를 부과함으로써 인간다운 생활을 할 권리의 수준으로서 문화적 최저생활을 유지하도록 의무지우는 기능을 하고 있다고 볼 때,[10] 제34조가 비록 생존권적 기본권의 원칙규정으로 들어지고 있지만 문화관련 조항으로도 파악할 수 있다.[11] 문화적 약자보호에 대한 헌법적 근거로 들어질 수 있을 것이다.

③ 환경권(제35조)

환경권의 법적 성격에 대해서는 여러 가지 견해가 대립되고 있지만,[12] 비교적 최근에 기본적 인권으로 인정된 환경권은 일의적으로 파

8) 제4장 제2절 II, 2 참조.

9) 김수갑, 인간다운 생활을 할 권리, 서울대학교 대학원 석사논문, 1989, 147면 이하 참조.

10) 전광석 교수는 헌법 제34조는 헌법 제9조의 지원을 받아 인간다운 생활수준의 내용이 문화적 생활을 포함하는 풍부함을 가지게 되었기 때문에, 헌법 제9조는 헌법 제34의 보충적 성격을 가지는 것으로 평가하고, 최저한의 생활보장의 헌법적 요청을 구체화한 법률인 생활보호법 제5조(현 국민기초생활보장법 제4조 제1항)에서 명시하는 문화적 최저생활보장이 실제에 있어서 배려가 이루어지지 않는다면 (위헌까지는 아니더라도) 헌법적 정당성에 의심이 가는 입법상태로 평가되어야 한다고 한다(전광석, 앞의 논문(주 6), 176-177면).

11) 인간다운 생활을 할 권리는 사회적 기본권의 핵심을 이루며, 그러한 한에서 물질적 요소와 관련되므로 독자적 가치를 본성으로 하는 문화와는 관련이 적다는 견해가 있다(홍성방, 앞의 책(주 1), 228면).

12) 구병삭, 앞의 책(주 1), 655면(생존권과 함께 인격권에 가까운 것으로 파악); 김철수, 헌법학개론, 박영사, 1992, 498면(인간의 존엄과 가치·행복추구권에서 파생된 것으로서 생존권적 기본권에 포함되며, 권리로서의 양면

악될 수 없는 다양한 성질을 가지고 있어 그 체계적 위치에 관해서는 연구과제이지만, 특히 인간다운 삶의 질과 관련된 것으로서 인간의 존엄과 가치·행복추구권에서 파생된 것으로서의 성질이 강조된다.[13] 기본적 인권으로서의 환경권의 대상은 협의의 환경권인 자연환경을 주축으로 하고 물리적 인공환경(도로, 공원, 상·하수도 등)을 대상으로 포함시키나, 문화적 환경권을 포함하는 불가시적인 사회적 환경권은 포함시키지 않는 것이 지배적이라고 할 수 있다. 이것은 다른 기본권을 포함하는 광범위한 것이기 때문이다. 그러나 도시의 경관이나 역사적 건조물 등 환경으로서 취할 수 있는 문화재는 국민과 주민의 주거환경의 문화성이라는 의미에 있어서 문화권과 연관성이 있다. 이와 관련하여, 문화재 등을 통해 정신적 만족을 얻을 수 있는 권리로의 '문화재향유권'[14]을 인정할 수 있다면, 이것도 중요한 문화적 기본권의 대상이 될 것이다. 그리고 현행헌법은 모든 국민이 쾌적한 주거생활을 할 수 있도록 국가에게 노력의무를 지우는 규정을 신설하고 있는데(제35조 3항), 이 규정으로 인하여 문화적 환경에서 살 권리, 특히 쾌적한 주거환경에서 살 권리는 헌법상 환경권의 대상(문화적 환경권)으로 파악될 수 있다.[15]

성을 가지는 것으로 파악); 권영성, 앞의 책(주 1), 703면(인간의 존엄성을 그 이념적 기초로 하는 것이면서, 여러 가지 성격을 아울러 가지고 있는 총합적 기본권으로 파악); 허영, 앞의 책(주 1), 459면(많은 기본권의 실효성 확보를 위해서 그 보장이 불가피한 일종의 '기본권의 전제조건'으로서의 의미와 '경제생활에 관한 기본권의 헌법적 한계'의 의미를 가지는 종합적 기본권으로 파악).

13) 김철수, 앞의 책(주 12), 498면.

14) 김수갑, "문화재향유권의 법리에 관한 고찰-일본에서의 논의와 한국헌법상의 법리구성을 중심으로-", 법과 사회 제23호, '법과사회'이론학회, 2002, 227면 이하. 여기서는 문화재향유권을 독자적 권리로 파악하고 있다(236면 이하).

15) 홍성방, 앞의 책(주 1), 228면. 홍 교수는 쾌적한 주거환경은 문화영역(전통적 영역이든 사회의 관념적 재생산이라는 기능을 수행하는 영역이든)에

④ 기타의 견해

그리고 비민주적인 문화에 대한 항의적 성격을 띠고 있는 연좌제의 폐지나 군의 정치참여로 발생한 각종 병리현상을 지칭하는 군사문화에 대한 항의적 성격에서 특히 헌법에 명시한 국군의 정치적 중립성에 관한 규정도 광의의 문화국가 조항이라고 할 수 있을 것이다. 그러나 이러한 규정은 당연히 신체의 자유나 공무원의 정치적 중립성 규정에 포함되는 것이나, 그동안 잘 지켜지지 않았다는 이유로 특별히 헌법에 규정한 것으로 입법기술상으로는 후진성을 외부에 보여주는 바람직하지 못한 규정이라고 본다. 문화를 이분법적으로 물질문화와 비물질문화로 나눌 때, 비물질문화에는 학문·예술·종교 등 정신적 창조물인 정신문화와 법률, 민속, 관습 등 행동의 절차와 방식에 관한 문화인 행동문화(규범문화)가 포함되는데,[16] 위와 같은 규정은 문화적 생활영역으로서의 정신문화의 문제가 아니라 행동문화(규범문화)에 관한 문제로 정치문화, 법문화 등의 문제로 논의될 수 있는 것이다. 그러나 앞에서 살펴본 바와 같이, 문화영역 자체 내에서의 반문화적인 것에 대해서는 문화영역 자체의 내재적 한계로 다루어질 수 있으므로 이러한 반문화에 대한 국가의 대응은 문화국가의 과제로 파악될 수 있다.

속하지 않으며, 문화재의 문제는 환경권을 규정한 제35조가 아니라 전통문화의 계승·발전 및 민족문화의 창달을 규정한 제9조의 문제이므로 환경권을 문화와 관련된 설명하는 것은 설득력이 없다고 한다.

16) 배용광, "동서양 규범문화의 변화에 관한 사회학적 연구", 한국사회의 규범문화, 한국정신문화연구원, 1983, 55면 참조.

II. 헌법 제9조 「문화국가조항」의 신설 의의와 문제점

1. 문화국가조항 신설의 의의

우리나라에서는 제5공화국헌법에서 처음으로 소위 문화국가조항이라고 불리워지는 국가의 전통문화의 계승발전과 민족문화 창달의무조항이 신설되었으며, 현행헌법 제9조도 이를 계승하고 있다. 앞으로의 문화국가의 과제를 확실히 정립하기 위해서는 문화국가조항을 헌법에 신설한 배경 및 시대적 의의를 살펴보는 것은 의미 있는 일이 될 것이다. 1980년 및 1987년의 헌법개정 자료를 살펴볼 때, 문화국가조항 신설에 대한 명확한 설명을 발견할 수 없다. 따라서 문화국가조항의 신설에 대해서는 별다른 이론상의 논의 없이 헌법에 규정되었다고 볼 수 있다. 문화면에 대한 국민적 관심의 증가에 대한 반영이라고도 설명될 수 있겠지만, 새공화국 출범에 즈음하여 집권세력이 국민들에게 새로운 면을 제시하려는 인기영합적인 면도 부인할 수 없을 것이다. 이러한 점에서 기본법에 문화국가조항을 보충할 것인가 여부를 둘러싸고 폭넓은 논의가 전개되었던 독일의 상황[17]과 현저한 대조를 이룬다.

문화국가조항 신설에 대한 공식적인 제안 설명은 없지만, 다음과 같은 의의를 갖는 것으로 해석된다. 헌법의 기본원리로 인정되고 있는 문화국가원리의 명시적인 선언이라는 일반적 의의를 가지며, 민족주체성의 확립 및 통일문화형성에 대한 국가적 과제에 대한 인식제고라는 점을 우리나라의 상황에서 특별히 중요성을 갖는 의의로 들 수 있을 것이다.

(1) 문화국가원리의 선언

문화국가원리는 문화국가조항이 없더라도 헌법의 기타 문화관련

---

17) 상세한 논의에 대해서는 제3장 제1절 I, 3 참조.

조항과 헌법내재적인 국가과제로도 인정될 수 있는 원리이나, 헌법에 문화국가조항을 명시함으로써 전통적인 국가의 과제영역(정치, 경제, 사회)에 결코 뒤지지 않는 과제를 발생시키는 임무영역을 명확히하게 될 것이라는 점에서 긍정적인 평가를 내릴 수 있을 것이다. 또한 헌법 가운데 문화국가원리를 실정화한다면, 그것은 우리나라가 국가의 진력을 요구하는 분야로서 인간생존의 불가결의 조건이라는 의미에서의 정신적 영역의 보호·육성을 법과 질서의 유지와 사회복지의 유지와 같은 수준의 중요한 것으로 보고 있다고 하는 것을 나타내는 것이 될 것이다.

문화영역의 자율성 보장이라는 바탕위에서 온 국민이 최소한의 문화생활을 누릴 수 있는 적극적인 조건을 확보할 수 있도록 하면서, 한편으로는 기술적·기계적으로 발전한 현대산업사회의 비인간화의 위험성에 대해 정신적인 것으로서의 문화를 강조하는 문화국가를 우리가 추구해야 할 국가목표로 선언하고 있다는 점은 국가적 활동이 지향하여야 하는 원칙 내지 방향을 확실히 정해주는 것이다. 따라서 헌법 제9조의 문화국가조항은 헌법의 문화관련 조항들의 지원 및 보충규정으로서 내실 있고 일관성 있는 문화정책의 지침으로서의 역할을 해야 한다.[18)]

(2) 우리나라 상황에서의 특별한 의의

① 전통문화·민족문화의 우선적 보호강조

우리헌법이 문화국가조항을 "민족문화"[19)]의 창달과 "전통문화"[20)]

---

18) 국가목적규정의 개념과 효력에 대해서는 제3장 제1절 I, 1 참조.

19) 민족문화라는 말도 무척 다의적으로 해석될 수 있으나, 혈연과 지연을 공동으로 하는 자연공동체인 동시에 문화를 함께 하는 문화공동체로 파악되는 민족이 역사를 거쳐 오면서 축적해 온 문화적 업적을 총칭하는 것으로 이해된다. 여기서 사용되는 문화는 일반적으로 언어, 종교, 정치, 경제, 역사적 운명 등을 지칭하는 포괄적인 것으로 사용된다(민족문화이해의 전제로

의 계승·발전을 강조하는 형태로 규정한 것은 외래문화의 영향으로 인한 우리문화의 동질성 파괴에 대한 위기의식에서 민족이 동질성을 느낄 수 있는 과거의 문화를 북돋우고 그 문화를 미래에 이어 주는데 목적이 있다.

Huber가 적절히 지적하듯이, 국가가 우선적으로 또는 제2의, 제3의 순서로 기여하는 문화영역과 교육방향의 선택과 긴급성의 단계화 없이는 국가의 문화정책은 불가능할 것이다.[21] 왜냐하면 국가가 모든 문화 차별적인 선택을 포기한다면 상이한 문화영역은 아무런 규제 없이 성장할 자유를 가지게 되는데, 그것은 곧 문화에 참을 수 없는 불균등을 초래할 것이기 때문이다. 이점에서 국가는 이러한 증식과 이상현상에 대하여 간섭해야만 한다. 왜냐하면 문화적 부조화는 오직 반문화(Unkultur)의 극단적인 경우일 뿐이기 때문이다. 국가의 문화정책에 있어서 '틀에 박힌 동등성'은 실제로 불가능할 뿐만 아니라 원칙적으로 잘못된 것이다. 국가적으로 수행되는 문화의 차별화 없이는 문화에 대한 모든 종류의 국가적 기여는 불가능해지고 무의미해질 것이다. 그러나 문화의 차별화는 문화정책의 수행에 있어서 필수적인 보호의 우선순위 결정문제이지, 보호의 후순위에 놓인 문화를 무시하거나 우선순위의 문화만을 국가가 계속적으로 보호하여 일정한 방향으로 문화를 유도하고자 하는 것은 아니다. 후순위의 문화라고 하더라도 문화로 승

서의 민족, 민족주의일반에 대해서는 차기벽, 민족주의원론, 한길사, 1990, 참조; 민족주의와 헌법현상의 상호작용과 상호관계의 규명에 대해서는 최대권, "민족주의와 헌법", 서울대 법학, 제25권 1호, 1984, 44-70면 참조).

20) 전통문화란 새로운 문화창조의 기반이 되는 기층문화를 말한다고 할 수 있다(오세탁, 문화재보호법연구, 단국대학교 대학원 법학박사학위논문, 1982, 40면).

21) Ernst Rudolf Huber, Zur Problematik des Kulturstaats, J.C.B.Mohr, 1958, jetzt in: P. Häberle(hrsg.), Kulturstaatlichkeit und Kulturverfassungsrecht, Wissenschaftliche Buchgesellschaft, Darmstadt, 1982, S.133.

인된 가치이기 때문에 국가의 적극적인 보호의 대상이 됨은 물론이다.

소위 개화기 이후 일제 식민지 시대를 거쳐 오늘에 이르기까지 외래문화의 영향은 물론 긍정적인 면도 있지만, 내 것과 우리 것은 모두 시원찮고 남의 것, 특히 서구의 것은 모두 좋고 훌륭한 것으로만 여기게 된 의식의 틀을 형성하게 하였고, 물질문화, 향락문화는 상업성과 결부되어 많은 사회문제, 특히 청소년문제, 윤리문제를 야기시켰다. 과거 역사의 유산으로 정치·경제적 종속관계가 지속돼 이른바 중심부(서방선진공업국)와 변방위성부(후진 제3제국)사이에 긴장과 논쟁을 불러일으키고 있는 것으로 오늘날 "문화적 균질화" 현상이 있다. Hamelink는 하나의 특정한 문화적 패턴이 다른 문화시스템들에 유입 또는 침범하거나, 아니면 다른 문화시스템들이 특정의 지배적 문화패턴을 수용해 가는 과정을 문화적 '균질화(Synchronization)'로 표현하고 있는데,[22] 이것이 문화의 다양성과 문화의 자주성을 심각하게 위협하고 있다. 이러한 상황은 우리나라에서도 역시 심각한 문제라고 하겠다.

이러한 시대상황 하에서 우리의 삶의 터전을 이루어 왔고, 민족의 정체성을 형성해온 우리문화, 우리역사를 긍정적으로 보는 안목부터 키워 나가야 한다는 점을 국가적 과제로 선언한데 그 의의가 있다. 그렇다고 하여 외래문화라고 하면 무조건 배척해야 한다는 국수주의를 규정한 것은 물론 아니다.[23] 문화적 주체성은 한 사회가 그 스스로를 창조하는 계속적인 과정이기도 하다. 그것은 내적인 다양성에 의해 지

---

22) Coes J. Hamelink, Cultural Autonomy in Global Communication, 김지운(역), 제3세계의 문화종속－현황의 조명과 자주적 극복－, 성균관대학교 출판부, 1988, 27, 57면 이하 참조.

23) 조영식교수는 자기민족의 개성을 잃지 않으면서도 전체인류국가를 무시하지 않는 국가의 개념을 '통정된 민족관'으로 부르고, 이는 민족지상·국가지상의 국가주의와 구별되고 범세계주의나 막연한 사해동포주의를 의미하는 것도 아닌 진정한 국가관이요 민족적 입장이라고 한다(조영식, 문화세계의 창조, 대구:문성당, 1951, 208면).

탱되는 한편, 바람직한 변화를 촉진할 수 있는 방법으로 그것들을 응용함으로써 외적요소를 수용한다.[24] 이 규정의 의미는 "단순한 외래문화의 이식이 아니라 우리의 전통문화의 혈액을 이어 받으면서 필요한 외래문화를 가미하여 남의 것이 아닌 진정한 우리 신문화를 창조할 수 있는 기반을 형성한다."[25]는 것으로 해석된다.[26]

② 통일문화형성의 과제

다음으로 문화국가조항의 신설은 우리민족의 통일에 대비하여 통일문화 형성에 대한 국가적 과제를 암시하고 있다는 점에 그 의의가 있다. 우리민족이 분단된지 반세기가 지난 지금 상황에서 볼 때, 남·북한에는 그동안 서로 다른 체제하에서 이질적인 문화가 각기 형성되어 민족의 동질성 회복에 적지 않은 어려움이 따를 것으로 예상된다.[27] 특히 북한의 문화정책은 사회주의국가의 국가지도적 성격[28]으

---

24) 김문환, 문화입국론, 느티나무, 1989, 177면.

25) 이희승, "민족문화의 추진방향", 민족문화(민족문화추진회), 1976, 4면.

26) 헌법재판소도 호주제에 대한 헌법불합치결정에서 "헌법 전문과 헌법 제9조에서 말하는 "전통", "전통문화"란 역사성과 시대성을 띤 개념으로서 헌법의 가치질서, 인류의 보편가치, 정의와 인도정신 등을 고려하여 오늘날의 의미로 포착하여야 하며, 가족제도에 관한 전통·전통문화란 적어도 그것이 가족제도에 관한 헌법이념인 개인의 존엄과 양성의 평등에 반하는 것이어서는 안 된다는 한계가 도출되므로, 전래의 어떤 가족제도가 헌법 제36조 제1항이 요구하는 개인의 존엄과 양성평등에 반한다면 헌법 제9조를 근거로 그 헌법적 정당성을 주장할 수는 없다"고 판시하고 있다(헌재2005. 2. 3. 2001헌가9·10·11·12·13·14·15, 2004헌가5(병합)).

27) 전통문화의 전승양식에 있어서 남북한의 차이에 대해서는 전경욱, "남북한 전통예술의 전승양상", 예술과 비평, 1989, 여름호, 20면 이하; 김미도, "전통예술에 대한 북한의 시각", 예술과 비평, 1988, 여름호, 10면 이하 참조; 통일원, 남북한의 문화비교, 1992. 참조.

28) "오직 당의 노선과 정책에 철저하게 의거한 혁명적 문학예술만이 진정으로 인민대중이 사랑을 받을 수 있으며, 근로대중을 공산주의적 혁명정신으로 교양하는 당의 힘 있는 무기로 될 수 있습니다"라는 김일성의 말에서 단적으로 나타고 있다(사회과학원 문학연구소, 주체사상에 기초한 문예이론, 북한의 문예이론(북한문예연구자료·4), 인동, 1990, 37면).

로 인하여 남한의 문화정책과 충돌이 예상된다. 통일을 대비한 국가의 가장 중요한 과제중의 하나임은 두말할 나위가 없다. 통일을 이루는 과정에 대해서는 정치적인 결정이 선행되어야만 그 밖의 부분들에 있어서의 남북교류나 협력방안 등이 의미를 가질 수 있다고 보는 주장, 점진적인 접근을 통해 어느 정도 분위기가 형성된 연후에야 정치적인 결정이 가능해지고 또 실효성을 거둘 수 있다는 주장 등 다양한 견해들이 있다. 정치적, 경제적, 사회적 통일체의 구성이 물론 필요하고 시급한 것이지만 문화적 동질성의 확보노력이 미비한 상태에서 이와 같은 통일체의 구성을 외부적으로 성사시킨다고 하면 많은 후유증을 남길 것이 분명하다. 서로가 하나의 민족임을 공감할 수 있기 위해서는 그 생활의 기반을 이루고 있는 문화의 동질성에 대한 인식이 선행되어야 한다.[29] 이러한 점에서 국가는 문화적인 동질성 회복을 위한 "통일문화" 형성에 노력하여야 한다.[30] 통일문화란 폭넓고 다의적일 수 있지만 통일을 지향하는 문화, 또는 통일이후 민족적 동질성을 확보하기 위해 노력하는 문화로 이해된다.[31] 우리헌법의 문화국가조항이 민족

29) 각도는 다르지만 Peter Häberle는 경제의 유럽은 그의 정신적 배경을 결정짓는 것, 즉 문화의 유럽으로 되어야 한다고 하면서 결국 문화헌법 없이는 하나의 유럽국가를 만들 수 없다는 점을 들어 유럽통합에 있어서 문화적 요소를 강조하는 것도 이러한 맥락에서 이해할 수 있다(Peter Häberle, "Vom Kurturstaat zum Kurturverfassunsrecht", in : Peter Häberle (hrsg.), Kurturstaattlichkeit und Kurturverfassunsrecht, Darmstadt, 1982, S.57참조).

30) 동질성회복의 하나의 방안으로 필자는 방송의 역할을 강조하고 싶다. 동서독의 통일과정에서 서독방송이 일방적인 이념적 편견에 얽매이지 않고 객관적인 사실보도와 해설에 충실함으로써 "무이념성의 이념성"과 "무전략의 전략성"을 추구하여 독일 민족의 공동체적 일체감을 형성하는데 기여했다는 점은 타산지석으로 삼을 만하다. 서독의 통일지향적 방송전략에 대해서는 이정춘, "독일의 통일과 방송질서(1)(2)(3)", 방송문화, 1992, 4.5.6, 특히 (1) 참조(10면 이하).

31) 김문환 교수에 따르면, 이는 통일 이후에도 계속되어야 할 다양성을 존중하면서도 민족적인 보편성을 지켜나갈 수 있는 문화로 요약될 수 있다고 한다(김문환, 앞의 책(주 24), 306면).

문화의 창달 및 전통문화의 계승·발전을 강조하는 것도 이러한 맥락에서 이해되어야 한다.32) 따라서 우리헌법의 통일관계조항(전문, 제4조, 제66조 제3항, 제69조, 제92조)과 더불어 문화국가조항은 국가의 통일정책수행에 중요한 지침의 성격을 가지게 된다.

③ 소결

이상과 같이 "민족문화의 창달", "전통문화의 계승발전"을 통한 민족주체성의 확립과 "통일문화형성"이라는 우리나라에서의 특별한 의의는 우리가 지향하는 근대화작업과 통일달성의 구심점 내지 정신적 기반조성의 문제이기도 하며, 외래문화의 역기능적인 소비적 측면과 시대역행적인 배타적인 풍조 등 대내외적인 역사적 모순까지 극복하지 않으면 안되는 이중적 과제를 암시하는 것이다. 이렇듯 우리나라의 문화국가조항은 문화영역에서의 자율성 보장과 문화진흥이라는 과제와 더불어 사회적 통합이라는 성격도 강하게 띠고 있음을 부인할 수 없다.

2. 문화국가조항의 문제점

헌법의 문화국가조항이 이상과 같은 의의를 가진다고 볼 수 있지만, 앞에서 살펴본 문화의 세 가지 개념적 표지인 전통적 측면, 혁신적 측면, 다원주의적 측면(개방성 측면)의 시각에서 볼 때, 전통적인 면에 치우친 인상을 준다. 물론 기타의 측면이 무시되는 것은 아니지만 이 점에서 대중문화에 대한 민족문화, 전통문화의 우선적 보호라는 보호의 우선순위에 따른 차별은 적어도 가능하다는 설명이 나올 수 있는 것이다.33) 사실 이러한 차별은 문화정책으로는 가능하다.34) 그러나

32) 전광석, 앞의 논문(주 6), 172면.
33) 전광석, 앞의 논문(주 6), 175면.
34) Ernst Rudolf Huber, a.a.O.(주 21), S.133-134 참조.

이 규정이 결코 민족지상의 국수주의를 인정하는 것이 아님은 분명하다. 국가의 문화육성의 대상에는 민족문화, 전통문화는 물론이고 원칙적으로 모든 사람에게 문화창조의 기회를 부여한다는 의미에서 모든 문화가 포함된다. 즉, "엘리트문화" 뿐만 아니라 "보통문화"(민중문화, 서민문화, 대중문화)도 대상이 된다.

민족문화와 전통문화는 단순히 대상의 문제가 아니라 우리들 자신의 문화에 대한 주체적인 태도에 관한 문제이며, 항상 현실의 역사적 발전 속에서 실천적으로 해결해야 할 문제로서 제기되고 있는 것이다. 따라서 우리의 전통문화를 오늘의 대중사회의 생활 속에서 활성화시켜야 하는 것이다.[35] 나아가 우리사회도 사회적 다원화와 다문화라는 거역할 수 없는 시대상황 속에 이미 깊숙이 들어가고 있는 현실 속에서 문화적 다양성의 보호도 중요한 과제가 되고 있다. 이렇게 볼 때, 국가의 문화적 과제가 전통문화와 민족문화에 집중된다는 오해가 생기지 않도록 일반적인 문화국가조항의 형태로, 예컨대 "국가는 문화를 보호하고 육성하여야 한다."는 식으로 규정하는 것이 바람직하지 않았나 생각된다.

제2절 헌법의 기본원리로서의 문화국가원리

I. 문화국가논의의 현대적 의의

문화국가가 헌법상 어떠한 의의를 가지는가를 살펴보기 위해서 우리는 선결과제로 문화에 대한 이해와 문화와 국가와의 관계를 통하여

35) 한국문화사 편찬위원회(편), 한국문화사, 이화여자대학교 출판부, 1983, 310면.

문화국가는 무엇인가를 살펴본 바 있다. 국가의 존재목적을 생각해보면, 국가의 문화보호 및 문화생활의 육성과제는 너무나 당연한 것으로 보아 넘기기 쉽다. 국가는 그 이념에 따르면 항상 문화국가로서 이해되어야만 하고, 형성되어야만 한다는 것은 고대에 있어서 플라톤적인 공화국과 아리스토텔레스의 정치학으로부터 이러한 정신으로부터 새롭게 된 근대초기에 르네상스의 문화국가의 실제에 이르기까지의 일반의 확신이었다.[36] 이러한 점에서 문화국가의 전통은 어쨌든 근대말기에 등장한 법치국가 혹은 나아가 사회국가로서의 국가에 대한 문제보다도 오래된 것이라고 할 수 있다. 이러한 문화국가의 사고가 미국과 프랑스에 있어서 민주주의 혁명으로부터 시작된 현대의 국가사고에서 그리 발전을 보지 못한 것은 문화의 이해와 문화와 국가의 관계에 있어서 자유민주주의로 들어가는 기본적인 전제조건의 변천과의 관련에 있다. 문화는 이전에는 문화의 핵심영역이었던 종교와 같이 동일한 역사적인 과정 속에서 점점 국가의 문제(Staatssache)로부터 개인의 문제(Privatsache)로 된다. 이러한 문화의 개인화(Privatisierung)는 바로 미국에 있어서 그 극단의 결과가 오늘날도 고찰될 수 있는 바와 같이, 순수한 자유주의적 법치국가적 민주주의의 체계의 논리 속에 명백히 놓여 있다.[37]

앞에서 살펴본 바와 같이, 독일에서는 프랑스혁명 이후 Fichte 등에 의해서 문화국가사고가 발생하였는데, 그 당시 대부분의 지식인들과 마찬가지로 Fichte는 프랑스혁명을 열렬히 옹호하였다. 이리하여 초기의 Fichte는 문화면에 대한 국가의 간섭을 부정적으로 파악하는 자유주

36) Werner Maihofer, “Kulturelle Aufgaben des modernen Staates” in: Ernst Benda/Werner Maihofer/Hans-Jochen Vogel(hrsg.), Handbuch des Verfassungsrechts der Bundesrepublik Deutschland, Walter de Gruyter · Berlin · New York, 1983, S.956.

37) Werner Maihofer, a.a.O.(주 36), S.957.

의적인 입장을 취했으나, 프로이센이 나폴레옹전쟁에서 패배한 후 독일의 민족적 위기에 봉착하게 되자 프랑스혁명정신의 왜곡을 비판하면서 정신적인 면의 육성을 통하여 민족적 위기를 구하고자 하는 의도에서 독일인의 민족의식을 고취하고 교육제도 등의 개혁을 주장하였다. 이러한 배경 하에서의, 문화국가관은 문화적 이상의 실현을 국가의 기능으로 보아 국가를 문화발전을 위해 존립하도록 하려는 이상주의적인 입장을 취한다. 이와 같은 국가이념이 독일에서 성립된 것은, 독일이 영국에서 발전한 근대 민주주의의 국가이념을 받아들일 수 있는 사회적·역사적 조건을 갖추고 있지 못했기 때문이라고 할 수 있다. 영국과 프랑스 등의 유럽나라들은 민주주의적인 자유와 평등을 기반으로 하는 국가의 통일과 안전의식을 지키려는 국민의식이 고양되고 있으나, 독일의 상황은 시민사회의 자립성 결여로 경제·사회적으로 낙후되어 독일의 정치적 통일이 불가능하게 보였다. 독일의 지식인들은 이러한 독일의 국민적 특수성을 인식하고, 우선적으로 과거에 대한 절대화의 힘을 빌린 문화적 민족의 관념을 중핵으로 하여 정치적 통일을 추구하려 하였던 것이다.[38] 다시 말하면, 근대적 민주주의의 제도적 확립에 대한 요청을 회피하는 가운데 시민적 이상을 확립하려고 하는 데서 이와 같은 문화국가의 이념이 발생하게 된 것이다.[39] 따라서 그것은 민주적 요구를 거부하면서 강화된 국가권력에 정통성을 부여하는 수단으로 이용될 수도 있는 것이다.[40] 피히테 등에서 기원한 독일의 문화국가 논의가 종래의 독일 국법 및 국가이론에서조차 거의 언급이 없는 상황[41]은 이러한 사정과 관계가 있다고 생각된다. 그러나 1958

38) 백경남, 바이마르공화국, 종로서적, 1985, 37면.
39) 박영사간, 증보 정치학대사전, 1990(중판), 580면.
40) 우리는 그와 같은 극단적인 예를 나찌즈시대에서 고찰할 수 있다.
41) 예컨대 R. Zippelius, Allgemeine Staatslehre, 7.Aufl., 1980; R. Herzog, Allgemeine Staatslehre, 1971; M. Kriele, Einfürung in die Staatslehre,

년 Huber가 「문화국가의 문제점에 대하여」라는 논문에서 제기한 이래 소생한 이러한 문화국가의 논의는 새로운 차원을 제시해 주고 있다. 즉 문화국가를 자유민주주의의 테두리내에서 법치국가와 사회국가의 관련 하에 파악하는 시도인 것이다. 이러한 점에서 문화국가의 현대적 의의를 발견할 수 있을 것이다.

Maihofer는 독일기본법의 텍스트상으로는 문화국가라는 말이 나타나 있지 않지만, 헌법현실을 고려할 때 그리고 연방헌법재판소의 판례도 인정한 바와 같이, 기본법의 민주주의를 법치국가, 사회국가, 문화국가로 해석하고 구상하는 것이 일반적인데도 불구하고 문화국가개념이 여전히 불명확하게 다루어지고 있는 이유를 두 가지로 들고 있다. 그 하나는 법치국가 및 연방국가를 통하여 문화국가를 파악하는 점이며, 다른 하나는 문화국가개념 자체를 그들이 종교 및 이데올로기적인 세계관 국가를 통해서 역사적인 현실로써 이미 경험한 바 있는 비자유주의적, 획일주의적, 독재적이고 권위적인 문화국가와는 분명히 다르고 이러한 비자유주의적인 문화국가를 거부하는 자유주의적인 문화국가로서 생각되어야만 하고, 규정되어야만 하는 것으로 보고 있다는 점을 들고 있다.[42] 이러한 점은 비록 잘못된 길로 접어든 것은 아니지만, 문화국가가 여전히 법치국가, 연방국가, 사회국가보다 소홀하게 다루어져온 이유라고 하겠다.

Maihofer는 기본법의 자유민주주의가 법치국가와 사회국가에 이어 문화국가로 설명될 수 있는가를 심도 있게 근거지우고 있다. 그는 자유주의적 법치국가적 민주주의는 관헌적인 문화국가도 복지국가적인 사회국가[43]와 마찬가지로 배제한다는 점을 밝히면서,[44] 오늘날 자유

2.Aufl., 1981; E. Denninger, Staatsrecht Bd.2, 1979 참조.

42) Werner Maihofer, a.a.O.(주 36), S.955-956.

43) 우리나라의 학자들은 대부분 사회국가와 복지국가를 본질적으로 동일한 것으로 파악하고 있다. 독일에서의 사회국가(Sozialstaat)와 영국에서 발전을

주의적인 입장에서도 사회국가를 도출할 수 있듯이 문화국가에서도 비교할 수 있는 발전이 통용될 수 있다면 문화국가논의는 의의가 있게 될 것이라는 것을 지적하고 있다. 사회국가의 개념은 고전적인 자유주의의 입장에서 보면, 법치국가와 일치할 수 없는 것으로 볼 수도 있지만, 오늘날의 현대 자유주의 국가사고에도 사회국가 속에서의 법치국가의 완성으로서, 즉 단지 형식적인 것이 아니라 실질적인 자유의, 단지 개별적인 것이 아니라 사회적 정의의 질서 속에서 법치국가의 완성으로서 사회국가의 개념을 파악하고 있다.[45] 우리가 설명한 문화국가의 개념문제에 있어서 이의를 제기하는 입장이 있을 수 있지만, 법치국가와 사회국가의 관계 속에서 관련된 것처럼 법치국가와 문화국가에 있어서도 이제 비교할 수 있는 생각의 변화가 설명될 수 있다면, 그리고 사회국가와 문화국가에 있어서도 그 구별의 표지를 찾을 수 있다면 문화국가의 논의가 의의가 있게 될 것이다.

이러한 점에서 일반적으로 헌법의 기본원리로 공인되고 있는 민주주의 원리, 법치국가 및 사회국가 원리와 같이 문화국가를 헌법상 기본원리로 파악하기 위해서는 이상의 원리들이 정착하기까지의 시대적

본 복지국가(Welfare State)는 그 역사적 유래나 접근방법에 있어 차이가 있으나, 그 근본목적이나 내용, 독점자본주의-국가독점자본주의 단계의 자본주의 국가유형이란 점에서는 동일하다(鈴本安藏, "社會國家の理念と實際", 公法硏究 28號, 1968, 8면). 그러나 독일에서는 복지국가(Wohlfahrtstaat)를 사회국가와 구별하는 경향이 있다. 즉, 복지국가를 국가의 포괄적 부조가 인정됨으로써 자기의 책임을 수반하는 자유가 배제될 위험성이 있는 국가로 파악하는 것 같다(복지국가와 사회국가의 구별에 대해서는 허영, 헌법이론과 헌법(상), 박영사, 1989, 297면 참조). 본문의 복지국가적인 사회국가라는 표현도 이와 같은 관점에서 본 것이다.

44) Werner Maihofer, a.a.O.(주 36), S.957.

45) Werner Maihofer, "Rechtsstaat und Sozialstaat", in: W. Weyer(hrsg.), Rechtsstaat und Sozialstaat, 1972, S.26ff.; Heller가 1930년에 최초로 '사회적 법치국가'라는 말을 사용한 이래(H. Heller, Rechtsstaat oder Diktatur, 1930, S.11), 이 말은 널리 사용되고 있다(사회적 법치국가에 대해서는 K. Hesse, 계희열(역), 서독헌법원론, 삼영사, 1987, 125-141면 참조).

요구 및 이데올로기의 뒷받침을 고려할 때 문화국가도 이와 같은 시대적 필요성과 그 독자적인 구성영역의 정립이 필요하다고 하겠다. 문화국가원리가 법학, 특히 헌법학에서 깊은 논의가 종전에 이루어지지 않았던 이유는 문화개념 파악의 어려움과 더불어 다른 헌법원리와의 뚜렷한 구별점을 찾지 못한 점에 있을 것이다.

II. 헌법원리로서의 문화국가성

1. 헌법의 기본원리

(1) 헌법의 기본원리의 의의와 기능

헌법의 기본원리를 어떻게 파악하느냐에 관하여는 논의가 있지만, 용어상으로도 통일이 이루어지지 않고 있으며, 다양하게 주장되고 있다. 그러나 주장의 기본적인 내용은 대개 대동소이 하다고 할 수 있다. 여기서는 일단 우리나라의 학자들이 일반적으로 사용하고 있는 기본원리라는 용어를 사용하여 논의를 진행하기로 한다. 헌법은 국가와 국민이 나아가야 할 방향을 가리키고 모든 법률의 이념이 되는 것이다. 공동체의 법적 기본질서로서의 헌법은 정치적 통일이 형성되고 국가의 과제가 수행되는데 근거가 되는 기본원리들을 규정한다.[46] 시대나 국가에 따라 이러한 기본원리는 변하지만, 현재 헌법에 있어서 국가질서의 형성과 유지에 중추적인 역할을 하는 원리가 무엇인가를 밝히지 않으면 헌법의 전체적인 통일성과 나아가 국가질서에 대한 올바른 이해가 어렵게 된다. 역으로 말하면, 헌법의 기본원리에 의하여 한나라 헌법의 전체적인 성격과 국가질서의 성격이 파악되게 된다. 다시 말하면, 현대 국가에 있어서 헌법질서의 전체적 형성이 문제될 때 그것은 헌법

46) K. Hesse, 계희열(역), 앞의 책(주 45), 88면.

질서의 기초 내지 지주가 되는 몇 개의 기본원리들과 개별 규정들과의 전체적 연관 속에서 통일된 체계로 나타나게 된다.

'헌법의 구조원리'(Strukturprinzip), '헌법의 구성원리'(Bauprinzip), '헌법적 질서의 기초'(Grundlagen der verfassungsmäßigen Ordnung), '헌법의 근본결단'(Grundentscheidung), 지도원리(Leitprinzip), 중추적 구성원리(Tragendes Konstitutionsprinzip), 국가근본규범(Staatsfundamentalnorm) 등의 명칭으로도 불리는 헌법의 기본원리는 헌법질서의 근간을 형성하는 기능을 할 뿐 아니라 개별적인 문제해결에 있어서 법원(Rechts-quelle)으로 작용하기도 한다.

Klaus Stern은 구조원리란 말을 사용하고 있는데, 이는 다른 모든 표현형식, 특히 그중에서도 가장 많이 쓰이는 용어인 국가형태, 국가목적, 기본결단, 지도원칙, 바탕을 이루는 구성원리, 국가근본규범, 기타의 유사한 표현보다 입체적(Plastisch)이라고 한다.[47] 그에 따르면, 국가의 구조원리는 국가에 있어서 그 구성(Aufbau)의 결정적인 지도원칙이며, 국가성의 형태를 부여하는 결정인데 요약하자면 국가기관에 특성을 부여하는 지도적인 헌법원리라는 것이다. 국가의 구조원리는 오늘날 더이상 순수이 형식적으로 결정되지는 않고 실질적으로 결정되며, C. Schmitt가 시도했던 헌법의 시민적 · 법치국가적 구성부분과 정치적 구성부분의 대치는[48] 극복된다는 것이다. 국가구조원리는 특정한 실질적 질서를 보증하는 내용뿐만 아니라 제도적 · 조직적 내용도 가지고 있으며, 그것은 특히 법치국가적 헌법국가와 기본권의 결합 속에서 분명해진다고 한다. 이러한 의미에서 특정한 국가구조원리는 동시에 헌법의 실질적인 기본결단을 지탱해 준다고 한다.

---

47) Klaus Stern, Das Staatsrecht der Bundesrepublik Deutschland, Bd. I, 1984, S.551ff.

48) Carl Schmitt, Verfassungslehre, Duncker & Humblot/Berlin, 1928(Neudruck 1954), S.125, 200ff.

K. Hesse는 거의 같은 의미로 "기본법의 헌법적 질서의 기초"라는 표현을 사용하고 있다.[49] 그는 헌법이 공동체의 생활에 있어서 수행해야 할 기능에는 정치적 통일의 형성과 유지 및 법질서의 창설과 유지의 두 가지 기본과제가 있다고 보는데,[50] 이 기본적 과제를 수행하는데 있어서 헌법은 국가의(des Staates) 법적 기본질서가 될 뿐만 아니라 국가영역내의 비국가적 생활에 있어서도, 즉 공동체의(des Gemeiwesens) 법적 기본질서가 된다고 한다. 헌법은 우선 정치적 통일을 형성할 지도 원리를 규정하며, 이 원리에 따라 정치적 통일이 달성되고 국가의 과제가 수행되어야 한다는 점을 밝히고 있다.[51]

우리나라의 학자들은 헌법의 기본원리의 개념 및 효력에 대해서는 자세히 밝히고 있지는 않지만 "헌법의 이념적 기초가 되는 것이면서 헌법을 총체적으로 지배하는 지도원리,"[52] 사회공동체가 기능국가로 조직되고 통일되는데 있어서 갖추어야 되는 "정치질서의 법적인 상수"(die rechtlichen Konstanten der politischen Ordnung) 등으로 파악하는 견해가 있다.[53] 다만 우리 헌법의 기본원리로 어떠한 것을 들 것인가에 대해서는 학자들에 따라서 약간의 차이가 있다.

헌법의 기본원리를 이해하기 위해서는 우선 국가에 대한 이해와 헌법에 대한 이해가 선행될 필요가 있다. 헌법을 어떻게 파악하느냐는

49) Konrad Hesse, 계희열(역), 앞의 책(주 45), 88면 이하 참조.
50) Konrad Hesse, "Das Grundgesetz in der Entwicklung der Bundesrepublik Deutschland", in: Ernst Benda/Werner Maihofer/Hans-Jochen Vogel(hrsg.), Handbuch des Verfassungsrechts der Bundesrepublik Deutschland, Walter de Gruyter·Berlin·New York, 1983, S.15.
51) Konrad Hesse, a.a.O.(주 50), S.17.
52) 권영성, 앞의 책(주 1), 125면.
53) 허영, 앞의 책(주 43), 198면. 허 교수는 현대적인 기능국가가 인권존중, 개성신장, 사회정의의 실현을 위해서 갖추어야 되는 '정치질서의 법적인 상수'를 현대국가의 구조적 원리라고 부를 수 있다면 그것은 단순한 형식적인 원리에 그치는 것이 아니고 실질적인 의미를 갖는다는 점을 강조하고 있다.

문제는 국가를 어떻게 보느냐의 문제와 관련되며, 헌법과 국가에 대한 견해는 대표적인 세 가지 관점인 법실증주의적 관점,[54] 결단주의적 관점,[55] 통합론적 관점[56]에 따라 달리 파악될 수 있다. 어떠한 관점에

---

54) 국가를 법질서와 동일시하는 H. Kelsen은 국가이해에 있어서 역사적, 정치적, 사회적 모든 존재적 요소를 도외시하며, 또한 국가를 하나의 법인으로 파악한다(Hans Kelsen, Reine Rechtslehre, 2.Aufl., Verlag Franz Deuticke Wien, 1960(Nachdruck 1976), S.289, S.293). 이와 같은 규범체계로서의 국가는 이미 존재해 있는 것으로 전제되고 있으며, 정치적 통일체로서의 국가가 어떻게 형성되느냐와 같은 문제는 제기되지 않으며, 실질적 요소가 모두 배제되고 난 국가는 형식적이며 정적(靜的)인 국가일 수밖에 없다(계희열, "헌법관과 기본권이론 - 기본권의 성격변천에 관한 고찰 -", 공법연구 제11집, 한국공법학회, 1983, 16면). 이러한 법실증주의적 관점에서는 헌법은 이미 존재해 있는 국가에게 여러 기관을 장치해 주고 의사 및 행위능력을 갖게 함으로써 그들을 통해 법인체가 되는 것을 말한다. G. Jellinek도 국가의 존재를 전제로 하고 "... 헌법은 일반적으로 국가의 최고기관을 정하고 그 구성방법 및 상호관계와 권한을 확정하며 나아가 국가권력에 대한 개인의 기본적 지위를 정한 법규들을 포함한다"고 하고 있다(G. Jellinek, Allgemeine Staatslchre, 3.Aufl., Nachdruck 1960, S.505).

55) 형식주의적 법실증주의, 특히 Kelsen의 규범논리주의에 반대하여 실질적 헌법학을 확립하려고 시도했던 C. Schmitt는 국가를 "한 국민의 특정의 상태, 즉 정치적 통일의 상태"로 파악하고 있는데(Carl Schmitt, a.a.O.(주 48), S.3f., 205), 이렇게 국가를 파악하는 한 국민의 실존적 정치적 통일체로서의 국가는 이미 존재해 있는 것으로 전제된다(Carl Schmitt, a.a.O.(주 48), S.200). 헌법을 이해하는데 있어서 Schmitt는 실존적인 것, 즉 힘을 강조한다. 그에 따르면 헌법이란 실존하는 한 국민의 정치적 통일체가 그의 고유한 실존형태(즉, 정치적 양식과 형태)에 관한 '근본적 결단'이라고 본다(Carl Schmitt, a.a.O.(주 48), S.20ff). 즉 헌법을 '규범'체계가 아니라 힘을 소유한 자의 '결단'으로 이해한 것이며, 헌법을 제정하는 자의 실존하는 정치적 의지에 의하여 헌법은 효력을 갖는다고 한다(Carl Schmitt, a.a.O.(주 48), S.22ff., 75ff., 90).

56) R. Smend는 형식주의적 법실증주의를 극복하고 실질적 헌법학을 수립하려는 의도는 C. Schmitt와 같으나 Schmitt처럼 '규범' 대신에 '현실'을 강조하는 정도로 법실증주의를 극복하려고 하지 않고 통합론을 주장하여 헌법학을 근본적으로 새롭게 체계화하려고 하였다. 그는 형식주의적 법실증주의자들이 주장하는 규범과 현실의 엄격한 구별과 고정적 대립을 동태적으로 극복하고 국가와 헌법을 정신과학적으로 인식하려 하였다. 국가를 이해하는데 있어서 Smend는 개인과 전체가 유동적으로 실현되며 변천하는 변증법적 관계에서

따르더라도 비판은 따르지만 법실증주의와 결단주의에서처럼 존재(Sein)와 당위(Sollen)를 분리하지 않고 상호 관련시켜 이해하고, 국가를 형식적인 통일체, 규범체계, 단순한 권력분배의 장으로 보지 않고 현실적 정신생활의 의미의 통일체로 파악하는 Smend의 관점(통합론)이 국가와 헌법의 이해, 나아가 헌법의 기본원리의 이해에 새로운 관점을 제시해주고 있다. 왜냐하면 우리가 국가라고 부르는 정치적 행위통일체는 Jellinek의 표현이나 Schmitt의 표현에서 전제하고 있는 것처럼 그렇게 간단하게 이미 주어져 있는 어떤 것은 아니기 때문이다. 국가는 이러한 통일의 형성과 그 유지를 필요로 하며 그것은 정치적 통일이 하나의 주권적 국민이나 하나의 지배적 계급의 통일적 의사에서 나타나는 것이 아니기 때문에 더욱더 필요하다. 정치적 통일은 오히려 현대 다원적 사회의 정치적 과정, 즉 수많은 집단들의 대립과 투쟁 가

파악되어야 한다고 주장한다(Rudolf Smend, Verfassung und Verfassungsrecht(1928), in: Staatsrechtliche Abhandlungen, 1955, S.127ff). 국가는 개별적 생활의 표현, 법률, 행정, 외교행위 등을 스스로 발생시키는 정적인 전체가 아니라 이 생활의 표현들이 정신적으로 전체적 관련을 가진 활동인 한 바로 이들 개별생활표현 가운데 존재하며 더욱더 중요한 것은 이 개별생활들이 계속 새로워지고 계속 형성되는 가운데 국가가 존재한다는 것이다. 다시 말하면, 국가란 Smend에 따르면 생동하며 모자이크 같은 이 개별적 생활의 표현들이 부단히 갱신되고 형성되는 생활의 과정을 말하며, 이러한 생활과정을 그는 통합이라고 부른다(R. Smend, a.a.O.(주 56), S.136). 통합은 대립·모순되는 다양한 현상들을 통합하여 전체 존립에 필수적인 부분으로 변화시킨다는 점에서 변증법적인 의미를 가지며, 이 통합과정은 또한 새로운 의사와 통일체의 형성 그리고 국가의 부단한 갱신의 과정과 같은 기능적인 것만이 아니라 통일체의 형성에는 항상 공동의 가치가 그 기초를 이루기 때문에 가치 관련적인 것이다. 이렇게 국가를 다양한 이해관계가 일정한 가치를 바탕으로 통합되어 가는 과정으로 파악하는 Smend는 헌법은 "국가의 법질서이며 보다 정확히 말하면 (국가의 생활현실이 기초하고 있는) 생활의 법질서 즉, 국가의 통합과정의 법질서"로 이해한다(R. Smend, a.a.O.(주 56), S.136). 그는 헌법을 국가를 조직하고 그 부여된 활동을 위하여 권한을 위임하고 의무를 지우는 조직법으로만이 아니라 국가생활에 참여하는 국가소속원의 생활형태로 이해하기 때문에 헌법에 있어서는 규범만이 아니라 현실도 포함되며 또한 포함될 수밖에 없다는 점을 강조한다.

운데서 획득되어야 하며, 보전되어야 하는 것이다. 이 과정 가운데서 상이한 의견과 이해관계 및 지향노력의 조정과 갈등의 해결 및 규율이 국가의 존재조건인 동시에 마찬가지로 절대적으로 부과된 임무가 된 것이다. 국가의 성립과 존속은 국가적 통합과정의 성패에 달려 있으며 이 과정 가운데 국가적 실체의 고유한 핵심이 있는 것이다. 정치적 통일을 형성하는 그리고 국가적 과제를 수행해야 하는 공동작용은 조직과 정돈된 절차를 필요로 한다. 이러한 질서의 내용을 그 질서하에서 살아야 할 인간들의 동의를 얻도록 형성하는 것도 못잖게 중요한데, 헌법은 이러한 기본과제에 봉사하며 이런 점에서 헌법은 국가적 통합과정의 법적 질서로서 파악되게 된다. 헌법은 국가에 국한되는 것이 아니라 국가영역 내에서의 비국가적 생활에 있어서도, 즉 공동체의 법적 기본질서가 된다. 현재와 미래의 형성을 위한 현세대의 지도상으로서의 기준들을 채택하고 실정화함으로써 형성된 "올바른" 법적 질서를 보장하는 것이 헌법의 과제인 것이다. 아무튼 헌법은 비조직 사회를 정치적으로 통일시켜서 하나의 국가사회를 창설하는 기능을 가지기 때문에 현대국가의 필수적인 성립요소로 간주되며, 정치적 통일형성과 법적 질서의 창설과 유지라는 기본과제를 수행하기 위해서 헌법은 우선 정치적 통일을 형성할 지도원리를 규정하게 된다.57)

특히 헌법규정은 추상성과 단편성, 개방성을 띠고 있기 때문에 "헌법의 전체적 통일성을 확보하고 이러한 통일성 속에서 헌법의 이념에 따라 구체적 문제들을 해결할 수 있기 위하여 헌법은 헌법의 전체적 성격과 구조를 결정지으며, 국가의 정치적 통일의 형성 및 국가과제수행의 기준"이 되는 기본원리를 명시적으로 규정하거나 또는 묵시적으로 전제하게 된다.

---

57) Konrad Hesse, a.a.O.(주 50), S.15-17.

(2) 헌법의 기본원리의 확인방법

헌법의 기본원리 자체는 헌법의 기본원리를 구성하는 헌법규정과 밀접한 관계가 있지만, 헌법의 직접적 규정유무에 관계없이 정립될 수 있다. Smend의 지적처럼 국가는 헌법에 규정된 생활의 계기(Lebensmomente)에 의해서만 생활하지 못하며 헌법이 정치생활에서 실현되려면 많은 사회적 동기에 의존하지 않을 수 없는 것이다.[58] 즉, 헌법은 단지 그 대상을 개괄적으로(schematisch), 그리고 개별적 문제점(in Einzelpunkten)만을 포섭(규범화)할 수 있으며, 단지 그 윤곽만을 제시해 줄 수 있고 또한 주려고 한다는 것이다. 따라서 통합의 과업은 때로 정확히 헌법의 조문에 따라서만은 달성될 수 없을 수도 있기 때문에 헌법조문에서 다소 벗어나더라도 정신의 가치법칙성에 의하여 통합의 과업을 충족시키는 것이 조문에 충실한데서 오는 결함보다는 낫다는 것이 Smend의 견해이다. 헌법의 의미는 개별성이 아니라 국가의 전체성 또한 통합과정의 전체성을 지향하는데 있으므로 헌법은 다른 모든 법과는 매우 달리 탄력성 있고, 보충적인 해석을 허용할 뿐만이 아니라 요청하기까지 한다는 것이다.[59] 이와 같은 Smend의 주장에 대해서는 통합의 가치를 지나치게 강조하고 법적 계기를 경시하고 있다는 비판이 있지만, 헌법의 해석에 의한 보충가능성을 강조한 것으로 이해된다.[60]

아무튼 헌법의 개방성, 불확정성으로 인하여 해석을 통하여 구체적으로 그 내용이 확정되고 보충될 필요가 있기 때문에 그 해석의 기준

---

58) Rudolf Smend, a.a.O.(주 56), S.189.

59) Rudolf Smend, a.a.O.(주 56), S.190-191.

60) Smend에 있어서의 '통합'은 언제나 일정한 가치체계를 촉매로 한 일체감 내지 연대의식의 조성에 의한 동화적 통합을 의미하기 때문에 전체주의적 성향을 띤 강제적 통합이론과는 본질을 달리 한다는 지적에 대해서는 허영, 앞의 책(주 43), 21면 참조.

으로 작용하는 헌법의 기본원리는 중요한 역할을 한다. 헌법의 기본원리는 헌법의 개별성의 시각에서가 아니라 전체적 통일적인 시각에서 인정되어야 하지만, 헌법이 직접 어떤 사항을 기본원리라고 천명하지 않는 한, 특히 헌법의 전문과 총강조항에서, 그리고 헌법의 기타규정 등으로부터 추론할 수밖에 없다.[61)]

헌법의 기본원리를 도출할 수 있는 대표적인 헌법규정으로는 국가목적규정, 입법위임, 기본권규정, 전문 등을 들 수 있으며 이중 "국가행위에 대한 원칙과 지침을 설정하고, 국가행위에 대해 명령과 지시를 통하여 일정한 방향으로 방향설정과 실질적 과제를 부여하는" 것을 목적으로 하는 국가목적규정은 헌법의 기본원리를 파악하는데 핵심적인 규정이 된다. U. Scheuner는 국가목적규정을 헌법원리의 하위형태(Unterfall)로 이해하지만 국가목적규정이 '지도원칙', '헌법지시'(Verfassungsdirektiven), '헌법원리' 등으로 다양하게 불려왔다는 점을 인정하고 있다.

---

61) 한국헌법의 기본원리로 들고 있는 내용은 학자들에 따라 다소 차이가 있다. 김철수 교수는 국민주권주의, 권력분립주의, 평화통일주의, 문화국가주의, 국제평화주의, 군의 정치적 중립성보장, 기본권존중주의, 복지국가주의, 사회적 시장경제주의를 들고 있고(앞의 책(주 12), 78면 이하); 권영성 교수는 국민주권의 원리, 자유민주주의, 복지국가원리, 문화국가원리, 권력분립의 원리, 법치주의, 국제적 평화주의 등을 들고 있고(앞의 책(주 1), 125면 이하); 구병삭 교수는 국민주권국가, 자유민주국가, 사회적 법치국가, 평화국가, 민족문화국가, 자유경제국가, 권력분립과 기본권보장국가, 국제평화주의와 평화적 통일을 들고 있다(앞의 책(주 1) 175면 이하): 허영 교수는 우리헌법의 근본이념과 기본원리로 국민주권의 이념과 그 실현원리(기본권에 기속되는 통치권, 자유민주주의, 법치주의), 정의사회의 이념과 그 실현원리(사회적 기본권의 보장, 사회국가원리, 수정자본주의), 문화민족의 이념과 그 실현원리(문화국가원리와 혼인・가족제도), 평화추구의 이념과 그 실현원리(평화통일의 원칙과 국제법 존중의 원칙)로 설명하고 있다(앞의 책(주 1), 143면 이하); 계희열 교수는 국제질서에서의 국제평화주의, 국내질서에서의 민주주의 원리, 법치주의의 원리, 사회국가의 원리, 문화국가의 원리 등을 들고 있다(앞의 책(주 1), 200면 이하).

독일에서도 기본원리가 특히 국가목적규정을 규정한 기본법 제20조와 제28조에 놓여있다는 데는 합의가 존재하며, 부분적으로는 전문과 기본법 제1조의 원리가 거기에 귀속된다고 보고 있다.[62] K. Hesse는 기본법에 따르면 헌법질서의 최고의 구성원리인 인간의 존엄의 불가침성, 공화국, 민주주의, 사회적 법치국가 및 연방국가의 원리 등이 정치적 통일을 형성할 지도원리라고 보고 있다.

(3) 헌법의 기본원리의 법적 성격 및 효력

국가질서의 형성과 유지에 중추적인 역할을 담당하는 헌법의 기본원리는 헌법에 의하여 정립되어 국가질서를 객관적으로 명확하게 규율해야 하며, 우리의 실제 현실 속에서 통용력을 갖는 것이어야 한다. 헌법의 기본원리들은 시대적 사조가 변함에 따라 변화할 수 있지만,[63] 1) 헌법의 각 조항과 모든 법령의 해석척도가 되고, 2) 입법과 정책입안의 방향제시가 되며, 3) 국가기관(공직자)과 모든 국민의 행동지침이 되고 헌법개정에 있어서 그 개정금지대상이 되는 법규범적 성격을 가지고 있다.[64]

헌법의 기본원리는 개별적인 원리들에 따라 그 구체화의 정도가 차이가 있을 수 있으나, 법규로서의 성격을 가지며, 모든 국가권력을 구

---

62) Klaus Stern, a.a.O.(주 47), S.552. Stern은 그럼에도 불구하고 국가구조원리를 국가의 정당화와 목적을 위한 지도노선으로는 보지 않으려고 한다. 그는 국가의 구조원리를 기본법 제20조와 기본법 제28조와의 관련 속에서만 다룬다.

63) 근대 입헌민주주의적 헌법은 개인주의·자유주의 아래에서 개인의 기본권보장과 권력분립을 핵심으로 하는 법치국가원리가 핵심적인 원리로 기능하였지만, 현대산업사회에서는 국민의 생존권보장과 실질적 평등의 확보를 목적으로 하는 사회국가원리가 중시되고 있으며, 나아가 국제평화주의와 인격적 삶의 향상을 추구하는 문화국가원리의 중요성이 강조되지 않을 수 없다.

64) 권영성, 앞의 책(주 1) 126면 ; 김철수, 앞의 책(주 12), 73면 ; 구병삭, 앞의 책(주 1), 175면 참조.

속한다. 즉, 헌법의 기본원리는 사법적 제재가능성이 없는 정치적 지도원리 이상의 의미를 가지며, 수권적 효력뿐만 아니라 의무부여적 효력까지도 내재한다. 따라서 그 의무위반에 대해서는 재판규범으로서 기능할 수 있다. 다시 말하면, 개별적인 문제해결에 있어서는 법원(法源)으로서 작용한다.[65] 그러나 헌법의 기본원리의 일차적인 수범자는 국가기관(특히 입법자)이므로 국가기관의 활동을 요구할 수 있는 시민의 구체적 청구권은 원칙적으로 헌법의 기본원리로부터 직접 도출될 수는 없다고 본다. 오히려 그러한 청구권은 개별헌법규정, 특히 입법자의 구체화에 기초해서만 발생한다고 본다. 이점은 헌법의 기본원리를 도출할 수 있는 헌법규정의 대표적인 예인 국가목적규정의 법적 성격도 마찬가지이다.

(4) 국가형태와 헌법의 기본원리

문화국가가 헌법의 기본원리로서 가능한가를 살펴보기에 앞서, 국가형태와 기본원리와의 관계를 살펴볼 필요가 있다. 국가형태라 함은 일반적으로 국가근본조직의 유형적 형태를 말한다. 종전에는 통치권자의 수, 국가의사의 구성방법(국가의사가 한 개인의 자연적 의사인가, 다수인의 법적 의사인가), 국가권력의 담당자 수, 주권의 소재 등의 기준에 따라 군주국과 공화국 등으로 구분하는 분류가 있었으나 오늘날 이러한 분류는 커다란 의미가 없다고 보는 것이 일반적이다.[66]

---

65) 이에 대해서는 Hans Julius Wolff, “Rechtsgrundsätze und verfassungges-taltende Grundentscheidungen als Rechtsquellen”, in : Gedächtnisschrift für W.Jellinek(Forschungen und Berichte aus dem öffentlichen Recht, Bd.6), München, 1955, S.33-52 참조.

66) 그러나 단일국가와 연방국가, 경제체제의 원리적 차이에 따른 자본주의체제의 국가와 사회주의체제의 국가의 분류는 아직 유용하다고 본다. 다만, 연방국가는 독일에 있어서는 국가형태의 문제라기보다는 현대국가의 구조적 원리 내지 권력분립의 문제로 다루는 것이 점점 늘어가고 있다(Peter Häberle, a.a.O.(주 29), S. 57; K.Hesse, 계희열(역), 앞의 책(주 45), 142면 참조).

Loewenstein은 국가권력이 통합되어 행사되느냐의 여부에 따라 입헌정체와 전제정체로 구분하면서 국체의 변화는 국가의 본질을 구성하고 있기 때문에 변화될 수 없다고 하였다. 그러나 오늘날 군주국이라고 부르는 나라들도 대부분 국민주권을 선언하고 있기 때문에 군주국은 '군주제도'를 가진 나라 정도로 이해되고 있으며, 권력이 결합되어 행사되는 국가도 거의 모두 민주주의국가임을 주장하고 있다. 그렇다면 국가형태로 주장하는 것들은 그 외형적으로 보아서는 구분이 불가능하게 되었다. 즉 과거에는 구분의 표지가 비교적 용이하여 이러한 분류를 통하여 인식을 얻을 수 있었지만, 오늘날은 구체적인 내용을 통해서만 국가형태도 제대로 파악할 수 있게 된다. 아무튼 국가형태 논의는 종전과 상황이 달라진 것이 사실이다. 이 점에서 국가질서의 실질적 내용원리로 작용하는 헌법의 기본원리와 관계가 문제된다. 그렇다면 국가형태도 실질적 내용원리들에 따라 민주국가, 사회국가, 법치국가 혹은 문화국가라는 분류를 해야만 하는가 하는 문제가 아울러 제기된다.67)

생각건대 국가형태는 헌법의 기본원리 등에 의해 그 내용이 이를 뒷받침해 줄 때 올바른 평가를 받을 수 있는 것이다. 한나라의 국가형태와 기본질서는 그 나라 헌법이 추구하는 근본이념에 의해서만 정해지는 것이 아니고, 실제적으로는 그 근본이념을 실현시키는 구체적인 원리와 제도에 의해서 더욱 큰 영향을 받기 때문이다.68) 그러나 국가

---

67) K. Stern은 구조원리(Strukturprinzipien)하에서 기본법의 헌법기본질서결단으로서 자유민주주의적 기본질서를 논하고, 기본법 제20조와 제28조의 구조원리로 공화제원리, 민주주의원리, 연방국가원리, 법치국가원리, 사회국가원리를 논하며 끝으로 의원내각제를 논하고 있다(K.Stern, a.a.O.(주 47), S.556ff.).

68) 허영, 앞의, 책(주 1), 142면, 허 교수는 이 지구상에 국민주권주의의 이념을 내세우는 독재국가와 불법국가가 많이 생기는 이유도 여기에 있다는 점을 지적하고 있다.

의 외형적인 성격의 문제로 국가형태를 고찰할 때, 국가형태의 분류문제도 더욱 연구될 필요성은 있다고 하겠다.[69)]

2. 문화국가원리의 근거와 특성

(1) 문화국가원리의 근거

우리헌법상의 기본원리로 민주주의, 법치국가, 사회국가(복지국가)를 드는데는 이론(異論)의 여지가 없으며, 헌법도그마틱상 어느 정도 확고한 지위를 점하고 있다고 하겠다. 문화국가에 대해서는 대부분의 학자들은 기본원리로서 언급은 하고 있으나, 이론적으로는 거의 연구가 되어 있지 않은 실정이다. 그러나 우리 헌법상으로는 완전한 규정이라고 할 수는 없지만 헌법의 총강에서 문화국가조항을 두고 있기 때문에 문화국가원리에 대한 연구가 더욱 필요하다고 하겠다. 앞에서 살펴본 바와 같이, 독일의 기본법은 국가목적규정에서 명시적으로 문화국가를 언급하고 있지는 않지만, 학설은 "기본법상의 헌법국가는 국가목적규정과 헌법위임의 의미에서" 또는 "문화적 기본권" 규정에서 볼 때 문화국가라는 것을 인정하는 것이 일반적이다. 다만, 국가목적조항에 문화국가를 보충할 것인가에 대한 논의는 활발하다. 또한 연방헌법재판소의 판례도 기본법의 민주주의를 법치국가, 사회국가 및 문화국가로서 해석하고 구상하는 기본적 입장에서 이루어지고 있다.

우리는 문화의 개념, 문화의 본질적 표지들, 문화의 기능, 자율성과 형성력(고권)이라는 측면에서 문화와 국가 사이에 존재하는 관계를 정립함으로써 문화국가가 국가의 목표의 하나로서 파악될 수 있음을 알 수 있었다. 이로써 국가에게 국민의 문화생활의 보호와 육성에 관한 과제 또는 책임이 부여된다. 과제 또는 책임이란 국가의 편에서 헌법

69) 독립국가연합(CIS), 통합유럽의 국가적 성격의 문제 등은 그 예로 들 수 있을 것이다.

으로부터 부여받은 권한을 지칭하는 측면을 말한 것이고, 한편 위임이란 헌법의 편에서 국가에게 권한을 부여하는 측면을 파악한 것이라고 할 수 있다. 문화국가원리는 국가의 문화과제 또는 책임을 통하여 실현된다. 다시 말하면, 문화국가원리는 국가의 문화정책과 불가분의 관계를 맺고 있다.70)

국가가 이상적인 목표상으로 삼고 있는 문화국가원리는 생활의 모든 영역에서 질적으로 향상된 생활의 향유 및 모든 불합리한 요소가 제거되고 발전지향적인 사회를 이루는 것을 목표로 삼는다. 그러나 이러한 문화국가는 국가의 과제 모두를 포함하게 되고, 헌법의 기본원리 차원에서 보더라도 다른 기본원리인 민주주의, 법치국가, 사회국가 등의 올바른 구현을 통해서만 도래될 수 있는 이상향으로 이러한 이해하에서는 문화국가원리의 독자적인 내용을 파악하기 힘들다. 따라서 헌법의 기본원리로서의 문화국가원리는 다른 원리와 구별될 수 있는 강조점을 통하여 통용력 있는 헌법원리로서 가능하게 된다. 이를 위하여 우리는 국가의 다른 과제영역(정치, 경제, 사회)과 관련하여 좀 더 구체적인 문화범위의 확정을 기초로 하여 "문화의 자율성 보장을 핵심으로 하면서 문화영역에 있어서 건전한 문화육성에 책임과 의무를 다하는 국가"로 문화국가를 이해하였다. 이러한 이해 하에서는 "국가에 대하여 특별한 관계에 있는 인간의 정신적·창조적 활동의 영역"에 문화국가의 과제는 집중되며, 문화국가원리는 "국민의 사회적 통합을 확보하고 인간다운 인격적 삶을 향유하기 위한 창조적이고 정신적인 기반을 조성하는 원리"로 이해된다.

이러한 문화국가원리는 헌법에서 국가목적으로 선언되거나 소위

---

70) 허영, 앞의 책, 171면; U. Steiner도 문화위임을 자각하는 권한은 그 문화정책적 내용에 따라 결정된다는 점을 지적하고 있다(Udo Steiner, "Kulturauftrag im staatlichen Gemeinwesen", in : VVDStRL 42 1984, S.30).

문화적 기본권 규정들로부터 근거지워질 수 있지만,[71] 앞에서 살펴본 것처럼 문화가 국가에 대하여 갖는 고유한 기능으로 인해서 헌법이 규정하고 있는지의 여부와 관계없이 존재한다고 할 수 있다. 사회의 통합이라는 국가의 과제를 실현하기 위해서는 그 전제조건으로 문화가 필요하다는 점이다. 왜냐하면 사회통합을 위해서는 그 때문에 설치된 제도들의 기능여부 뿐만 아니라 문화적으로 기초되어 있는 통합의 기초가 필요한 것이며, 또한 바로 사회통합을 위한 제도 자체도 그것이 기능할 수 있는 여부가 문화적으로 근거지워져야 할 사회적 정당성에 의존하고 있기 때문이다. 규범이란 반드시 실현을 요구하는 것이고 이러한 실현을 위한 전제조건들이 모두 규범텍스트 안에 포함되어 있지 않은 것이어서 그러한 조건은 헌법해석을 통해서 인정되고 끊임없이 실질화 된다고 할 수 있다.[72]

또한 문화국가원리를 헌법이 보장하는 개인의 지위로부터 도출할 수 있다. 즉 국가의 기능은 "개인의 존엄 내지 인간의 존엄"과 관련을 맺는다. 따라서 이러한 인간의 존엄에 관한 근본결단은 기본권 영역에서는 개인의 존엄을 실질화 할 수 있는 개인의 자유의 형태로 보장되고 있는데 그 핵심은 개인의 자기결정권이며, 그 내용은 형식적인 것 뿐만 아니라 실질적인 조건을 포함하는 것이다. 또한 조직법의 영역에서도 권력을 분립시키고, 결정절차를 공개함으로써 개인의 자유로 인해 발생하는 의견과 이해의 차이를 대화적 절차를 통하여 통일형성으로 나아간다는 의미에서 개인의 자유를 보장한다. Grimm에 따르면, 개인적 자유를 실질화하고 대화적 절차를 통해서 형성하는 데에는 최소의 조건이 있는데 그것은 바로 인간을 "유적표지"에 의해서 인식하는

71) 문화국가원리의 헌법적 수용에 관해서는 본서의 제3장과 제4장 제1절에서 논의된 바 있다.

72) Dieter Grimm, "Kulturauftrag im staatlichen Gemeinwesen", in : VVDStRL 42(1984), S.65.

것, 즉 인간을 "공동체의 구성원"으로서 인식하는 것이다. 다시 말해서 사회적 구속성과 관련성을 갖는 인격체로서 인간은 어느 정도 자기가 소속된 공동체에 동질감을 전제로 하는 것이고, 이는 바로 문화에 의해서 매개되는 것이므로[73] 인간을 개인으로서 자기 이해하는 것은 사회의 문화적 발전단계에 따라서 다양하게 조건 지워진다. 바로 이러한 점에서 헌법은 개성의 문화적 기초도 보장해야 한다는 결론에 이르게 된다. 이것은 결국 기본권에 대하여 고전적 이론이 결하고 있는 사회성의 측면을 강조하는 것이다. 이 점에서 Häberle가 요구한 문화국가적으로 확대된 기본권이론[74]의 정당성이 부여될 수 있다. 개인적 자유에 대한 헌법적 결단은 동시에 국가적 문화위임에 대한 승인이라는 것이 Grimm의 결론이다.[75] 이렇게 볼 때, 헌법의 문화국가적 성격은 헌법 자체에 내재해 있는 국가적 과제라고 하겠다.

U. Steiner는 국가가 문화과제를 수행하는 근거는 문화영역에서의 업적들을 공적으로 창조하거나, 공적인 원조를 제공하여 창조하는 것이 공공복리에 해당하기 때문이라고 한다.[76] 문화헌법의 다양성(Spektrum)속에서는 문화적 과제에 대한 국가 및 지방(또한 자치단체)의 성문 및 불문의 국가적 권한이 놓여 있으며, 또한 동시에 방어와 참여(문화법익에 대한 접근권 같은), 즉 소극적 보장과 적극적 급부 및 육성에 대한 시민의 문화적 자유가 놓여 있다.

---

73) 전광석, 앞의 논문(주 6), 164면.

74) Peter Häberle, Die Wesensgehaltsgarantie des Art.19 Abs.2 GG, 1983, S.385ff.

75) Dieter Grimm, a.a.O.(주 72), S.65-68. D. Grimm은 이러한 입장에서 기본법에 명시적으로 규정하지 않은 문화국가조항의 지위를 기본법 제1조와 제2조가 어느 정도 보충적으로 차지하고 있다고 하면서 명시적 문화국가조항의 제안은 어떠한 헌법적 의의도 갖지 못할 것이라고 한다.

76) Udo Steiner, a.a.O.(주 70), S.12f. 참조.

(2) 문화국가원리의 특성

문화국가는 결론부터 말하자면, 헌법질서의 구조와 성격을 규정하지 않고서는 그 본질규명이 어렵다. 이렇게 문화국가를 헌법의 기본원리로 파악하게 될 때, 문화국가원리의 독자적인 내용과 다른 헌법원리들과의 관계가 우선 정립되어야 한다. 이상의 설명에서 문화국가원리는 헌법의 규정에 관계없이 헌법에 내재해 있는 국가의 과제라는 특성 외에, 이미 앞에서 살펴본 바와 같이 문화영역이 가지는 특수성과 문화가 국가공동체에서 차지하는 역할로부터 헌법의 다른 기본원리와 구별될 수 있는 특성을 가지게 된다. 문화육성의 과제를 현대국가의 필수적인 과제로 인정함은 물론이지만, 문화는 본래 자율의 토양위에서만 자랄 수 있는 것이다. 문화는 그 특성상 전체주의적 환경 속에서는 자랄 수 없는 것이므로 문화영역에 관한 국가의 자의적 규제와 간섭에 의한 전단을 방지하지 않으면 자유도 권리도 보장될 수 없다. 즉 문화는 국가의 정치적, 행정적 수단 및 문화기업가, 문화기능인에 의해서도 조종될 수 없고, 자신 안에 내재된 본질법칙성에 따라 자기 스스로 발생하고 성장하며, 번창하는 것을 본질로 한다.[77] 따라서 문화국가원리도 "지원하되 간섭하지 않는다."[78]는 정신을 기본입장으로 해야 한다.

문화국가원리의 이러한 특성은 또한 문화의 개방성 내지 다원성의 표지와 연결되는데, 국가의 문화육성의 대상에는 원칙적으로 모든 사람에게 문화창조의 기회를 부여한다는 의미에서 모든 문화가 포함된다. 즉, "천재적인 문화"(엘리트문화) 뿐만 아니라 "보통문화"(민중문화, 서민문화, 대중문화)도 그 대상이 됨은 물론, 대항문화, 하위문화를 일방적인 억압의 대상으로 삼아서는 안되며, 그 나름대로의 가치를

---

77) Ernst Rudolf Huber,, a.a.O.(주 21), S.125.
78) 이른바 '팔길이 원칙'이며, 세계문화정책의 대강이다.

인정하고 정책적 배려의 대상으로 삼아야 한다.[79] 모든 사람들의 문화적 법익에의 접근가능성의 현실적인 강화는 문화적 기본권의 참여구조를 두고 확대되게 되는데, 시민의 소극적인 문화적 자유와 적극적(실질적 및 절차적)인 참여는 동등한 지위를 가지는 자유주의적 문화헌법의 기본권적 측면이라고 할 수 있다.[80] 소극적인 문화의 자유와 적극적인 문화적 참여의 관계는 자유와 평등의 관계 혹은 법치국가와 사회국가의 관계와 같은 문제 구조를 가진다. 따라서 문화적 영역에서의 기본권에 대해서도 때때로 새로운 위협에 대하여 기본권적 자유의 방어적 측면을 조화시키는 것이 문제이지만, 또한 그것은 참여적 측면, 즉 (사회주의 헌법의 사회적 현실과 같이) 비자유속으로 전복되어서는 안되는 문화적 참여를 보충시키는 것이 중요하다. 시민의 문화적 자유를 유효하게 하는 배후에는 능동적인 시민의 민주적 관심이 중요하다. 그러나 문화적 참여는 정치적 목적에 의해서 도구화되어서는 안 된다. 그렇지 않으면 문화는 정치적 주의화(Indoktrnation)에 이바지하게 된다. 이러한 점을 기본적 입장으로 삼으면서 국가는 참여적인 정책이 최선의 효과를 발휘할 수 있도록 노력해야 한다. 문화생활에의 참여는 집단적인 인식과 국민적 통합의 형성에 결정적으로 공헌할 수 있는 동력화의 수단이기도 하다.[81] 따라서 그것은 사람들로 하여금 그들의 문

---

79) 문화영역에 있어서 주체의 다원성은 국가와 사회의 공동의 문화책임을 매개해 주며, 기본권과 공동으로 문화헌법의 개방성과 넓은 의미, 다시 말하면 사회적 의미에 있어서의 권력분립을 가능하게 한다. Peter Häberle는 이것을 '문화적 권력분립'으로 표현하고 있다(Peter Häberle, a.a.O(주 29), S.6.

80) Peter Häberle, a.a.O(주 29), S.6.

81) P.Häberle는 많은 문화적 목적과 내용의 제시는 공동체와 시민의 동일화를 가능하게 하는데 반하여, 경제와 복지의 동일화는 거의 가능하지 않고, 여하튼 일반적인 긴급의 시기에도 그다지 유효하지 않다는 점을 지적하며, 여기에 '문화적 민주주의'의 가능성이 놓여 있다고 한다(Peter Häberle, a.a.O, S.38).

제를 인식할 수 있게 하고, 발전과정에 적극적이고 창조적으로 공헌하게 함으로써 그 문제들을 해결할 수 있는 능력을 발전시킬 수 있는 것이다.82)

한편, 문화의 자율성 획득으로 개인은 정치, 경제 분야와 더불어 문화적 영역의 자유를 누리게 되었지만, 문화의 자율성은 문화를 지배하는 다른 체계를 만들어내는 현상을 동반하였는데, 그것은 자율적 문화활동 및 그 산물이 시장의 수요와 부합되지 못하면 문화활동의 가능성이 실질적으로 위축되는 결과를 가져왔다. 이로 말미암아 상업성 있는 문화는 확대재생산으로 양산되게 되고 그 당연한 결과로 획일화 현상을 동반하였다. 이는 문화의 중요한 표지인 다원성(다양성)에도 어긋나는 문화의 병리현상이라고 하겠다. 이와 같은 현상은 전통문화와 건전문화보다 금전만능으로 인한 향락, 퇴폐문화의 번창에 일조했다고 할 수 있다. 그리고 일반국민의 입장에서 보면 문화를 향유하기 위한 문화에의 접근가능성은 높은 비용을 요구하기 때문에 실질적인 의미에서 문화적 불평등을 야기시키게 되어 '문화는 돈 많은 사람들의 여유다'라는 불평이 나오게 된다. 이로 말미암아 국가가 자율성을 원칙적으로 존중하면서도 국민들의 폭넓은 문화생활에의 향유권을 적극적으로 보장하고 올바른 문화이념의 정립에 노력할 필요성이 존재하는데, 바로 여기에서 우리는 현대적 의미에서의 문화국가원리의 출발점을 발견할 수 있는 것이다. 문화국가원리의 특성은 다음에서 살펴볼 헌법의 다른 기본원리들과의 고찰을 통하여 좀 더 구체적으로 밝혀질 수 있을 것이다.

82) 김문환, 앞의 책(주 24), 178면.

3. 문화국가원리와 헌법의 다른 기본원리와의 관계

우리 헌법질서에 있어서 중심적인 기본원리를 이루고 있는 민주주의, 법치국가, 사회국가, 나아가 문화국가는 서로 밀접한 관련 속에서 헌법의 통일성을 이루고 있다. 이러한 기본원리들이 상호 보완하고 부분적으로는 상호 중첩될지라도, 이들을 동일시하거나 상세하게 구별함이 없이 결합하는 것은 이들이 강조한 하는 바가 다르다는 것을 밝혀주지 못한다. 각 기본원리들은 이러한 강조점을 통하여 비로소 헌법구조내에 있어서 차지하는 고유한 지위상의 가치(Stellenwert)가 부여되게 된다.83) 위에서 문화국가원리의 강조점에 대해서 어느 정도 기술했지만, 문화국가원리는 다른 기본원리들과 전혀 별개의 원리가 아니라 동일한 이념(인간의 존엄과 가치)에 봉사하면서 서로 강조점의 차이로 인해 구별되는 원리라고 하겠다. 이하에서는 문화국가원리와 민주주의원리, 법치국가원리, 사회국가원리 등과의 상호관계를 살펴보고 대외정책의 기본원리로서의 평화주의와 문화국가의 관련성을 살펴보기로 한다.84)

---

83) K. Hesse, 계희열(역), 앞의 책(주 45), 171면 참조.

84) 한편, 우리나라의 현상황에서는 직접적으로 관련은 없지만 연방국가를 택하고 있는 나라들에 있어서는 연방국가를 단순히 국가형태의 문제라기보다는 현대국가의 구조적 원리 내지 권력분립의 문제로 다루는 경향이 있다. K. Hesse는 연방국가적 구조는 민주적 질서의 내용과 작용을 국가구조의 정점에 국한시키는 것이 아니라 '토대'에 접근시킴으로서 이 질서를 완벽하게 하고 강화하며, 독자적인 수직적, 수평적 권력분립작용을 통하여 사회적 법치국가의 질서를 완전하게 하며, 보다 좁은 영역에서의 실험의 기회와 지방 사이의 경쟁의 기회가 존재한다는 것 그리고 다수의 정치적 결정중심기관이 있음으로써 위기감을 감소시켜준다는 점을 들고 있다(상세히는 K.Hesse, 계희열(역), 앞의 책(주 45), 147-153면 참조). 특히 연방국가적 구조는 다수가 지역적 소수자를 침해하는 것을 곤란하게 하고, 적어도 하나의 지방이라고 하는 좁은 테두리 내에서는 지역적 소수가 정치세력과 경쟁하는 가운데 소수가 자기를 주장하는 것을 용이하게 해주는 역할을 할 수 있다고 한다(K.Hesse, 계희열(역), 앞의 책(주 45), 148면). Häberle는 연방국가성을 실질적 문화헌

(1) 민주주의원리와 문화국가원리

민주주의라는 개념을 많은 사람들이 다의적으로 사용하고 있지만 헌법의 기본원리로서의 민주주의원리는 국가질서의 계속적 형성과 그 정당성의 문제를 다루며 이에 대한 기준으로 발전되어 온 것이다. 즉, 근대민주주의의 이념이 보편화되면서부터 민주주의라는 개념은 마치 정당성의 동의어 내지 좋은 정부의 동의어처럼 인식되고 있다. 따라서 민주주의는 자유롭고 평등한 정치적 생활과정의 동적 형성을 과제로 하며, 이러한 과제의 실현을 통하여 나타나는 민주주의원리는 "국민주권의 지위에서 자유로운 정치적 의사 및 이해관계들의 표출 및 전개와 이들의 대립, 갈등, 타협, 조정 및 다수결의 원리에 따른 의사결정, 그

법의 구조원리로 보고 있다. 즉, '다원주의헌법'의 한 부분으로서 연방국가는 문화의 다양성과 자유를 가능하게 한다고 한다(자세히는 Peter Häberle, a.a.O.(주 29), S.50-53면 참조). 연방주의는 특히 정치적, 경제적, 문화적 권한의 지역적 배분인데, 입법 및 행정영역에 대한 연방과 지방의 (국가적인) 권한배분은 (바이마르헌법 제18조; 기본법 제30조, 제70조 이하) 문화적인 것에 있어서는 좁은 의미에 있어서 국가적인 영역을 널리 넘어서 작용한다고 한다. 연방주의는 사회적 영역에 있어서 문화적 자유와 다양성을 야기하며 연방을 구성하는 개개의 지방사이에 경합(Konkurrenz)은 문화헌법이 사회에 의해서 생명력이 부여될 수 있다는 것을 가능하게 해준다고 한다. 지방의 문화고권의 다양한 문화적 분야에 대한 강한 경쟁(Wettbewerb)은 개개의 법률적인 문화국가요소 및 수단을 문화헌법의 그것으로 만든다고 한다. 나아가 Häberle는 문화국가성의 '최후의' 보장은 연방국가의 구조에 놓여 있다고 한다. 그는 공동체는 또한 연방국가에 의해서 그리고 연방국가 '안에서' 문화국가가 되기 때문에 '문화적 연방국가'라는 말을 할 수 있다고 한다(Peter Häberle, a.a.O.(주 29), S.53; 한편 Oppermann도 독일의 문화정책에 있어서 문화연방주의의 정당성을 실증하고 있다(Thomas Oppermann."Ergänzung des grundgesetzes um eine Kultur(Staats)Klausel?", in: Günter Püttner (hrsg.), Festschrift für Otto Bachof zum 70. Geburtstag, C.H.Beck, 1984, S.12-13). 우리의 통일에 대비한 국가형태 논의와 관련하여, 연방국가문제는 신중히 검토해 볼 필요가 있다. 비록 연방국가를 최종적인 국가형태로 채택이 어렵다고 한다면, 문화적 동질성회복을 위한 중간단계에서는 충분히 고려해 볼만 하다고 하겠다.

리고 국민의 대표자에 의한 국가권력(기관)의 구성과 조직화, 국민과 대표자 사이에서 발생되는 정당성 부여와 통제의 문제 등을 포괄하는 (국가)공동체질서의 적정한 형성"으로 표현될 수 있다. 민주주의의 본질적 요소에 대해서는 학설과 판례에서도 분명한 해결은 찾아보기 어렵지만, 민주주의는 국가생활이나 사회생활의 실천원리로서의 성격을 가지고 있다. 이렇게 민주주의를 사회생활의 실천원리로 파악할 경우 그것은 실천의 측면에 따라 다양한 내용을 가지게 되는 역사적이고 보편적인 개념이 된다. 그러나 강조점에 있어서 다른 원리와의 구별점을 찾는다면 민주주의는 "국가의 정치적 질서의 동적 형성에 관한 기본원리"로서 정치원리로서의 성격이 강조될 수 있다. 이러한 민주주의원리는 오늘날 국민주권, 다수결, 대의제, 책임정치, 다원주의, 의회주의, 정당제도 등의 구현형태로 나타나고 있다.

우리는 국가의 다른 과제영역(정치, 경제, 사회)과 관련하여 좀 더 구체적인 문화범위의 확정("국가에 대하여 특별한 관계에 있는 인간의 정신적 · 창조적 활동의 영역")을 기초로 하여 "국민의 사회적 통합을 확보하고 인간다운 인격적 삶을 향유하기 위한 창조적이고 정신적인 기반을 조성하는 원리"로 문화국가원리를 이해하였다.

문화국가원리와 민주주의원리는 그 실현 내용에 있어서 밀접한 상호관련성을 갖는다. 민주주의의 중심적인 내용으로 인간의 존엄과 다원주의를 든다면 이는 문화국가에서도 가장 강조되는 내용이다. 민주주의의 구성내용으로서의 인간의 존엄과 다원성이 형식화될 우려를 막아주며 실질적으로 민주주의의 실현원리로 작용하는 것이 문화국가원리라고 생각된다. 20세기에 있어서 자연과학상 및 과학기술상 상상할 수 없었던 성과나 업적이 동시에 실로 그 과학기술과 기계장치의 발전에 의한 국가기구의 비인간화의 진행이라는 위기상황을 창출했다는 점을 생각할 때, 국가에 대한 문화위임은 이러한 문제를 취급하는 것을 포함한다. 그것은 또한 각종의 형태로 표현된 정신적인 것의 육성을 통해서 학문기술의 진보가 야기하는 종종 의문시되는 결과에 사회윤리적인 규제를 가하거나 이것을 극복할 것을 호소하는 것에도 있다. 이 정신적인 것이라는 것은 올바르게 이해하자면 인간적인 것의 일반을 나타내는 것이다.85) Häberle가 적절히 지적하듯이, (사회적 법치국가와) 문화국가의 국가목적은 그 원칙적인 내용에 있어서 헌법의 살아있는 실행의 의미에서 인간존엄의 존중과 보호를 위한 헌법국가적 위임의 결과이다.86) 법치국가는 인간존엄의 봉사에 있어서 사회적 법치국가로 발전되었다. 그리고 또한 헌법국가의 문화위임은 인간존엄으로부터 근거지워질 수 있으며,87) 아울러 인간의 존엄은 문화적으로 형성된 인격의 존재를 필수적인 조건으로 전제한다. 이러한 점에서 문화국가의 실현은 인간의 존엄성 보장에 궁극적 목적을 두고 있는 민주주의 국가의 중심적 과제라고 하겠다. 또한 문화국가원리가 사회일반으로 하여금 문화를 통하여 동질성을 확보하고 사회적 통합에 기여하는 역할을 무시할 수 없다. 즉, 문화의 자율성과 다양성을 해치지 않는 범위에서 동질성을 느낄 수 있는 문화창작, 보급 혹은 장려는 이러한 기능을 수행한다.

민주주의가 다원주의적 가치에 바탕을 둔 것이므로 문화에 관한 다양한 이해와 세계관도 용해할 수 있는 민주국가가 문화국가라고 할 수 있다. 문화의 자율성에 바탕을 둔 문화국가원리는 전체주의적 정치이데올로기인 나찌즘과 파시즘의 반문화적 성격을 배격한다. 문화의 민주화는 문화국가의 중요한 과제인데, 문화는 민주적 원리에 따라 사회

---

85) Thomas Oppermann, a.a.O.(주 84), S.15.

86) Peter Häberle, "Die Menschenwürde Als Grundlage der staatlichen Gemein-schaft", in: Isensse/Kirchhof, Handbuch des Staatsrechts, Bd.1, C.F.Müller, 1987, S.845.

87) D. Grimm, a.a.O.(주 72), S.46(65, 66f).

적 과제를 실현한다. 따라서 문화국가원리는 민주주의의 보편성을 확대·발전시키는 원리라고 할 수 있다.[88]

(2) 법치국가원리와 문화국가원리

문화국가가 헌법원리로서의 지위를 획득하기 위해서는 법치국가와 사회국가와의 관계가 특히 문제된다. 앞에서 살펴본 바와 같이, 국가는 그 이념에 따르면 항상 문화국가로 이해되고 형성되어야만 한다는 것은 고대 플라톤의 공화국과 아리스토텔레스의 정치학으로부터 이러한 정신이 새롭게 현실화된 르네상스에 이르기까지 법 및 국가사고의 보편적인 확신으로[89] 이러한 고전적인 문화국가의 사고는 법치국가나 사회국가보다 앞섰다고 볼 수 있다. 그러나 문화와 국가의 관계에서 살펴본 것처럼 문화가 국가로부터 자율성을 획득함으로써 진정한 의미의 문화국가에 대한 논의가 발생했다고 볼 수 있다. 이렇게 본다면 절대 권력으로부터 자유를 쟁취한 시민적 법치국가원리와 그 출발점이 같다고 할 수 있다. 이점은 Huber의 설명에서도 잘 나타난다. 그는 "시민적 헌법국가의 형태로 정치적 자기실현을 달성하려고 했던 사회는 19세기에 권력국가나 복지국가로 정의되는 절대군주의 통치구조로부터 항의적으로 분리되었다. 즉, 그 사회는 자신의 시민적 국가이념을 '법치국가'와 '문화국가'로 규정한 것이다. 법치국가 이념의 옹호자들에게는 국가권력에 대한 개인적 자유의 보장이 문제로 되었고, 문화국가의 이념의 옹호자들에게는 문화보존적 인문주의나 자유주의적 문화발전의 교양가치를 국가에 관철시키는 것이 문제로 되었다."고 지적하고 있다.[90] 그러나 법치국가원리는 국가권력으로부터 자유 및 안전의 보

88) 문화국가 내지 문화헌법에서 다원주의적 고찰에 대해서는 Peter Häberle, a.a.O(주 29), S.46-49 참조
89) Werner Maihofer, a.a.O.(주 36), S.956.
90) Ernst Rudolf Huber, a.a.O.(주 21), S.122-123 참조.

호가 주요 과제영역이라고 할 수 있다. 즉, 법치국가원리는 오늘날 동적인 기능도 강조되고 있지만, 그 주안점은 "정치적 결정의 변화 및 정치적 노선이나 지도집단의 교체 등으로부터 비교적 독립적인 가운데 헌법질서의 계속성을 유지하면서 확고한 규준에 구속된 행정권과 사법권을 구성하고, 이를 통해 비교적 지속적이고 안정적인 요소를 국가생활 속에서 확보함으로써 전체생활과정을 안정화시키는 기능"에 있다고 본다. 이렇게 볼 때, 법치국가원리는 "일정한 제도적 틀 가운데서의 안정성 있는 국가질서의 유지에 관한 기본원리"라는 점이 강조된다.

문화국가원리는 문화의 자율성 보호를 핵심으로 하면서 국가로부터의 자유방임적 문화를 내용으로 하는 것이 아니라, 즉 국가의 간섭, 통제로부터의 문화의 자유뿐만 아니라 개인과 사회의 문화적 지반의 형성을 위한 적극적 역할과 기능이 또한 기대되는 원리이다. 문화적 기본권에 있어서의 법치주의적 기본권보장과 문화국가원리의 중첩은 -민주주의와 법치주의의 기본관계가 그러하듯이- 헌법의 기본원리 상호간의 관계가 대립적 또는 고립적인 것이 아님을 이해할 때, 별 문제가 되지 않는다.

공적 문화를 중시하는 귄터 로일은 기본법은 자유의 행사에서의 책임과의 상호관계를 법치국가적인 것으로 본다고 하며, 자유의 한계와 책임의 시작은 '타인의 권리'(제2조 제1항)가 침해되는 곳에서 정의된다고 본다. 이곳에서 기본법은 재산권을 한계 지우면서 언급된 '사회적 의무'(제14조 제2항)라는 개념으로 요약될 수 있는 자유의 행사에서의 방향 제시를 포함하고 있으며, 헌법판례와 학설은 일련의 판결과 이론에서 이러한 관계를 더욱 세밀하게 분석하고, 기본법의 공동체 관념과 사회 관념을 발생시킨 자유의 행사로 이끌어야만 하는 범주를 발전시켰다고 한다. 그러나 그에 의하면, 이때는 "예외 없이 기본법의 영역에서 가치형량과 이익결정이 문제로 되지, 문화적인 방향제시가 문제로 되는 것은 아니다. 기본권적 자유의 문화적인 보충은 그것을 넘어 기본법이 매우 원치 않는 것인 기본권적 자유를 제한할 수도 있다는 의심을 받는다. 하지만, 이점에서 법치국가는 문화국가와 구별된다."고 기술하고 있다.[91)]

(3) 사회국가원리와 문화국가원리

문제는 사회국가의 원리와의 관계이다. 현대적인 의미의 문화국가원리를 기술화, 기계적으로 발전한 현대산업사회에서 여러 가지 비인간화의 위험에 대한 대책으로서 문화의 상이한 표현 형태로 정신적인 제형식의 부양을 통하여 사회 도덕적으로 불확실한 결과를 억제하고 극복하는 동시에 반문화적인 것들에 대한 항의적인 내용에 중점을 둔다면, 사회국가의 과제와 구별이 애매해진다.[92)] 이러한 점이 Häberle가 지적하는 것처럼, 법학에서는 종래 문화국가원리는 사회국가원리와 동등한 테마로 다루어지게 된[93)] 이유의 하나라고 할 수 있다. 사회국가원리의 의의와 내용에 관해서는 문화국가원리와 마찬가지로 아직 확실한 해답이 제시되지 못하고 있기 때문에 헌법적 차원에서 그 개념과 본질을 해명해야 할 과제는 여전히 남아있다. 그러나 사회국가는 현대산업사회의 생활관계에 상응하는 국가와 사회의 상호침투 현상에 따라 국가의 중요성과 국가활동의 성과에 대한 개인의 의존도 증대를 반영하는 것으로서, 자유민주적 기본질서의 테두리내에서 인간의 존엄을 보장하기 위하여 사회적 정의와 사회보장을 목적으로 하는 국가라고

---

91) Günter Reuhl, "Kulturstaatlichkeit im Grundgesetz", in: JZ 1981, S.323.

92) Huber는 19세기 산업사회의 역사적 산물로서 사회국가를 파악하면서 사회국가의 성장의 토대인 산업사회의 여러 가지 특징 중에서 일반적인 국민교육, 문화적 이익 및 문명의 성취물에 대한 만인의, 비소유계급을 포함한 만인의 평등한 접근을 내용으로 하는 문화체계를 들고 있다.(E.R.Huber, Rechtstaat und Sozialstaat in modernen Industriegesellschaft, 1965, in: E. Forsthoff (Hrsg.), Rechtstaatlichkeit und Sozialstaatlichkeit, 1968, S.596)

93) Peter Häberle, a.a.O(주 29), S.3.

할 수 있다. 다시 말하면, 사회국가는 사회적 통합을 통해서 전통적인 국가와 산업적 계급사회 간의 모순을 극복하고자 하는 현대산업시대의 국가이다. 사회국가원리는 국가의 적극적인 활동이 요구되는 동적인 원리로 이해되며, 양적으로나 질적으로 경제적·분야별 그리고 행정적으로도 확대될 수밖에 없다. 사회국가원리가 구체화되었고 또 앞으로도 구체화될 영역들을 모두 열거한다는 것은 불가능에 가깝다. 몇 가지 중요한 활동분야로 사회보험, 사회부조, 사회적 보상, 노동법의 영역, 급부행정 및 생존배려행정 등을 예시할 수 있을 것이다. 그러나 사회국가원리의 주안점은 사회정의에 입각한 최저한의 생존배려에 두고 있다고 생각한다. 물론 최저한의 생존배려의 기준이 물질적인 최저수준이 아니라 문화적인 최저수준의 생활의 확보에 있다고 보는 것이 타당하지만, 사회국가원리는 경제적인 계기에 중점이 두어짐은 부인할 수 없다. 따라서 자유 및 생존을 윤택하게 하는 문화적, 정신적인 계기에 중점이 두어지는 문화국가원리와 그 강조점에서 차이점을 발견할 수 있다. 그러나 문화국가의 실현은 사회국가의 실현과 무엇보다도 밀접한 관련이 있다. 극단적으로 말하면, 사회국가의 실현은 문화국가실현의 전제를 이룬다고도 말할 수 있다. 속된말로 배가 불러야 정신적인, 인격적인 고양을 돌아볼 여유가 생긴다고 말할 수 있을 것이기 때문이다.

제2차 세계대전 후, 독일에서는 "시민에 대한 사회적 보장"이라는 슬로건하에 사회입법의 주목할 만한 성과를 가져왔지만, 시민은 그가 사회적으로 뿐만 아니라 문화적으로 보장될 때야 비로소 인격적 영역에 있어서 사실상 자유롭기 때문에, 이러한 "시민에 대한 사회적 보장" 활동은 시민에 대한 "문화적 보장"을 위한 활동을 통하여 보충되어야만 한다.[94] 이러한 주장으로부터 우리는 문화(국가)정책이 단순히 사

94) Theodor Maunz, "Die kuturelle Sicherheit des Bürgers", in: Peter Häberle

회국가정책의 하나로 고찰할 수 만은 없다는 점을 인식할 수 있다.95) 비록 사회국가에서의 문화정책을 인정할지라도, 거기에는 한계가 있다. 즉, 사회국가는 문화국가의 대립상이 아님을 인정할 수 있지만, 문화정책이 사회국가에서의 사회정책의 단순한 일부분으로 되어서는 안된다. 사회적 급부 및 안전철학의 정신을 배경으로 하여 사회정책에의 과도한 집착은 문화정책적 지평을 본질상 "국가의 문화경영"(E.R.Huber)으로 축소시킬 수 있다. 사회국가적 간섭열풍(Interventionsdrang)에 상응하여 법률, 법규명령, 규칙, 행정규칙의 다수는 예술, 학문, 교육의 영역에 이르기까지 규제하게 된다. 우리는 이 모든 것을 일면에 있어서는 가치가 있는 것으로 받아들일 수 있지만, 한편으로는 사회국가적 법정책의 "계산적 사고"(Heidegger)는 문화영역을 도구화 법제화할 위험성이 있다는 것을 간과할 수 없다.96) 문화의 영역은 다른 생활영역보다 특수한 고유법칙성이 생명이다. 법제화의 과잉은 문화라는 것의 자유, 다양성, 개성, 자발성을 위협한다.97) 이러한 점에서 문화국가는 문화현상을 사회의 자율적 영역에 맡겨 최대한 문화적 자율성을 보장하는 것이 이상적이다. 다만, 시민의 문화적 참여를 실현하기 위한 기

(Hrsg.), Kulturstaatlichkeit und Kulturverfassungsrecht, Darmstadt, 1982, S.146.

95) U. Steiner는 문화국가의 행위는 사회국가원리의 구체화가 아니라, 내용적으로 독자적인 정치적 혹은 헌법적 위임의 결과로 나타난다는 것을 강조한다. (Udo Steiner, a.a.O.(주 70), S.34, 44).

96) Walter Schmitt Glaeser, "Rechtspolitik unter dem Grundgesetz Chance-Versäumnisse-Forderungen", in: AöR 107(1982), S.365.

97) Peter Häberle, a.a.O(주 29), S.22; 한편 Huber는 "'법치국가' 나 '사회국가'라는 단어는 어쨌든 완벽한 기술성과 완전한 도구화의 체계 속으로 들어올 수 있다. 즉, 그 단어들은 법적인 것과 사회적인 것이 집단적인 존재의 방법으로만 타당한 완전히 자동화된 세계 속에서도 비록 변경되었지만 어떤 의미를 갖는다. 문화국가란 말은 도구화에 더 이상 접근할 수 없다"고 하여 문화국가의 성격을 강조한다(Ernst Rudolf Huber,, a.a.O.(주 21), S.124 ; 그밖에 W. Schmitt Glaeser, a.a.O.(주 96), S.365도 참조).

반조성과 반문화현상에 대한 대책으로 국가의 문화형성적 과제를 인정하는 것이 각국의 경향이다. 그렇지만 국가의 간섭·규제도 문화현상 그 자체에 방향을 제시하는 등 문화 그 자체에 있는 것이 아니라 문화가 생겨날 수 있는 "문화풍토"의 조성에 있는 것이다.[98)]

국가적인 문화촉진은 부지불식간에 '자율적인' 과정에의 국가적 간섭-문화적인 것의 자유와 다양성 및 발전을 위협할 수 있는-을 내포하고 있다. 똑같은 불확실한 관계가 사회국가와 문화국가 사이에서 보여진다. 일면에 있어서는, 우리가 교육제도에 있어서 기회균등에 대해 생각한다면, 문화국가는 사회국가를 통하여 실현된다. 이러한 한 사회국가적인 현실은 문화헌법적인 가능성이다. 다른 한편, 문화국가는 사회국가의 한계와 충돌한다(모든 예술이 다 조성될 수는 없다). 문화적 자유는 단순한 국가적 급부에 의해서는 실현될 수 없다. '사회국가적 급부의 한계'에 도달되었고, 또 사회국가가 국민이 이상적으로 자기정체성을 확보할 가능성을 충분하게 창조할 수 없기 때문에 오늘날 문화국가의 과제와 내용에 대한 숙고가 필요하다는 사실은 전혀 도외시 하더라도 그러한 것이다. 역으로 문화국가는 사회국가에 의해서 제한되기도 한다. 즉, "생활관계의 통일성"(기본법 제72조 제2항 제3호 참조)은 문화적 다양성을 파괴하는 획일화의 위험이 있다.[99)] 이상에서 볼 때, 사회국가원리와 문화국가원리의 상호관계에 대한 이해가 중요하다는 것을 알 수 있다.

본래 자유주의적인 모순을 해결하기 위한 사회개혁적 수단으로 사회국가가 등장한 것이지만 일단에서는 사회혁명적 방법으로 모순을 해결하였던 점을 볼 때, 사회혁명적 방법에 의한 획일화로 나아가는 것을 막는 원리로 문화국가원리(특히, 그 특징인 다원성)의 중요성이 있

98) 허영, 앞의 책(주 1), 172면.
99) Peter Häberle, a.a.O(주 29), S.35.

다고 본다. 이렇게 볼 때, 사회국가원리와 문화국가원리는 공히 자유민주적 기본질서를 떠받치는 원리라고 하겠다.

(4) 평화주의와 문화국가원리

문화의 문제는 평화의 문제와 밀접한 관련을 맺고 있다. 왜냐하면 문화적 요소는 국제관계에 있어서 상당한 중요성을 가지기 때문이다. 문화를 통하여 평화에 이바지하는 것을 조직의 최고의 목적으로 삼고 있는 유네스코(UNESCO)의 헌장을 살펴볼 때, 우리는 문화와 평화의 변증법적 관계를 인식할 수 있을 것이다. 즉, "전쟁은 사람의 마음속에서 개시되기 때문에, 바로 사람의 마음에 평화의 울타리가 구축되어야만 한다."('since wars begin in the minds of men, it is in the minds of men that the defence of peace must be constructued')는 말이 암시하듯이, 문화는 사람의 마음에 평화의 울타리를 구축하는데 중요한 기여를 한다. 왜냐하면 전쟁, 인종주의(racism) 및 인종차별은 모두 다른 인간이 자신과 본질적으로 평등하다는 사실을 고의적으로 거부하는 데서 기인한다. 모든 사람이 기본적 인권의 하나로서 문화권을 가진다는 사실을 인식하지 못하게 하는 것은 세계평화를 위협하고, 파멸의 예감으로 가슴을 압박하는 긴장과 전쟁이 주된 원인이다. 만약 평화가 타인과 그들의 문화적 정체성(identity), 다시 말하면 그들의 생활권과 다를 수 있는 권리의 인식과 수용에, 혹은 사람들 사이에 평등과 존엄에 기초지워져야 한다면, 20세기의 말은 탈식민지화와 새로운 국제질서의 창설에 의해서 특징 지워져야 한다. 탈식민지화는 정치적, 경제적인 면에서 뿐만이 아니라 문화의 교류를 통하여 모든 사람을 자유롭게 하고 사람들 사이에 자유로운 협력을 허용하는 문화적인 면에서도 이루어져야만 하는 전반적인 것이어야 한다. 그러므로 문화는 장래에는 평화의 새로운 이름이 될 수 있을 것이다.[100] 따라서 문화와 인간주의적 협동은 함께 평화의 대의에 이바지할 것이 요청된다. 문화적인 제기본권과 제도는 평화우호적 방법과 절차에 의해서만 문화적인 그 무엇을 창출할 수 있는 것이지 평화적대적 수단에 의해서 창출된 그 무엇은 결코 문화적인 것으로 평가될 수 없다. 전쟁은 문화를 파괴하는 것이며, 문화는 평화적 환경에서만 얻어지는 것이다. 평화와 문화는 인류공동의 과제로 제2차 세계대전 후, 세계 각국은 헌법에서 교육, 문화에 관한 조항과 더불어 평화주의 이념을 구체화하고 있다.101) 평화국가는 보편적 다원적 인류가치의 존립을 보장하는 국가로서 곧 문화의 창조, 유지, 보전, 전승의 가치적 활동을 승인하는 현대헌법국가의 특징이라고 할 수 있다.102) 이렇게 볼 때, 대외정책의 기본원리로서 평화주의는 문화국가실현의 대외적 전제조건을 이루며, 역으로 문화국가원리의 실현은 평화를 위협하는 요소를 제거하는데 이바지하게 된다는 점에서 서로 밀접한 관련을 맺고 있다.

---

100) UNESCO, World Conference on Cultural Policies(Mexico City, 26 July -6 August 1982): Final Report, 1982, p.12.

101) 평화를 인권의 하나로 파악하려는 노력은 특히 일본에서 "평화적 생존권"이라는 이름으로 널리 논의되고 있다(和田英夫(執筆代表), 現代における平和憲法の 使命, 東京:三省堂, 1986; 和田英夫·小林直樹·深瀨忠一·古川 純(編), 平和憲法の 創造的 展開 -總合的 平和保障の 憲法學的 硏究-, 東京: 學陽書房, 1987; 구병삭, "평화적 생존권", 고시연구, 1982, 3; 김수갑, 인간다운 생활을 할 권리에 관한 연구, 서울대학교 대학원 석사학위논문, 1989, 137-143면 참조); 한편, UNESCO의 전문가들에 의해서 논의되는 연대권(Solidarity Rights)은 시민적·정치적 권리(제1세대 인권), 경제적·사회적·문화적 권리(제2세대 인권)에 이어 제3세대 인권으로 불리고 있는데 그 내용은 평화·개발·환경에 대한 권리, 인류공동체 유산의 보존의 권리 등이 핵심을 이루고 있다.

102) K. Stern은 독일의 경우 제2차 세계대전 종식 후, 세계대전의 책임감 때문에 그 급부행정이 전쟁회피를 전적으로 새로운 과제로 인식하게 되었고, 따라서 전쟁회피의 과제는 사회국가의 중요한 과제의 하나라고 설명하고 있지만(K. Stern, a.a.O.(주 47) S.699), 문화국가야말로 전쟁회피의 과제가 무엇보다도 중요하다.

(5) 소결

헌법질서의 구체적 형성에 있어 중추적인 기능을 하는 기본원리로 일반적으로 인정되는 민주주의원리, 법치국가원리, 사회국가원리 및 문화국가원리 등은 대내적인 헌법의 기본원리로 그 중요한 기능을 다하고 있으며, 국제평화주의는 대외적인 헌법의 기본원리로 기능을 하고 있다. 그 밖에 오늘날은 '환경보호국가의 원리'103) 등이 논의되고 있다. 이러한 헌법의 기본원리들은 결국 모두가 헌법의 기본이념 내지는 헌법의 최고 구성원리라고 할 수 있는 인간의 존엄과 이를 구체화시키는 기본권 보장에 기여하는 것이지만, 각기 다른 방향에서 상이한 문제들을 해결하고 있다는 데에서 그 독자적인 존재의의를 찾을 수 있다. 그러나 대부분의 헌법적 문제들의 해결에 있어서는 이들 중의 어느 한 원리가 배타적으로 적용됨으로써가 아니라 여러 기본원리들이 동시에 적용되는 가운데서 비로소 적절한 문제해결을 기대할 수 있다는 것도 간과되어서는 안될 것이다.104)

민주주의원리는 생활의 실천원리로서 모든 생활의 영역에서 그 정당성 평가의 기준이 되기도 하지만, 그 강조점이 "국가의 정치적 질서의 (동적) 형성에 관한 원리"라는 점에 두어진다. 한편, 법치국가원리도 "일정한 제도적 틀 가운데서의 안정성 있는 국가질서의 유지에 관한 원리"로 그 강조점이 인정되지만, 민주주의 원리와 함께 다른 기본원리들의 한계설정에 있어서 그 기준이 된다. 즉, 사회국가원리나 문화

103) Bundesminister des Innern und Bundesminister der Justiz(hrsg.), Staats ziel- bestimmungen / Gesetzgebungsaufträge (Bericht der Sachverstan digenkommis- sion), 1983, S.84-106.

104) 유시조 교수는 우리헌법상의 문화국가의 법적 성격을 반전체국가성, 평화국가성, 복지국가성, 민주국가성으로 설명하고 있다(유시조, "문화국가의 개념과 법적성격", 법학연구 제3집 (부산외국어대학 법학연구소), 1991. 64-68면).

국가원리는 그 한계, 또한 실질적 법치국가의 요청에서 찾을 수 있다. 즉 사회국가원리가 공동체를 복지국가나 급양국가로 변질시킬 위험성을 간과할 수 없지만, 자기의 책임을 수반하는 자유를 폐지하는 국가에 의한 포괄적 부조는 더 이상 사회적 법치국가의 원리에 부합되지 않는다. 이 점은 문화국가에서도 역시 마찬가지이다.

이상의 고찰을 통해서 볼 때, "국가에 대하여 특별한 관계에 있는 인간의 정신적·창조적 활동의 영역"을 중심적인 과제영역으로 하여 "국민의 사회적 통합을 확보하고 인간다운 인격적 삶을 향유하기 위한 창조적이고 정신적인 기반을 조성하는 원리"로 이해되는 문화국가원리는 민주주의원리, 법치국가원리, 사회국가원리 등과 별개의 동떨어진 원리가 아니라, 상호 관련을 맺으며 서로 보완해주면서 자유민주적 기본질서의 실천원리로서 기능하고 있다고 하겠다. 이러한 기본원리들이 각기 생활의 각 영역에서 내실 있게 구현될 때, 대한민국의 국가형태인 민주공화국은 그 진정한 의의를 가지게 될 것이다.

4. 헌법재판소 판례에 나타난 문화국가원리

앞에서 살펴본 바와 같이, 그동안 우리학계에서는 문화국가원리를 우리 헌법의 기본원리로 인정하는데 대체로 의견의 일치를 보고 있다. 헌법재판소에서도 문화국가원리를 헌법의 기본원리로 파악하고 있어 이러한 입장을 뒷받침하고 있다. 이러한 판례를 통하여 문화국가원리는 추상적인 원리가 아니라, 우리 생활에서 규범력을 가진 구체적인 원리로 기능하고 있음을 볼 수 있다.

(1) 학교정화구역 내에서의 극장시설 금지 사건[105)]

학교환경위생정화구역 내에서는 극장업을 운영할 수 없도록 한 학교보건법 제6조 제1항 제2호에 위반하여 극장을 운영한 사람에 대한 기소사건에서 피고인이 위헌심판제청신청을 한 사건과 유사한 사건에서 당해 재판부가 학교보건법 제6조 제1항 제2호 '극장' 부분이 국민의 직업의 자유, 예술의 자유, 행복추구권을 침해한다면 위헌여부심판제청을 한 사건을 병합한 사건이다. 이 사건에서 헌법재판소는 "① 대학의 정화구역에서도 극장영업을 일반적으로 금지하고 있는 법률조항은 극장운영자의 직업수행의 자유를 필요·최소한 정도의 범위에서 제한한 것이라고 볼 수 없어 최소침해성의 원칙에 반한다. ② 유치원 및 초·중·고등학교의 정화구역 중 극장영업을 절대적으로 금지하고 있는 절대금지구역에서는 예외를 허용할 수 있는 가능성을 전혀 인정하지 않는 법률조항은 그 입법목적을 달성하기 위하여 필요한 정도 이상으로 극장운영자의 기본권을 제한하는 법률이다. ③ 이 사건 법률조항은 극장운영자의 표현의 자유 및 예술의 자유도 필요한 이상으로 과도하게 침해하고 있으며, 표현·예술의 자유의 보장과 공연장 및 영화상영관 등이 담당하는 문화국가형성의 기능의 중요성을 간과하고 있는 위헌적인 규정이다. ④ 이 사건 법률조항은 대학생의 자유로운 문화향유에 관한 권리 등 행복추구권을 침해하고 있으며,[106)] 아동·청소년의 문화향유에 관한 권리 등 인격의 자유로운 발현과 형성을 충분히 고려하고 있지 아니하므로 아동·청소년의 자유로운 문화향유에 관한 권리

---

105) 헌재 2004.5.27. 2003헌가1, 2004헌가4(병합) (학교보건법 제6조 제1항 제2호 위헌제청, 학교보건법 제19조 위헌제청).

106) 헌법재판소는 "직업교육이 날로 강조되는 대학교육에 있어서 문화에의 손쉬운 접근가능성은 중요한 의미를 갖는 기본권으로서의 의미를 갖게 된다"는 점을 강조하고 있다.

등 행복추구권을 침해하고 있다. ⑤ 이 사건 법률조항 중 초·중등교육법 제2조에 규정한 각 학교에 관한 부분에 대하여는 단순위헌의 판단을 하기보다는 헌법불합치결정을 하여 입법자에게 위헌적인 상태를 제거할 수 있는 여러 가지의 입법수단 선택의 가능성을 인정할 필요성이 있는 경우라고 할 것이다."[107]란 취지의 결정을 내렸다.

헌법재판소는 우리나라가 건국헌법 이래 문화국가의 원리를 헌법의 기본원리로 채택하고 있다는 점을 분명히 하면서, 헌법전문, 제9조 외에 문화국가를 실현하기 위하여 보장되어야 할 정신적 기본권으로 양심과 사상의 자유, 종교의 자유, 언론·출판의 자유, 학문과 예술의 자유 등의 규정을 문화국가원리의 근거규정으로 중요하게 언급하고 있다. 개별성·고유성·다양성으로 표현되는 문화는 사회의 자율영역을 바탕으로 한다고 할 것이고, 이들 기본권은 견해와 사상의 다양성을 그 본질로 하는 문화국가원리의 불가결의 조건이라고 하고 있다.[108] 나아가 "문화국가원리는 국가의 문화국가실현에 관한 과제 또는 책임을 통하여 실현되는 바, 국가의 문화정책과 밀접 불가분의 관계를 맺고 있다. 과거 국가절대주의 사상의 국가관이 지배하던 시대에는 국가의 적극적인 문화간섭정책이 당연한 것으로 여겨졌다. 그러나 오늘날에 와서는 국가가 어떤 문화현상에 대하여도 이를 선호하거나, 우대하는 경향을 보이지 않는 불편부당의 원칙이 가장 바람직한 정책으로 평가받고 있다. 오늘날 문화국가에서의 문화정책은 그 초점이 문화 그

107) 단순위헌의 판단이 내려진다면 극장에 관한 초·중·고등학교·유치원 정화구역 내 금지가 모두 효력을 잃게 됨으로써 합헌적으로 규율된 새로운 입법이 마련되기 전까지는 학교정화구역 내에도 제한상영관을 제외한 모든 극장이 자유롭게 설치될 수 있게 되어, 입법자가 새로운 입법수단을 마련하는 데 있어서 제약(신뢰원칙보호의 필요성 등)을 받게 된다는 것이 헌법불합치결정의 이유이다.

108) 이점에 관해서는 헌재 2000. 4. 27. 98헌가16, 98헌마429(병합), 427, 445-446 참조.

자체에 있는 것이 아니라 문화가 생겨날 수 있는 문화풍토를 조성하는 데 두어야 한다. 문화국가원리의 이러한 특성은 문화의 개방성 내지 다원성의 표지와 연결되는데, 국가의 문화육성의 대상에는 원칙적으로 모든 사람에게 문화창조의 기회를 부여한다는 의미에서 모든 문화가 포함된다. 따라서 엘리트문화 뿐만 아니라 서민문화, 대중문화도 그 가치를 인정하고 정책적인 배려의 대상으로 하여야 한다"고 문화국가원리의 실현을 위한 문화정책의 방향까지 제시하고 있다.

또한 헌법재판소가 초·중·고등학교의 학생들은 오늘날 대중음악 등 대중문화의 가장 중요한 소비자 및 향유자로서 성인에 비하여도 뒤지지 않는 높은 수준의 문화적 욕구를 가지고 있다는 점을 인정하고, 광범위한 영상매체 유해환경에 노출가능성이 높아진 청소년의 보호를 위하여 공연과 영화의 상영을 제한하는 것보다는 양질의 공연물 및 영상물에 보다 쉽게 접할 수 있는 기회를 제공하는 것이 바람직한 청소년보호정책이라고 한 점은 청소년문화정책의 새로운 방향을 제시한 것으로 평가할 수 있다.

(2) 구 전통사찰보존법 사건[109]

전통사찰의 경내지 등에 대한 모든 유형의 소유권변동이 전통사찰을 훼손할 수 있음에도 불구하고, 다른 소유권변동 원인과 달리 '공용수용'으로 인한 소유권변동에 대해서는 아무런 규제를 하지 아니한 구 전통사찰보존법과 관련하여 헌법재판소는 전통사찰보존법의 입법목적은 "'민족문화의 유산으로서 역사적 의의를 가진 전통사찰을 보존함으로써 민족문화의 향상에 이바지하게 하는 것'으로서, '국가는 전통문화의 계승·발전과 민족문화의 창달에 노력하여야 한다.'라고 규정한 헌

109) 헌재 2003. 1. 30. 2001헌바64[구 전통사찰보존법 제6조 제1항 2호 등 위헌소원사건)].

법 제9조에 근거하여 제정된 것이다. 관할 행정관청의 전통사찰 지정은 국가의 '보존공물(保存公物)'을 지정하는 것으로서, 헌법적 보호법익은 '민족문화유산의 존속'이다.", "민족문화유산을 보존하는 것이 국가의 은혜적 시혜가 아니라 헌법상 의무이므로, 일단 관할 국가기관에 의하여 민족문화유산으로 지정된 전통사찰의 경우, 사정이 허락하는 한 이를 최대한 지속적으로 보존하는 것이 헌법 제9조 등의 규정 취지에 부합한다"고 판시하였다. 나아가 전통사찰의 경내지 등에 대한 모든 유형의 소유권변동이 전통사찰을 훼손할 수 있음에도 불구하고, 다른 소유권변동 원인과 달리 '공용수용'으로 인한 소유권변동에 대해서는 아무런 규제를 하지 아니한 것은 헌법 제23조를 이유로 하여 헌법 제9조의 규정을 실질적으로 무력화시키는 결과를 초래하므로, 평등의 원칙에 어긋나는 위헌적인 법률이라고 결정하였다.

(3) 과외교습금지 사건[110)]

과외교습을 금지한 학원의 설립·운영에 관한 법률과 관련한 결정에서 헌법재판소는 "사적인 교육의 영역에서 부모와 자녀의 기본권에 대한 중대한 침해라는 개인적인 차원을 넘어서 국가를 문화적으로 빈곤하게 만들며, 국가간의 경쟁에서 살아남기 힘든 오늘날의 무한경쟁시대에서 문화의 빈곤은 궁극적으로는 사회적·경제적인 후진성으로 이어질 수밖에 없다"고 전제하고 단지 일부 지나친 고액과외교습을 방지하기 위하여 모든 학생으로 하여금 오로지 학원에서만 사적으로 배울 수 있도록 규율한다는 것은 어디에도 그 예를 찾아볼 수 없는 것일 뿐만 아니라 자기결정과 자기책임을 생활의 기본원칙으로 하는 헌법의 인간상이나 개성과 창의성, 다양성을 지향하는 문화국가원리에도 위반

110) 헌재 2000. 4. 27. 98헌가16, 98헌마429(병합)[학원의 설립·운영에 관한 법률 제22조 제1항 제1호 등 위헌제청, 학원의 설립·운영에 관한 법률 제3조 등 위헌 확인].

된다고 판시하고 있다.

(4) 문화예술진흥기금 납입금 사건[111)]

문예진흥기금 모금의 모금액·모금대행기관의 지정·모금수수료·모금방법 및 관련자료 기타 필요한 사항을 대통령령에 위임하고 있는 구 문화예술진흥법 제19조 제5항 및 제19조의2 제3항이 헌법 제75조상의 포괄위임입법금지의 원칙 등에 위배되는지 여부가 다투어진 사건에서 헌법재판소는 특별부담금으로서의 문예진흥기금의 납입금은 그 헌법적 허용한계를 일탈하여 헌법에 위반된다고 판시하였다. 그 이유로 "첫째, 문예진흥기금의 모금대상인 시설을 이용하는 자를 공연 등을 관람한다는 이유만으로, 역사적·사회적으로 나아가 법적으로, 다른 사람들과 구분할만한 동질성 있는 특별한 집단으로 인정하는 것은 대단히 무리라고 할 것이다. 현대 문화국가에 있어서는 공연장 등의 이용이, 선택된 문화적 향수자라고 구획될 만한, 특정한 국민에게만 한정되는 것이 아니기 때문이다. 둘째, 문예진흥기금의 납입금의무를 지는 사람들이, 똑같은 일반 국민인데도, 우연히 관람기회를 갖는다고 하여 이로써 여타의 다른 국민 또는 일반 납세자보다 문화예술진흥의 목적을 달성하는데 대하여 객관적으로 더 근접한 위치에 있다고 볼 수는 없다. 공연 등을 관람하는 것은 모든 국민에게 일상적으로 용이하게 접근이 가능하기 때문에 일반 관람자로서의 국민들 중에 누구를 특별히 문화예술의 진흥이라는 공적 과제에 더 근접한 위치에 있다고 자리매김을 하는 것은 너무나 무리한 일이다. 셋째, 공연 등을 관람하는 일부의 국민들만이 문화예술의 진흥에 집단적으로 특별한 책임을 부담하여야 할 아무런 합리적인 이유도 발견되지 아니한다. 오히려 이들은

---

111) 헌재 2003. 12. 18. 2002헌가2[구 문화예술진흥법 제19조 제5항 등 위헌제청].

일반납세자로서 공연 등의 관람료에 포함된 부가가치세를 부담함에도 불구하고, 세금의 부담에서 한 걸음 더 나아가, 문예진흥기금의 납입이라는 추가적인 책임과 부담까지 안고 있는 것이다. 넷째, 문예진흥기금이 공연관람자 등의 집단적 이익을 위해서 사용되는 것도 아니다. 현실적으로 문예진흥기금은 문예진흥을 위한 다양한 용도로 사용되고 있지만, 그것이 곧바로 공연관람자들의 집단적 이익을 위한 사용이라고 말할 수는 없는 것이다. 공연 등을 보는 국민이 예술적 감상의 기회를 가진다고 하여 이것을 집단적 효용성으로 평가하는 것도 무리이다. 공연관람자 등이 예술감상에 의한 정신적 풍요를 느낀다면 그것은 헌법상의 문화국가원리에 따라 국가가 적극 장려할 일이지, 이것을 일정한 집단에 의한 수익으로 인정하여 그들에게 경제적 부담을 지우는 것은 헌법의 문화국가이념(제9조)에 역행하는 것이다. 이와 같이, 이 사건 문예진흥기금의 납입금 자체가 특별부담금의 헌법적 허용한계를 벗어나서 국민의 재산권을 침해하므로 위헌이라 할 것이고 그렇다면 납입금의 모금에 대하여 모금액·모금대행기관의 지정·모금수수료·모금방법 등을 대통령령에 위임한 심판대상 법조항들은 더 나아가 살펴볼 필요도 없이 위헌임을 면치 못할 것이다."는 것을 제시하고 있다(위헌의견 8인 중 4인의 위헌의견).

(5) 스크린쿼터제 사건[112]

공연장의 경영자가 국산영화를 연간상영일수의 5분의 2이상 상영하여야 한다는 영화법 제26조와 같은 법 시행령 제20조의3 규정은 청구인들에게 국산영화를 상영하도록 강제적으로 의무를 지우는 것으로서 청구인들의 직업의 자유와 평등권을 침해하는 규정이라 하여 청구한 헌법소원심판 사건에서, 헌법재판소는 "영화는 민족공동체의 문화

112) 헌재 1995. 7.21, 94헌마125[영화법 제26조 등 위헌확인].

적 창작력의 중요한 표현양식일 뿐 아니라 텔레비전, 종합유선방송, 위성방송 등 방송매체가 영화를 기반으로 성장하여 왔으며, 비디오, 컴퓨터게임 등의 관련영상산업분야도 영화를 바탕으로 하여 제작 혹은 촉발되어지는 등 영화는 이 산업분야의 기반이 되는 고부가가치산업이라 할 것이다"고 하면서 스크린쿼터제는 국내문화를 보호증진하기 위한 합헌적 제한이라는 취지의 결정을 내렸다.[113)]

(6) 호주제 사건[114)]

호주제의 위헌성이 다투어진 사건에서 헌법재판소는 "헌법 전문과 헌법 제9조에서 말하는 '전통', '전통문화'란 역사성과 시대성을 띤 개념으로서 헌법의 가치질서, 인류의 보편가치, 정의와 인도정신 등을 고려하여 오늘날의 의미로 포착하여야 하며, 가족제도에 관한 전통·전통문화란 적어도 그것이 가족제도에 관한 헌법이념인 개인의 존엄과 양성의 평등에 반하는 것이어서는 안 된다는 한계가 도출되므로, 전래의 어떤 가족제도가 헌법 제36조 제1항이 요구하는 개인의 존엄과 양성평등에 반한다면 헌법 제9조를 근거로 그 헌법적 정당성을 주장할 수는 없다"고 하여 전통문화의 의미를 명확히 정의 내리면서 더 이상 변화된 사회환경 및 가족관계와 조화되기 어렵고 오히려 현실적 가족공동체를 질곡하기도 하는 호주제를 문화국가조항을 근거로 존치할 이유를 찾아보기 어렵다고 하면서 헌법불합치결정을 내린 바 있다.

---

113) 이 사건 심판대상인 영화법 제26조는 국산영화의 연간상영 일수를 대통령령에 위임하고 있는 것과 관련하여 헌법재판소는 "비록 위 규정이 의무상영일수의 상한이나 하한을 명시적으로 설정하고 있지는 않지만, 위와 같은 법률 규정의 취지에서 볼 때 대통령령에 규정될 내용이 연간상영 일수의 일부를 대상으로 한다는 점에서 그 대강을 충분히 예측할 수 있다 할 것이므로 위임입법의 한계를 벗어난 것이라 할 수 없다"고 판시하였다.

114) 헌재 2005. 2. 3. 2001헌가 9·10·11·12·13·14·15, 2004헌가5(병합)[민법 제781조 제1항 본문 후단부분 위헌제청 등].

(7) 동성동본금혼제 사건[115)]

동성동본(同姓同本)인 혈족(血族)사이의 혼인을 금하고 있는 민법 제809조 제1항의 위헌 여부가 다투어진 사건에서 헌법재판소는 중국의 동성금혼 사상에서 유래하여 조선시대를 거치면서 법제화되고 확립된 동성동본금혼제는 그 제도 생성 당시의 국가정책, 국민의식이나 윤리관 및 경제구조와 가족제도 등이 혼인제도에 반영된 것으로서, 충효정신을 기반으로 한 농경중심의 가부장적, 신분적 계급사회에서 사회질서를 유지하기 위한 수단의 하나로서의 기능을 하였다는 점을 들면서 자유와 평등을 근본이념으로 하고 남녀평등의 관념이 정착되었으며, 경제적으로 고도로 발달한 산업사회인 현대의 자유민주주의사회에서 동성동본금혼을 규정한 민법 제809조 제1항은 이제 사회적 타당성 내지 합리성을 상실하고 있다고 판시하고 있다. 이 제도는 이제 더 이상 법적으로 규제되어야 할 이 시대의 보편타당한 윤리 내지 도덕관념으로서의 기준성을 상실하였다고 볼 수밖에 없고, 헌법 제9조의 정신에 따라 우리가 진정으로 계승·발전시켜야 할 전통문화는 이 시대의 제반 사회·경제적 환경에 맞고 또 오늘날에 있어서도 보편타당한 전통윤리 내지 도덕관념이라고 판시하고 있다.[116)]

115) 헌재 1997. 07. 16, 95헌가6 내지 13 (병합)[민법 제809조 제1항 위헌제청]. 이 사건은 5인의 위헌의견과 2인의 헌법불합치의견이 있어 헌법불합치결정으로 주문이 쓰여졌다.

116) 이 사건에서 "동성동본금혼제는 중국에서 유래한 것이 아니라 단군 건국초부터 전래되면서 관습화된 우리 민족의 미풍양속으로서 전통문화의 하나이며, 비록 1970년대 이래 급속한 경제성장에 따라 우리의 사회환경이나 의식이 여러 면에서 변화하고 있지만 우리의 혼인관습이 본질적으로 변하였다고 볼만한 자료는 없다"는 2인의 반대의견이 있다.

(8) 학교운영위원회 위원 전원에 의한 교육위원 및 교육감 선출제도[117]

교육위원 및 교육감의 선거인단을 학교운영위원회 위원 전원으로 구성하도록 규정하고 있는 지방교육자치에 관한 법률 제62조 제1항이 선거권, 평등권, 교육의 자주성을 침해하는가 여부가 다투어진 사건에서 헌법재판소는 "지방교육자치도 지방자치권행사의 일환으로서 보장되는 것이므로, 중앙권력에 대한 지방적 자치로서의 속성을 지니고 있지만, 동시에 그것은 헌법 제31조 제4항이 보장하고 있는 교육의 자주성·전문성·정치적 중립성을 구현하기 위한 것이므로, 정치권력에 대한 문화적 자치로서의 속성도 아울러 지니고 있다. 이러한 '이중의 자치'의 요청으로 말미암아 지방교육자치의 민주적 정당성 요청은 어느 정도 제한이 불가피하게 된다"고 하면서, 지방교육자치제에서 요구되는 교육의 자주성에 대한 요청과 민주적 정당성에 대한 요청 사이의 조화를 꾀하기 위한 것으로서, 비록 주민의 대표성이나 주민자치의 원칙의 측면에서는 다소 부족한 점이 있다고 하더라도 이는 입법부에 주어진 합리적인 재량의 범위 내의 것이라고 할 것이므로, 이 사건 법률조항이 주민자치의 원칙을 위배하여 청구인들의 선거권을 침해한 것이라고는 볼 수 없다고 판시하고 있다.

117) 헌재 2002.3.28. 2000헌마283[지방교육자치에 관한 법률 제62조 제1항 위헌확인].

제5장 | 문화국가원리의 실현구조

제1절 문화국가의 과제영역

I. 개관

국가의 문화과제 또는 문화책임이란 국가 쪽에서 보아 헌법으로부터 부여받은 권한과 의무를 말하는 것이고, 다른 한편 문화위임이란 헌법 쪽에서 국가에게 권한과 의무를 부여하는 측면을 파악한 것이다. 문화국가원리는 국가의 문화과제 또는 문화책임을 통하여 실현된다. 그러나 문화활동 자체가 발전적 성질을 지니고 있어서, 그 외연이 명료하지 않기 때문에 문화국가의 과제영역을 완전한 리스트로 나타내는 것은 불가능하다. 그럼에도 불구하고, 문화국가의 과제영역을 예시적으로라도 나타내지 않으면 논의의 기반 그 자체가 없어져 버리게 된다. 따라서 문화국가의 과제영역을 나름대로 예시할 필요성이 있다. 문화국가의 과제는 크게 기본권과 제도보장의 영역에서 문화정책의 형태로 실현된다고 하겠다. 문화적 기본권을 종전의 기본권 분류와의 관계에서 어떻게 구명하느냐는 어려운 문제이다.[1] 우리가 앞에서 고찰한

---

1) 문화적 기본권의 체계화에 대해서는 제3장 제1절 III, 3 참조. 한편 문화권의 본질적 내용을 "국민이 문화적 활동을 자유로이 행하고 타인의 문화적 활동의 성과나 문화적 유산을 향수하여 계승하고, 문화성 풍부한 환경 아래에서 생활할 권리 내지 이익"으로 보는 견해도 있다(椎名愼太郎,"文化權の 構造と

공법의 대상으로서의 문화의 중심적 영역인 학문, 예술, 교육, 종교 등이 문화적 기본권의 주요한 대상이 될 것이다. 그 밖에 정신적, 지적 산물의 가치를 금전적으로 보호해 주는 지식재산권은 재산권적인 성격도 띠고 있음을 부인할 수 없지만, 문화적 기본권의 대상으로 들 수 있을 것이다.2) 또한 도시의 경관이나 역사적 건조물 등 환경으로 취할 수 있는 문화재는 국민과 주민의 주거환경의 문화성이라는 측면에서 문화권과 연관성이 있다.3) 정신적 자유의 핵심으로서의 양심의 자유, 언론・출판의 자유도 관련성을 긍정할 수 있을 것이다. 이중에서 특히, 방송과 신문 등이 문화생활에 끼치는 영향을 고려할 때, 이들 부문은 문화국가의 중요한 과제영역이 될 것이다. D. Grimm은 문화적 제도로서 방송을 강조해서 설명하고 있다.4) U. Steiner는 공적인 문화육성의 예시영역의 하나로서 스포츠의 육성을 들고 있다.5) 그리고 창조적 활동의 성과를 보존, 전승하여 일반에게 공개하기 위한 시설로써 미술관, 박물관, 도서관 등도 국민과 주민의 문화에 관한 권리와 깊은 연관이 있다. 이러한 문화영역에서의 국가과제가 문화국가의 과제영역으로 주

特性", 山梨學院大學「法學論輯」 20(1991), 13면).

2) 문화국가와 관련하여 지식재산권(지적 소유권)을 강조하는 견해에 대해서는 Gerd Roellecke, "Kulturauftrag im Staatlichen Gemeinwesen – Zum ersten Beratungsgegenstand der Staatrechtlehrertagung", in: DÖV 1983 H.16., S.653f(659-660) 참조.

3) 이와 관련하여, 문화재를 통해 정신적 만족을 얻을 수 있는 권리로의 문화재 향유권을 인정할 수 있다면 이것도 중요한 문화적 기본권의 대상이 될 수 있을 것이다. 문화재향유권의 법리에 관해서는 김수갑, "문화재향유권의 법리에 관한 고찰-일본에서의 논의와 한국헌법상의 법리구성을 중심으로-", 법과 사회 제23호, '법과 사회'이론학회, 2002, 227-260면; 오세탁, 문화재보호법연구, 단국대학교 법학박사 학위논문, 1982. 188면 이하 참조.

4) Dieter Grimm, "Kulturauftrag im staatlichen Gemeinwesen", in : VVDStRL 42(1982), S.68ff.

5) Udo Steiner, "Kurturpflege", in: J.Isensse/P.Kirchhof(hrsg.), Handbuch des Staatsrecht, Bd. Ⅲ, C.H. Müller Juristischer Verlag, Heidelberg, 1988, S. 1257f.

로 다루어지지만, 우리가 문화의 개념에서 정립한 것처럼 "모든 사람을 위한 문화"라는 이념을 실현하기 위해서는 확대된 문화개념이 필요하듯이, 비단 문화영역의 문제가 아닌 더 넓은 의미의 과제들이 포함될 수 있다. 청소년문화, 하위문화, 대중문화 등에서 쓰이는 문화는 정신적, 창조적 영역에 대한 합의개념으로서의 문화의 영역에 대한 문제라기 보다는 행동문화로 생활풍토 내지 생활태도와 관련이 깊지만, 문화국가는 이러한 분야에 대해서도 보다 나은 삶을 위한 배려의무를 진다. 문화국가는 소위 고급문화만을 보호대상으로 하는 것이 아니라 다양한 형태의 문화의 특성을 고려하여 이를 보호하고 육성할 의무가 있는 것이다. 그러나 반문화현상이라고 부를 수 있는 것, 특히 인간의 존엄성에 반하는 행태에 대해서는 이를 규제할 의무도 아울러 부담한다고 하겠다. 흔히 대항문화와 반문화를 혼동하기도 하나, 반문화는 인간의 존엄에 반하는 행태로서, 하위문화의 하나로서 나름대로 의미를 갖는 대항문화와는 구별되어야 한다고 본다.

이하에서는 문화국가의 과제영역 중에서 전통적인 문화영역이라고 할 수 있는 학문 및 예술의 영역, 문화국가실현의 전제조건을 이루는 교육영역, 오늘날 국민의 문화생활에 밀접한 관련을 맺고 있어 새로운 문화영역으로 떠오르고 있는 신문·방송 및 전통문화의 계승·발전이라는 국가의 과제와 가장 밀접한 관련을 맺고 있는 문화재보호영역을 예시적으로 고찰하고자 한다.

II. 예시적 고찰

1. 학문

(1) 학문영역에 있어서 문화국가의 역할

학문의 자유는 개인의 개인적 방어권(자유권)을 주관적, 법적으로 보장하고, 자율적인 고유한 생활영역으로서 문화의 자유를 객관적, 법적으로 보장하는 문화헌법의 일부를 이루며, 나아가 문화의 자유, 육성과 진흥을 객관적 가치결단으로서 보장한다. 특히 학문의 자유는 예술의 자유와 밀접한 관련[6]속에서 중요한 기능을 하고 있다.[7] 학문과 예술의 자유보장의 헌법적 의의는 국민의 국가에 대한 주관적 공권을 보장하고 있다는 점 뿐만 아니라, 더 나아가 학문과 예술을 진흥시킬 수 있는 적극적인 문화예술정책을 펴나가야 할 헌법적 과제를 국가에게 의무지우고 있다는 점에 있다. 다시 말하면, 학문과 예술의 자유는 주관적 공권의 보장과 아울러 객관적 가치질서로서의 성격도 가지는 것으로 이해된다.[8] 학문의 자유는 인류문화의 집중적 표현으로서 문화창조의 주된 역할을 담당하는 것이기 때문에 국가의 간섭으로부터 해방되어야 하며, 한편 국가는 학문연구의 형성을 위한 사회적 기반의

---

6) 대개의 입법례는 학문과 예술의 자유를 같이 규정하고 있다(우리헌법 제22조 제1항, 독일기본법 제5조 제3항 참조).

7) 허영 교수에 따르면 학문과 예술의 자유는 1) 정신·문화생활영역에서 개성신장, 2) 문화적인 공동생활의 실현(문화국가 실현), 3) 학문과 예술의 다양성 보장, 4) 문화풍토조성을 통한 국가 간의 문화교류와 국제사회에서의 문화적인 지위향상 등을 위한 수단으로서의 기능을 한다고 한다(허영, 한국헌법론, 박영사, 2010, 425면).

8) Thomas Oppermann은 학문의 자유의 성격을 주관적 방어권, 제도적 보장, 헌법의 객관적 가치결단으로서 파악하고 있다(Thomas Oppermann, "Freiheit von Forschung und Lehre", in: J. Isensee/P. Kichhof(hrsg.), Handbuch des Staatsrechts der Bundesrepublik deutschland, Bd.VI, C.H.Müller, Heidelberg, 1989, S.818-820).

조성에 노력하여야 한다. 즉 교육제도의 보장을 비롯한 각종의 문화진흥정책을 수행해야 한다. 또한 학문연구의 결과는 그 자체 문화재를 형성하기도 하며 문화진보에 이바지하기 때문에 이의 보호와 지원이 필요하다. 이렇게 볼 때, 학문영역에서 문화국가는 "자유로운 학문의 이념"을 위해 책임을 지고 그 실현을 위하여 협력하여 학문의 자유보장의 공동화를 예방하고 이를 보장하는 국가라고 할 수 있을 것이다.[9]

문화국가가 학문영역에서 담당해야 할 과제를 자세히 살펴볼 여유는 없다. 그러나 문화국가가 그 과제를 실현하기 위해서는 우선 헌법이 기본권으로 보장하는 '학문'이 무엇이냐 하는 문제에 봉착하지 않을 수 없기 때문에 여기서는 헌법상의 '학문' 개념의 논의를 살펴보는 것으로 한정하기로 한다.

(2) 헌법상 '학문'의 개념

헌법이 보장하는 학문의 자유에서 말하는 「학문」은 무엇을 의미하는가, 어떤 내용을 가지고 있는가는 반드시 명백한 것은 아니다. 그러나 헌법에서 말하는 학문개념의 확인 없이는 학문의 자유의 내용과 범위 및 한계도 근거 지우기가 불가능할 것이다. 일반적인 언어적 의미의 학문개념이 존재하지 않는 것은 아니지만, 법률적 의미의 학문개념은 언어적 의미의 그것과 꼭 동일한 것은 아니며, 법적으로 학문으로서 보호할 가치가 있는 학문활동과 그 성과를 대상으로 하는 것이다. 더구나 언어적 의미의 학문개념은 정의의 근거가 불명확하고, 정의의 내용도 엄밀하지 않다.

헌법상의 학문개념이 가능한가, 만약 가능하다면 어떠한 방법으로 정의를 내릴 것인가가 문제된다. 이 문제를 고찰하는 데는 우선 학문현상을 학문의 대상으로 하는 학문이론(Wissenschaftstheorie)의 성과를

9) Thomas Oppermann, a.a.O.(주. 8), S.820f.

근거로 하면서 학문의 구성요소를 법학적으로 파악하는 것이 어떤가를 검토하는 수밖에 없다.

① 학문의 자유의 기본권과 "학문" 개념

학문의 개념정의에 있어서 가장 곤란한 문제는 언어적으로도 학문적으로도 대체로 승인된 견해의 일치가 존재하지 않는다는 점이다. 학문의 개념정의는 법학의 인식영역의 대상이 아니다. 이 작업은 오로지 학문현상을 대상으로 해서, 그것을 학문적으로 탐구하는 학문이론의 영역이다.[10] 법학은 거기에서 얻어진 일반적 개념을 기초로 하고, 법적으로 평가하려는 제 요건을 소재로 해서 독자적인 법적 개념구성을 시도해야 한다. 물론 이제까지 이와 같은 시도가 없었던 것은 아니다. 이미 바이마르헌법시대에 소박하지만 오늘날까지 영향을 미치고 있는 Smend의 학문정의가 잘 알려져 있다.[11] 독일에서는 학문개념을 중심으로 기본권이론의 엄밀한 재음미가 요구되었던 것은 학문, 대학의 개혁에 직면했던 1968년 이후, 특히 1972년의 대학정원 제한을 둘러싼 헌법소원의 제기[12]를 통해서였으며,[13] 이것을 기회로 이제까지 학문개념의 정의론에 대하여 행해졌던 몇 가지의 문제제기가 주목된다.

오늘날 학문이론이 학문의 일반적 개념에 대해서 내린 결론은 "모든 학문을 적절하게 포함하는 통일적인 학문개념을 일정의 규준에 기초를 두고 정의를 내리는 것은 불가능하다"[14]라는 것이다. 이것은 현

10) 독일에서는 이 분야에서 적지 않은 학문개념의 탐구가 행해지고 있다. 대표적인 것으로는 Rudolf Wohlgenannt, Der Begriff der Wissenschaft, 1969; Alwin Diemer(hrsg.), Der Wissenschaftbegiff, 1970 참조.

11) Rudolf Smend, "Das Recht der freien Meinungsäußerung", in : VVDStRL Heft 4 (1928), S.67: Thomas Opperman, a.a.O.(주 8), S.815 참조.

12) BVerfGE 33, 303ff.(Numerus-Clausus-Entscheidung).

13) Henning Zwirner, "Zum Grundrecht der Wissenschaftsfreiheit", in : AöR Bd. 88(1963) H.3, S.1.

14) Emerish Coreth, "Die Freiheit der Wissenschaft als philosophishes

대의 학문이 자연과학이든 정신과학이든 현저히 전문화가 진행되어 그 통일적인 파악이 극히 곤란하게 되었다는 것에서 그 이유를 찾을 수 있다. 현대의 학문은 이미 모든 학문의 체계적 통일의 이상에 의해서 파악될 수 없고, 다양하게 전문화된 학문적 인식과 방법을 수반하는 특수연구로 되고 있다. 물론 그것에 몇 가지의 공통된 표지가 없는 것은 아니지만, 확고한 학문개념의 통일에는 충분하지 않다.

더구나 오늘날의 학문은 사회적 생활에 깊이 침투하여 사회적 이해상황과 넓게 관련하면서 "증대하는 정신적, 물질적 세계지배의 개척자"로서 그 기능을 다하고 있다.15) 그 결과 넓은 학문영역에 있어서 '인식요구의 목적화', '연구성과의 사회화'가 기대되므로 학문의 무전제성은 붕괴하고, 사회행동으로서의 학문은 중립성을 유지할 수 없는 상태로 되었다. 학문의 기능적 가치에 대한 태도가 또한 공통의 통일적인 학문인식을 방해한다.16)

이와 같이, 법학의 기본전제로서의 일반적인, 이론(異論)이 없는 학문개념은 기대할 수 없다. 그에 따라 다수의 학문관이 사회적 이해상황과 관계되어 제시될 뿐이다. 이것은 기본법 제5조 제3항의 학문의 자유조항의 해석에서 보더라도, 또한 더욱이 독일 이상주의의 학문이념에서부터 이 학문조항의 정신적 내용을 이해하고 그 법적 의미, 법적 구성을 추구해온 전통적인 기본권이론17)에서 보더라도 충격적이

Problem", in: Werner Barthold(hrsg.), Der Freie Raum der Wissenschaft und seine Grezen, 1974. S.35.

15) Friedrich Fürstenberg, "Die Wissenschaft in gesellschaftlichen Spannungsfeld", in: Herbert Scholz(hrsg.), Die Rolle der Wissenschaft in der modernen Gesellschaft, 1969, S.23.

16) 松元忠士, "憲法における '學問'の概念", 現代法の諸領域と憲法理念(小林孝輔教授 還曆記念論集), 1983, 東京: 學陽書房, 357면.

17) Arnold Köttgen, "Freiheit der Wissenschaft und Selbstverwaltung der Universität", in: Neumann/Nipperdey/Scheuner(hrsg.), Grundrechte, Bd.2, 1954; Heinrich Maack, Grundlagen des studentischen Disziplinarrechts,

다. 왜냐하면 궁극적으로 그 합리적 근거를 논증하지 않은 학문관의 자기주장이 학문다원주의[18]의 보장을 강하게 요구함으로써 헌법상의 학문개념의 해체를 초래하고, 학문의 자유라는 기본권의 독자적인 존재이유를 부정하기 때문이다. 다수의 학설은 독일 이상주의에 기초한 전통적 이론에서 나아가 개혁을 시도하려는 의도를 보여주면서도, 이러한 요구에는 부정적이다.

학문이론의 성과가 법학의 개념구성에 필요한 확고한 소재를 제공하지 못하는 경우, 어떠한 방법이 있을 수 있는가? 여전히 전통적 학문이념에 기초해서 내용적·실질적인 학문개념을 유지해야만 할 것인가? 학문개념의 해체의 위험을 범하더라도 학문개념의 정의금지론을 밀고 나가야만 할 것인가? 혹은 학문이론에서 아직 일치할 수 있는 소재를 기초로 법학의 입장에서 독자적인 방법으로 정의를 내리는 것이 타당할 것인가가 문제된다.

② 학문개념의 정의에 관한 학설

1) 내용적·실질적 정의설

Arnold Köttgen은 기본법 제5조 제3항의 학문개념의 정의에 대해서 "헌법이 학문의 개념을 사용하고, 명확히 동격의 의미를 가지고 연구와 교수를 규정함으로써 구체화하려고 시도한 경우 이 카테고리의 내용적 충족은 개개인의 자의에 맡겨질 수 없다.... 완전히 내용적 의미를 가진 학문의 본질에 대한 관념은 기본법 제5조 제3항의 규정으로부터 암암리에 구비되어 있는 것이다"[19]라고 기술하고 있다. 나아가 헌법변천의 가능성에 관해서 그 검토의 필요를 인정하면서 헌법의 학문개념

1956.

18) Margerita Brentano, "Wissenschaftspluralismus als Kampfbegriff", in: Das Argument, Nr 66, 1971 참조.

19) Arnold Köttgen, a.a.O.(주 17), S.294.

은 일의적으로 명백히 되지 않으면 안 된다고 하면서 "그것은 그러나 동시에 학문의 헌법적 보장에 있어서 이 학문의 본질에 관한 일정의 관념에 대한 선택권이 포함되어 있다는 것을 의미한다"[20]라고 설명한다.

이러한 Köttgen의 주장은 기본법 제5조 제3항은 일정의 내용을 가진 명확한 학문개념을 예정하고 있으므로, 그것은 개인의 해석에 맡겨질 수 없고 복수의 견해가 고려되는 경우에는 선택권이 포함되어 있다는 것이다. 이러한 주장이 어떠한 근거에 기초하고 있는지는 불분명하다. 만약 단지 개인의 자의에 맡겨질 수 없기 때문이라고 하는 정도라면 그 이유는 불충분하다. 더구나 Köttgen 자신은 학문개념의 구체적 내용을 제시하고 있지 않다. 다만, 별개의 논문에서 "학문개념의 해석은 법실무상 국가의 입법, 행정과 학문의 정해진 제도와의 협력에서만 의의 있는 것으로 행해진다"[21]고 기술하고 있다. Köttgen에 의하면 국가가 헌법의 해석권을 가진다고 해서 같은 의미에서 학문개념을 해석하는 것은 생기지 않지만, 대학도 또한 해석권을 향유하지 않는다고 한다. 그렇다고 한다면, 이 해석은 헌법상 양자의 협력사항으로 의무가 부가되고 있다고 해석하는 수 밖에는 없지만, 양자의 의견이 일치하지 않는 때는 문제가 될 것이다. 그러나 최대의 문제점은 어떠한 방법으로 일정한 내용을 가진 실질적인 학문개념의 정의가 가능한가라는 점에 있다.

이것에 대해서 Prießniz는 Smend의 설에 입각해서 적극적으로 실질적인 학문개념의 정의를 시도하고 있다. 그는 Smend의 "학문은 학문적 진리의 탐구 혹은 교수를 위한 진지한 시도로 보여지는 것 모두를 포함한다"[22]고 하는 정의를 모든 학문활동의 핵심을 표현한 것으로 높

20) Arnold Köttgen, a.a.O.(주 17), S.301.
21) Arnold Köttgen, Das Grundrecht der deutschen Universität, 1954, S.40.
22) Rudolf Smend, a.a.O.(주 11), S.67; 독일의 연방헌법재판소도 "그 내용과 형식에 비추어 진리탐구를 위한 진지하고 계획적인 시도로 볼 수 있는 모든

이 평가하고 있다.[23] 그러나 이 정의는 '진지한 시도'라는 의사규정적 요소와 결부되어 진리탐구의 비학문적 형식을 결코 일의적으로 배제하는 것은 아니기 때문에 보충이 필요하다고 한다. 그 보충은 새로운 인식을 전달하면서 오래된 인식을 확인하는 정도의 논리적 수단을 가지고 방법적으로 작용하는 사고에 고유한 것으로서의 학문적 수단인 것이다.[24] 이와 같이, 기본권의 내용으로서 학문개념을 적극적으로 정의하는 것은 Köttgen의 경우와 같이 이것을 일정한 기관에 맡기기 보다는 기준을 명확히 하는 것으로 평가되어야 할 것이다. 그러나 여기에서 말하는 진리탐구를 일정한 행위의 학문성의 실질적 가치판단 기준으로 할 수 있는가, 만약 이것을 긍정한다면 진리개념의 견해의 대립은 어떻게 취급할 것인가가 문제로 될 것이다. 만약 그렇지 않다고 한다면, 학문적 절차라는 형식적 기준의 보충에 의해서 실질적 개념정의의 의미는 없어지게 될 것이다. 정의 가운데서 진리탐구라는 기준을 강조하면 할수록 개념정의의 유효성이 충분치 않게 된다면, 실질적 개념정의의 합리적 근거가 이 입장에서는 불명확하다고 할 수 있을 것이다.

2) 정의 금지설

기본법 제5조 제3항이 학문개념의 정의금지를 내포하고 있다고 주장하는 Ridder는 "학문은 학문의 정의를 스스로 결정하는 과정이다. 이 과정에서 학문적이라고 받아들여진 것은 모든 학문외의 기관에 의해서 학문으로 받아들여져야 한다. 그러므로 학문의 개념은 학문에만 맡겨진다. 학문의 자유는 학문에 관해서 학문외로부터의 정의금지를 포함한다. 학문개념의 '협의' 또는 '광의'를 둘러싼 학문론적 논쟁을 여하한 정치적 기관도 결정할 수 없다. 즉 학문은 스스로 학문개념을 결정하

것이 학문적 활동에 해당된다"고 정의내린 바 있다(BVerfGE 35, 79(113)).
23) Almuth Schulz-Prießniz, Einheit von Forschung und Lehre, 1981, S.30.
24) Almuth Schulz-Prießniz, a.a.O.(주 24), S.31.

며, 그 '결정'은 학문이 스스로 정의를 내림으로써 결정하는 것이 아니고 문제를 그 영구적 과정의 계속적 대상으로 한다고 하는 점에 있다"[25]고 기술하고 있다.

이 설은 두 가지 의미를 포함하고 있다. 하나는 헌법상 학문의 자유보장으로부터 국가기관 뿐만 아니라 학문외의 사인도 학문의 개념정의를 행하는 것이 허용되지 않는다는 것이고, 다른 하나는 학문개념은 학문론의 영속적인 연구와 논의에 맡길 일이지 정의를 내려 버리는 결정을 해서는 안 된다는 것이다.

이 설은 전술한 내용적·실질적 개념 정의설에 대립하는 주장이며, 가장 철저한 학문의 자기결정설이다. 이 견해의 핵심은 학문개념의 정의를 행하는 것 자체가 학문의 자유의 기본권을 침해하지 않고서는 불가능하다고 하는 점에 있다. 특히 여기에서는 하나의 학문개념의 정의결정은 논리 필연적으로 다른 학문관의 배제를 수반하며, 이는 학문의 자유보장에 위반한다고 본다. 이 논리를 관철한다면, 우연히 모든 견해가 일치하지 않는 한 법적인 학문개념은 있을 수 없으며 영원한 과제로 된다. 이 견해는 국가가 학문적 논쟁에 결정을 내릴 수 없으며 모든 학문관에 대해서 중립적이지 않으면 안 된다는 논지에 있어서는 설득력을 가지지만,[26] 이것으로부터 곧바로 여하한 개념정의도 부정되지 않으면 안 되는가라는 점에서는 문제가 있다. 왜냐하면 학문개념에 대하여 학문이론의 분야에서 의견이 서로 다름이 있다고 하더라도 몇 가지 공통점도 있으므로 그 공통이해를 기초로 법률상 형식적인, 내용에 간섭하지 않는 개념정의의 가능성 자체가 부인된다고 말할 수는 없기 때문이다. 이 견해의 최대의 문제점은 결과적으로 학문개념의 판정을

25) Helmut Ridder, Die Soziale Ordnung des Grundgesetzes, 1975, S.135.

26) Alexander Blankenagel, "Wissenschaftfreiheit aus der Sicht der Wissenschaftsfreiheit", in: WissR, 39 참조.

전적으로 개인의 자의에 맡겨버린다는 점에 있다.[27)]

이에 대해서, 학문개념의 정의를 절대적으로 금지하지 않고 학자의 판단에 맡기는 견해는 학문개념의 상대적 금지설로 불린다.[28)] 이 경우에는 학자의 범위, 학자간에 의견이 서로 다름을 어떻게 취급할 것인가가 문제로 된다. 만약 특정 학자에게 판정을 맡길 경우에는 그 선임권이 문제로 될 것이다. 학문이론에 대한 학자의 판정이 법률상의 학문개념의 판정에 곧바로 적합할 것인가도 문제이다.

3) 형식적 정의설

학문개념의 내용적·실질적 개념정의설에도 개념정의금지설에도 의문을 제기하는 입장에서 새로운 주장이 행해지고 있다. Binder는 "'학문'의 법적 개념에 대한 요구는 법학의 객관적인 한계를 넘는 것은 아니고 학문자신의 '당파적' 감정에 관계되지 않는 '학문성'의 확인을 가능하게 하지 않으면 안 된다"[29)]고 하며, 외적·형식적 요소를 표지로 하는 형식적 학문개념의 정의를 시도한다. 이 입장은 학문자신의 당파적 감정과 자의적 판정을 부정한다는 관점으로부터는 일정의 적극적인 학문개념의 정의를 긍정하고, 학문의 실질적 내용의 판단을 피한다는 점에서 형식적·기술적 정의의 방법을 취하는 것이다.

Binder는 학문활동의 실질적 내용을 사상(捨象)한 형식을 외적인 연구과정과 동일하게 본다. 그 점에 있어서 전형적·기본적 표지는 무엇인가에 대하여 그는 1. 인식목적의 선택(=연구목적), 2. 인식수단의 선택과 배열(=연구계획), 3. 인식내용의 체계화(=연구의 표현), 4. 인식내용의 해석(=연구의 해석) 등 4가지의 유형화한 지표를 들어 학문

27) 이 점을 부정하는 견해는 아주 많다. 앞에서 살펴본 Bauer, Köttgen, Schulz-Prießniz 등의 논문 참조.

28) Tomas Bauer, Wissenschaftsfreiheit in Lehre und Studium, 1980, S.26.

29) Bruno Binder, "Die Verfassungsrechtliche Sicherung der Wissenschaftfreiheit in Östereich", in: Wissenschaftsrecht Bd.6(1973) H.1, S.4.

개념의 구성요소로 한다. 그리고 이러한 4가지의 지표를 기초로 해서 법률상의 학문개념을 "학문이라는 것은 연구의 의미에서 목적·계획·행위에 적합한 인식내용의 체계화와 해석이다"고 정의를 내리고 있다.[30] 이 견해는 학문활동의 형식적 측면을 수미일관하게 파악하고 기술적으로 개념 구성한 것이라고 말할 수 있을 것이다. 다만, 진리라는 말을 피해서 일반적 의미의 '인식'이라는 말을 사용하기 때문에 학문적 인식이라는 한정이 불명확하게 되고, 게다가 학문의 실체적 부분의 엄밀화를 결여한 표현인 "인식내용의 체계화와 해석"으로 규정하고 있기 때문에 어린이들의 단순한 해석작업까지 학문에 포함시키게 되는 결과를 초래하고 있다. 이 점에 관해서 진리의 탐구작업을 엄격하게 해석하는 입장으로부터 비판이 가해지고 있다.[31]

이에 대해서, Bauer는 같은 형식적 정의설에 입각하면서도 학문정의는 학문의 핵심을 파악하고 학문이외의 행상(行狀)과의 경계선을 명확히 하여야 한다고 한다.[32] 이 점으로부터 오로지 형식적 요소에 한정했던 정의의 수정을 도모하고자 한다. Bauer에 의하면, 학문의 핵심을 이루는 것은 진리, 체계적 성격, 바로잡는 것, 객관적 타당성, 합목적성 등에 관한, 혹은 사회적 제관계를 대상으로 하는 증언 등의 제요소이다. 이러한 제요소 안에서 불가피하게 실질적 내용에 관계되는 것은 제거시키고 간결하게 "학문은 진술 가운데서 진리에 관한 진술을 찾아내고(연구), 전달하는(교수) 체계적 작업의 시도"로 정의를 내리고 있다.[33]

이 정의에 있어서는 학문의 본질로서 진리가 보다 고양된 것, 학문

30) Bruno Binder, a.a.O.(주 29), S.4-5.

31) Tomas Bauer, a.a.O.(주 28), S.29 ; Wolfgang Schrödter, Die Wissenschaftsfreiheit des Beamten, 1974, S.65ff.

32) Tomas Bauer, a.a.O.(주 28), S.30.

33) Tomas Bauer, a.a.O.(주 28), S.31.

적으로 승인된 류의 진술과 기타의 진술을 구별하고 있으며, 전자의 발견을 임무로써 규정한 것, 체계적이라고 하는 성격의 한정을 보탠 것, 또한 시도라는 표현의 가운데서 볼 수 있는 바와 같이 미완 내지 오류에 그친 학문행위를 포함시킨 것 등에 특색이 있다.

이 정의에 있어서 "진술 가운데서 진리에 관한 진술을 찾아내고"라는 규정은 학문이론에서의 직접적인 표현이어서 법학상의 개념정의로서 적절한가 여부에 대하여 비판이 가해질 수 있을 것이다. 또한 진리라는 점에 대해서도 그 내용을 묻는 경우에는 커다란 논쟁의 소재가 된다.[34] 그러나 그 내용을 일절 묻지 않는다면 학문적 인식이라는 말을 사용해도 어느 것이나 큰 차이는 없다고 말할 수 있다. 체계적이라는 점에 대해서는 방법적이라는 한정의 방향이 보다 기술적인 정의라고 말할 수 있다.

학문개념의 형식적 정의설도 그 이론과 정의는 아직도 형성도상에 있으며, 결정적인 학설이 정착하고 있지는 않다. 다수설은 앞에서 기술한 Smend의 정의를 개선해서 "학문은 사실에 관계되는 객관적 진리의 제인식 및 그와 같은 제인식의 교류전달에의 계획적이고, 방법적이며, 동시에 자기책임에 의한 탐구의 자율적 정신적 과정이다"[35]고 하는 정의를 지지하고 있다. 이 정의는 일부 방만한 점이 보여지지만 Smend의 정의를 기본으로 이것을 보다 엄밀히 규정했다고 할 수 있다.

4) 결어

헌법상의 학문개념의 정의 문제는 학문관, 이론의 다양화 안에서 학문개념과 학문의 자유권의 보장의 요청과의 딜레마에 대해서 어떻게 대응하는가의 문제이다. 지금까지 자명한 것같이 생각되어 왔던 학문의

34) Wolfgang Schrödter, a.a.O.(주 31), S.35.

35) Rupert Scholz, Rdnr.101 zu Art.5 Abs.3 GG, in: Maunz /Dürig/Herzog/Scholz, Kommentar zu Grundgesetz, C.H.Beck, 1989.

의미·내용이 반드시 자명하지는 않다는 것이 명백해졌다. 더욱이 학문이론이 학문개념의 정의를 내리는데, 결정적인 소재를 제공할 수 없는 사정 때문에 헌법학은 독자의 해결방법을 모색해 왔다고 할 수 있다.

오늘날 세 가지의 큰 고찰방식 가운데 특정의 학문관·이론에 맡길 수는 없다고 하더라도 기본권보장에 최소한 필요한 학문행위의 경계설정에 하나의 방향을 보여준 형식적 개념정의의 고찰방식이 일단의 장점이 있다고 생각된다. 이 방법이 국가가 학문의 세계관적 재정자(裁定者) 및 학문의 재판관(裁判官)으로 되는 위험을 방지하고, 기본권의 사법적(司法的) 집행에 최소한 필요한 구성요건의 확보에 실마리를 제공한 의의는 높게 평가된다. 이 이론도 엄밀한 정의를 확립하고 있는 것은 아니며, 다만 골격을 제시하고 있는 상황이다. 따라서 이 이론적 입장이 어느 정도 학문적으로나 실제적으로나 유효성을 가질 것인가는 지금부터의 문제라고 할 수 있을 것이다.

2. 예술

(1) 예술영역에서의 문화국가의 역할

예술의 자유 역시 학문의 자유에서 설명한 것과 같은 여러 가지 기능을 수행하고 있다. 예술의 자유는 예술의 창조와 형성의 과정을 보호하고, 예술활동의 객관화로서 예술작품 그 자체를 보호하며, 예술작품의 보급, 연주 혹은 그 밖의 문화전달의 매개를 보장한다. 예술작품의 경제적 현금화는 지식재산권으로 보호하며, 출판, 전시 등의 권리를 보장한다. 예술활동은 인간의 창조적 정신의 표현이며, 이러한 자유로운 예술활동의 보장은 (헌법의 최고 이념인) 인간존엄의 보장을 위해 필수적인 것이라고 볼 때, 예술에 대한 특별한 보호의 필요성은 정당화될 수 있다. 나아가 헌법의 기본원리로 인정되는 헌법의 문화국가성 내지 문화국가원리의 요청에 비추어 볼 때, 예술의 자유에 대한 헌법적 보장은 더욱 두터운 정당성을 확보하게 된다. 따라서 문화유지자로서 국가는 문화영역에 있어서 자유로운 다원적 · 중립적인 문화진흥에 대한 의무를 짐으로써 예술을 육성한다.[36]

(2) 헌법상 '예술'의 개념

① 법적인 예술개념 탐구의 필요성

예술의 경우도 그 개념규정이 어려운 것은 학문의 경우와 마찬가지이다. 오히려 오늘날의 전위예술, 실험적 예술의 분야에서 확인될 수 있는 바와 같이, 기존의 예술관념 내지 미적 평가기준으로는 판단하기 어려운 예술분야의 등장은 예술의 개념정의를 더욱 어렵게 하고 있다. 예술은 미학적으로 정의하든 법학적으로 정의하든 확정적이고 일반적으로 구속력 있는 정의를 내리기는 불가능하다고 할 수 있다.

그러나 스스로 예술임을 주장하는 모든 행동을 예술로 인정한다는 것은 예술의 자유에 대한 특별한 헌법적 보장의 취지에서 볼 때, 문제가 있다. 왜냐하면 이러한 경우에는 헌법의 보호대상인 예술개념의 범위자체가 불명확해짐으로써 오히려 기본권보호의 취지가 상실될 우려가 있기 때문이다. 따라서 예술이 형태적으로 법률외적 현상임에 틀림이 없다고 하더라도 헌법의 통일성의 시각에서 합리화될 수 있는 일정한 예술활동을 그 보호대상으로 하기 위해서는 예술개념의 정의가 또한 불가피하다. 그러나 헌법상 보호객체로서의 예술의 개념정의를 인정한다고 하더라도 누가, 어떻게 정의를 내려야 하는 여전히 어려운 문제이다.

② 예술의 개념정의에 관한 학설

예술의 자유는 '무엇이 예술이냐'의 질문 자체를 금지한다고 하는 정의금지설도 주장되고 있으나, 예술의 자유의 헌법적 보장의 의미를

36) 자세한 실현구조에 관해서는 제5장 제2절 참조.

고려할 때 최소한도의 개념정의는 불가피한 것으로 인정되고 있다. 다만 무엇을 기준으로 개념정의를 해야 하는가에 대해서는 견해의 대립이 있다.

1) 주관설

이 설은 예술성의 평가에 있어서 중요한 것은 예술가 자신의 판단이라고 본다. "모든 것이 예술이고, 누구나 예술가이다"[37]라는 Beuys의 말에서 잘 나타나듯이, 이러한 주관적인 해석은 누구든지 예술작품을 창작하는 기본권보호의 청구권을 가질 수 있다고 주장하게 되고, 법적용의 단계에서도 법관은 이 주장을 받아들여야 한다는 결과가 된다. 그러나 이 설은 헌법상 보호대상으로서의 예술의 개념자체를 불명확하게 하는 결과를 가져와 기본권보호의 취지에 반한다는 비판을 면할 수 없다.

2) 실질설

예술의 개념을 내용적 기준에 따라 실질적으로 파악하려는 견해이다. 미(美)의 추구를 그 본질로 하는 예술의 특성상 어느 정도 미학적 견지에서 실질적인 평가가 불가피하기 때문에 실질적인 개념규정이 요구된다고 보는 입장이다. 그러나 예술의 본질에 대한 결정에 있어서는 직·간접으로 국가의 영향력을 무시할 수 없기 때문에 법과 예술의 충돌이 불가피하다.[38] 독일 연방헌법재판소는 예술의 본질에 대한 접근을 포기하지 않고 헌법적 의미의 예술을 실질적으로 정의하고 있다. 즉 "예술적 활동의 본질적인 것은 예술가의 인상, 경험, 체험 등이 특정 언어형태의 수단으로 직접 보고 이해할 수 있도록 만드는 자유로운

37) J. Beuys, "Kunst und Staat", in: Bitburger Gespräche, Jahrbuch 1977/1978, 1979, S.135ff.(P. Kirchhof, "Die Grantie der Kunstfreiheit im Steuerstaat des Grundgesetz", in: NJW 1985, S.227에서 재인용)

38) Adolf Arnt, "Der Kunst im Recht", in: NJW 1966, S.25.

창조적 형성이다. 모든 예술적 활동은 합리적으로 분석될 수 없는 과거에 있었던 의식적 및 무의식적 사건들의 혼합인 것이다. 예술적 창조에는 직관, 상상 및 예술적 이해가 공동으로 작용한다. 그것은 무엇보다도 예술가의 개인적 인격의 전달이 아니라 표현이며 더욱이 가장 직접적인 표현인 것이다"라고 정의한다.[39] 그리고 R. Scholz가 헌법상 예술을 "지각될 수 있고 표상으로 나타낼 수 있도록 형태를 부여하는 모든 창조적이고 개성적인 행위"이며, 그것은 "그 창조자의 개인적인 체험이 객관화되어 표현된 것이며, 커뮤니케이션을 통한 외부로의 의미전달을 지향하고 있는 것"으로 규정하는 것도[40] 이러한 입장이라고 할 것이다.

3) 형식설

이 견해는 예술의 질적인 내용에 대한 국가의 판단을 반대하는 입장으로 외형적인 형태에 따라 형식적으로 예술을 파악한다. W. Knies는 예술의 자유의 목적에서 볼 때, 그리고 국가가 예술의 재판관노릇을 하는 것은 금지되어야 한다는 관점에서 볼 때, 예술의 자유의 질적 내용에 대하여 법적으로 정의를 내리는 것은 불가능하며 용납될 수 없고 다만, 기술적이고 형식적인 유형의 예술개념만이 허용된다고 한다.[41] F. Müller도 같은 취지의 주장을 하고 있다. 그는 독일기본법 제5조 제3항 1문의 '예술'이라는 단어를 유형별로 구분하는 정도까지만이 예술의 자유의 보호에 합치된다고 보고 있으며, 헌법적 개념구성에 있어서 실제적 유용성의 요청과 법치국가적으로 요청되는 규범의 명확성 및 방법의 명확성은 –예술에 대한 가치적 개념이 아니라– 개별화

39) BVerfGE 30, 173(188); BVerfGE 31, 229(238); BVerfGE 39, 197(207) 참조 .

40) Rupert Scholz, a.a.O.(주 35), Rdnr. 29.

41) Wolfgang Knies, Schranken der Kunstfreiheit als verfassungsrechtliches Problem, 1967, S.214ff.

된 구조개념만을 허용한다고 한다.[42]

4) 결어

예술의 개념은 학문의 개념정의와는 또다른 면을 가지고 있다. 학문은 분야에 따라 차이는 있지만 합리적인 사후실행과 그럼으로써 검증할 수 있는 주체상호간의 관계로 이루어져 있어 대상과 방법에 의거하여 어느 정도 충분한 합의를 발견할 수 있다. 예술도 주체상호간의 커뮤니케이션[43]을 목표로 하지만, 학문에 비하여 보다 개인의 '경험'의 주관성에 의존하는 점이 크다는 것을 부인할 수 없다. 물론 전적으로 개인의 주관에 예술성의 판단을 맡길 때는 위에서 살펴본 바와 같이 스스로 예술이라고 주장하는 모든 주장을 헌법적 보장의 대상으로 인정하게 되어 문제가 있지만, 예술을 지나치게 객관화 · 전문화시키는 경우는 헌법이 보장하는 예술의 자유는 국민의 기본권이 아니라 소수의 '예술적 천재들만의 특권'으로 변질될 위험이 있다.

법적용 내지 법집행 단계에서는 예술과 비예술의 판단이 어느 정도 불가피하기 때문에 어떠한 형태로든 판단을 내려야 하지만, 실질적인 내용을 예술개념의 구속력 있는 기준으로 삼는데도 문제가 있다. 예술개념은 분야에 따라 사람에 따라 또한 시간에 따라 변천할 수 있기 때문에, 모든 종류의 예술을 망라한 또는 모든 예술적 존재와 작용의 기능을 망라한 통일적 정의를 내릴 수 없다. 예술을 실질적인 내용에 입각하여 정의할 때 예술의 핵심적인 요소로서 들어지는 창조적 형성, 창조적이고 개성적인 행위라는 것도 역시 불확정개념이다. 또한 오늘날 문제가 되고 있는 혼성모방(Pastiche)의 경우를 생각할 때 그것이

42) Friedrich Müller, Freiheit der Kunst als Problem der Grundrechtsdogmatik, 1969, S.41f; Ders, "Strafrecht, Jugendschutz und Freiheit der Kunst, 1970, S.87ff.

43) J. Hoffmann, "Kunstfreiheit und Sacheigentum", in: NJW, 1985, S.241.

모방인지 (모방을 통한) 창조인지가 논란되는 것처럼 창조와 모방의 한계를 이론없이 결정하는 것은 어려운 일이다.

따라서 헌법적 예술개념은 예술에 관련한 여러 가지 문제들에 관하여 전개되고 있는 미학상의 예술의 질에 관한 논의보다는 우선 형식적으로 파악하는 가치중립적인 입장에 있어야 한다.[44] 그렇게 할 때 오늘날 일반적으로 인정되는 모든 장르를 포괄할 뿐만 아니라 새롭게 형성되는 예술분야들까지도 수용할 수 있는 여지를 갖게 된다.[45] 즉 국가가 예술에 대한 재판관 노릇을 하게 되는 위험을 방지하고, 예술의 자유의 사법적(司法的)인 집행에 최소한 필요한 구성요건의 확보에 도움을 줄 수 있는 형식적인 면에 의존해서 개념 정의하는 것에 일단의 장점이 있는 것으로 보인다. 이에 따른다면 예술적 이념과의 친근성이나 예술적 창조의 의도, 혹은 특정한 목적과의 관련성과 같은 요소들은 헌법적으로 보호되는 예술작품으로 인정되는지의 여부에 영향을 미치지 않는다.[46] 따라서 정치적 참여예술도 예술임을 부인할 수 없다.[47] 물론 이것은 정치성향의 작품 모두가 예술이라는 것을 인정하는 것은 아니며, 정치적 의도 같은 것이 예술과 비예술의 판단의 기준이 될 수 없다는 것을 의미한다.

그러나 형식적으로 개념정의를 하는 입장에서도 예술이 내용적으로 완전히 자유롭다는 것은 아니다. 형식적인 고찰만으로는 단순한 기술적

---

44) Erhard Denninger, "Freiheit der Kunst", in: J. Isensee/P. Kirchhof (hrsg.), Handbuch des Staatarechts der Bundearepublik Deutschland, VI, C. H. Müller, Heidelberg, 1989, S.857.

45) 장영수, "예술의 자유", 고시연구, 1993. 5, 39면. 여기서는 예술의 기본적인 관점으로 자연과는 달리 인공이 가해진 문화현상이라는 것, 따라서 예술가의 내면이 외부로 표출된 것이라는 점, 그리고 그것이 외부세계와의 커뮤니케이션을 지향하고 있다는 점을 들고 있다.

46) 장영수, 앞의 논문(주 45) 39-40면.

47) BVerfGE 30, 173(191); BVerfGE 67, 213(227ff.).

사용 혹은 목적의 형식과 예술작품과의 구별이 어렵기 때문이다. 예술도 주체상호간의 커뮤니케이션을 목표로 하기 때문에, 스스로 예술임을 주장하는 주장 외에도 그러한 요청이 예술의 공중(비평가, 감상자) 가운데서 어떻게 받아들여지는가도 구속력 있는 절대적 기준은 아니더라도 중요한 판단기준으로 작용하는 것이 정당화될 수 있는 것이다.[48)]

개방사회와 그에 기초한 헌법국가는 예술개념의 폭을 가능한 넓게 인정함으로써 인격의 자유로운 발현을 통한 인간존엄의 가치실현에 이바지할 것이 요구된다. 그러나 개념의 문제를 한계와 제한의 문제와 동일시 할 수 없기 때문에, 예술의 자유가 헌법적으로 보장되는 다른 법익과의 충돌시에는 제한될 수 있는 것은 물론이다. 다만 예술의 특성에 비추어 다른 제한원리보다 엄격한 요건을 필요로 한다.[49)]

3. 교육

(1) 민주국가 · 문화국가 · 사회국가의 실현과 교육

현대국가에 있어서 교육[50)]은 매우 다양한 기능을 하는데, 교육을 통하여 헌법이 추구하는 민주주의의 정착에 기여하는 기능은 물론 문화국가실현과 사회국가실현을 위해서도 필수적인 전제조건이 된다.[51)]

---

48) 이 점에 대해서는 Peter Häberle, "Freiheit der Kunst im Verfassungsstaat", in: AöR Bd.110(1985), S.577-619(597ff) 참조.

49) 이 점에 대해서는 제5장 제2절 I 참조.

50) "교육"이라는 독일어는 Bildung, Ausbildung 및 Erziehung 등이 사용되지만, Bildung은 (학교)교육일반이라는 의미로, Erziehung은 양육, Ausbildung은 직업교육(양성)이라는 의미로 사용되는 것이 보통이다.

51) 이에 대해서는 허영, 헌법이론과 헌법(상), 박영사, 1989, 224면 이하; 헌법재판소는 "교육을 받을 권리는, 첫째 교육을 통해 개인의 잠재적인 능력을 계발시켜 줌으로써 인간다운 문화생활과 직업생활을 할 수 있는 기초를 마련해 주고, 둘째 문화적이고 지적인 사회풍토를 조성하고 문화창조의 바탕을 마련함으로써 헌법이 추구하는 문화국가를 촉진시키고, 셋째 합리적이고 계속적인 교육을 통해서 민주주의가 필요로 하는 민주시민의 윤리적 생

특히 20세기에 들어와서 교육은 문화국가 및 사회국가의 입장에서 인간다운 생활을 가능하게 하는 문화적 기초이며 노동에 의한 생활유지의 기초가 되는 것으로 그 중요성이 강조되고 있다. 교육은 시민혁명 초기에는 교회나 정치세력의 교육에 대한 지배를 배제하기 위하여 '교육의 자유'가 중시되었으나, 자본주의의 발전에 따라 '교육의 평등'이 문제되면서 교육기회의 균등한 보장이 국가의 의무로 되어 공교육법제가 마련되었다. 한편, 파시즘체제 하에서는 정치권력의 요구에 따라 교육이 왜곡되었고 어린이와 학생을 위한 교육이 이루어지지 못한 경험을 가지고 있으며, 제2차 세계대전 후에는 국가주의적 교육사상이 퇴조하고[52] '인격의 완성'이라는 교육이념에 따라 세계 각국의 헌법은 교육에 관한 기본적 권리를 선언하고 있다.

문화적인 최저한도의 생활을 하기 위해서는 우선 교육을 받아야 한다. 우리헌법의 '교육을 받을 권리'는 능력에 따른 균등교육을 그 주된 내용으로 규정하고 있다. 그리고 이러한 교육을 받을 권리의 실효성을 높이기 위하여 가정과 국가의 교육책임으로 헌법은 교육을 받게 할 의무(제31조 제2항)와 의무교육의 무상(제31조 제3항) 및 평생교육진흥(제31조 제5항)을 강조하고, 교육의 자주성, 전문성 및 정치적 중립성(제31조 제4항), 교육제도의 법률주의(제31조 제6항)를 채택하고 있다. 우리헌법의 기본권체계상 '교육을 받을 권리'는 사회적 기본권에

활철학을 어렸을 때부터 습성화시킴으로써 헌법이 추구하는 민주주의의 토착화에 이바지하고, 넷째 능력에 따른 균등한 교육을 통해서 직업생활과 경제생활의 영역에서 실질적인 평등을 실현시킴으로써 헌법이 추구하는 사회국가, 복지국가의 이념을 실현한다는 의의와 기능을 가지고 있다"고 분명히 하고 있다(헌재 1994.2.24. 93헌마192;헌재 1991.2.11 90헌가27).

52) 19C에 독일이나 명치유신 이후 일본에서 국가주의적 국민교육으로 공교육이 왜곡·변질된 면이 있는데, 원래의 공교육, 즉 민주시민의 자질을 키우는 교육은 현대국가에 이어지는 것이다(한상범, "시민적 기본권과 사회적 기본권", 고시계, 1983. 8, 19면).

규정되어 있으며 학설에서도 사회적 기본권의 하나로 설명하는 것이 일반적이다. 그러나 교육은 단순한 교육기회균등의 의미가 아니라 모든 인간의 '학습의 자유와 권리'를 전제로 하여, 국가권력으로부터의 독립을 의미하는 교육의 자유와, 교육상의 소극적인 차별금지와 적극적인 교육기회의 보장을 내포하는 '교육의 평등'이 동시에 보장되어야 한다. 따라서 교육에 대한 기본권은 헌법상의 '교육을 받을 권리'와 이러한 교육의 자유가 포함된 포괄적인 기본권으로 파악되어야 한다.[53]

(2) 교육에 관한 기본권의 주요내용

① 학습권

오늘날 '교육을 받을 권리'의 보장근거로 들어지는 학습권은 일반적으로 '인간적 성장·발달권'으로 해석되고 있다. 우리나라에서는 종래 헌법상 '교육을 받을 권리'에 대비하는 '교육을 할 권리'를 상정하고 이에 따라 양자를 학습권과 교육권으로 분류하는 경향이 있다. 그러나 이렇게 파악할 때 학습권은 가르침이라는 것에 대응하는 범위에 한정되고 수동적 지위를 벗어날 수 없게 되므로, 학습권은 '타자교육'(他者教育)만을 전제로 하는 '배울 권리' 내지 '교육을 받을 권리'를 넘어서 '자기교육'까지 그 전제로 하는 '공부할 권리' 내지 '학습할 권리'로서 파악되어야 한다는 주장[54]은 정당한 것으로 생각된다.

E. Stein은 독일기본법 제2조 제1항에서 말하는 '인격의 자유로운 발현의 권리'는 두 가지 측면을 가진다고 보고 있는데, 첫째는 그 인격의 발현을 할 권리, 즉 자기발현을 할 권리로 그는 이것을 '발현권'(Ent

53) 신현직 교수는 교육기본권은 헌법 제10조의 '인간의 존엄과 가치'로부터 직접 도출되는 '학습권'(인간적 성장발달권)을 중핵으로 하고, 개별기본권으로서의 '학문의 자유'(제22조)와 '교육을 받을 권리'(제31조)를 포괄하는 '종합적 기본권'으로서 정립되어야 한다고 한다(신현직, 교육기본권에 관한 연구, 서울대학교 대학원 법학박사 학위논문,1990, 64면 이하 참조).

54) 신현직, 앞의 논문(주 53), 101면 이하 참조.

faltungsrecht)으로 부르고 있으며, 둘째는 자기발전의 필요성과 방법을 자율적으로 결정할 권리로 그는 이것을 '자율권'(Autonomierecht)으로 부르고 있다.[55] 그리고 '학교에서 자유로운 발현을 할 어린이의 권리'의 내용에 관해서 그는 기본권의 의의는 국가로부터 자유로운 사적 영역에 그치는 것은 아니며, 제2조 제1항은 급부행정으로서의 성격을 가진 학교제도의 영역에도 적용되어야 한다고 한다. 또한 학교교육의 목적은 "학생의 인격의 자유로운 발현의 촉진"에 있어야 한다고 한다. 따라서 인격의 자유로운 발현을 할 권리가 발현권 및 자율권으로서의 이중의 성격을 가지므로, 학교는 어린이에 대해서 그의 소질의 가능성 정도에 따라 충분한 발현을 가능하게 하지 않으면 안될 뿐만 아니라 어린이의 자율권에 대해서도 고려를 해야 한다고 한다.[56] 그리고 그에 의하면 학교에서 인격의 자유로운 발현을 구할 어린이의 일반적인 기본원칙으로부터 첫째, "기존의 공적 교육시설에 입학할 권리", 둘째, "필요한 교육시설의 창설을 요구할 권리", 셋째, "자유로운 교육을 요구할 권리"와 같은 세 가지의 권리가 도출된다고 한다.[57]

이러한 그의 견해는 교육을 받을 권리라는 개념 하에서 논해진 것은 아니지만, 그 후의 독일의 교육을 받을 권리에 관한 학설에 의해서 다음과 같은 형태로 계승되고 있다. 예컨대 Thomas Oppermann은 제52회 독일 법조회의의 보고[58]에 있어서 Stein의 설을 받아들여 "어린이의 인격의, 인간에 가치 있는 자유인 발현을 요구할 권리"에 관해서 논하고[59] 동시에 "어린이의 발현권"이 "교육을 받을 권리의 윤곽"을 이룬

55) Ekkehart Stein, Das Recht des Kindes auf Selbstentfaltung in der Schule, 1967, S.20.
56) Ekkehart Stein a.a.O.(주 55), S.37f.
57) Ekkehart Stein a.a.O.(주 55), S.38, 39ff.
58) Thomas Oppermann, "Nach welchen rechtlichen Grundsatzen sind das offentliche Schulwesen und die Stellung der an ihm Beteiligten zu orden?", in: Verhandungen des 51 Deutschen Juristentag, 1976, Bd.I, Teil C,

다고 하였다.60) 그리고 그는 "제1의 학교기본권은 인간에 가치 있는 자유인 인격의 발현을 요구할 어린이의 기본권이다"라고 논하면서61) 동시에 "어린이의 인격의 발현에 있어서 기회균등을 요구할 권리"를 교육을 받을 권리의 내용으로 파악한 것이지만62) 이러한 그의 주장은 법조회의의 결의문에 있어서도 압도적 다수의 찬성으로 채택되었다.63)

대체로 인격의 자유로운 발현을 구할 어린이의 권리의 법리는 말하자면, 사회권으로서의 교육을 받을 권리와 교육의 자유(교육의 장에 있어서 자유)의 쌍방을 근거지우는 기능을 한다고 말할 수 있지만, 그것은 무엇보다도 어린이의 권리를 축으로 교육법관계를 재구축하는 역할을 담당하고 있다고 생각된다.64)

② 교육의 자유

역사적으로 볼 때, 교육의 자유는 전제정치와 종교의 지배로부터 인간을 구출하고 인간정신의 발달과 사회적 불평등을 감소시키기 위하여 등장하였다. 교육의 자유는 교육의 기본적 요청을 진리교육으로 보고 권력으로부터의 독립을 의미하는 것이었다. 교육의 자유는 학문의 자유와의 관련상 교사의 교육의 자유를 중심으로 이해할 수 있지만, 국

59) Thomas Oppermann, a.a.O.(주 58), S.82ff, 106.
60) Thomas Oppermann, a.a.O.(주 58), S.81.
61) Thomas Oppermann, a.a.O.(주 58) S.106.
62) Thomas Oppermann, a.a.O.(주 58) S.107.
63) Verhandlungen des 51 Deutschen Juristentag, 1976, Bd.Ⅱ, Teil M, S.213.
64) 박인희, 현대 교육법원리로서의 교육의 자유-미·일의 법리를 중심으로-, 경북대학교 대학원 박사학위논문, 1982, 20면 이하에서는 학습권을 "발달가능한 어린이가 인간적으로 성장발달하는 생래권"으로 파악하고, 그 법적 성격에 관해서는 학습의 자유라는 자유권적 측면과 더불어 그것을 대위하는 친권자의 교육의 자유의 근거가 되는 동시에 실정법적 생존권의 보장에의 요구권으로 고양된 측면을 아울러 가지는 개인적 공권으로 파악하고 있다. 그 밖에 학습권에 대한 고찰에 대해서는 小林直樹, 現代基本權の 展開, 東京: 岩波書店, 1976, 303면; 신현직, 앞의 논문(주 53), 101-109면 참조.

민의 교육의 자유는 우선 미취학아동에 있어서는 부모의 교육할 자유로, 취학아동에 있어서는 부모의 학교교육 참가의 자유로 나타난다. 즉, 교육의 자유의 일환으로 교육참가의 자유가 인정되며, 거기에는 사립학교설치의 자유와 교과서작성의 자유 및 교육의 지역적 자치 등이 들어질 수 있다.[65] 교사의 권리는 '학습권의 반사'의 권리로서 인권서열상 2차적인 것이라고 해서 직무권한적 구성을 해야 하는 것은 아니며, 어디까지나 인권으로서 포착해야 한다고 생각한다. 헌법이 교육의 행위-'교육하는 것'과 '배우는 것'-를 총체로서 문화적 자치의 영역에 두고 있기 때문이다. 또한 교과서 집필의 자유도 표현·출판의 자유일반에 해소시켜서는 안 되고, 국민일반의 교육과정에의 참가의 자유로서 파악해야 하는 것으로 생각되고 있다.[66] '부모의 교육의 자유'의 문제[67]도 '아동의 일반인권'[68]과 '발달권'과 관련하여 논해야 한다고 본다.

이러한 관점에서 '교육의 자유' 법리탐구는 앞으로의 중요한 과제이다. 교육의 자유가 독자적인 법리탐구를 필요로 하는 이유는 세 가지를 들 수 있다. 첫째는 우리헌법이 '교육의 자유'라는 명문의 규정을 두고 있지 않다는 점이다. 관련조항인 '학문의 자유'는 종래 전적으로 대학의 교원 기타 연구자의 자유를 보장하는 것으로 해석되고 초·중·고등학교 교원에게는 미치지 않는 것으로 이해되어 왔다. 그 이유는

---

65) 신현직, 앞의 논문(주 53), 116-119면 참조.

66) 成嶋 隆, "教育·文化と人權", 現代の 憲法理論, 憲法理論硏究會, 東京: 敬文堂, 1990, 236면.

67) '부모의 교육권·교육의 자유'를 강조하는 것으로서 奧平康弘, "教育を 受ける 權利", 芦部信喜 編, 憲法Ⅲ 人權(2), 有斐閣, 1981; 今橋盛勝, 教育法と法社會學, 東京:三省堂, 1983, 제3장 참조.

68) 이에 대해서는 廣沢 明, "子どもの 人權の 試論的 考察" 早大大學院 法硏論集, 27號, 197면 이하; 中村睦男, "未成年者と 基本的 人權", 中村睦男, 憲法 30講, 青林書院, 1984, 35면 이하; 自由と 正義 1987年 6月號(特輯「子どもの 人權」所收의 제 논문; ジュリスト 增刊總合特輯「子どもの 人權」所收의 제 논문 참조.

하급교육기관에서의 교육의 본질상 교육내용・방법 등의 일정한 획일화가 요청된다는 것이다. 이와 같은 전통적 해석의 타당성을 검증하는 것과 관련해서 초・중・고등학교 교사의 '교육의 자유'의 문제가 부상된다. 둘째는 다양한 정신・문화활동의 가운데서 교육(특히, 학교교육)에 관해서는 다른 정신적 활동과는 질적으로 다름을 강조하는 경향이 있다는 점이다. 이 점은 일본의 교과서소송에 있어서 국가의 주장, 즉 "현대 공교육에 있어서는 교육의 자유와 같은 뜻을 이루는 사사성(私事性)이 사상(捨象)되고 있다", "국민의 교육의사는 의회제민주주의의 루트에서는 보다 국가에게 위탁되고 있으며, 국가는 이에 응해서 교육내용에 관해서도 책임과 권한을 가진다", "공교육에 있어서 중립성의 확보, 교육수준의 유지・향상, 교육의 기회균등 등을 도모하기 위해 국가에 의한 교육적 배려가 필요하다"는 등의 주장69)에서 잘 나타난다. 여기에서 '공교육'에 있어서 '공'개념을 '국가'개념과 바꾼다면 '공교육'에는 어떠한 국가적 '표준'이 불가결하다는 관념이 농후하게 나타나고 있다. 이러한 이데올로기적 토양에서는 '교육의 자유'의 법리를 확립하는 것이 매우 어렵다. 그러므로 이러한 교육의 '특수성'을 이유로 하는 '자유'의 부정론을 타파하는 이론의 구축이 탐구될 필요가 있다. 세 번째의 이유는 지금까지 교육정책이 국가의 이데올로기적인 정책에 의해 규정되고, 교육내용 통제를 주축으로 해왔다는 의미에서 '교육의 자유'에의 공격으로서 전개되어 왔다는 점이다. 학력 테스트정책에 있어서 교육행정당국의 교육내용에의 개입, 학습지도요령의 고시화에 의한 국가기준성의 강조, 교과서검정에 의한 교육내용통제 등이 그 좋은 예이다. 이러한 정책전개에 의해서 야기된 교육분쟁에 있어서 국민측에

69) 교과서검정 제2차 소송 공소인(控訴人) 제1・2 준비서면, 동 제1차 소송 제1심판결(東京地裁 昭49.7.16, 判例時報 751號) 등. 이러한 제 논거에 대한 비판으로는 成嶋 隆, "「教育の 自由」の 諸問題", 精神的 自由權, 憲法理論研究會 編, 有斐閣, 1982, 268면 이하 참조.

서의 '교육의 자유' 법리의 확립이 불가피하게 된 것은 당연하다.

③ 능력에 따른 균등교육권

우리헌법은 제31조 제1항에서 "모든 국민은 능력에 따라 균등하게 교육을 받을 권리를 가진다"고 규정하고 있다. 앞에서 살펴 본 바와 같이, 교육권(교육기본권)은 단순히 헌법 제31조의 '교육을 받을 권리'라는 한 조문의 형식적 해석을 넘어 전체적인 헌법체계와 교육에 관한 조리에 입각하여 헌법상의 교육기본권으로 정립되어야 한다는 입장[70]이 타당한 견해라고 생각되지만, 교육은 다른 문화영역보다도 적극적인 교육기회의 보장이 필요하다. 우리헌법의 '교육을 받을 권리'는 바로 이러한 견지에서 국가에 대하여 적극적인 교육기회의 보장을 요구할 수 있는 권리이며, 이에 대하여 국가는 교육조건의 정비의무를 지게 되는 현대 공교육제도를 표현한 것이라고 할 것이다. 따라서 문화국가실현의 기초를 이루는 교육은 사회국가원리의 실현과 가장 밀접한 관련을 맺고 있다. 이러한 점에서 "사회국가적인 현실은 문화헌법적인 가능성"이라는 Peter Häberle의 지적이 가장 잘 나타나는 것이 교육영역이라고 하겠다.[71]

1) 능력에 따라 교육을 받는다고 할 때, 「능력」이라 함은 정신적·육체적인 능력을 말하고[72] 물질적인 능력이나 가정환경 등의 비전속적인 능력을 말하는 것은 아니다. 오늘날의 능력주의에 의한 교육차별은 교육을 받기에 적합한가 어떤가 하는 능력 자체에 의한 차별이 아니라 부모의 경제적 지위와 같은 능력 이외의 사유로 차별하는 것은

---

70) 신현직, 앞의 논문(주 53), 64면 이하 참조.

71) Peter Häberle, "Vom Kurturstaat zum Kurturverfassunsrecht", in : Peter Häberle(hrsg.), Kurturstaattlichkeit und Kurturverfassungsrecht, Darmstadt, 1982, S.35.

72) 구병삭, 신헌법원론, 박영사, 1996, 622면; 권영성, 헌법학원론, 법문사, 2010, 668-669면; 김철수, 헌법학개론, 박영사, 1992, 433면.

위헌이다. 반면, 「능력 = 정신적 실력 내지 능력」이라고만 하는 것은 정신적 능력에 의한 차별을 용인하는 여지가 있다. 그러나 인격이란 인간의 제 능력 및 제 성질, 요구의 통일 조화된 상태요, 인간의 제 능력이란 항상 발전해가는 것이기 때문에 그것들의 개발·발전·조화·통일이 곧 인격의 완성이라 할 것이고, 교육은 '어떠한 인격'의 완성을 지향하는 것이다. 그러므로 '능력에 따라서'라는 법문은 권리의 평등을 전제로 하는 '능력별 교육', 즉 '교육의 개성화'를 예정한 것이다. 따라서 심신발달이 미진한 장애아의 경우에도 그 심신의 이상 정도에 상응하는 유효한 교육을 위해서 그들의 능력을 계발할 교육조건이 확보되어야 한다.[73)]

2) 「균등하게」 교육을 받을 권리는 「법 앞에 평등」의 정신을 교육면에서 실현하려는 것이다. 균등한 교육은 자유권적 측면에서 볼 때 능력이외의 성별, 종교, 신분 등에 의하여 교육을 받을 기회를 차별하지 않을 것을 의미한다(소극적 평등권).[74)] 그리고 생존권적 측면에서는 모든 국민이 균등하게 교육을 받을 수 있도록 교육시설을 설치, 운영하고, 장학정책을 시행하는 등 교육의 외적 조건의 정비를 요구할 수 있음을 의미한다(적극적 평등권).[75)] 특히 교육비의 인상에 따른 저소득층의 상대적인 고등교육기회 감소로 말미암아 소득분배의 불균형은 세대에 걸쳐 고착화되고 심화될 위험성마저 안고 있다. 장학금, 학비보조제도의 실시, 야간제 기타의 사회교육방법의 보장 등이 절실하다.

---

73) 국가는 심신장애자의 교육을 받을 권리에 대해서도 그의 능력에 따라 필요한 지식·기능을 가르칠 수 있도록 특수학교를 설치할 수 있게 하고 있다.

74) 허영, 헌법이론과 헌법(중), 박영사, 1989, 267-270면에서는 눈치, 배짱 등의 교육외적인 요인이 강하게 작용할 수 있는 학생선발제도 내지 입학시험제도도 교육의 기회균등에 어긋나는 위헌적인 제도로 본다.

75) 1948년에 이태리헌법 제34조 3항에서는 "능력이 있고 성적이 뛰어난 자는 가난한 자이더라도 학업의 최고단계에까지 진학할 권리를 갖는다"고 규정하여 경제적인 면에 의한 제약을 헌법에서 명시적으로 배제하고 있다.

3) 「교육」을 받을 권리에서 교육은 학교교육, 가정교육, 사회교육, 공민교육, 평생교육 등을 포함하는 넓은 개념이나 학교교육이 가장 조직적이고 효과적이며 일반적으로 학교교육이 중심이 된다. 문화현상에 대한 국가적 작용의 아주 중요한 형식인 교육은 우선 학교 내에서 다양한 특성을 가지는 청소년의 교육과 강의를 포함한다. 또한 그것을 넘어서 성인집단의 정신적 발전의 촉진에 관계되는 더 넓은 국가적 활동이 더해진다. 따라서 우리는 때때로 교육을 '국민교육'의 특색을 가진 전체영역으로 사용한다. 교육의 인간적, 정신적 영역에 대한 친화력(Affinität) 때문에 실제적인, 영리 기타의 직업생활을 목표로 추구하는 특정한 교육형식을 소홀히 할 우려가 있으나,[76] 직업교육 등도 교육을 받을 권리의 중요한 대상이다. 교육이 직업을 선택하는데 있어서 결정적인 영향을 생각한다면 교육을 받을 권리는 '직업선택의 자유'와 관련시켜 이해할 수 있다.[77] 교육의 영역에서는 학교교육이 중심을 이루고 있는데 입시교육으로 상징되는 학교교육이 사회현실이나 학생들의 삶과 동떨어져 있는데다 공부 말고는 어떠한 문화나 놀이도 허용되지 않는 상태라 '살아있는' 학생문화란 존재하지 않으며, 이에 따라 성인·서구문화의 맹목적 모방이 학생문화로 표출된다든지 저항과 반항적인 문화가 청소년 문화의 전형적인 것처럼 보이는 현실에서[78] 인간존엄의 실현을 이념으로 하는 진정한 교육과 학습을 보장하는 것이야 말로 문화국가의 중요한 과제라 하겠다.

평생교육에 관하여는 별도로 규정하고 있다. 평생교육(Live-long

---

76) Thomas Oppermann, "Eigenart und Umriss des Kulturverwaltungsrechts", in: Peter Häberle(Hrsg.), Kulturstaatlichkeit und Kulturverfassungsrecht, Wissen- schaftliche Buchgesellschaft, Darmstadt, 1982, S.270-271.

77) 허영, 앞의 책(주 7), 433면.

78) 이용관, "학생문화와 초중등교육현실", 문화대개혁을 위한 정책토론회(1992. 11, 한국민족예술총연합주최), 발제문 참조.

integrated Education)이란 1965년 2월 UNESCO의 성인교육국제위원회의 권고 이후로 특히 현대교육기회의 원리로서, 국제적으로 주목된 새로운 사고이다. 빠른 속도로 발전하는 복잡한 현대생활에 대처하기 위한, 학교교육 이외의 모든 교육활동을 지칭하는 사회교육에서는 지식과 기술의 보급외에 삶의 보람의 확충과 인격향상을 위한 교양교육이 필요하다. 이것을 평생교육의 이념이라고 할 수 있을 것이다. 평생교육 시책으로는 사회교육 추진기구를 설치·강화하고 사회교육기관을 육성함과 동시에 시설을 확충하는 것이 필요하며, 취학전 조기교육, 근로청소년의 교육기회확대를 꾀하며, 방송통신교육의 확대, 개방대학(Open University)제도, 현장 직장인의 재교육 등 여러 면에서 고찰되나 여러 법규를 합리적으로 조정하여, 학교교육과 병행하여 평생교육 이념의 제도화가 필요하다.[79)]

4) '교육을 받을 권리'는 앞에서 살펴본 것처럼, 교육의 기회 균등의 면에서만 보지 않고 학교 교사측의 교육권과 피교육자의 학습권 등과 함께 고려할 때 헌법상 그 진정한 의미가 발견된다. 교육을 받을 권리는 피교육자가 민주적 교육을 받을 권리를 의미한다. 그리고 교육하는 학교나 교사에게 이에 대응하는 교육권이 있다는 것을 인정하게 될 때 균등하게 교육을 받을 권리와 동시에 어떠한 내용의 교육을 받을 권리인가가 새로운 문제로 등장한다.[80)]

한편, 교육권에 관하여 그것이 국가권력의 정책 내지 행정에 대하여 적극적인 교육내용을 요구하는 권리를 포함하는 것으로 평가해야 할 것이라면서 그 교육내용은 헌법이 국가의 진전의 방향을 지시하는 '평화

79) 평생교육원리에 대해서는 황종건, "평생교육의 원리", 유네스코 한국위원회·한국평생교육기구(편), 평생교육의 기초와 체제, 법문사, 1985, 13-37면 참조

80) 이 문제는 특히 일본에서 교과서소송을 둘러싸고 전개된 교육권논쟁을 통하여 제기되었다. 교육권논쟁에 관해서는 김용호, 교육을 받을 권리, 서울대학교 대학원 석사학위논문, 1982, 11면 이하 참조.

주의'와 '민주주의'를 실현하는 방향에의 교육이라고 하는 견해가 있다.[81] 이 교육내용 요구권은 국가에 대해서 교육내용의 실현이라는 일정한 작위를 청구하는 권리로 주장되고 있는 것이다.

그리고 교육의 기회균등에서 모든 교육시설에 균등하게 참여할 것을 요구할 수 있는, 이른바 교육청구권이 나오느냐의 문제에 대해서 독일에서는 소위 참여권 내지는 배분청구권의 이론이 제기되고 있다.[82]

④ 결어

교육의 자유와 권리는 이상과 같이 다차원성을 갖는 것으로 이해된다. 사적(私的) 성격이 강조되는 개인의 권리로서의 측면에서는 자율적 인격형성(소극적 방어권으로서의 자유권적 성격), 직업의 준비(경제적·사회적 권리로서의 성격), 문화의 창조(문화적 기본권으로서의 성격)라는 성격이 도출된다. 공적 성격이 강조되는 국가질서형성의 객관적 요소의 측면에서는 민주시민의 양성과 민주주의 실현(정치적 측면), 국가경제발전 및 사회발전(경제적·사회적 측면), 문화의 전승과 발전, 새로운 창조(문화적 측면)의 초석으로서 국민교육의 중요성이 도출된다. 이런 여러 측면이 갖는 내부적 긴장관계를 고려하는 가운데에서만 문제의 올바른 이해와 해결이 가능하다.

4. 신문·방송

(1) 신문·방송의 자유의 근거와 현대적 문제 상황

신문·방송의 자유는 언론·출판의 자유에 포함되어 있다. 즉 헌법이 보장하는 언론·출판의 자유 속에는 신문·방송을 통한 국민의 사

---

81) 永井憲一, 憲法과 教育權, 273, 259면(大須賀明, 生存權論, 東京: 日本評論社, 1984, 139면에서 재인용).

82) 이에 대해서는 제5장 제2절 II 참조.

상, 의사표현의 자유가 포함되어 있다. 국민은 헌법 제21조에서 보장하는 언론·출판의 자유에 따라, 타인의 명예나 권리 또는 공중도덕이나 사회윤리를 침해하거나 국법질서를 침해하지 않는 한 구두나 출판을 통하여 자유로이 자신의 의사를 표현할 수 있다. 그러나 개인이 신문·방송의 자유를 가진다 하더라도 신문발행시설과 방송시설의 설치는 많은 자본을 요하며, 방송의 경우는 주파수도 한정적이라는 기술적 조건도 무시할 수 없기 때문에 신문·방송의 자유를 누릴 수 있는 자는 극히 소수(재벌)에 불과하다. 언론·출판의 자유의 개념이 형성된 근대초기에는 언론·출판의 자유는 바로 표현의 자유를 의미하였다. 그 당시 언론·출판의 자유는 사상과 의견의 자유시장을 전제로 하여 표현을 하는 자와 표현을 받는 자가 같은 시민이었기 때문이다. 그러나 오늘날 mass media에 의한 정보의 독점화에 따라 고전적인 표현의 자유가 전제로 한 것(사상의 자유시장)에도 구조적인 변화가 생기게 되었다. 즉 자본주의사회의 고도화와 매스미디어의 비약적인 발달은 드디어 의견발표의 자유의 주체와 의견향수의 자유의 주체를 분리시켜 그 양자간에 이질성을 갖게 하였다. 그 결과 일반국민은 의견향수의 자유만을 향유할 수밖에 없게 되었다. 따라서 '표현하는 자'와 '듣는 자'의 분리현상이 뚜렷한 현대국가에서는 언론·출판의 자유는 세분해서 이해할 필요가 있다. 우리헌법상으로는 언론·출판의 자유에 (일반적)의사표현의 자유, 의사수취의 자유, 정보의 자유(알 권리), 신문·방송의 자유 등이 포함된다고 볼 수 있지만, 사실상으로 일반국민은 의사표현의 자유와 의사수취의 자유(수신자의 자유), 정보의 자유(알 권리)의 주체가 되고, 신문·방송의 자유는 보도기관의 자유로 되어버린 현실을 고려하여 세분해서 규정할 필요가 있다. 그렇게 하는 것이 오늘날 국민의 알 권리, 특히 국가정보에의 access의 권리 및 언론매체에 대한 access의 권리로서 반론권 등의 가치를 존중하고, 독점자본가에 의하여 국민의 의사가 왜곡되는 것을 방지하여 정보매체가 정당한 기능을 할 수 있도록 하기 위한 여러 가지 법적조치를 강구하는데 합리적이며 헌법적 근거를 명확히 해주는 것이 될 것이다. 한편, 신문기업이나 방송기업 내지 공영방송이 정부의 시녀로서 오직 정부의 홍보매체로서의 기능을 하게 되면 집권당의 사유물로 전락하게 되어 국민의 여론형성과 전파라는 정보매체의 기능은 잃게 된다. 이 점을 고려할 때, 신문·방송의 자유는 국가를 포함한 여타 정치적·사회적 제세력으로부터의 독자성의 보호라는 관점을 또한 요구한다는 점에서 독자적인 보도기관으로서의 지위를 부여할 필요성이 있다고 본다.

신문·방송의 자유는 이러한 사회적 현실과 언론자유의 매커니즘을 깊이 고려하지 않고서는 결코 그 참다운 의미내용을 파악할 수 없다.[83]

(2) 신문·방송의 공적책임

신문·방송의 자유를 주관적 권리의 측면에서 파악하면 여기에는 개인의 신문·방송의 자유(개인이 신문·방송을 통해 자기의 의사를 표현할 자유, 의사수취의 자유), 보도기관(신문사, 방송국)의 자유(신문발행 및 방송의 자유)의 두 구성요소가 있다. 이러한 신문·방송의 자유가 국가권력에 대한 방어권으로서의 성격을 가지는 것은 물론이다. 즉 국가권력으로부터 간섭을 받지 않고 자유로이 의사표현을 하고 의사형성을 통해서 여론형성에 참여하고 자신의 의견을 정하는 데 필요한 정보를 수집·접수할 수 있는 주관적 공권의 성격을 가진다. 그러나 신문·방송의 자유를 이렇게 고전적인 자유권의 일종으로만 파악해서는 신문·방송의 자유의 현대적 상황에 비추어 볼 때 그 참다운 의미를 파악할 수 없게 된다. 우선 개인은 누구나 이성을 가지고 있으

83) 이강혁, "정보매체의 자유와 기속-방송을 중심으로-", 고시연구, 1983. 10, 58-59면 참조.

며 이성적으로 행동한다는 합리주의적 인간관이 더 이상 통용될 수 없다고 밝혀진지는 이미 오래되었으며, 사회전반에 걸쳐 막강한 이익단체의 등장과 그 관료주의적 조직화 현상 때문에, 집단이나 단체의 구성원으로서는 몰라도, 개인으로서는 의사를 가지고 있다 하더라도 오늘날 언론기업 집중현상에 비추어 이를 발표할 기회를 가진다는 것이 거의 불가능하게 되었다.[84] 따라서 신문・방송의 자유(특히 법인)는 법을 통한 내용의 형성 또는 그 기반의 조성이 필요하다. 즉, 신문・방송의 자유는 주관적 권리로서의 그 자유의 기능에 적합한 현실화를 통해서 그 자유에 기초한 법질서가 생명력을 발휘한다는 점을 고려할 때, 국가권력과 모든 사회구성원이 반드시 존중하고 실천해야 되는 객관적 가치질서로서의 성격도 가지게 된다.[85] 이렇게 신문・방송의 자유를 주관적 공권성과 더불어 객관적 가치질서로 파악할 때, 신문・방송의 정치적・사회적 기능, 책임, 그리고 임무를 적극적으로 긍정하는 기초위에서 언론의 법적인 특권과 함께 의무도 도출해 낼 수 있게 된다.[86] 독일연방헌법재판소 판례도 언론의 자유를 규정한 기본법 제5조가 개인의 사상・의사의 형성은 물론 표현의 자유라는 주관적 권리를 보장하면서, 동시에 그의 형성과정을 헌법적으로 보장하는 전체법질서의 객관적 원칙을 형성한다는 점을 분명히 하고 있다.[87] 신문・방송은 현대사회에 있어서 헌법에 의해 보장되어 있는 국민의 의사형성과정의 중요한 매개체(Medium)이며, 그러한 의미에서 신문・방송의 자유는 봉사적 자유로서의 성격을 갖지 않을 수 없다.[88] 신문・방송의

84) 최대권 "언론과 법" 서울대 법학 제28권 2호(1987), 90면 참조.
85) 허영, 앞의 책(주 7), 565면; 이강혁, 앞의 논문(주 83), 59면 이하; 최대권, 앞의 논문(주 84), 90면 이하 참조.
86) 최대권, 앞의 논문(주 84), 91면 참조.
87) BVerfGE 5, 85(134); 7, 198(208); 10, 118(121); 20,56(97).
88) 이강혁, 앞의 논문(주 83), 62면.

자유가 국민의 의사형성 과정의 매개체인 봉사적 자유로서의 기능을 발휘하기 위해서는 실체적, 조직적, 절차적 규율이 필요하며, 그 규율의 실정적 확정은 바로 입법자의 과제이다.[89)]

신문·방송은 이처럼 주관적 권리로서의 신문·방송의 자유보장과 아울러 그 공적 기능이 강조된다. 공적 기능을 보호하기 위해서 법률은 여러 가지 공적 책임을 신문과 방송에 부여하고 있다. 신문·방송의 공적 책임은 '신문 등의 진흥에 관한 법률' 및 '방송법'에서 규정되어 있다.

(3) 문화제도로서의 방송

① 방송의 문화귀속

방송은 "어쨌든 문화적 현상이기도 하다"는 사실을 독일의 연방헌법재판소는 이미 제1차 TV판결에서 선언하였다.[90)] 대중매체의 영향

---

89) BVerfGE 57,295(319); 59,231(257).

90) BVerfGE 12, 205(229). 독일(서독)에서는 방송의 공공성을 둘러싸고 여러 개의 연방헌법재판소판결이 주목된다. 즉 1961년 2월 28일의 소위 제1차 TV판결(BVerfGE 12, 205), 1971년 7월 27일의 소위 제2차 TV판결(BVerfGE 31, 314), 1981년 6월 16일의 소위 제3차 TV판결 등이 그것이다. 이 판결들은 어느 것이나 현대사회, 전파기술, 방송기술진보의 과정에서 방송형태 및 방송프로그램은 어떠 해야하는가라는 문제에 대하여 논의하고 있다. 특히 제3차 TV판결은 자알란트방송국법(Gesetz über die Veranstaltung von Rundfunksendungen im Saarland(=GVRS)) 제2차 개정법(1967.6.7) 제1조 Nr.1 C장 제1부 및 제2부(제38조-제46조e)은 당해조항 중 독일어에 의한 사영방송국의 규정을 두고 있는 점에 있어서 기본법 제5조 제1항 2문 및 제3조 제1항에 위반하여 무효라고 판시하였다. 자알란트는 사영방송국(라디오 및 TV)을 법률상 인정하는 독일에 있어서의 유일한 주이며, 자알란트방송국법은 C장에서 사영방송국을 정하고 있다. C장 제1부(제38조-제45조)는 사영방송국에 관한 총론을, 제2부(제46조- 제46조e)는 독일어방송, 제3부(제47조-제47조b)는 외국어방송에 대해서 규정하고 있다. 이 판결에서 문제되었던 것은 이러한 조항 가운데 독일어에 의한 방송에 대한 부분이었다. 이 법의 주된 내용은 다음과 같다. 이 사영방송국은 주정부의 면허를 요하며(제38조), 자알란트에 방송국을 두는 주식회사의 법형식으로 하도록 하고(제40조 제1항), 프로그램편성에 대해서는 자알란트 방송과 같은 원칙에 구속되며(제46조 a 1항), 주의 감독에 복종한다(제

력에 대한 모든 의견 차이에도 불구하고, 신문방송학에서는 방송(특히 TV)이 어린이와 청소년의 사회화에 있어서 중요한 요소가 되지만, 어른들에게도 세계에 대한 예비교육을 위해 필요한 정보와 해석의 많은

41조, 제42조). 또한 당해 회사는 고문회(Beirat)를 두지 않으면 안 된다. 고문회는 13인 이하의 고문으로 구성되며 법률에서 정하는 공동결정권을 가진다. 고문 중 2인은 관리위원회(Aufsichtrat)에서 선출하고, 주정부, 카톨릭교회, 프로테스탄트교회에서 각 1명, 주의회 각 당파로부터 각 1명이 선출된다. 고문회는 방송국에 대해서 시청자를 대표하고, 각 위원은 방송국 및 방송관계자의 전체적 이익을 위해 활동할 의무가 있으며 어떠한 위탁이나 지시에도 구속받지 않는다. 또한 법률상의 제 규정이나 제 규칙의 준수를 감독하고 위반의 경우는 방송국 및 감독관청에 지시한다. 더욱이 고문회는 방송국에 기본적으로 중요한 사항은 우선 심의하고 프로그램편성에 즈음하여 방송국에 조언한다(제46조 b항). 기타 고문회는 시청자의 대표로서 활동보고를 공표해야 하며(제46조b 3항), 특정된 경우의 면허의 취소에는 고문회의 승인을 필요로 하는 것으로 하고 있다(제46조b 4항). 이 규정을 근거로 방송국 면허 신청을 한 '설립준비회사 자유방송주식회사'에 대해서 자알란트주정부가 면허신청을 거부함으로써 시작된 이 사건에서 연방헌법재판소는 이 법률이 개설신청자의 선택에 관해서 전혀 규정하고 있지 않으며, 고문회에 관한 규정에서는 사회적으로 중요한 세력이 방송국의 기관 가운데서 충분한 세력을 가진다는 보장도, 전체프로그램 가운데에서 발언 할 수 있다는 보장도 하등 존재하지 않음으로 헌법에 위반한다고 판시했다. 본 판결은 제1차 및 제2차 TV판결에서 판시했던 점, 즉 하나의 사회집단에 전파나 방송은 위임되지 않는다고 하는 견해와 프로그램내용의 균형론을 답습하고 있지만, 특히 중요한 점은 현재 전파기술의 진보 중에도 사영방송에 대한 경계를 보여주고 이를 위해 예방조치를 법적으로 준비하는 것을 강조하고 있다는 점이다. 사영방송개설 그 자체는 이전의 판결에서도 열려진 것이었지만, 본 판결은 그 조직형태가 방송의 자유를 보장하기에 충분한 기구를 갖추고 있지 않다는 점에서 헌법에 위반한 것으로 되었다. 한편 이 법률의 합헌성을 주장하는 측(원심원고, 니더작센주정부, 연방독일신문협회)은 기본법의 자유의 보장은 공법상의 독점적 방송국과 나란히 사영방송국을 허가하는 것을 구하고 있다. 기본법 제5조는 방송의 자유의 객관적 원리로써만은 아니고 방송에의 접근권을 포함하는 자유권도 보장하고 있다. 이 권리가 오늘날까지 실현되지 않았던 것은 단지 그 권리를 이용할 제 조건, 즉 사인의 방송국개설에의 접근권을 기본권으로 성격지울 수 없는 것 같은 제 조건에 관계하고 있는데 지나지 않는다. 방송국개설에의 접근권은 기본법 제12조 제1항(직업선택의 자유)에서도 유래한다는 견해 등을 피력하고 있다(제3차 TV판결에 대해서 자세히는 石村善治, "放送の 自由と 私營放送-西獨聯邦憲法裁判所 第3次 テレビ判決(1981.6.16)をめぐつて, 現代法の 諸領域と 憲法理念(小林孝輔教授還曆記念論集) 東京:學陽書房, 1983, 319-329면 참조).

부분을 제공하고 있다는 점을 명백히 하고 있다. 이때 TV가 기존의 관념을 변화시키기보다 강화시킨다고는 하지만 개인이 아직 자신의 의사를 형성하지 못하였거나 자신의 경험에 호소할 수 없는 경우에 TV는 상당한 힘을 발휘하게 된다. 그러나 그렇게 됨으로써 방송은 학교나 대학이 자연과학이나 경제학 등을 가르침으로써 그 문화적 특성을 상실하지 않는 것과 마찬가지로 전체로서 문화제도가 되는 것이다.[91)]

정보매체로서의 방송은 비단 문화영역 뿐만 아니라 국가의 모든 활동영역에서 인간의 존엄성에 필요한 개성신장의 수단 및 사회통합을 위한 수단으로서 기능하며, 특히 민주적 통치질서의 전제조건을 형성하는 기능을 가지고 있기 때문에[92)] 문화국가의 과제영역으로 특별히 언급하는 것에 대해서 의문이 있을 수 있다. 그러나 국가공동체 있어서의 문화의 기능적 역할로서 사회적 통합의 중요성을 인정한다면 이와 같은 역할을 담당하는데 가장 직접적이고 현실적인 방송을 문화에 귀속시키는 것은 중요한 의미가 있다. 방송의 문화에의 귀속으로부터 방송의 자유의 문화권적 해석의 필요성이 나타난다. 그것은 의사소통과정과 그 민주주의에 대한 본질적 내용의 의미에 있어서 지금까지의 성향을 보충한다. 문화권적 요청에 상응하는 방송질서는 문화적으로 적절한 프로그램을 보장해야만 한다. 개인과 사회의 문화적 기초를 전달하는 것과 문화적 방송에의 접근권을 보장하는 것이 이에 속한다.[93)]

② 문화헌법과 상업방송

1) 방송(라디오, TV)이 가지는 정보매체로서의 특성 때문에 공영방송만을 인정하는 나라도 있으나, 우리나라는 공영방송과 더불어 민간방송을 동시에 인정하고 있다. 방송은 특히 그 대상이 어린이에서

---

91) Dieter Grimm, a.a.O.(주 4), S.69-70.
92) 허영, 앞의 책(주 7), 563-564면 참조.
93) Dieter Grimm, a.a.O.(주 4), S.82(Leitsäte).

노인에 이르기까지, 또한 전문가에서 문맹자에 이르기까지 모든 계층의 전인구를 대상으로 한다는 점에서 다른 인쇄매체와 크게 구별되며, 방송을 위한 시설과 기술은 많은 비용이 소요될 뿐만 아니라, 전파의 주파수가 제한되어 있기 때문에 그 시장의 독점적 현상이 다른 언론매체보다 두드러진다. 이러한 점에서 보다 강한 공적 기능이 요구된다. 따라서 방송법은 민간방송을 허용하면서도 법인이 아니면 방송을 할 수 없다고 하고 있으며, 일정한 자에 대해서는 방송국의 장이나 편성책임자가 될 수 없다고 규정하고 있다. 그리고 일정한 시설기준을 법정하여 방송의 난립을 막으면서도 방송기업의 독과점 현상을 막기 위해 방송법인의 주식 또는 지분의 초과소유를 제한하며 언론기업의 겸영을 금지하고 있다. 국가에 의한 방송독점은 말할 것도 없고 사기업에 의한 방송의 독점은 여러 가지 문제를 야기시키기 때문에,[94] (문화)국가는 언론기업의 독과점을 금지하는 입법을 추진하여 다양한 의견표출을 보장하고 방송기업의 내부조직도 민주화 할 수 있는 입법조치를 할 의무를 진다고 하겠다. 자율속의 방송은 국가권력으로부터 뿐만 아니라 금력으로부터의 독립성도 확보해야 한다. 방송이 독점되면 자극성을 동반한 비문화의 확대재생산을 조장하게 될 우려가 있다. 이 점에서 상업방송은 문화권적 관점에서 검토를 요한다.

2) 방송독점의 배제는 프로그램 공급의 확대를 가져올 수 있지만, 이를 위한 필요한 자금수요가 주로 방송광고에서 획득된다는 사실에서 또한 문제가 발생한다. 광고수단의 획득은 프로그램의 매력에 달려있으므로 그것은 시청률 확보를 위한 치열한 경쟁을 의미하게 된다. 여기서

94) 방송(넓게는 언론)기업의 집중이 제기하는 문제로는 언론(편집)의 경제적 이익(또는 기업경영)에 대한 종속, 이로 인한 대중취향에 대한 지나친 영합, 자기에게 불리한 의견의 언론에의 접근의 거부, 공정한 정치적인 비판기능의 상실, 가장 근본적인 구조적 문제로 자유경쟁의 메카니즘을 통한 자기교정능력의 상실 등을 들 수 있다(최대권, 앞의 논문(주 84), 90면 참조).

기업의 목표가 광고수입이라면 성공의 기준은 프로그램형성의 주기능을 담당하는 시청률이 될 것이다. 이러한 체계의 문화적 결과에 대하여는 논쟁이 있다. 찬성하는 사람은 충분한 프로그램공급과 대중적 필요에 대한 확실한 지향으로부터 출발하는 반면에, 반대하는 사람은 프로그램의 질적 저하와 평균적 기호에의 이행을 예언한다. 상업적 모델을 광범하게 따르는 미국의 방송체계는 경험적 통제가능성을 제시해 준다. 미국의 예는 사경제적으로 경영되는 방송에서 경제적 요구가 상당한 정도로 문화적 요청을 희생시키면서 관철될 수 있음을 가르쳐 준다. 문화적 방송은 오락프로그램 만큼의 시청율을 획득하지 못하며, 스폰서에게 매력을 주지 못하므로 문화적 방송은 점점 프로그램 공급에서 사라지게 된다. 연방방송위원회(Federal Communications Commission)가 일정한 분량의 방송시간을 요구하면 보통 요리문화로 채워지거나 시청율이 떨어지는 시간으로 밀려난다. 오락이 지배적이 된다. 나아가 오락프로그램에서도 양적, 질적 다양성이 지배하지 못한다. 성공한 모형이 재탕되고 동일한 유형을 다량으로 만들게 되는 것이다. 시청자는 프로그램을 통해서 광고물을 받아들이게 되므로 프로그램의 재료나 연출자체도 광고에 의해 분할된다. 이것은 한편으로는 비판적인 내용 또는 소수를 고려하는 내용을 없애고, 다른 한편으로는 광고시간을 겨냥한 진부한 클라이맥스의 반복을 요구하게 된다.[95)]

이러한 효과가 전형적인 미국적 사고에 꼭 그 원인이 있다고 만은 할 수 없으므로 문화 간의 비교는 적절치 못하다. 그것은 오히려 저널리즘적, 문화적 합리성 기준이 아니라 경제적 합리성기준에 의해서 설립된 방송체계의 결과로서 나타난 것으로, 그러한 방송체계에서는 프로그램이 문화법적 보호이익으로서 자신의 자율성을 상실하고 문화외적 목적을 위한 도구가 되고 만다.[96)] 이와 같은 상황은 우리나라의 방송체

95) Dieter Grimm, a.a.O.(주 4), S.75

계에서도 고려되어야 한다. 중요한 문화제도인 방송이 상업적 조건하에서는 문화적 결핍을 남기기도 한다는 사실을 고려해야 한다.[97]

문화적으로 빈곤해진 TV의 이용을 강화하는 것은 인격발현의 문화적 조건을 해치게 된다. 시장모델의 정당화를 위한 근거인 국민의 성숙을 방송체계 형성에 있어서 이미 주어진 것으로 전제해서는 아니되고, 오히려 방송체계가 함께 형성해야 할 산물로 이해하여야 할 것이다.[98] 그렇다면 민주국가는 방송질서에 있어서 한편으로는 시민의 성숙에 기초하고 한편으로는 그것을 끊임없이 지탱해야 한다는 문제에 직면한다. 이 문제는 지원조치 자체가 다시금 인격발현이라는 헌법적 목적으로부터 정당화될 때에만 해결될 수 있다.[99]

사회적 통합의 면에서 볼 때, 압도적으로 오락을 지향하는 TV시청을 통해서 사회와 민족의 집단적 정체성을 형성하는 문화적 전통을 소홀히 하게 될 위험이 있다. 그것은 위기의 시기에 인식되는 통합위협적 효과를 낳는다. 그러한 효과는 개인의 행동능력을 위한 문화적 지원의 결여라는 불리한 결과가 계층에 따라 다르게 나누어짐으로써 더 첨예하게 된다. 자신의 문화적 재생산을 주로 TV시청에 의지하는 대부분의 국민은 끊임없이 자신의 무지 속에 활동하는 반면에, 우세한 정보를 가진 작은 집단은 점점 더 대중과 유리된다. 따라서 사회내의 지식의 갭이 심화되고 민주적 의사형성의 전제로서의 평등은 형식적 요소로 축소됨으로써 현실적으로는 부인되게 된다. 문제를 의식하기 보다는 눈을 돌려버리는 경향이 있는 TV시청의 안정화 효과는 시민의식을 고정화시키기 쉽다. 이러한 상황에서 '문화적으로 전달되는 의미'가

96) Dieter Grimm, a.a.O.(주 4), S.75.

97) F. Kübler, "Medienverantwortung als Rechtsproblem", in: W.Hassemer u. a. (hrsg.), Grundrechte und sozial Wirklichkeit, 1982, S.117.

98) Dieter Grimm, a.a.O.(주 4) ,S.76 주 참조.

99) Dieter Grimm, a.a.O.(주 4), S.76.

충분히 존재하지 않는다면, 개인의 자유를 위해서 그의 권력수단을 제한하는 민주국가가 특히 의존하고 있는 정당성의 박탈로 정치체제가 위험하게 된다.

상업방송과 나란히 존재하는 공영방송의 경쟁력이 회의적이라고 볼 때, 헌법의 문화법적 요청을 경제지상주의 요구에 대하여 관철시키기 위하여 사경제적으로 운영되는 방송을 질서정책개념으로 끌어들일 수 있는지가 문제된다. 이 경우 상응하는 규범을 공포할 수 있느냐 보다는 그것의 조종능력이 문제된다. 따라서 사경제적으로 운영되는 방송을 질서정책적 개념으로 파악하는 것이 정당한지에 대해서는 확신할 수 없지만, 위에서 살펴본 상업방송의 문제점들에 비추어 규범적인 수준에서 충분한 문화적 보장이 필요하다고 하겠다. 이것은 방송에 대한 목적이 아니라 사회적 세력(특히, 금력)에 의한 독점으로부터 야기되는 병리현상을 막아 수신자로서의 모든 국민의 방송의 자유를 보호하고 문화의 중요한 기능인 사회적 통합을 이룬다는 취지에서 이루어져야 한다.

5. 문화재보호

(1) 문화재와 문화재보호법의 대상

문화재는 인간(내지는 민족)의 문화적 활동의 소산으로서 문화적, 정신적 가치를 지닌 동산 및 부동산을 포함하는 재화를 의미한다고 일반적으로 정의할 수 있다. 물론 이러한 정의에 있어서도 문화적 활동 및 문화적, 정신적 가치가 무엇을 의미하는가에 대해서 다의적인 해석이 가능하기 때문에 문화재에 대한 일률적인 정의를 내리기는 어렵다. 또한 법적 개념으로서의 문화재는 이러한 일반적인 문화재의 개념과 차이가 있으며, 법의 보호대상으로서의 문화재의 정의는 국가에 따라 차이가 있다. 따라서 일반적인 개념규정을 위하여 노력하기보다는 구체적인 경우에 있어서 국제조약이나 양자협정 또는 국내법 등의 적용대상으로서의 문화재의 개념정의를 분명히 하는 것이 문화재보호에 있어서 선행되어야 한다.

법적 보호대상으로서의 문화재는 문화재보호법에서 규정되어 있는데, 그 동안 수차례의 개정을 거치면서 그 범위가 확대되어 왔다. 문화재보호법 제정전의 연혁적 전개과정을 살펴보면, 1916년의 '고적급유물보존규칙'의 제정으로 비로소 사실에 관계있는 유적과 역사, 공예, 기타 고고의 자료가 되는 유물이 문화재로서 법령상 규정되었고, 그것의 등록의무와 공개제한에 관한 규정을 두었다.[100] 이후 1933년 '조선보물고적명승천연기념물보존령'이 제정됨에 따라 유형문화재와 기념물인 문화재의 범위가 종합적으로 규정되었다가 1962년 문화재보호법의 제정으로 무형문화재와 민속자료가 추가되였고 매장문화재도 보호대상으로 삼기에 이르렀다. 1982년 제7차 문화재보호법 개정을 통하여 문화재보호법상의 문화재를 "우리나라"로 한정하였던 것을 삭제하였고 우리나라가 가입한 문화재관계 국제조약의 가입당사국의 문화재는 우리의 문화재보호법과 협약에서 정하는 바에 따라 보호되어야 한다는 원칙을 명문화하여 호혜평등의 원칙에 의거 외국의 문화재도 보호하도록 몇 가지 규정을 신설하였다.[101] 1995년에는 건설공사의 발굴소요경비를 일부 국가 또는 지방자치에서 부담하는 조치가 이루어졌고, 2001년에는 중요무형문화재보유자 인정제도개선, 문화재수리공의 평가제도 도입, 보존가치 있는 건조물 및 기념물의 등록관리제도가 도

---

100) 1916년의 '고적급유물보존규칙'(古蹟及遺物保存規則)이 제정되기 전까지는 법령에 의하여 보호받을 수 있는 대상의 문화재의 범위는 '사찰령'(寺刹令) 제5조에 의거한 사찰에 속하는 토지, 삼림, 건물, 불상, 석물, 고문서, 고서화, 기타의 귀중품이었고 그 보호의 방법도 다만 불허가처분금지라고 하는 소극적 규제에 불과하였다.

101) 김병고, "한국의 문화재보호실태", 입법조사월보, 1989년 1.2월호, 172-173면.

입되었다. 2010년에는 문화재보호법의 분법에 따른 전부개정이 이루어져 문화재보호법은 기본법의 성격으로 남고 문화재수리 및 매장문화재보호 관련규정은 별도의 법으로 분리되었다.

우리 문화재보호법은 문화재를 "인위적이거나 자연적으로 형성된 국가적·민족적·세계적 유산으로서 역사적·예술적·학술적·경관적 가치가 큰 다음의 것을 말한다"고 규정함과 동시에 문화재의 성격에 따른 유형화와 각 유형별 정의를 부여하고 있다(동법 제2조 제1항). 즉, 1) **유형문화재**(건조물, 전적(典籍), 서적(書跡), 고문서, 회화, 조각, 공예품 등 유형의 문화적 소산으로서 역사적·예술적 또는 학술적 가치가 큰 것과 이에 준하는 고고자료(考古資料)), 2) **무형문화재**(연극, 음악, 무용, 놀이, 의식, 공예기술 등 무형의 문화적 소산으로서 역사적·예술적 또는 학술적 가치가 큰 것), 3) **기념물**(가. 절터, 옛무덤, 조개무덤, 성터, 궁터, 가마터, 유물포함층 등의 사적지(史蹟地)와 특별히 기념이 될 만한 시설물로서 역사적·학술적 가치가 큰 것, 나. 경치 좋은 곳으로서 예술적 가치가 크고 경관이 뛰어난 것, 다. 동물(그 서식지, 번식지, 도래지를 포함), 식물(그 자생지를 포함), 지형, 지질, 광물, 동굴, 생물학적 생성물 또는 특별한 자연현상으로서 역사적·경관적 또는 학술적 가치가 큰 것), 4) **민속문화재**(의식주, 생업, 신앙, 연중행사 등에 관한 풍속이나 관습과 이에 사용되는 의복, 기구, 가옥 등으로서 국민생활의 변화를 이해하는 데 반드시 필요한 것) 등이 그것이다.[102]

문화재보호법은 문화재보호제도로서 세계 대부분의 국가가 채택하고 있는 중점보호주의에 입각하여 지정제도와 등록제도를 병행하고 있다. 문화재보호법은 종래 보호대상문화재의 선정방법으로서 '지정제도'만을 인정하고 있었으나, 2001년 3월 문화재보호법개정을 통하여 지정제도의 보완조치로서 건조물문화재의 '등록제도'를 도입하였다. 등록제

102) 문화재보호법 제2조 제1항.

도의 도입필요성은 당시 '문화재' 관념의 인식변화와 함께 지정문화재가 아닌 건조물 또는 기념이 될 만한 시설물형태의 문화재, 특히 근대문화유산의 보존 및 활용에 대한 필요성이 강하게 제기되었다. 이것은 근대문화유산들이 국토개발 등의 이유로 법적 보호조치도 없이 파괴·멸실·훼손되어가고 있었기 때문이다. 이러한 문화유산을 보호하기 위해서는 종전의 '지정제도' 이외에 새로운 보호방법의 도입이 요구되었는 바, 그 하나의 대안이 '등록제도'였다. 특히, 등록문화재는 지정제도를 보완하고, 지정제도보다 완화된 규제내용을 특징으로 한다. 문화재보호법은 당초 근대건조물문화재의 보호에 초점을 맞추어 등록제도를 도입하였으나, 현재는 2005년 문화재보호법개정을 통하여 건조물문화재 뿐만 아니라 동산문화재까지 그 적용범위가 확대되었다(아래 표 참조).

<문화재의 성격 및 지정주체에 의한 문화재분류>[103]

성격 지정주체	유형문화재		무형문화재	기념물			민속문화재
국가 지정문화재	국보	보물	중요 무형문화재	사 적	명 승	천연 기념물	중요 민속문화재
시·도 지정문화재	지방 유형문화재		지방 무형문화재	지방기념물			지방 민속문화재
시·도지사	문화재자료						

우리나라 문화재보호법에서 보호대상으로 하고 있는 문화재의 범위는 굉장히 광범위하여 경승지 및 동물, 광물, 동굴 등 인간의 문화적 활동의 소산으로 보기 어려운 것도 문화재로 보호하고 있다. 물론 이러한 범주에 속하는 모든 것이 문화재가 되는 것은 아니고, 각각 '역사

103) 김창규, 문화재보호법개론, 동방문화사, 2008, 78면 참조.

적 · 예술적 또는 학술적 가치가 큰 것', '예술적 가치가 크고 경관이 뛰어난 것', '국민생활의 변화를 이해하는데 반드시 필요한 것'이라는 등의 일정한 가치판단에 의한 선택이 따른다. 이러한 선택의 가장 이해하기 쉬운 예가 지정제도이지만 문화재는 지정물건에만 한정되지는 않는다. 어쨌든 현행 문화재보호법에서는 상당히 폭넓게, 잡다한 범주를 일괄해서 '문화재'로 부르고 있다. 그래서 이러한 제 범주에 공통되는 특질 내지 성격을 어떻게 고찰할 것인가가 문제로 된다.

우리나라의 문화재보호법과 거의 같은 내용의 문화재보호법을 가진 일본에서도 이에 관한 논의가 있다. 즉, "천연기념물이나 고고자료와 같은 자연물을 '문화재'로 칭하는 데에는 일응 의문이 있다. 그러나 이러한 사물은 단순한 자연물이 아니며, 그 사물에 관하여 학술상의 가치를 발견하고 또한 다른 자연물의 가운데에서 특히 학술상 가치 있는 것으로서 선정되었다는 점에서 인류에 의한 무형의 가치부여라는 작위가 가해지고 있는 것이어서 이 가치의 영역에 받아들여진 자연물은 설사 그 사물에 대해 가치창조 내지 가치부여와 인공이 가해지지 않았다고 해도 '문화재'로 칭하는 것이 당연하다."104)는 견해가 있다. 이 견해에 대해서는 자연물에 대한 인위적 가치부여와 자연물의 가치평가를 혼동하고 있다는 비판이 가해진다.105) 즉 인간이 자연물에 인공을 가하지 않더라도 이것을 가치가 크다고 보기 때문에 당해 자연물을 문화재로 부른다는 것은 인간이 문화재로 보는 것을 문화재로 부른다는 일종의 동어반복에 지나지 않는다고 한다.106) 일본에서 문화재보호법의 대상으로 자연을 포함시킨 것에 대해서는 대체로 "전통문화를 보존하고, 활용하고, 새로운 문화를 창조하며 더욱이 그 전통문화를 후

104) 竹内敏夫·岸田實, 文化財保護法詳說, 58면.
105) 内田新, "文化財保護法概說(1)", 自治硏究 58卷 4號(1983. 4), 50면.
106) 椎名愼太郎·稗貫俊文, 文化·學術法, 東京:ぎょうせい, 1986, 2면.

세에 전하는 것을 목적으로 하는 보호법이 문화적 제 활동의 기반으로서 자연을 파악하고 문화재의 가운데 자연을 포함하는 것은 당연한 사리라고 말할 수 있다"는 견해와[107] "문화재는 본래 인간의 창의에 의해서 만들어진 것이지만 인간이 문화적인 생활을 영위하기 위해서는 자연도 그 중요한 요소로서 소중히 보존하지 않으면 안 되기 때문이다"라는 설명을 들 수 있다.[108]

일본의 현행 문화재보호법은 전전(戰前)에 성립한 '사적명승천연기념물보존법', '국보보존법', '중요미술품 등에 관한 법률' 등 세 법률을 하나로 합쳐 1950년에 제정되었다. 특히 전전에 '사적명승천연기념물보존법' 성립에는 식물학의 태두였던 三好學 박사가 큰 기여를 했다고 한다. 그는 각 지방의 원시림과 거수명목(巨樹名木) 등이 사려 없이 벌채되는 것을 보고 보존의 필요를 통감하여 식자(識者) 등에게 호소하는 동시에 구미제국에서 배워 국가의 임무로서 보존을 도모해야 한다는 생각으로 독일의 제도를 조사하였다. 그 결과를 기초로 해서 「일본천연기념물보존에 관한 건의안」으로서 제국의회에 제출할 예정이었으나 사적의 보존도 행해져야 한다는 생각에서 역사학자 三上參次 박사의 의견을 들어 「사적 및 천연기념물보존에 관한 건의안」으로 1911년 3월 제27회 제국의회에 제출하였다. 이 건의가 1919년에 이르러 결실을 보게 된 것이다. 일본의 문화재보호법이 자연적 명승 및 천연기념물을 보호대상으로 하고 있는데는 이와 같은 연혁적 이유가 있다.[109]

그러나 기념물(Denkmal)이라는 말은 보통 기념비, 기념상 등을 의미하지만, 동시에 사적이나 역사적 건조물 등도 의미한다. 그러나 천연기념물과 이러한 문화적 기념물은 필연적 관계를 가지는 것은 아니다.

---

107) 内田新, 앞의 논문(주 105), 45-46면.
108) 文化廳, 文化財讀本(椎名愼太郎·稗貫俊文, 앞의 책(주 106), 3-4면에서 引用).
109) 椎名愼太郎·稗貫俊文, 앞의 책(주 106), 4면.

예를 들어 바이에른주 입법례에서는 문화적 기념물은 「기념물보호법」에 의해 보호되고, 천연기념물은 자연적 경관등과 함께 「자연보호법」의 일부로서 보호되고 있다. 소관관청도 문화적 기념물은 문화부 소관이나 천연기념물은 국토개발・환경문제부의 소관으로 되어 있다.[110]

따라서 인간의 문화적 활동의 소산이라고 말할 수 없는 자연물은 형식적 의미에서의 문화재보호법의 대상이더라도, 실질적 의미에 있어서는 문화재로 볼 수 없다. 물론 이러한 사물이 보호할 가치가 없다는 것은 아니다. 이렇게 볼 때, 문화재보호법에 규정된 본래의 의미에서 '문화재'라고 볼 수 없는 것(경승지, 동・식물, 광물, 동굴 등)들은 별도의 입법을 통해 보호하고 소관부처도 환경부 내지 산림청 등으로 이관하는 것이 논리적으로는 타당하지만, 그 보호의 필요성을 문화재보호와 같은 차원에서 강조한다는 의미에서 문화재보호법의 대상으로 했다는 점은 일단 긍정할 수 있겠다. 그러나 '준문화재'로서 본법의 보호대상이 된다는 점을 명시하는 것이 타당하다고 생각한다. 그러나 경승지 등의 자연경관은 문화적 환경권의 대상은 될 수 있어도[111] 문화재보호의 대상으로는 무리가 있다고 본다.[112]

---

110) 椎名愼太郎·稗貫俊文, 앞의 책(주 106), 4면.

111) 윤종민, 문화적 환경권의 법리연구, 충북대학교 대학원 석사학위논문, 1990 참조. 이 논문에서는 환경을 자연환경, 사회적 환경, 문화적 환경으로 나누고, 그 중 문화적 가치를 지닌 환경, 즉, 전통문화유산 및 자연경관을 중심으로 한 환경을 문화적 환경으로 파악하고 있다(13-14면). 자연경관도 그 형태에 있어서는 비록 자연적이라고 할 수 있지만, 그것은 인간에게 정신문화적으로 가치 있는 이익을 제공하기 때문에 문화적 환경으로 파악 될 수 있다고 한다. 그러나 가치의 표준에 의하여 그리고 환경이 제공하는 이익의 성질에 따라 환경을 분류하는 경우, 자연적 가치, 사회적 가치, 문화적 가치라는 것이 명확히 구분될 수 없고, 자연환경의 보호로도 사회적 가치, 문화적 가치를 누릴 수 있다고 본다면 자연경관 등은 자연환경으로 보아도 무리는 없을 것이다.

112) 문화재보호법의 대상으로서의 문화재에 대한 논의에 대해서는 김수갑, "문화재보호법의 체계", 법과 사회 제19호, '법과 사회'이론학회, 2000, 48-52면 참조.

(2) 문화적 환경권의 법리

환경권의 탄생과 환경법분야의 형성과정이나 연혁을 고려해 볼 때, 그 주된 논의의 대상은 자연환경을 중심으로 한 공해 및 오염에 대한 보호의 문제였고, 나아가 오염되지 않은 쾌적한 환경에서 생활할 권리를 주장한 것이었다. 따라서 문화적 환경에 대한 보호의 문제나 그것을 향유할 국민의 권리는 환경법상에서 별로 논의가 이루어지지 않고 있다.

환경은 "인간을 둘러싸고 있는 주위(Surrondings)일체"를 의미한다고 볼 수 있지만, 인간환경을 일정한 표준에 따라 분류하고 그것을 바탕으로 법률상의 개념을 확정하는 것이 환경문제에의 법적 접근 및 해결에 필요불가결한 출발점이 된다. 환경을 '자연환경'과 '생활환경'으로 분류하기도 하고, 환경형태의 가시성여부 및 그 창출의 인공성 여하라는 두 개의 표준을 종합하여 인간환경을 '자연환경', '물리적 인공환경', '사회적 환경'으로 나누는 등 분류방법이 다양하다. 자연환경은 공기·물·토양·일조·정온·동·식물 및 자연경관으로 구성되고, 물리적 인공환경은 사람이 사회생활을 하는데 필요한 도로·공원·교량 등의 시설, 나아가 공적인 교육시설, 의료시설, 전기·가스, 상·하수도 등 후생시설은 물론 인류가 다년간에 걸쳐 역사위에 쌓아온 역사적·문화적 유산등을 포함하며,113) 사회적 환경은 불가시적 인공환경 예컨대, 정치·경

---

113) 김철수 교수는 사회적 환경시설로 1) 생활의 최저요건인 주택, 상하수도, 청소시설, 에너지시설, 2) 보건위생시설(병원, 보건소, 위생설비), 3) 공동이용기관설비(도로, 전신, 전화, 시가철도), 4) 교육시설(학교, 연구소, 유치원, 보육소), 5) 문화 오락시설(도서관, 극장, 공원, 체육관), 6) 사회복지시설(양로원, 신체장애자 시설, 모자보건시설, 직업훈련시설, 직업소개시설)등을 들고 있다(김철수, "환경권", 공법연구 제6집, 1978, 27면 참조). 이러한 사회적 시설환경은 물리적 인공환경과 큰 차이가 없고 사회적 환경과는 다르다고 하겠다. 사회적 환경은 사회적 제도환경이라고 할 수 있기 때문이다.

제·종교·기술·행정제도 및 정신환경 등을 그 대상으로 한다.[114)]

문화적 환경권을 좁게 파악하면 물리적 인공환경 중 역사적·문화적 유산 등을 주된 대상으로 하지만, 문화적 환경 속에서 살 수 있는 권리로서의 문화적 환경권은 넓은 의미에서의 사회적 환경에 포함된다.[115)] 역사적·문화적 유산을 제외한 물리적 인공환경(사회적 시설환경)은 인간의 문화적 생활에 도움을 주기 위한 편의시설이란 점에서 그리고 불가시적인 사회적 환경은 도시화, 빈곤, 인구문제 등과 관련하여 사회보장적 제 조건의 완비를 포함하는 넓은 의미의 문화라는 점에서 문화적 환경권과 밀접한 관련이 있지만, 문화적 환경권은 문명의 이기로서의 시설에 대한 관점에서 보다는 역사적·문화적 유산의 보존과 같은 인격형성적인 면에 중점이 놓여져야 한다고 생각한다. 이렇게 파악할 때, 역사적·문화적 유산 속에서 인간으로 하여금 쾌적한 지적 생활 즉, 인격적 삶을 영위하도록 하는 것이 문화적 환경권의 핵심이 된다.[116)] 다수의 학자들은 문화적 유산을 환경권의 대상으로 보고 있

114) 사회적 환경에 관해서는 도시화·빈곤·인구문제 등이 환경문제로써 제기될 수 있는데, 사회적 환경까지도 환경법의 규율대상으로 한다면 환경법의 범위를 너무 확대하여 그 한계를 불명확하게 할 위험이 있을 뿐만 아니라, 환경법의 형성과정에서 본 본래의 취지에도 어긋난다고 하여 환경법의 규율대상에서 제외하고 있는 것이 일반적이다(구연창, 환경법론, 법문사, 1981, 54면; 서돈각, "공해와 환경", 법과 환경(한국법학교수회편), 삼영사, 1977, 17면 참조). 사회적 환경은 사회보장적 성격이 강하다.

115) 우리헌법은 국가의 주택개발정책을 통하여 쾌적한 주거생활을 국민이 누릴 수 있도록 국가의 노력의무를 강조하고 있다. 헌법의 규정으로 문화적 주택에서 살 권리는 환경권의 내용으로 파악될 수 있게 되었다(권영성, 앞의 책(주 72), 707면. 쾌적한 주거환경권은 사회적·문화적 생활환경권을 구체화한 것으로 보고 있다); 이상규, 신행정법론(하), 법문사, 1988, 536면; 쾌적한 주거생활을 위한 세 가지 중요한 표준으로 독일(서독)의 공식문서는 목욕탕(bathrooms), 화장실(toiets), 중앙난방(central heating)을 들고 있다(Public Document Published by the Press and Information Office of the Government of the Federal Republic of Germany, Bonn, 1980.4, Information 22, Housing and town Planning 참조).

116) 역사적 문화유산이 설사 인공적이라고 하더라도 그 제공하는 이익의 성질

다.[117] 환경권이 다만 생물로서의 생존만을 보장하고 있는 것이 아닌 이상 그 대상으로서 문화적 유산으로서의 유적과 같은 환경도 포함시켜야 하는 것은 당연하다. 문화유적과 같은 역사적 환경은 한번 잃으면 다시는 회복할 수 없는 국민의 공익적 재산임에도 불구하고, 직접적으로 인체에 해악이 없다는 이유만으로 소홀히 다루어져 왔다. 사람의 생명·신체에 직접 위해를 초래하지 않고 공해 및 오염에 의해서라기보다는 오히려 '국토개발 및 도시재개발과정'에서 국민의 정신적 이익을 침해함으로써 발생하는 문화적 환경의 보호문제는 기존의 환경권의 법리와는 또 다른 측면이 있으므로[118] 이 분야의 연구가 필요하다.

문화적 환경권은 사회적 환경권과 관련하여 이해해야 하지만, 우선은 문화재보호와 관련하여 문화적 유산 등의 환경으로부터 정신적 위안을 받아 인간다운 생활과 건강한 삶을 영위도록 한다는 점에 그 중요성이 있다고 본다.

(3) 문화재소송과 문화재향유권

문화재향유권과 관련하여 문화재소송이 제기된 대표적인 예를 일본에서 찾아 볼 수 있다. 일본에서 문화재보호운동은 50년대 후반에

상 물리적 인공환경으로 파악하기에는 무리가 있다(윤종민, 앞의 논문(주 111), 13면).

117) 구병삭, 앞의 책(주 72), 658면; 박일경, 신헌법학원론, 354면; 김철수, 앞의 논문(주 113), 27면; 안용교, "환경권", 고시연구, 1985.6, 32면. 한편 환경권의 권리성을 명확히 하기 위해 자연환경권을 환경권의 기축을 이루는 것으로 보는 大須賀明은 문화재 가운데서도 예를 들면 문화유산은 그것에 대한 헌법근거와 권리주체의 범위·대상 등이 명확하게 된다면 문화유산을 환경의 가운데 포함시키는 것은 가능하다고 한다(大須賀明, 生存權論, 東京:日本評論社, 1984, 200면). 미국의 국가환경정책법(National Environmental Policy Act of 1969)은 제102조 3항 4호에서 연방정부의 책임으로 "...to improve important historic cultural and national aspects of our national heritage..."라고 규정하고 있다.

118) 林 迪廣·江頭邦道, "歷史的 環境權-法理·裁判·實態調査-", 考古學硏究 第31卷 第4號(東京:1985. 3), 133면 참조.

시작하였는데,[119] 이 운동의 결과로 문화재를 향유할 국민의 이익이 법적으로도 보장되어야 한다는 인식 아래 문화재보호행정에 있어서의 국민의 권리보장이라는 법규범적 문제로 발전하기에 이르렀다. 일본에서 문화재소송 제1호로 기록된 難波(NANIWA)유적소송은 원고가 자신의 권리나 이익에 관계없이 제기할 수 있는 민중소송의 한 유형으로서의 주민소송이었다. 1968년 5월 오사카시(大阪市)가 일본의 飛鳥(ASKA)시대 140년에 걸친 궁전터인 難波宮跡의 일각에 '교육청소년센터'의 건설을 계획하였다가 여론에 못 이겨 '보존하면서 건설한다'는 입장으로 바꾸었으나, 주민들은 '완전보존'을 주장하면서 1969년 9월 지방자치법에 근거하여 감사청구[120]를 제기하였다. 그러나 이 청구가 동년 11월 기각되자 주민들은 종전과 같은 청원, 감사청구 등으로는 유적파괴를 저지할 수 없다고 판단하고 "難波宮跡을 지키는 문화재소송법정대책위원회"를 결성하고 원고 山崎道治 이하 28명의 이름으로 大阪 地方裁判所에 지방자치법의 규정에 근거하여 주민소송[121]을 제기하였다. 원고의 주된 청구 취지는 "피고 大阪市長은 별지기재의 토지 위에 교육청소년센터 기타의 건물 및 공작물 등을 건설해서는 안 된다"라는 판결이다. 그러나 소송 진행 중 시당국이 공사를 속행하여 완료하였으므로 1978년 재판소로부터 화해안(和解案)이 제시되어 1979년 2월에 화해가 성립되었다.[122] 이 소송은 최초의 소송에 의한

119) 일본에서는 1955년 大阪의 堺市 이다스께 고분을 지킨 보호운동을 현대 문화재 보존운동의 원점으로 삼고 있다(甘粕 健, "文化財保護運動",ジュリスト, 第544號, 1973.10.1, 29면).

120) "지방자치단체의 장 또는 직원의 위법 또는 부당한 재무·회계행위에 대하여 주민이면 누구나 이를 시정토록 감사위원회의 감사를 청구할 수 있다"(일본 지방자치법 제242조 1항).

121) "지방자치법 제242조 1항의 규정에 의한 주민감사청구에 대하여 동조 제7항에 의한 권고 또는 조치를 안 하거나, 하였지만 불복하는 경우에는 주민소송을 제기할 수 있다"(일본 지방자치법 제242조의 2).

122) 화해의 내용은 1) 大阪市는 難波宮의 보존과 顯彰에 있어서 원고 등의 보

문화재보호운동이었다는 점과 주민의 문화재생활환경에 충실을 기한다는 문화재행정의 태도를 확인했다는 점에서는 높이 평가할 수 있지만, 국민의 문화재를 보호할 권리의 법적 확인이라는 관점에서 볼 때는 주민소송의 형태로는 한계가 있음이 지적되고 있다.[123)]

이에 반하여, 伊場(IBA)유적소송은 처음으로 항고소송으로 제기되었다는 점에 그 의의가 있으며 취소청구소송으로서의 법률상의 이익과 문화재를 향유하는 이익의 규범적 근거라는 법리문제를 제기하였다. 伊場유적은 일본의 중부지방인 静岡縣 浜松(HAMAMATSU)시에서 서쪽으로 멀지 않은 곳에 위치한 低地遺蹟으로서 일본의 신석기시대인 繩文(JOMON)시대[124)]에서 鎌倉(KAMAKURA)막부의 시대가 열리기 전인 平安(HEIAN)시대(794-1192)에 걸친 보기 드문 장기의 복합유적이라고 한다. 그런데 1965년에 들어와 浜松驛 부근을 고속화하기 위해 伊場유적 근처에 전차기지를 건설할 계획이 국철(國鐵)에서 세워지자 이에 대응하여 1972년 11월에 "伊場유적을 지키는 모임"이 전국적인 규모로 발족하였다. 행정당국은 유구(遺溝)는 전부기록을 해두고 유물(遺物)은 진열관에 수용하겠다는 안을 내세웠지만, 보존운동 측에서는 유적은 제자리에 보존되어야 한다고 맞섰다. 그러던 중 静岡縣 교육위원회가 浜松시민의 오랜 숙원인 국철의 고가화 사업용지로서 도저히 제외될 수 없음을 내세워 1973년 사적의 일부지정해제를 결정하

존운동이 의의가 컸음을 인정하고, 2) 大阪市는 문화재보호법에 의거 難波宮跡을 비롯한 문화재의 보존과 顯彰에 최선의 노력을 기울인다. 3) 大阪市는 주민의 건강하고 문화적인 생활환경의 충실을 기하기 위해 향후의 도시건설에 있어서 문화재의 보존과 활용에 대하여 배려한다는 것이었다(오세탁, "문화재보호법상설(Ⅰ)", 법학연구 제3권, 충북대학교 법학연구소, 1991, 83면).

123) 오세탁, 앞의 논문(주 122), 83면.

124) 기원전 3세기까지의 일본의 신석기시대로 그 시기의 대표적인 토기인 '繩文式土器'에서 유래한 명칭이다.

였다. 그러자 지방주민과 연구학자 등 37명은 그 대표자를 신청인으로 하여 문화청과 縣 교육위원회에 이의신청을 하였다. 그러나 이의신청은 각하되었고, 이에 연구단체나 보존운동 단체를 대표로 하여 橫浜 국립대 교수인 菊池康明 등 5명의 이름으로 역사적인 항고소송을 제기하기에 이른 것이다.[125] 원고는 학문의 자유 내지 학술연구상의 이익, 더 나아가 민족과 지역이 보유하는 문화유산을 간직하는 권리, 즉 "은혜로운 역사적 문화환경 아래 생존하고 올바른 역사를 알권리"를 주장하게 되었고, 이 소송에서 재판소에 제출된 감정서에서 兼子 仁 교수는 "시민의 생활이익으로서의 문화재를 향유하는 법익"을 제창함으로서 문화재를 향유하는 국민의 권리가 논쟁의 대상이 되었다.[126] 즉, 伊場 유적소송을 계기로 비단 유적에 한하지 않고 문화재에 대해서 일반국민(또는 연구자)이 당해 문화재에 관해 실제적인 권리 내지 이익을 가질 수 있느냐 하는 문화재향유권에 관한 법리가 전개되었다. 항고소송이라는 소송형태를 통해 정면으로부터 문화재보호행정의 시정과 국민의 이익침해를 배제해 달라고 소구한 이 소송을 통하여 문화재보호도 단순한 지역주민들의 애향운동 또는 어느 이념단체들에 의한 Ideologie적인 대중운동으로 그칠 것이 아니라 이른바 문화의 시대에 알맞게 이론과 체계를 무장함으로써 참다운 국민의 문화적 생활이익을 획득하자는 방향으로 발전한 것이다.

이처럼 이장소송은 정강현교육위원회(靜岡縣敎育委員會)가 행한 유적의 문화재지정해제에 대해 유적에 대한 연구자들의 연구상의 이익과 주민들이 가지는 역사적인 문화환경으로서의 유적에 대한 향유의 권리문제였는데, 伊場소송의 원고들이 제시한 소송이유는 이론적으로

125) 田中博之, "伊場遺跡の現段階と今後の展望", ジュリスト 第710號, 1980.2.15, 50면.

126) 兼子 仁, "文化財保護行政に關する國民の訴の利益", 鑑定意見書, 1975.1.10, 12면 이하.

체계 있고 설득력이 있는 것이었음에도 불구하고 관할재판소는 원고들에게 구체적인 소의 이익이 없다는 이유로 이를 각하하고 말았다. 1974년 7월 정강지방재판소(靜岡地方裁判所)에 사적지정해제취소청구소송으로 제기되어 1989년 6월 최고재판소 판결이 나기까지 무려 15년이나 계속되었다. 이 소송에서 제1심은[127] "원고 등이 구체적으로 침해된 이익이 없고 취소소송을 제기할 자격이 없다"고 각하하였고, 30명을 헤아리는 변호사가 원고의 소송대리인으로 참여하였을 뿐만 아니라 100명 이상을 헤아리는 학자들의 조직적인 협조로 엄청난 준비서면이 계속 제출된 동경고등재판소의 공소심(항소심)[128]에서는 제1심의 심리가 원고의 연구상의 불이익에 관한 검토를 충분히 하지 못했다는 것을 인정하면서도 결국 기각되었고, 상고심도 6년이나 끌었으나 기각되었다.[129] 그러나 伊場소송을 계기로 일본의 학계에서는 이른바 소송요건으로서의 원고적격에 대한 법리문제를 둘러싼 논의가 격화되었고 또 한편으로는 학술연구인들이나 지역주민들이 갖는 역사적·문화적 환경의 보호를 통해 문화적 생활이익을 지킨다는 입장에서 대표적 출소자격이 논쟁의 대상이 되었다. 그러나 이와 같은 논점은 모두 행정사건소송법을 적용함에 있어서의 절차적인 문제이고, 그 뒤에는 국민의 실체적 권리의 향유가능성 여부가 있었다 하겠으니 곧 이것이 국민이 가지는 문화재향유권의 문제이다.

이와 같이 '문화재향유권'이란 용어는 이장유적소송을 통하여 '소의 이익'으로서의 권리성을 탐색하기 위하여 개념지워진 것이지만, 그 정의를 분명히 내리지 못하고 있는 실정이다.

---

127) 靜岡地裁 昭49(行ウ) 第3號 昭54.3.13 判決, 判例時報 941호 35쪽. 상세한 내용은 오세탁, 앞의 논문(주 3), 147면 이하 참조.

128) 東京高裁 昭54(行コ) 第33號 昭58. 5. 30 判決.

129) 오세탁, "伊場유적소송의 쟁점", 「남하 서원우교수화갑기념논문집」, 1991, 587-607면 참조.

일본과는 상황이 다소 다르기는 하지만, 문화국가원리를 헌법의 기본원리의 하나로 삼고 있는 한국헌법의 이념이나 제5공화국헌법에서 신설되고 현행헌법에서 계승되고 있는 문화국가조항의 목적 또는 국토개발과 문화재보존의 상충이 빈발하고 전통문화의 계승발전이 국가시책으로 각광을 받는 등 제 사정에 비추어 볼 때, 우리나라에 있어서 일본에서와 같은 문화재소송의 현실적 제기가 없음에도 문화재를 향유하는 국민의 권리를 규명하는 법학적 노력이 문화재보호의 실효를 확보하는데 필수적 요건이 된다고 하겠다.

'문화재향유권'은 아직까지 학문상으로 확고하게 정립된 용어는 아니지만, 이러한 점에서 '생성중에 있는 권리'(in fieri)라고 할 수도 있지만, 문화재보호법제 및 문화재보호정책의 강력한 규범적 근거를 제공한다는 점에서 국민의 기본권으로 정립되어야 한다. 문화재는 한나라의 역사·문화 등의 올바른 이해를 위해 불가결한 것이고 장래의 문화의 향상발전의 기초가 되며 나아가 세계문화의 진보에 공헌하는 것일뿐 아니라 그 개별·다양성과 비대체성 및 정신성은 문화재의 공익성을 잘 나타내 주는 것이며, 이러한 특질은 문화재가 인간의 문화활동의 대상이라는 것에서 필연적으로 생겨나는 속성이다. 이러한 문화재의 공익성은 그것을 보호·활용하려고 하는 국민의 문화활동을 떠나서는 성립할 수 없기 때문에 그 문화재를 향유하는 국민의 권리는 비록 그 권리의 구체적 내용의 정립에 있어서는 기존의 기본권 등과 관련하여 해결해야 할 점이 많지만, 그것은 권리이고 국민모두에게 공통하는 생활이익에는 틀림이 없다.

우선 문화재향유권을 넓게는 "문화재를 향유할 수 있는 국민의 권리" 내지 "인류공동의 유산을 향유할 수 있는 인간의 권리"로 정의하고, 좀 더 세부적으로는 "민족(나아가 인류)의 정신과 혼이 깃든 공유재산으로서의 문화재를 보존하고 활용하여 그 생활이익으로 삼을 수

있는 권리"라고 잠정적으로 정의하기로 한다.[130]

우리나라에서는 아직 본격적인 문화재소송이 제기되고 있지 않으며 문화재보호와 관련하여 문화재향유권의 인정에는 아직은 소극적이다. 일례로 인근주민이 공공시설물이나 문화재 이용권 침해를 이유로 제기한 공주시의 문화재 매장가능지역의 주택건설사업계획 승인처분 취소소송에서 문화재보호법 해석상 문화재향유권은 일반적 공익목적이지 일반국민이나 인근주민의 문화재를 향유할 구체적이고도 법률적 이익은 없다고 판시한 판례가 그것이다.[131]

그러나 건축허가신청과 관련한 사건에서 법원은 문화재보호와 관련하여 주목할 만한 판례를 낸 경우도 있다. 즉, 중요민속자료인 '궁집'[132] 주변에 건축물을 짓지 못하도록 한 처분이 부당하다며 문화재청을 상대로 낸 건축허가신청반려처분취소 청구소송사건에서 재판부는 판결문에서 전통가옥은 어떠한 지형 아래 놓여 있고, 주변 경관과

130) 김수갑, 앞의 논문(주 3), 232면. 문화재향유권을 복합적이지만 독자적 권리로 파악하고 있다(233면 이하).

131) 그외 구 문화재보호법상의 도지정문화재 지정처분으로 인하여 침해될 수 있는 특정 개인의 명예 내지 명예감정이 그 지정처분의 취소를 구할 법률상의 이익에 해당하는지 여부, 구 문화재보호법상의 도지정문화재 지정처분으로 인하여 불이익을 입거나 입을 우려가 있다는 사정을 이유로 특정 개인에게 그 지정처분의 취소 또는 해제를 구할 조리상 신청권이 인정되는지 여부가 다투어진 사건에서 대법원은 그 입법목적이나 취지는 지역주민이나 국민 일반의 문화재 향유에 대한 이익을 공익으로서 보호함에 있는 것이지, 특정 개인의 문화재 향유에 대한 이익을 직접적·구체적으로 보호함에 있는 것으로 해석되지 아니한다고 판시한 바 있다(대법원 2001. 9. 28. 선고 99 두 8565 판결); 대법원 1992. 9. 1. 선고 92누5805 판결, 대법원 1995. 8. 22. 선고 94누8129 판결, 대법원 1995. 10. 17. 선고 94누14148 전원합의체 판결, 대법원 1992. 9. 22. 선고 91누13212 판결, 대법원 1992. 10. 27. 선고 92누5867 판결도 참조.

132) 궁집(경기도 남양주시 평내동)은 조선후기 가옥으로서 영조의 막내딸 화길옹주가 구민화에게 시집가자 왕이 친히 목재와 목수를 보내 지어준 집으로 당시의 주거생활양식이 비교적 잘 보존되어 있어 1984년 1월 국가지정문화재인 중요민속자료 제130호로 지정되어 관리되고 있다.

얼마나 어울리는가에 따라 문화재로서의 의미가 크게 달라지기 때문에 주변 경관과 궁집의 보존이 무관하다는 원고의 주장은 이유 없다고 밝힌 바 있다. 이 사건은 원고가 2001년 7월, 8월 2차례에 걸쳐 궁집의 외곽경계로부터 24m 떨어진 전면구릉지역에 단독주택 5채를 신축하기 위해 경기도 남양주시를 통해 문화재청에 국가지정문화재 현상변경 신청을 냈으나, 문화재청이 문화재위원회 심의를 거쳐 궁집 주변의 자연환경 및 경관 보전상 불허한다는 처분을 내리자 소송을 낸 것이다. 또 하나의 예는 "문화적 가치가 있는 지역은 원형을 보존해야 한다"는 도시계획법에 위반된다며 건축허가를 내주지 않은 처분에 대한 행정소송의 상고심에서 대법원은 "당산나무의 수령과 형상, 당산제를 지내온 기간, 당산제의 규모와 형식을 종합할 때 당산은 준문화재로서의 가치가 인정된다"고 판결하여[133] 건축불허가처분을 정당한 것으로 보았다.[134]

제2절 문화국가의 실현구조

문화국가는 위에서 살펴본 과제영역 등에서 적극적 형식과 소극적 형식을 통하여 문화의 자율성 보장과 문화의 육성·진흥과제를 수행하

133) 대법원 1992.5.8 선고 91 누 10626.

134) 이 사건은 전북 완주군 삼례읍 원후정마을의 조상대대로 정신적 지주역할을 해온 당산을 헐어버리고 이곳에 건물을 지으려던 사람에 대해서 1천여 마을주민들이 결사반대하고 나섰고, 완주군청도 역사가 500년 이상 되는 당산을 없애는 것은 도시계획법에 위배된다고 건축허가를 내주지 않았으며 도행정심판위원회도 완주군과 같은 결론을 내렸다. 이에 건물을 지으려던 사람은 행정소송을 제기하여 광주고등법원에서 승소하였다. 이에 주민들은 당산이 헐리면 '동네가 망한다'는 위기의식 속에 진정서를 내고 완주군청도 상고하여 대법원에서 위와 같이 승소하게 된 것이다.

고 있다. 기본권적 측면에서 보면 문화국가원리를 실현하는데 있어서는 자유와 평등, 기본권의 방어적 측면(문화의 국가로부터의 자유)과 적극적 측면(국가를 통한 문화의 참여보장)사이의 긴장관계를 어떻게 조화시키느냐가 관건이다.[135)]

헌법적 문화위임은 개인과 사회의 문화적 기초를 보장하는 것, 창조적 문화과정을 가능하게 하는 것, 문화적 재화를 전파(보급)시키는 것과 관련되어 있다. 그러므로 문화위임은 보수적, 혁신적, 분배적 요소를 포함한다. 물론 국가적 문화배려의 강도와 관련하여 당연히 단계화가 이루어진다. 창조적 과정은 그것이 세계관적이든, 학문적이든, 예술적이든 또는 종교적이든 그 어떤 것으로 표현되든 관계없이 그 핵심영역에 있어서는 결코 국가적으로 관리될 수 없다.[136)] 국가 측에서는 오히려 문화외적 영향력, 특히 경제적 가치평가에의 강제로부터 최대한 독립케 해주며, 활동에 장애가 되는 것을 제거해 주는 조건을 조성해야 한다. 이에 반하여, 문화의 보장과 전파는 보다 강도 있는 국가적 협조를 필요로 한다. 문화의 보장과 전파는 이미 주어진 것으로 전제할 수도 없고, 예를 들어 경제체계가 이윤 획득에서 가지고 있는 것과 같은 충분한 자기동인(Eigenantriebe)이 보장되지도 않는 개인적 및 사회적 조건에 의존하고 있기 때문이다. 거기에서부터 문화위임의 실현

135) 시민의 소극적인 문화적 자유와 적극적(실질적 혹은 절차적)인 문화적 참여는 동등한 지위를 가지는 자유주의적 문화헌법의 기본권적 측면이라고 할 수 있다(Peter Häberle, a.a.O.(주 71), S.6). 필자는 이러한 측면에서 문화국가의 실현구조(내용)를 문화적 자율성보장(문화적 자유권과 국가활동의 한계)과 문화의 육성·진흥(문화적 참여권과 국가활동의 내용)으로 나누어 설명하였다. 이와 관련하여 필자가 문화적 평등권을 문화국가의 개념요소에서 제외하고 있다는 비판(홍성방, 헌법학(상), 박영사, 2010, 223면)이 있으나, 필자는 평등권의 자유권적 측면은 문화적 자율성보장에서 평등권의 적극적인 측면은 문화의 육성·진흥에서 다룬 문화적 참여권에 포함된다고 보았다.

136) Dieter Grimm, a.a.O.(주 4), S.68.

방식을 위한 일련의 원칙들이 나오는데, 그 원칙들은 문화에 관련된 다양한 기본권들에 의해서 발전되고, 국가적으로 제도화된 문화영역, 국가적으로 조직화된 활동능력에 의존하는 문화영역, 국가로부터 독립한 문화영역 각각에 다르게 적용되지 않을 수 없다. 이렇게 볼 때, 문화국가의 실현은 문화적 자율성의 보장과 국가의 적극적인 문화진흥의 두 방식으로 이루어지게 된다는 것을 알 수 있다.

I. 문화적 자율성의 보장

1. 문화적 자유권과 국가활동의 한계

개개인의 개별적 기본권과 그에 상응하는 국가에 대한 소극적인 방어권에 포함되어 있는 바와 같이, 문화국가의 헌법적 보장은 우리가 입헌민주주의라고 부르는, 기본권에 의하여 제한되고 구속되는 다수지배 안에서는 모든 국가활동의 한계를 결정한다. 이것이 바로 자유주의적 문화국가인데, 자유주의적 문화국가의 활동은 개인의 문화적 자유권과 그에 상응하는 국가에 대한 소극적 방어권을 통하여 제한되고 한계 지워진다.137)

문화국가에서의 이러한 국가활동의 한계는 사회에서 가장 느끼기 쉬운 문화영역(예컨대, 학문, 예술)과 그에 상응하는 국가의 문화정책에서 가장 엄격하게 나타난다. 그리고 이 두 영역 중에서도 예술은 "문화경찰"(Kulturpolizei)이라는 것이 더 이상 통용될 수 없는 우리시대에도 여전히 문화와 국가 간의 갈등, 즉 문화투쟁이 가장 뚜렷하게 나타

137) Werner Maihofer, "Kulturelle Aufgaben des modernen Staates", in:Ernst Benda/Werner Maihofer/Hans-Jochen Vogel(hrsg.), Handbuch des Verfassungsrechts der Bundesrepublik Deutschland, Walter de Gruyter · Berlin · New York, 1983, S.990.

나는 단적인 예이다. 전체적인 문화영역에서의 기본권이해가 가장 날카롭고 분명하게 그 특징을 나타내는 것은 예술의 자유보장에 대한 논의에서이다. 이 때문에 예술의 자유보장에 대한 논의로부터 헌법상의 문화국가에 있어서 국가활동의 한계 또는 내용이 무엇이며, 무엇이어야 하는지가 가장 명료하게 추론될 수 있다.138)

예술의 자유보장은 기본권주체를 위한 "개별적인 자유권"을 내포하고 있다. 이러한 보장은 예술적 창조의 작업영역(Werkbereich)에서는 물론 예술작품의 전시와 보급 등의 작용영역(Wirkbereich)에서도 관련되므로 예술가뿐만 아니라 중개자도 보호한다.139) 따라서 예술의 자유의 두 보장영역에 있어서 이러한 개별적인 자유권은 기본권주체를 공권력에 의한 예술의 영역에 대한 침해로부터 보호해 준다. 그것은 예술의 영역을 침해하는 국가에 대하여 법적인 수단을 가지고 보호하는 소극적인 방어권으로 나타난다. 즉 예술생활에 있어서 모든 활동을 국가권력의 방해적 영향으로부터 보호하는 것이며, 그에 기해 기본권주체는 원칙적으로 자유청구권(Freiheitanspruch)을 가진다.140)

자유주의적 문화국가에서는 개개인의 개별적인 자유권과 국가에 대한 소극적인 방어권으로서 문화적 기본권을 파악하는 이러한 한계설정적 의미로부터 동시에 예술에 대한 국가의 "문화정책적 중립성"과 "문화정책적 관용"의 의무가 추론된다.141) 국가의 중립 및 관용의 두 의무는 오늘날 우리의 문화이해에 따라 전제된 "문화의 자율성"의 표현이다. 문화의 자율성은 특히 예술활동에 있어서 고유법칙성에 따른 창조적 발현이라는 모든 문화영역 전체의 본질적 특성을 이룬다.142)

---

138) Werner Maihofer, a.a.O.(주 137), S.991.

139) 이 점은 메피스토-클라우스 만 결정(Mephisto-Klaus Mann Beschluß)에서 독일 연방헌법재판소가 분명히 한 바 있다(BVerfGE 30, 189).

140) BVerfGE 36,321(332).

141) BGH NJW, 1975, S.1884.

이와 같이, 예술의 예에서 전개되는 현대국가의 문화적 이해[143]는 타락한 예술과 바람직한 예술을 구분하는 국가의 재판관 역할이 나타낸 예술적대적 효과와 문화를 정치의 도구로 전락시키는 국가적 문화경영의 예술말살적 효과에 대한 우리시대의 역사적 경험에서만 그 근거를 두고 있는 것은 아니다. 그것은 역사의 교훈이 말해주는 것처럼 학문과 예술이 국가에 의해서 촉진될 수도 있고 제약될 수도 있지만, 언제나 그 시대를 그 나름의 방식으로 이해하고 그것을 작품으로 전환시킨다는 그 고유법칙에 따른다는 자유주의적 문화국가의 기초적 인식에 대한 오늘날의 요청에 보다 깊은 근거를 두고 있다.

예술 및 학문에 대한 이와 같은 이해에 따르면, 국가는 예술 혹은 학문의 작품 속에 창조적으로 표현되어야 할 "의미" 혹은 "가치", "표현양식" 혹은 "방향"을 미리 제시할 수 없으며, 나아가 과제를 부과할 수도 없다. 오히려 이러한 창조적인 표현은 다음과 같은 법칙에 의해서 전개된다. 즉 그 법칙은 시대 그 자체가 변화함에 따라 변천될 뿐만 아니라, 그것이 성립한 시대에 있어 그 시대 자체에 의해 새로운 의미이해와 가치감정, 새로운 표현양식의 방향과 예술발전에 대해서 무엇이 남아야 하고 무엇이 사라져야 하는가, 그리고 무엇이 계속 발전되어야 하는가를 결코 궁극적으로 판단할 수 없게 한다. 거꾸로 예술(및 학문)은 그것이 생긴 시점에서는 비록 불안정성과 일시성을 띠기는 하지만 국가에게 이 시대에 무엇이 일어나고 있고, 우리 세계에 무슨 일이 진행되고 있으며, 우리 세계 내에서 인간을 위하여 근본적으로 중요한 것이 무엇인가를 보여주고 말해준다.[144]

현대라는 우리의 시대에 있어서 일반적으로는 문화에 대한 국가의

142) Werner Maihofer, a.a.O.(주 137), S.992; H. Böll, Die Freiheit der Kunst, Melos, 1966, S.393ff.

143) 이는 헌법상 문화국가가 전제하는 것이기도 하다.

144) Werner Maihofer, a.a.O.(주 137), S.992.

관계, 특수하게는 예술에 대한 국가의 관계를 규정해 주는 바로 이러한 기본적인 통찰로부터 Thomas Oppermann도 독일헌법(기본법)하의 예술과 국가의 관계에 대한 그의 연구에서 주목할 만한 확인에 이르고 있다. 즉 "기본법 제5조 제3항과 주(州)헌법에서 새로이 기본권적으로 보장되고 있는 예술의 자유를 볼 때에 그것은 일련의 다양한 해결책들 중에서 헌법제정자가 임의적으로 선택한 것 이상을 의미한다. 즉 그것은 예술을 촉진하기는 하나 예술에 대하여 더 이상 그 창조의 가치를 매개할 수는 없고, 오히려 자율적으로 생겨난 예술작품으로부터 그 자신의 실존을 해명하는 몇 가지를 읽어낼 수 있는 현대 산업국가에 있어서 예술이 처한 사실상의 상황을 법적으로 승인하는 것 이상을 의미한다."고 하고 있다.145)

Oppermann은 같은 내용을 가진 바이마르 헌법(1919) 제142조의 소극적인 해석과는 반대로 예술의 자율적인 영역을 예술활동과 예술작품을 원칙적으로 의사의 표현으로 보아 일반적인 법률의 유보하에 놓이게 함으로써 결과적으로 상대화해서는 안 된다고 하면서, 예술의 자유를 "독자적인 기본권"으로서의 지위를 강조한다.146) 독일에서는 자유로운 의사표현의 권리(제5조 제1항)의 제한을 규정한 제5조 제2항이 예술과 학문의 자유에 관한 규정인 제5조 제3항에도 적용되는가가 논의되는데, 연방헌법재판소의 메피스토-클라우스만 결정147) 이래로, 기본법 제5조 제3항의 조문과 체계에 반하여 제1항과 관련하여 규정

---

145) Thomas Oppermann, Kulturverwaltungsrecht. Bildung – Wissenschaft – Kunst, Tübingen: J. C. B. Mohr(Paul Siebeck), 1969, S.437.

146) Thomas Oppermann. a.a.O.(주 145), S.438ff.

147) 연방헌법재판소는 "...기본법 제5조의 보장영역을 체계적으로 분리시키는 경우 이 조문의 제3항은 제1항에 대해 특별법으로 나타나며 그렇기 때문에 제2항의 제한을 제3항에서 지적한 영역에 적용하는 것을 금지한다."고 하고 더 나아가 문예작품인 한 그 내용 중 일부가 작가의 의사표현이라고 하더라도 예술의 자유의 보호를 받는다고 한다(BVerfGE 30,191).

된 제2항의 한계를 제3항에서 보장된 자유에까지 확장하려는 모든 시도는 금지된다는 의견이 지배적이다. 비록 예술적인 표현이 명백히 의사의 표현과 결합되어 있어서 그것이 동시에 제5조 제1항 하에 놓이게 되고 따라서 이러한 간접적인 방법으로 제2항의 한계의 장으로 들어온다고 하더라도, 제5조 제3항을 별도로 둔 헌법제정자의 의사에 따라 예술은 문화적 가치로서 특별히 강조되어야 하고 자유롭게 행해져야 한다는 주장이 유력하다.[148] 문화국가의 이론과 실무는 이처럼 근본적으로 변화되고 그동안에 강화된 견해에 입각해서 오늘날의 문화국가를 진정한 자유주의적 문화국가로 이해할 수 있게 해주는 -과거와는 전혀 다른- 정신을 아주 뚜렷하게 보여주고 있다.

이상의 고찰로부터 자유주의적 문화국가의 관념의 윤곽과 마찬가지로 문화적 자유권과 그에 상응하는 소극적인 방어권을 통하여 설정된 국가활동의 한계의 윤곽이 드러나는데, 국가활동의 한계는 전제된 문화의 자율성과 문화의 자율성을 통하여 요청되는 국가의 중립성으로부터도 나타난다. 국가활동의 한계는 개성과 다원성 속에서 표현되고 전개되는 문화의 '자발성'(Spotaneität)에 대한 국가의 최대한의 관용을 포함한다. 다른 한편 국가활동의 한계는 국가적 문화정책의 가능성으로부터 이러한 무제한의 "문화정책적 중립성"과 "문화정책적 관용"의 한계를 벗어나는 모든 것을 배제한다.[149] 이로부터 모든 문화정책적 명령(Diktat), 모든 문화정책적 획일화의 시도 및 예술과 학문을 내용적으로 결정하는 모든 조종(Dirigismus)('예술에 대한 재단'과 '학문에 대한 재단')은 국가에게 허용되지 않는다는 결론이 도출된다. 나아가 국가는 문화영역의 자율성에 대하여 허용되지 않은 간섭을 하지 말아

148) Werner Maihofer, a.a.O.(주 137), S.993; Thomas Oppermann, a.a.O.(주 145), S.438.

149) R. Scholz, in: Maunz/Dürig/Herzog/Scholz, Grundgesetz, Art.5 Ⅲ(1977) Rdn. 8.d.

야 할 뿐만 아니라, 국가에 의하여 보장되는 개인의 문화적 자유권의 보호를, 제3자에 대하여도, 최대한의 중립성과 관용을 가지고 즉 국가에 편하거나 또는 불편한 제 문화활동에 어떠한 특권을 부여하거나 차별함이 없이 행해야 한다는 결론이 나온다.150)

이상에서는 핵심적인 문화영역을 구성하는 예술과 학문을 중심으로 문화적 자율성보장의 요청을 살펴보았지만, 우리가 고찰한 문화영역 일반에도 이러한 기본입장이 적용되어야 한다. 문화활동의 자율성의 보장은 문화국가성의 제1원리로 인정될 수 있으며, 이는 문화의 특성, 문화적 자율성이 박탈당했던 역사적 경험과 그의 교훈으로부터 도출될 수 있지만, 오늘날의 자유주의적 문화국가에 대한 기초적 인식에서 그 현대적 의의와 기능을 가지고 있는 것이다. 문화활동의 자율성은 문화적 창조활동(학문연구, 예술창작)에서는 물론이고, 문화적 산물의 향유 및 문화의 전승에서도 구체적으로 발현되어야 한다.

2. 문화활동의 사회적 책임

문화적 자율성의 보장은 문화영역을 규율하는 개별 문화적 기본권 분야에서 세분화해서 논의하여야 할 것이다. 그러나 문화의 국가로부터의 자유라는 것도 국가와 문화의 완전한 분리를 의미하지 않고, Huber가 지적하는 바와 같이, 국가전체에 있어서 자유로이 발전되는 문화력(Kulturkräfte)과 문화재(Kulturgüter)의 자유로운 내적 성장을 의미한다. 국가의 문화에 대한 포기는 필연적으로 문화의 국가에 대한 포기에 이른다. 국가가 문화를 방기한다는 것은 문화를 사회에 떠맡긴다는 것인데, 이는 Huber의 지적에 따른다면 모든 시대에 최고의 문화적 위협이 되었다고 한다.151) 국가만이 유일한 문화위협적인 주체는

150) Werner Maihofer, a.a.O.(주 137), S.994. 예술영역에서의 이러한 예와 가능성에 대해서는 Thomas Oppermann, a.a.O.(주 145), S.438f.

아니며 국가의 바깥에서 문화를 지배하고, 문화를 조종가능한 것으로 다루며 문화를 자신에게 봉사하도록 강요하는 사회적 집단의 권력집중(Machtballung)이 형성되는 것이다. 현대사회는 경제적 영역에서 뿐만 아니라 문화적 영역에서도 사회라는 공간에서 발생한 문화적 독점과 과점이 형성된다. 이러한 점에서 문화영역에서도 부담해야 할 사회적 책임이 있다. 문화의 자율성을 보장한다는 것이 무제한의 방종 내지 제멋대로의 자유를 보장한다는 것은 아니기 때문이다. George Lamming이 "작가의 사회적 역할"에서 적절히 지적하듯이,[152] 예술가 혹은 작가는 하나의 시민이며 직업인(Worker)이다. 그들의 사회적 역할은 그 작품의 과정속에 포함되어야만 한다. 그들은 그들이 느끼기에 그들이 행해야만 하고, 그 사회의 경험을 입증할 작품활동을 함으로써 최대한도로 중요한 사회적 역할을 수행하게 될 것이다. 만약 이러한 활동이 이전에는 존재하지 않았던 사회의 의식을 창조하거나 혹은 아

151) Ernst Rudolf Huber, "Zur Problematik des Kulturstaats", 1958, jetzt in: Peter Häberle(hrsg.), Kurturstaatlichkeit und Kurturverfassunsrcht, 1982, S.122f.

152) George Lamming은 다음과 같은 대화를 제시함으로써 작가의 사회적 책임을 암시하고 있다. 이 대화에서 물음은 일반적으로 건전하고 정당한데 비해 대답은 회피적이고 변명적이다. 특히 'You don't understand'라는 말은 회피를 단적으로 나타내주는 것이다.

Q: Why don't you work?
A: Because I am not a worker.
Q: What are you?
A: I am an artist; a writer to be exact.
Q: But what do you do?
A: I write.
Q: I see. In long hand or short hand?
A: I type.
Q: I see. You are a typist.
A: You don't understand. Goodbye.
(George Lamming, "Social role of writer", in: Cultural Rights as Human rights, UNESCO, 1970, p.51 참조)

직 깊이 느껴지지 않고 있는 의식에 정보를 제공하고 풍요롭게 하는데 도움이 된다면, 사회적 기능을 진정으로 이행하는 것이 된다.153) 이러한 사회적 책임 내지 역할을 무시한 자의적인 활동에 대해서는 다른 생활영역보다 독자성이 보장되고 문화영역 자체의 판단을 중시해야 한다는 점을 인정한다 하더라도 정당한 평가를 받을 수 없다. 이로부터 우리는 문화활동의 공공성과 이로부터 나오는 자율성의 한계를 인식하게 된다. 국가는 이러한 문화의 사회적 책임을 벗어난 현상에 대해서 적절한 조치를 취할 의무를 부담한다. 그러나 그러한 조치도 '문화자체'의 조성이 아니라 모든 국민이 문화생활에 동참할 수 있는 '문화풍토'의 조성이라는 관점에서 행해져야 한다. 이러한 국가의 활동은 문화의 자율성 보장과 모순되는 것은 아니며, 문화의 자유를 보장하기 위한 국가의 최소한의 책임으로 이해된다.

3. 문화적 자율성과 국가의 규제와의 긴장관계

(1) 서

문화의 자율성은 문화국가에서 보호되어야 할 핵심적 과제이지만, 문화활동의 자유(특히, 학문, 예술, 종교)도 무제한일 수는 없다. 문화활동이라고 주장하는 모든 행동이 문화의 자율성이라는 이름으로 전부 헌법상 보호의 객체가 될 수는 없다. 앞에서 살펴본 바와 같이, 문화활동에도 내재적 한계가 있다. 문화활동의 자유도 다른 기본권과의 충돌 가운데서 그 적용의 한계를 발견할 뿐만 아니라 그 밖의 중요한 헌법적 보호법익을 위해 제한될 수 있음은 다른 기본권과 같다. 그러나 문화활동의 자유가 갖는 고도의 자율성의 요청과 인간의 존엄성과의 직접적인 관련성 때문에 그 제한은 신중해야 한다. 한편 국민의 최소한

153) Ibid., p.52.

의 문화생활에의 접근을 보장하고 문화의 전승, 육성, 촉진하는 적극적 활동도 문화국가의 중요한 과제이지만 문화영역에 국가의 지나친 간섭이나, 특정한 방향으로의 문화의 유도는 문화국가의 이념에 부합하지 않는다.

전통적으로 문화활동의 자유와 국가권력사이에 갈등·긴장의 원인으로 작용해온 것은 정치와 윤리라고 할 수 있을 것이다. 물론 경제적인 원인도 이러한 문화활동의 표현을 제약하는 요인이 되기도 했지만, 좀 더 표면적으로 제약을 가해온 것은 정치와 윤리라고 볼 수 있다. 문화활동의 자율성과 국가의 문화조성·규제와의 긴장관계를 해결하는 길은 어떤 것이 보호받을 수 있는 문화활동이며, 어떤 것이 문화활동에 대한 규제의 한계를 벗어난 것인가 등에 대한 기준을 정립하는 것이다. 그러나 이러한 문제는 헌법상 보호되는 문화의 개념, 더 자세히는 문화영역을 구성하는 학문, 예술, 종교 등이 무엇이냐 하는 문제와 그 제한 내지 한계에 관한 문제와 표리의 관계를 이루는 것으로 해결이 용이한 일은 아니다. 그러나 일반적 표현의 자유의 제한과 관련하여 논의되는 것 외에 문화의 특성을 고려할 때, 몇 가지 기준이 정립될 수 있을 것이다.

학문과 예술영역에서는 물론 그 밖에 공법의 대상으로서의 문화영역으로 자주 언급되는 교육, 종교와 나아가 방송, 신문에 대해서도 문화의 자율성과 국가의 규제와의 긴장관계를 합리적으로 해결할 수 있는 기준의 정립이 요망된다. 교육과 관련하여서는 교육과정과 교과용도서에 관한 행정권의 관여[154)]와 학생의 학습권, 교육과정상의 인권

154) 헌법상의 교육제도법정주의(제31조 제6항)는 국가교육권의 근거로서 오해되기도 하지만, 그것은 일제하의 교육칙령주의의 극복을 의미하는 것으로서 교육제도의 법적 기준을 의미할 뿐이며 교육기본권의 제한근거가 될 수 없다. 국가의 권한은 교육의 외적 사항에 대한 조건정비권으로써의 감독권만으로 인정된다(신현직, 앞의 논문(주 53), 139면 참조); 구 교육법

및 학교운영참가권, 부모의 교육청구권, 학교선택권, 교원의 교육의 자유와 전문직으로서의 권리 및 정치적 자유와 노동기본권 등과의 충돌문제 등이 중요한 문제로 제기된다. 종교의 경우도 신앙의 자유는 별도로 하고 종교적 행사의 자유, 종교적 집회・결사의 자유, 선교의 자유와 관련하여 국가에 의한 규제문제가 제기된다. 그리고 오늘날 대중매체 특히 라디오와 TV매체가 사회적으로 발휘하는 영향력은 비교대상을 찾기가 어려울 정도로 크다. 물론 영향력이 크다는 것과 가치판단에서 바람직스럽다는 것과는 구별되어야 한다.155) 민주화시대에 방송의 우선적 과제는 정치권력의 힘과 일정한 목적으로부터 방송의 자율성을 확보하는 문제와 그 자율성의 일부가 기업의 손으로 들어갔을 때 생기는 여러 가지 병리현상(특히 상업방송의 향락, 퇴폐문화조장의 우려가 문제된다)도 방송의 자율성과 관련하여 해결해야 할 과제이다.156) 이하에서는 문화활동에 대한 국가의 규제와 관련하여 그동안

제157는 교육대학, 사범대학, 전문대학을 제외한 각 학교의 교과용도서는 교육부가 저작권을 가졌거나 검정 또는 인정한 것에 한하는 것으로 하고 교과용도서의 저작·검정·인정·발행·공급 및 가격사정에 관한 사항은 대통령령에 위임하고 있었다. 이에 따라 제정된 '교과용 도서에 관한 규정' 제5조는 1종도서의 교육부독점을 규정하고 있다. 이러한 교과용도서 교육부독점권이 헌법이 정한 교육을 받을 권리(제31조), 언론·출판의 자유(제21조), 학문의 자유(제22조 제1항)를 침해한 것이라는 헌법소원심판청구사건에서 헌법재판소는 국민의 수학권을 보호한다는 차원에서 국가가 관여할 수 있다는 근거를 인정한다면, 국가가 이를 검인정으로 할 것인가 국정제로 할 것인가에 대해서 재량권을 갖는다는 취지의 판단을 한 바 있다(헌재 92.11.12. 결정, 89헌마 88). 현행 초중등교육법은 제29조(교과용도서의 사용)에서 "① 학교에서는 국가가 저작권을 가지고 있거나 교육과학기술부장관이 검정하거나 인정한 교과용 도서를 사용하여야 한다. ② 교과용 도서의 범위・저작・검정・인정・발행・공급・선정 및 가격 사정(査定) 등에 필요한 사항은 대통령령으로 정한다"고 동취지의 규정을 두고 있다.

155) 최한수, "방송의 자율성과 과제", 방송문화, 1992, 4, 4면.

156) 문화제도로서의 방송과 문화헌법적 관점에서 상업방송의 문제에 대한 고찰에 대해서는 Dieter Grimm, a.a.O.(주 4), S.68-79 참조; 그리고 언론

논란이 되었던 사례(주로 학문, 예술에 한정)를 살펴보고, 해결에 도움이 될 몇 가지 기준을 제시해 보고자 한다.

(2) 사례

① 학문

학문의 자유도 헌법의 통일성의 관점에서 일정한 내재적 제약이 있으며,[157] 헌법의 규정상으로도 제37조 제2항의 일반적 법률유보에 의한 기본권제한 규정에 따라 제한가능하기 때문에, 학문의 자유가 그 내재적 한계를 지켰는가? 혹은 기본권제한의 목적인 국가의 안전보장, 질서유지, 공공복리에 의해 학문의 자유를 제한할 수 있는가? 하는 것이 문제로 된다. 지동설을 주장한 갈릴레오 갈릴레이 사건을 비롯하여 1837년에 하노버의 국왕 에른스트 아우구스트 1세의 헌법개혁에 이의를 주장한 7명의 교수가 파면당한 '괴팅엔 대학교 7교수 사건' 등이 해외에서 학문의 자유의 탄압사건의 대표적인 예로 들 수 있지만, 우리나라에서도 학문의 자유에 대한 공권력 개입이 문제된 사례는 여러 건 있다.

특히 한국사회에서는 분단의 현실 속에서 정부 비판적 발언이나 진보적 발언에 대하여 공권력의 개입이 많았다.[158] '진보적' 학술운동에 대한 최초의 본격적 사법대응으로 1989년 충북대 서관모 교수, 이진경(본명 박태호)씨 등에 대해 당국이 수사를 했으나 서 교수의 경우는 조사차원에 그쳤고, 이씨는 다른 조직사건('노동계급')과 연관되어 구

과 법과의 관계에 대한 고찰에 대해서는 최대권, 앞의 논문(주 84), 88-119면 참조.

157) 허영, 앞의 책(주 7), 434면. 학문의 자유가 그 내재적 한계를 지키는 한 학문의 자유를 법률로써 제한해야 할 구체적 필요성은 현실적으로 생기지 않는다.

158) 이에 대해서는 김귀옥, "한국전쟁과 레드 콤프렉스-학문의 자유"(http://3sang4.blog.me/40023959430) 참조

속된 바 있다. 그리고 1991년에는 서울사회과학연구소 연구원 6명이 국가보안법상의 이적표현물제작·배포 혐의로 구속된 바 있다. 구속된 사람은 이창휘, 송주명, 한준, 홍성태, 신현준, 권현정씨 등으로 이들은 사회과학연구소 연구원이거나 연구원을 거쳤던 사람들로, 신현준씨의 경우는 「1960-70년대초 사회주의정치경제학 논쟁의 재검토」(「현실과 과학」 90년 4월호에 전재), 이창휘씨는 「인민민주주의 혁명론」이라는 서울대 석사학위논문이 문제가 되었으며, 그 밖에 혐의를 받은 사람들의 연구논문들도 대부분 석사학위논문을 축약한 것이거나 보다 연구를 진전시킨 것 또는 학위논문에 포함될 내용을 단행본이나 무크지에 기고한 것이 문제로 되었다. 2006년에는 '6·25 전쟁은 북한 지도부가 시도한 통일전쟁'이라는 취지의 글 등을 언론매체 등에 게재한 혐의(국가보안법 위반)로 기소된 강정구 교수사건이 있었다.

④ 예술

우리가 사회에서 가장 느끼기 쉬운 문화영역인 예술에 있어서 국가와 문화의 갈등·긴장관계가 가장 날카롭게 나타날 수 있다. 예술의 여러 장르 중에서 문학이 주로 그 자율성과 국가의 규제 사이에서 문제로 되었으나, 1980년도 이후부터는 미술, 연극, 영화 등의 예술영역에서도 문제되고 있다. 예술은 주로 작품의 음란성문제(윤리적 측면)와 특정한 이데올로기 지향적인 작품의 자유민주적 기본질서 침해문제(정치적 측면)와 관련하여 논란이 있었다. 한편 예술의 자유의 행사가 타인의 명예훼손과 관련하여 문제되기도 한다.

1) 문학

문학에서는 예술의 자유와 음란성의 관계가 문제된다. 문학작품에 나타나는 성(性)의 묘사를 두고 벌어지는 예술이냐 외설이냐의 시비가 바로 그것이다. 그러나 예술이냐 외설이냐를 명쾌하게 구분할 수 있는 근거와 기준은 불투명하다. 시대의 변화속에서 성에 대한 일반적 인식도 급속도로 변하기 때문에 예술성과 음란성의 한계를 객관적으로 구체화하려는 것은 무리라 하겠다. 이러한 문제들은 오히려 예술이냐 외설이냐의 양자택일의 문제가 아니라 다른 보호가치가 있는 법익과의 형량문제로 접근해야 할 것이다.[159] 아무튼 이에 대한 해결기준은 다음에서 보기로 한다. D. H. Laurence의 「채털리 부인의 사랑」에서부터 마광수 교수의 작품에 이르기까지 많은 작품들이 음란성과 관련하여 문제되었다. 우리나라에서는 1969년 건국대 박승훈 교수의 「0년 구멍과 뱀의 대화」 및 「서울의 밤」,[160] 염재만의 「반노」,[161] 마광수의 「즐거운 사라」[162] 등을 대표적인 예로 들 수 있다.

한편, 우리나라는 분단과 민주화투쟁이라는 특수한 상황으로 말미암아 이데올로기적 성격을 지닌 작품들이 자유민주적 기본질서와 관련

---

159) 장영수, "예술의 자유의 헌법적 보장과 그 한계, 고시연구, 1993. 5, 48면 참조.

160) 이 작품들에 대해서는 "작가가 작품을 기술함에 있어서 독자의 흥미에 영합하기 위하여 성교장면을 지나치게 묘사하여 제조·판매하는 행위는 형법 제243조 및 제244조에 해당한다"고 벌금 5만원의 유죄판결을 선고하였다(1969.12.15 서울형사지법 69 고 27460).

161) 이 작품에 대해서는 1심에서는 벌금 3만원의 유죄판결이 선고됐으나, 대법원은 무죄를 선고한 2심판결을 받아들여 무죄를 확정하였다. 대법원은 "작품 '반노'는 인간의 성에 대한 본능을 주제로 하고 있고, 몇 군데 성교장면이 나오기는 하나 남녀간의 성교에서 향략적이고 유희적인 면을 탈색해 버리고 본능에 의한 맹목적 성교와 그 뒤에 오는 허망함을 반복묘사함으로써 그 전체적인 내용의 흐름이 인간에 내재하는 향락적인 성욕에 반항함으로써 결국 그로부터 벗어나 새로운 자아를 발견하는 과정으로 이끌어 매듭된 사실을 인정할 수 있으니, 이에 비추어 이 건 소설을 음란한 작품이라고 단정할 수 없다고 판단하고 있으므로 여기에 소론과 같은 위법이 없다고 할 것이다고"고 판시하였다(대판 1975.2.9, 74 도 976).

162) 이 소설의 음란성 여부를 가린 1심 법원은 미대생인 사라가 벌이는 자유분방하고 섹스행각을 묘사하고 있는 이 작품에 대해서 형법상의 음란문서 제조 및 반포죄를 적용하여 마교수와 도서출판 「청하」 대표 장석주씨에게 징역 8월 집행유예 2년을 선고했다(1992.12.28).

하여 국가권력의 규제대상에 놓인 예가 많았다. 몇 가지 예로, 김지하의 시 「오적」,[163] 남정현의 소설 「분지」,[164] 오봉옥의 시집 「붉은 산 검은 피」[165] 등이 들어 질 수 있다.[166]

2) 음악 · 미술

음악에 있어서는 종래 월북 음악인 작품의 공연금지, 「베를린 사건」에 연루된 재독 음악인 윤이상씨의 작품의 공연금지 등을 예로 들 수 있으나, 클래식 음악에 있어서 보다 민중음악 및 대중음악에 대한 국가의 규제가 눈에 띤다. 박인배씨가 민중가요 음반제작과 관련해 구속된 예가 있고, 가수 김민기씨의 음반에 대한 규제와 정태춘씨의 노래 몇 곡이 공연윤리위원회에서의 사전심의에서 퇴짜를 맞은 예가 있다. 정씨는 이에 항의해 '비합법음반' 「아 대한민국」을 낸 바 있다.

미술의 영역에 있어서는 1980년대 미술운동이 대두되기 전에는 1969년 「현실」 동인 창립 전에 대한 전시방해사건과 같은 몇 몇 예외

163) 김지하 시인이 『思想界』 紙 1970년 5월호에 실은 시 「오적」을 신민당 기관지인 「민주전선」(40호)에 전재하자 정부당국은 민주전선 주간 김용성과, 발행인 부완혁, 기자 김승균, 시인 김지하를 연행하였다. 이 시가 풍자하고 있는 다섯 가지 도둑은 재벌, 국회의원, 고급공무원, 장성, 장 · 차관 등을 지칭한 것인데, '풍자의 도가 지나쳐 계급의식을 조성, 북한의 선전자료로 이용되었다'는 것이 혐의 내용이었다.

164) 이 작품은 『현대문학』 1965년 3월호에 실린 소설로 주한미군의 만행과 몇 몇 고관이 자본가와 결탁하여 국민대중을 착취하는 장면을 묘사하고 있는데, 이 소설의 내용이 북한 노동당 기관지인 「조국통일」에 전재 된데서 문제되었다. 이와 관련하여 작가 남정현은 빈민대중에게 반정부의식을 조장, 반공의식을 해이하게 했다는 혐의로 구속기소되어 선고유예의 판결을 받은 바 있다(1967.6.28. 서울형사지법 66고 14198).

165) 이 작품은 '1940년대 항일투쟁시기로부터 1946년 대구 10월 항쟁시기까지의 민족해방운동사'를 다룬 것으로 1990년 2월 22일 시인 오봉옥과 실천문학사대표 송기완씨가 구속되었다.

166) 그 밖에 문제가 된 작품들에 대해서는 김태중, 헌법상 예술의 자유, 연세대학교 대학원 석사학위논문, 1990, 42-44면; 한국출판문화운동협의회, 제6공화국과 출판탄압, 1990, 6. 8. 참조.

적인 경우를 제외하고는 적어도 지속적인 형태의 국가권력에 의한 규제는 존재하지 않았다고 할 수 있다.[167] 미술활동에 대한 국가규제의 법적 근거로는 경범죄처벌법(유언비어유포), 광고물 등 관리법(미풍양속 및 도시미관 저해), 국가보안법(이적표현물 제작·반포 등)등이 대표적이다.

민족민중미술의 등장으로 요약되는 80년대의 미술운동의 특징을 "소수 유한층의 독점적 미술소유에서 벗어나 민중적이고 공동체적인 새로운 소통체계를 확립하고, 사대주의 외래미술 중심에서 민족자주적인 미술의 전통을 창조적으로 계승·발전시킨다는 문제의식에 입각해서 전개되었다"고 평가하듯이,[168] 80년대 후반부터는 단순히 미술내적인 혁신에서 더 나아가 민중의 생존권투쟁과 결부되고 동시에 민족의 자주화와 조국통일에 대한 인식을 심화시켜 나갔고 이에 따른 다종다양한 정치선전·선동미술활동이 전개되었다. 이로부터 각종의 걸개그림, 벽화운동[169] 등 사회성 짙은 작품들이 많이 나타났으며, 국가에 의한 규제도 단순한 전시방해,[170] 전시중단, 작품압수,[171] 작가의 즉심회부[172]에서 국가보안법 위반으로 구속에 이르기까지 다양해졌다.

---

167) 이것은 당시가 자유로운 미술창작이 허용되는 민주적인 사회에서가 아니라 현실을 올바로 증언하려는 미술가의 움직임이 없었기 때문으로 보는 견해도 있다(이유남, "80년대 미술운동의 탄압사례", 월간다리, 1990. 1, 280면).

168) 이유남, 앞의 논문(주 167), 279면.

169) 유연복씨외 4명의 화가가 유씨의 집 담벽에 그린 대형벽화 「상생도」가 "주민들에게 혐오감을 준다"는 이유로 강제로 지워졌으며, 유씨 등을 '광고물 등 관리법'위반(미풍양속 및 도시미관 저해) 혐의로 불구속 입건한 일이 있다. 이 벽화는 법원에서 무혐의판정을 받았다.

170) 1980년 7월 한국미협이 주최한 「서울현대미술제」에 초대 출품된 최민화씨의 「시민」이 광주항쟁의 비극을 묘사했다고 하여 철거된 바 있다.

171) 85년 5월 홍성담씨의 판화 「대동세상」이 인쇄도중 경찰에 압수되었고, 김경주 등 4인의 공동작품 「광주항쟁신장도」가 압수된 일이 있다.

172) 1985년 「1985년 한국미술 20대 힘전」에 출품된 작품 36점을 철거, 그 중

특히 전정호, 이상호씨의 그림 「백두산 산자락 아래」는 그림에 대해 최초로 국가보안법이 적용(이적표현물 제작·반포 등)된 사례이다. 이 그림은 백두산 천지를 배경으로 노동자와 농민이 힘을 합해 성조기를 찢는 모습과 불화 등에 나오는 발가벗은 동자가 레이건과 전두환, 노태우 전대통령의 머리위로 오줌을 누는 장면 등으로 구성되어 있었다. 이 작품에 대해서는 다소 지나친 관념적 묘사라는 지적도 있었으며, 법원은 신병상의 이유로 불기소 처분된 이상호씨를 제외한 전정호씨에 대해 유죄를 인정하여 징역 1년·자격정지 2년에 집행유예 2년을 선고하였다. 한편 1989년 7월 신학철씨가 민미협 주최 제2회 통일전에 출품한 「모내기」는 모내기하는 농부를 묘사하면서 미일외세를 상징하는 양담배, 코카콜라, 군사정권을 상징하는 전두환 전대통령, 지주 및 매판자본가계급을 상징하는 사람들과 핵무기 등을 황소가 짓밟는 모습과 백두산 천지밑에 풍년을 경축하며 남녀가 춤추고 어린 아이들이 뛰어 노는 평화로운 모습을 대조적으로 묘사하여 1989년 8월 국가보안법위반 혐의로 구속기소된 뒤 보석으로 석방되었다. 이에 대해 1992년 11월 12일 서울형사지법은 신씨의 작품에는 이적성이 없다고 무죄를 선고하였다.173)

26점을 압수하고 이에 대해 항의하던 19명을 연행해 5명에 대해 유언비어 유포죄로 즉심에 회부하였으며, 자진 출두한 3명의 작가를 구류처분한 일이 있다.

173) 재판부는 판결문에서 "작품의 보안법위반 여부는 그 시대 상황에 따라서 사회일반인이 갖는 건전한 상식과 보편적인 정서에 기초해 해석해야 한다"고 전제하고 "신씨의 작품은 그 표현이 다소 과장되고 과격한 점이 있다고 할지라도, 전체적으로는 원작자가 표현하고자 한 바대로 통일의 장애요소인 외세와 저질 외래문화를 배격하고 우리사회를 민주화하여 조국통일의 염원을 나타내는 것이라고 해석할 수 있다"고 판시하였다(1992. 11. 12.서울형사지법 7단독 판결).

3) 연극 · 영화

연극과 같은 공연예술은 그 행위의 직접성으로 인하여 대본심사나 공연신고 같은 사전 검열에 의해 규제를 받아 왔다.[174] 이러한 검열은 주로 준정부기관이라고 할 수 있는 공연윤리위원회가 담당해 왔었다. 이러한 사전검열은 헌법위반이라는 견해가 끊임없이 제기되어 왔고, 실제로 '창작의 자유', '표현의 자유'라는 헌법적 권리에 대한 요구들이 검열장치들을 상당히 완화시키는데 성공하여 각종 문화관계법의 개정에 영향을 준 것도 사실이다. 영화의 경우도 공연윤리위원회의 사전검열로 인한 삭제가 검열금지와 관련하여 자주 문제가 되곤 하였다. 문화 · 예술분야를 규율하던 종래의 법률은 '공연법', 구 '영화법', 구 '음반에 관한 법률'로 대표되었는데, 이 중 공연법만 그 규율범위의 개정이 있었을 뿐 그대로 존속하고 영화법과 음반에 관한 법률은 전면적으로 대체입법이 제정되어 현재는 폐지된 바 있다.[175] 영화에 대한 공연윤리위원회의 사전심의제가 위헌이라는 결정이 이러한 대체입법을 만드는데 기여했다고 할 수 있다.

영화에 대한 사전심의제는 합헌결정이 내려진 바도 있지만,[176] 헌

174) 이에 대해서는 양건, "표현의 자유의 제한에 관한 기본원리", 법학논총(한양대 법학연구소) 제4집, 1987, 2면 이하 참조.

175) 구 영화법은 '영화진흥법'으로 대체되었고, 그 뒤 영화진흥법은 구 '음반 · 비디오물 및 게임물에 관한 법률'상의 비디오물을 통합하여 '영화 및 비디오물의 진흥에 관한 법률'로 대체되었다(2006년). 한편 구 '음반에 관한 법률'은 1991년 구 '음반 및 비디오물에 관한 법률'로 대체되었고, 1999년에는 구 '음반 · 비디오물 및 게임물에 관한 법률'로 대체되었다. 2006년에는 '영화 및 비디오물의 진흥에 관한 법률'의 제정과 더불어 게임물만의 고유한 특성을 고려하여 '게임산업진흥에 관한 법률'이 별도로 독립되었고, 기존 음반중심의 산업에서 인터넷 · 모바일 등을 통한 음악파일 중심의 음악산업으로 변화하고 있는 환경변화에 대처하기 위하여 '음반산업진흥에 관한 법률'이 제정되었다.

176) 사단법인 한국영화인협회와 그 산하 감독위원회가 상영전 심의와 심의기준 및 벌칙을 규정하고 있는 영화법 제12조, 제13조 및 제32조 5호의 조항을 예술의 자유를 보장한 헌법 제22조 제1항과 언론자유의 보장 및 언

법재판소는 1996년 10월 4일 구 영화법상의 영화 사전심의제에 대하여 위헌결정을 내렸다.[177] 이로써 끊임없이 논쟁의 대상이 되어 왔던 영화사전심의제는 법률적 근거를 잃게 되었다. 헌법재판소는 영화도 의사표현에 해당하며, 헌법 제21조 제2항에서 정하고 있는 사전허가·검열금지 법리의 적용을 받는데, 행정권의 영향하에 있는 공연윤리위원회의 사전심의는 검열에 해당한다고 보아 사전심의제를 규정한 구 영화법 제12조를 위헌으로 결정하였다.[178] 이 결정을 계기로 법률로 공연윤리위원회가 음반이나 비디오물의 제작·판매 등에 대하여 사전에 심의하여 그 여부를 결정하는 것이 사전검열에 해당한다는 결정이 나왔다.[179] 그리고 위헌결정으로 공연윤리위원회가 폐지되고 생긴 한국공연예술진흥협의회(공진협)에서 비디오물을 사전에 심의하는 것에 대하여 한국공연예술진흥협의회가 공연윤리위원회와 법적 성격에서 차이가 없다고 보아 공진협에 의한 심의 역시 사전검열에 해당한다고 판시하였다.[180] 그리고 영화진흥법 제21조 제4항에 따른 영상물등급

론에 대한 검열금지를 규정한 헌법 제21조 제1항, 제2항에 위반된다며 헌법소원을 제기한 바 있다. 이에 대하여, 헌법재판소는 형식적인 소송요건론에 매달려 실질심리에 들어가지 못하고 감독위원회는 헌법소원청구능력이 없으며, 영화인협회의 심판청구는 자기관련성을 결여한 청구라고 모두 각하한 바 있다(1991.6.3. 결정, 90 헌마 56).

177) 헌재 1996.10.4. 93헌바10(병합). 헌법재판소는 검열에 해당하기 위한 세가지 요건으로 (1) 허가를 받기 위한 표현물의 제출의무, (2) 행정권이 주체가 된 사전심사절차, (3) 허가를 받지 않은 의사표현의 금지 및 심사절차를 관철할 수 있는 강제수단의 존재를 제시하고 있다. 다만 헌법재판소는 일체의 사전제한이 허용되지 않는 것이 아니라 검열에 해당하는 사전제한만이 금지된다는 취지를 분명히 하여 등급제 등은 가능한 것으로 보고 있다.

178) 이에 대해서는 김수갑, "영화 사전심의제에 대한 위헌결정과 앞으로의 과제", 법학논집 특별호, 고려대 법학연구소, 1997.8, 445-475면 참조.

179) 음반에 대한 사전심의에 대한 위헌결정(헌재 1996.10.31. 94헌가6;헌재 1997.3.27. 97헌가1), 비디오물에 대한 사전심의에 대한 위헌결정(헌재 1998.12.24. 96헌가23;헌재 2000.2.24. 99헌가17).

180) 헌재 1999.9.16. 99헌가1.

위원회의 상영등급분류보류제는 실질적으로 위헌이라는 결정을 받았다.[181] 나아가 영상물등급위원회의 외국비디오물수입 추천행위[182]와 외국음반의 국내제작 추천제도[183]도 사전검열에 해당한다는 결정이 내려진 바 있다. 이로써 음반, 영화, 비디오물, 연극 등에 있어서 사전검열에 해당되는 심의제는 사라졌다.

과거 연극과 영화 등에서 공연윤리위원회의 사전심의와 관련하여 문제되었던 작품들은 상당수 존재한다. 연극에서는 극단 「연우무대」가 1984년 마당극형식으로 공연한 「나의 살던 고향은」(임진택 연출), 1988년 바탕골 소극장이 공연한 「매춘」, 박조열의 「오장군의 발톱」 등이 대표적으로 들어 질 수 있을 것이다.[184] 「나의 살던 고향은」은 공해문제를 다룬 작품으로 공연윤리위원회에 제출된 대본과 실제공연이 틀린 점이 많다는 이유로 극단자격정지 처분을 받았다(6개월 만에 풀림). 「매춘」은 공연윤리위원회로부터 외설·퇴폐적인 내용을 개작하라는 지시를 받았으나, 이를 무시하고 공연을 강행, 급기야는 공연의 중단, 극단등록취소, 공연장 폐쇄조치로 발전하였다. 바탕골 소극장은 이에 법원에 극장폐쇄조치해제가처분신청을 제기하여 법원으로부터 '이유있다'는 판결을 받고 공연을 계속한 바 있다. 「매춘」 파동은 실정법과 연극계 전체의 대결로 발전해 정부가 연극대본 사전심의를 포기하는 것으로 매듭지어졌다.[185] 한편, 박조열의 「오장군의 발톱」은 공연

181) 헌재 2001.8.30. 2000헌가9.
182) 헌재 2005.2.3. 2004헌가8.
183) 헌재 2006.10.26. 2005헌가14.
184) 그 밖에 문제된 작품들에 대해서는 임재걸, "그럼에도 불구하고 예술은 살아 있다", 객석, 1989.1, 137면;김태중, 앞의 논문(주 166), 49-50면 참조.
185) 정부는 공연법은 그대로 둔 채 대통령령으로 예외조항을 마련해 연극·무용·음악공연의 사전심의절차를 생략할 수 있도록 한 바 있다(1996.6.30 시행 공연법). 그 후 1999년 2월 28일 개정 공연법을 통하여 사전 각본 심의제를 폐지하였다.

윤리위원회의 대본심사에서 불합격되어 14년간 공연이 불가능했던 것이나 1988년 해금되어 그 해의 최우수작품으로 선정되었을 뿐만 아니라 1980년대의 10대 우수작품으로 평가되었다.

영화 면에 있어서는 노동운동을 다룬 박종원 감독의 「구로아리랑」이 공연윤리위원회에서 22군데를 삭제당했으며, 1987년 김수용 감독의 「허튼소리」의 삭제 등도 예로 들 수 있다. 그 밖에 장산곶매가 제작한 「오, 꿈의 나라」는 광주항쟁을 소재로 다룬 것으로, 이적표현물에 해당된다고 평가되어 압수·수색영장이 청구되고 끝내 상영이 중단되었다. 「황무지」도 광주항쟁시 진압부대의 탈영병을 주인공으로 한 작품으로 문화공보부에 의하여 광주항쟁, 한미관계 왜곡혐의로 압수되었으며, 「파업전야」, 「닫힌 교문을 열며」 등과 같은 독립적 영화제작이 국가의 규제를 받은 예가 있다.

(3) 해결의 기준

① 서

문화의 자율성과 국가의 문화영역에 대한 규제와의 사이에 갈등이 문제되었을 때에는 일방에서는 문화활동은 자율성이 생명이기 때문에 공권력에 의한 제재는 바람직하지 않다고 주장하고, 규제하는 쪽에서는 스스로 문화활동임을 주장하는 모든 행동을 문화활동으로 인정하여 보호해야 한다면 문화영역에 대한 특별한 헌법적 보장은 의미가 없다는 주장을 한다. 물론 양쪽의 주장은 모두 정당한 근거를 가지고 주장될 수 있는 것이다.

그러나 이러한 문제의 해결에는 우선 헌법상 보호되는 문화가 무엇이냐, 특별히 학문·예술의 자유에 관하여 말한다면 학문·예술의 자유에 의해 보호를 받는(또는 보호받을 만한 가치가 있는) 학문·예술이 무엇이냐는 개념 정의가 문제된다.[186] 시대의 변천이라는 상황과 누가 정의를 내리는가라는 문제를 고려할 때, 이러한 개념을 보편타당하게 법적으로 정의하는 것은 불가능에 가까운 일이지만, 또한 어떠한 방식으로든 부딪치게 되는 피할 수 없는 과제이기도 하다. 앞에서 살펴본 바와 같이, 문화국가의 문화정책적 중립성과 관용에 대한 요청상 문화를 내용상으로 결정하는 간섭주의는 배제되지만, 학문과 비학문, 예술과 비예술 등 문화와 비문화 사이의 성질상의 가치판단은 국가의 문화정책적 판단에 상당히 의존하고 있음을 또한 부인할 수 없다.

헌법상 보호되는 학문과 예술의 개념정의의 문제 다음으로는 헌법상 보호되는 학문과 예술이 다른 헌법상의 가치 및 법률유보에 의하여 제약될 수 있는가라는 기본권의 한계 및 제한의 문제를 고려해야만 한다. 사실 문화의 자율성에서 나오는 국가의 문화정책에 대한 중립성의 요청과 문화와 비문화의 양자택일적 구별의 어려움으로 인하여 이 문제의 해결에는 다른 보호법익과의 관계에 대한 고찰을 통하여 얻어질 수 있는 한계 및 제한의 문제가 중요하다.

② 학문의 자유의 제한과 한계

우리헌법은 독일과 달리 학문의 자유도 기본권제한의 일반적 법률유보조항(제37조 제2항)에 의해서 제한할 수 있는 것처럼 규정하고 있다. 그러나 학설은 제37조 제2항의 제한을 극히 한정적으로 인정하려고 한다. 학문의 자유의 구체적·단계적 발현형태에 따라 가장 협의의 학문의 자유로 평가되는 연구의 자유는 내면적인 자유이므로 절대적 자유권 내지 신앙이나 양심의 자유에 준할 정도의 고도의 헌법적 보장을 받는 것으로 평가되고 있다.[187] 그러나 학문연구의 자유는 연구방법과 연구장소 등에 있어서 공공의 안녕질서라든가 타인의 기본권

---

186) 제4장 제1절 II, 1, 2 참조.

187) 연구활동은 학자의 자유영역에 속하며, 여기에 있어서는 공권력으로부터의 완전한 자유가 보장된다(BVerfGE 35,112).

과 충돌할 수 있기 때문에 제한할 수 있는가가 논의된다. 공공의 안녕 질서에 위해를 가져다 줄 개연성의 판단은 우선적으로 학문의 자율적 통제에 맡기고, 국가권력이나 기타의 사회적 세력이 간섭하거나 방해할 수 없다는 견해가 유력하다.[188] 다만 자기통제를 소홀히 하는 학문연구는 이미 내재적 한계를 벗어난 것이므로 공권력에 의한 제약이 불가피하며, 연구방법이나 실험이 공중에 위해를 초래할 가능성이 있는 경우에는, 그것을 신고토록 하는 것이 허용된다.[189] 즉 연구내용에 대한 완전한 침묵의 자유는 인정되지 않는다. 예컨대, 연구를 통해 알게 된 특별한 위험의 존재 등에 대해서는 고지의무를 인정할 수 있을 것이며, 그것은 위협받고 있는 상위의 헌법적 이익의 보호를 위해 정당화 될 수 있을 것이다.[190]

연구의 자유의 필연적 결과로서 보장되는 대학에 있어서의 교수(강학)의 자유는 가르침의 내용과 방법 뿐만 아니라 그 조직과 절차 등의 문제는 가르치는 이의 자유로운 선택과 내용에 맡기는 것을 의미하나, 학문적 비판이라는 허울 아래 정치적 목적을 수행하고자 하는 경우, 즉 민주주의와 그 제도들을 정상적으로 비판하는 것이 아니라, 이를 경멸하고 우스꽝스럽게 만드는 것은 금지되어야 하지 않는가 하는 의문이 제기된다. 교수의 자유는 헌법에 대한 충성의무에 구속된다는 것을 명시하고 있는 독일의 경우(기본법 제5조 제3항 2문), 방어적 민주주의와 관련 속에 많은 이론이 대두되고 있다. 대체로 비록 헌법질서(민주주의질서)의 근본가치에 대한 적극적 신봉을 의무지울 수는 없을지라도 사회의 근본가치, 즉 인권, 법치국가사상, 국민주권원리 등은 교수의 자유에 대한 한계로서 작용할 수 있을 것이라는 견해와 특

188) 허영, 앞의 책(주 74), 253면.
189) 김철수, 앞의 책(주 72), 417면; 권영성, 앞의 책(주 72), 444면.
190) Erhard Denninger, Art.5 Abs.3 der Alternativekommentar zum Grundgesetz, 2.Aufl., 1989, S.574

정한 장소, 즉 대학에서는 (적어도 그것이 학문적인 것으로서 행해지는 한) 급진적인 비판조차도 허용될 뿐 아니라 오히려 요구되어야 한다는 견해로 나누어질 수 있다. 다만 후자의 견해도 교수의 자유의 한계는 비학문적으로 행해지는 헌법의 기본원리에 대한 일방적인, 사실과 다른 경멸적으로 만드는 비난의 경우에만 인정되어야 한다고 한다.191)

학문의 자유의 외부적 표현은 그 사회적 전파성 때문에 제37조 제2항의 제한을 받는다. 그러나 그러한 제한은 필요한 최소한에 그쳐야 하며, 과잉금지원칙 같은 비례성의 원칙이 지켜져야 한다. 여기서 일반적인 표현의 자유와 연구발표의 자유와의 관계가 문제된다. 언론·출판의 경우는 단순히 의사의 주관적 표현에 그치나, 학문은 이러한 주관성을 넘어서서 "올바른 것", "참된 것"을 객관적으로 인식하는 것이며, 따라서 특별히 가치 있는 것, 보호할 만한 것이라고 할 수 있기 때문에, 학문연구발표의 자유는 일반적인 표현의 자유보다 두터운 보호의 필요성이 존재한다. 이 점에서 연구발표의 자유는 표현의 자유의 특별법적 지위에 있는 것이다. 학문의 자유의 법률적 제한이 주로 문제되는 것은 앞의 사례에서 본 바와 같이, 제한의 목적이 '국가의 안전보장'과 관련된 경우가 많다. 특히 막스·레닌주의의 학문이론이 문제되는데,192) 사실에 대한 언급-그것이 예언의 형태이건, 설명의 시도이건-은 이론적 작업의 영역 내에 머물러 있는 것이다. 그것이 특정한 행동의 지침으로 바뀌었을 때, 비로소 그것은 정치적 활동의 영역으로 이전되는 것이다. 막스·레닌주의의 편향성에 관한 문제도 그것이 순수한 학문이론인지, 정치적 활동인지는 개별적으로 정도의 차이를 고려해 가며 취급해야 한다. 이러한 문제를 사법적으로 판단할 때에도

191) 이에 대해서는 Erhard Denninger, a.a.O.(주 190), S.572-574 참조.
192) 이에 대해서는 Erhard Denninger, a.a.O.(주 190), S.555-557.

학문의 자유의 자율성 · 개방성 · 다원성을 존중하여 가치평가를 통하여 학문개념을 축소해서는 안 되며, 이론적으로 현실사회를 비판하고 대안을 제시하는 학문활동의 현실참여도 학문의 자유로서 보장되기 때문에,[193] 그와 같은 활동이 국가의 안전보장(자유민주적 기본질서)에 명백히 반하여 국가와 사회에 명백하고 현존하는 위험을 초래하는 것이 아닌 이상 제한할 수 없다고 하겠다. 학문과 교수는 인식의 작업과 서술이며, 이것이 장래의 발전에 대한 예측이 된다고 할지라도 그 자체로서는 자유민주적 기본질서에 대한 위배가 될 수 없다.[194]

③ 예술의 자유의 한계와 제한

1) 서

예술의 자유에도 학문의 자유의 한계와 제한에서 설명하는 것이 원칙적으로 타당하지만, 예술의 특성상 몇 가지 개별적인 문제에 있어서는 좀 더 자세한 고찰을 요한다. 예술의 자유도 무제한한 기본권은 아니고, 다른 기본권과 충돌할 때 그 적용의 한계가 발견되며, 그 밖의 중요한 헌법적 보호법익을 위해 제한될 수 있다. 헌법의 통일성의 관점에서 예술활동은 헌법이 보호하는 타인의 권리, 특히 인격권과 재산

193) "학문의 연구는 기존의 사상 및 가치에 대하여 의문을 제기하고 비판을 가함으로써 이를 개선하거나 새로운 것을 창출하려는 노력이므로 그 연구의 자료가 사회에서 현재 받아들여지고 있는 기존의 사상 및 가치체계와 상반되거나 저촉된다고 하여도 용인되어야 할 것이다"(대판 1982.5.25, 82 도 716); 그러나 정치실무에서의 특정입장을 학문의 내용으로 받아들이는 것은 인정될 수 없다. 그것은 이론의 영역을 벗어난 것이며, 따라서 학문의 자유에 의한 보호의 대상이 되지 못한다(Erhard Denninger, a.a.O.(주 190), S.555f).

194) BVerfGE 5, 85 ; "논문의 내용이 우리의 헌법과 법률이 보장하는 언론자유의 범위 내에서 과거의 우리나라 학생운동을 평가하고 외국의 학생운동과 비교·분석하고 결론으로서 민족복지사회의 이념을 확립하는 방향으로 우리나라 학생운동의 진로를 개척하자는 취지라면 이는 국외공산계열이나 북한공산집단의 활동을 찬양·고무 또는 동조하는 내용이라 볼 수 없다"(대판 1974.5.28, 73도 3423).

권 등을 침해해서는 안 되며, 민주적 기본질서 및 사회공동생활의 윤리적 기초가 되는 공중도덕이나 사회윤리에 반해서도 안 되는 내재적 한계를 가지고 있다. 이러한 내재적 한계를 이탈하는 경우 실제적 조화의 원칙에 따른 제한 또는 실정법에 의한 제한이 기능하다. 예술의 자유를 '작업영역'과 '작용영역'으로 나눌 때, 제한은 주로 작용영역에서 이루어지게 된다. 이 경우 헌법 제37조 제2항의 '국가의 안전보장, 질서유지, 공공복리'라는 법률유보와의 관계가 문제된다. 국가의 안전보장을 목적으로 한 예술의 자유의 제한은 자칫하면 예술자체를 속박할 수 있기 때문에 신중한 판단을 요한다. 사회윤리나 공중도덕을 이유로 한 제한도 마찬가지이다. 변화하는 시대상을 반영하면서 예술의 개방성, 창조성, 자율성의 특성을 충분히 고려하여야 한다. 예술은 사회현실에 대한 상상력과 섬세한 감성적인 정신적 가치를 내포하며, 한번 침해되면 복원이 어렵기 때문에 명백하고 현존하는 위험의 원칙 등 헌법원칙이 충족되는 필요불가피한 경우에 하여 제한할 수 있다.

앞에서 본 바와 같이, 영화나 연극 등은 그 대중성, 직접성 때문에 질서유지를 위한 사전심의 등이 종전에 실정법에 규정되고 있었는데, 이는 사전검열금지를 규정한 헌법에 위반된다는 헌법재판소의 결정이 내려졌다. 특히 청소년보호 등의 목적을 위해 부득이 사전제약을 인정한다고 하더라도 그것이 내용에 대한 지시나 결정이 되어서는 안 되며, 대책마련에 대한 권고로 자율적 통제를 강조하는 방향이 되어야 할 것이다. 그리고 여전히 준정부기관의 성격을 가진 심의기관(영상물등급위원회, 방송위원회 등)의 구성에 있어서 민주화와 전문화가 요구된다.

헌법상의 예술의 자유규정에 법률유보조항이 없는 독일의 경우, 독일연방헌법재판소의 메피스토-클라우스만 결정[195]은 그 유보없는 보

195) 계희열, 메피스토-클라우스 만 결정, 판례연구 제2집(고려대학교 법학연

장을 선언하고 있다. 이 결정은 예술의 자유의 제한에 관해서 논의되던 기본법 제5조 제2항(일반적 법률, 청소년의 보호 및 개인의 명예권에 의한 제한)을 예술의 자유를 규정한 제5조 제3항에 적용하는 것을 반대하였고, 기본법 제2조 제1항(타인의 권리, 헌법질서, 도덕률)에 의한 제한도 반대하였다. 그 이유는 제5조 제3항은 언론의 자유를 규정한 제5조 제1항에 대해 특별법의 관계에 있기 때문에 제5조 제1항의 자유에 대한 제한규정인 제2항을 제3항에서 지적한 영역에 적용하는 것은 금지된다는 것이다.[196] 그리고 기본법 제2조 제1항은 개별자유권의 특별성에 대해 보충적인 관계에 있기 때문에,[197] 이 관계는 기본법 제2조 제1항 후단의 공동체 유보조항을 개별기본권에 의하여 보장된 생활영역에까지 확장하는 것을 허용하지 않는다고 보아 제5조 제3항 1문의 의미내용을 해석하기 위한 해석원칙으로 기본법 제2조 제1항을 끌어들이는 것도 반대한다.[198] 따라서 오직 헌법적 가치에 의한 제한만을 인정한다. 그러나 이렇게 유보없이 보장된다고 해서 제한없이 보장된다는 뜻은 아니다. 연방헌법재판소는 자유권은 무제한으로 부여되지 않는다는 것을 지적하고 기본법 제5조 제3항 1문에 있어서의 자유의 보장은 모든 다른 기본권과 마찬가지로 기본법의 인간상, 즉 사회공동체내에서 자유롭게 발현되는 자기책임적(스스로 책임을

구소), 1983, 7-45면 참조.

196) BVerfGE 30, 191, 연방헌법재판소는 더 나아가 작품 중의 일부를 끄집어내 그것을 기본법 제5조 제1항의 의사의 표현으로 보게 되면 제5조 제2항의 제한을 받게 되어 마땅하지 않다고 한다. 이러한 연방헌법재판소의 견해는 문예작품인 이상 그 작품 중 일부가 작가의 의사표현이라고 하더라도 예술의 자유의 보호를 받는다는 것을 강조한 것이다.

197) BVerfGE 30, 192.

198) 연방헌법재판소는 기본법 제2조 제1항의 제한규정을 예술의 '작용영역'(Wirkungsbereich)에 적용해서도 안 된다고 한다(BVerfGE 30, 192f). 아무튼 연방헌법재판소는 기본법 제2조 제1항에 의한 직접적 제한은 물론 간접적 제한까지도 거부하고 있다.

지는) 인격체로서의 인간상을 기초로 한다고 한다. 예술의 자유가 유보없이 보장된다고 하는 것은 예술의 자유보장의 한계가 오직 헌법자체에 의해서만 결정되어야 한다는 것을 의미하며, 일반법질서나 불확정조항에 의해서 상대화될 수 없고, 오직 기본권자체에 의해서만 제한될 수 있다는 뜻이다.199)

작품의 음란성, 명예 등의 인격권, 자유민주적 기본질서 등이 예술의 자유에 대한 제한요소로 많이 논의되고 있다. 이러한 것에 대한 사법적 판단에도 위에서 설명한 개념정의와 한계와 제한의 기준에 따라 행해져야 할 것이다.

2) 예술의 자유의 제한과 관련한 개별적 문제

가. 예술의 자유와 음란성

예술의 자유와 관련하여 종종 문제 되는 것이 작품의 예술성과 음란성의 충돌문제이다. 예술의 자유도 무제한의 자유가 아닌 한 일정한 제한을 받는다(특히, 예술표현의 자유). 형법은 성적 풍속을 보호하기 위하여 각칙 제22장 이하에서 그 범죄유형을 규정하고 풍속의 퇴폐를 규제하고 있다.200) 이것은 헌법의 기본권제한의 일반유보조항에 따른 사회질서유지 목적의 제한이라고 볼 수 있다. 물론 독일처럼 유보없는 보장을 인정하고 헌법자체에 의한 제한만을 인정하는 경우도 있으나, 우리헌법의 규정으로는 예술의 자유도 일반적 법률유보에 의한 제한의 대상이 된다고 할 수 있다. 그러나 예술은 문화활동의 영역 중에서도 그 자율성이 특히 요청되는 영역으로서 국가권력에 의한 제재는 신중을 요한다. 우리는 앞에서 예술개념에 대한 법적 평가가 그 내용에 대한 질적 평가가 되어서는 안 된다는 점을 보았다.201) 이러한 상황에서

199) BVerfGE 30, 193.

200) 음화 등의 반포 등에 관한 죄(제243조), 음화 등의 제조 등에 관한 죄(제244조).

예술성과 음란성의 한계를 객관화하는 것은 사실상 무리라고 할 수 있다. 따라서 문제되는 작품이 예술성을 가진 예술작품인지 아니면 예술성을 인정하기 어려운 음란물에 불과한지를 양자택일적으로 결정하려는 종래의 논의는 문제해결에 있어서 필연적으로 어느 한쪽의 반발을 가져오게 된다. 사회일반이 공유하는 성적 도덕관념 자체도 가변적인 것이므로 음란성의 법기술적 기준도 시대에 따라 변하지 않을 수 없기 때문에 어떠한 고정관념에 의한 판단은 용납될 수 없다. 따라서 예술성과 음란성의 충돌문제는 예술이냐 외설이냐의 양자택일적으로 해결되어서는 안 되고 구체적으로 어떠한 보호가치 있는 법익이 작품에 의해서 침해될 수 있느냐를 구체적으로 세분화해서 살펴보아야 한다.[202] 같은 문학작품이라 하더라도 성인과 청소년에게는 그 작품이 끼치는 영향이 커다란 차이가 있을 수 있기 때문이다.

성인에게는 용인될 수 있는 작품이 청소년에게는 심각한 부정적인 영향을 미칠 우려가 있는 경우 그 작품을 전면적으로 금지하기보다는 제한적으로 규제하는 것이 바람직하다(청소년의 관람금지, 청소년에게 배포행위 금지 등). 형법의 규정에 따라 사후억제가 긍정되는 경우에도 예술은 인격적 영역에 깊이 관련되고 창의성과 자율성을 핵심으로 하기 때문에 형사처벌은 바람직하지 않다고 본다. 사후규제는 작품의 배포금지 같은 수단을 통해서 하는 것이 작가와 사회일반의 윤리감정을 둘 다 보호하는 길이다. 이렇게 하는 것이 사회에서 음성적으로 유통되고 있는 훨씬 더 외설적인 작품[203]과의 형평에도 맞는 것이라 생각된다. 작가의 구속처벌이 일반예방적인 효과를 거둘 수는 있을지 모르지만, 실제에 있어서 규제의 효과를 보장할 수 없다. 마광수 교수가

---

201) 제5장 제1절 II, 2.

202) 장영수, 앞의 논문(주 159), 48면.

203) 어떻게 보면 이러한 작품에 대한 규제가 국가의 더욱 절실한 과제라고 볼 수 있다.

「즐거운 사라」 파동으로 구속되었을 때, 서점에 있는 그의 작품이 동이 났던 사실은 이것을 암시적으로 말해주는 것이다. 작가는 사회적 책임을 부담하기 때문에 그의 평가는 독자와 예술계 자체의 정화작용에 맡겨 사회적 책임을 벗어난 작가를 도태시키는 방법이 국가가 예술에 대한 재판관 노릇을 하게 될 때, 발생하는 문제점을 줄이는 방안이 될 것이다. 그러기 위해서는 각 예술영역별로 자체적으로 전문적이고 독립성 있는 자정기구를 설치하고 이 기구에 준사법적인 지위를 인정하면서 이 기구의 판단의 명백한 남용에 대해서는 법원에 구제를 인정하는 제도를 실시하는 것도 생각할 수 있다.

형법의 음란문서에 대한 처벌에 관한 규정도 이러한 입장에서 본다면 최후적·보충적 성격을 띠게 된다. 형법규정의 해석여하로 예술작품의 말살도 가능할 것이고 음란성을 엄격히 해석한다면 성서, 셰익스피어, 라브레 등의 작품의 상당한 부분도 금서에 들어갈 것이라는 라스키의 지적[204]을 고려할 때, 음란성의 판단은 쉽지 않다. 특히 "작품의 예술적 가치가 높을수록 그 예술적 향기는 누누히 음란성을 커버할 것이다. 즉, 음란한 본바탕을 갖춘 것일지라도 그것이 예술속에 융합됨으로써 정화되어 음란성을 벗어남을 부정할 수 없다. 이렇게 예술성과 음란성과의 사이에는 예술성이 성적 자극을 감소 승화시키는 것이 아닌 한, 예술작품도 충분히 음란성을 띨 수 있기"[205] 때문에 이의 구별은 상대적이며 법학적 사고만으로는 해결하기 어려운 문제이다. 종래 법원에서 다투어졌던 음란(외설)에 대한 정의는 대체로 일본판례에서 내린 음란개념의 3요소가 널리 인용된 바 있다. 일본최고재판소는 "이른바 음란이란 성욕을 흥분 또는 자극시키고 또 보통인의 정상적인 성

204) H. J. Lask(이준구, "예술의 자유에 관한 고찰", 한태연박사 회갑기념논문집, 법문사, 1977, 163면 에서 재인용).

205) 이준구, 앞의 논문(주 204), 164면.

적 수치심을 해하고, 선량한 성적 도의관념에 반하는 것을 말한다"고 판시한 바 있는데,206) 「성욕의 자극과 흥분을 불러일으키는 것」, 「성적 수치심을 해하는 것」, 「성적 도의관념에 반하는 것」 등을 음란성 판단의 3요소로 들고 있다. 우리나라의 판례도 대체로 이 입장을 따르고 있는 것으로 생각된다.207) 음란성 판단기준에 대해서는 현대사회의 평균인을 기준으로 해야 할 것이고, 보편적으로 작품전체의 예술적 관찰이 필요하며 성적 자극부분만을 문제로 삼는 것은 적절하지 않다는 것이 일반적으로 받아들여지고 있다.208) 일본에서는 전통적인 외설개념의 3요소가 외설과 비외설 사이에 명확한 한계를 그을 기준이 될 수 없고, 따라서 표현행위에 대한 자의적 처벌의 가능성이 있다는 것, 그러한 기준에 따라서 외설이라고 하는 것의 '위험성'이 명확하지 않아

---

206) 日本最高裁判所, 昭 26.5.10 判決, 刑集 第5卷 第6號 1026면; 그밖에 로렌스(D. H. Lawrence)의 「채털리부인의 사랑」에 대한 소위 '채털리사건'에 관한 最高裁判決(昭 32.3.13, 刑集 第11卷 第3號 997면)과 사드(Marquis de Sade)의 「惡德의 繁榮」사건에 관한 最高裁判決(昭 44.10.15, 刑集 第23卷 第10號 1239면)에서도 이를 거의 답습하고 있다.

207) "보는 자의 성욕을 자극하여 흥분시키는 동시에 일반인의 정상적인 성적정서와 선량한 사회의 풍기를 해칠 가능성"(1970.10.30. 대판 70 도 1879); "음란문서라 함은 과도하게 성욕을 자극하고 보통사람의 정상적인 수치심을 해치며 선량한 성적 도의관념에 반하는 문서"(1973.11.6. 서울형사지법 71 노 3610); "음란이라 함은 일반 보통인의 성욕을 자극하여 성적 흥분을 유발하고 정상적인 성적 수치심을 해하여 성적 도의관념에 반하는 것을 말하고..."(대판 2005. 7.22. 2003도2911).

208) "표현물의 음란여부를 판단함에 있어서는 당해 표현물의 성에 관한 노골적이고 상세한 묘사·서술의 정도와 그 수법, 묘사·서술이 그 표현물 전체에서 차지하는 비중, 거기에 표현된 사상 등과 묘사·서술의 관련성, 표현물의 구성이나 전개 또는 예술성·사상성 등에 의한 성적 자극의 완화정도, 이들의 관점으로부터의 당해 표현물을 전체로서 보았을 때 주로 그 표현물을 보는 사람들의 호색적 흥미를 돋우느냐의 여부 등 여러 점을 고려하여야 하며, 표현물제작자의 주관적 의도가 아니라 그 사회의 평균인의 입장에서 그 시대의 건전한 사회통념에 다라 개관적이고 규범적으로 평가하여야 한다"(대판 2005. 7.22. 2003도2911); 1973.11.6 서울형사지법 71 노 3610도 참조.

구체적 위험성이 없는 표현행위가 처벌의 대상이 될 가능성이 있다고 하는 점을 지적하면서, '외설문서반포 · 판매 · 진열' 등의 처벌을 규정한 형법 제175조의 합헌성을 의심하는 견해도 있다고 한다.[209)]

아무튼 외설의 개념을 법적으로 명확히 객관화하기는 불가능할 것이나, 예술이라 할지라도 공중에게 음란한 것을 제공할 특권은 없기 때문에 이의 해결이 불가피하다. 음란성 있는 작품을 처벌하는 형벌법규의 보호법익은 사회일반의 성에 관한 도덕적 감정의 순결성에 있고 이 보호법익의 중요성은 말할 필요도 없지만 성이란 미묘한 인간의 윤리감정에 서로 부딪치는 것으로서 구성요건의 엄밀화가 요청된다. 추상적 위험범으로 규정되어 있는 우리형법의 규정은 이 점에서 문제될 수 있으며, 문화창조의 자유로서의 예술의 성격을 고려할 때 사법적 판단은 2차적으로 이루어져야 하고 부득이 제한할 수밖에 없는 경우에도 작품의 외설성에 의해 침해되는 법익과 예술적·사상적·문학적 작품으로서 갖는 공익성을 비교 형량하여 전자의 이익을 우선시켜야 할 합리적인 이유가 있는 경우에만 최소한으로 작품의 규제가 가능하다고 본다. 작품에 의해 침해되는 이익의 판단에 있어서는 특히 청소년보호의 관점이 중시되어야 한다.

음란표현을 일체 예술의 자유 내지 언론 · 출판의 자유의 보호영역에 포함되지 않는다고 단정하기 보다는 음란표현도 예술의 자유 내지 언론 · 출판의 자유의 보호영역에 포함되나, 다만 헌법 제37조 제2항에 따라 국가안정보장 · 질서유지 또는 공공복리를 위하여 제한할 수 있는 것으로 보는 것이 예술의 자유의 본질에 부합하는 해석이라 생각된다. 이러한 점에서 음란표현도 언론 · 출판의 자유의 보호영역에 포함되나 제37조 제2항에 의한 제한을 받을 수 있다는 취지로 기존의 판

209) 石村善治, "表現의 自由의 限界", 伊藤正己編· 丘秉朔(譯), 現代日本國憲法論, 法文社, 1983, 227면.

례[210])를 변경한 헌법재판소의 입장[211])은 타당하다고 본다. 다만 아동을 대상으로 하는 포로노그라피와 같은 것은 예외적으로 예술의 자유나 언론·출판의 자유의 보호대상이 될 수 없는 절대금지음란문서로 다룰 필요가 있다. 우리나라의 '아동·청소년의 성보호에 관한 법률'도 이러한 취지를 규정하고 있다(제8조).

나. 예술의 자유와 인격권(명예보호)

예술의 자유의 행사로 인하여 타인의 명예 등의 인격권이 침해될 수 있다. 형법은 명예훼손죄를 두어 이를 처벌하고 있다(형법 제307-310조). 예술의 표현에 의한 명예훼손도 이에 포함된다. 그러나 예술의 자유의 독자적인 기본권으로서의 가치를 고려할 때, 일반적 표현의 자유에 의한 명예훼손과 똑같이 다룰 수 없다. 독일의 연방헌법재판소는 예술의 자유가 일반적 인격권에 의해서 제한될 수 있음을 인정하고 있다. 즉, 기본법 제1조 제1항의 인간상은 예술의 자유(기본법 제5조 제3항 1문)의 보장에 의해서도 마찬가지로 형성되며 반대로 예술의 자유는 기본법 제1조 제1항의 가치관에 의해서 영향을 받는다는 점을 인정한다. 또한 개인이 사회적으로 인격적 가치의 존중을 요구할 수 있는 권리는 예술의 자유의 상부에 위치하는 것이 아니며, 마찬가지로 예술도 인간의 보편적 존중요구권을 마음대로 무시할 수 없는 것이라는 것을 지적하면서, 묘사된 인물들의 보호할 가치 있는 인격의

---

210) '출판사 및 인쇄소의 등록에 관한 법률' 제5조의 2 제5호(음란 및 저속한 출판물을 출판한 경우 등록 취소)에 대한 위헌제청사건에서 헌법재판소는 "'음란'이 사회의 건전한 성도덕을 크게 해칠 뿐만 아니라 사상의 경쟁매커니즘에 의해서도 그 해악이 해소되기 어려워 언론·출판의 자유에 의한 보장을 받지 않는 반면, '저속'은 이러한 정도에 이르지 않는 성표현 등을 의미하는 것으로서 헌법적인 보호영역안에 있다고 하여 음란과 저속을 구별하면서 음란은 언론·출판의 자유에 의한 보호대상이 아님을 분명히 하고 있었다(헌재 1998.4.30. 95헌가16).

211) 헌재 2009.5.28. 2006헌바109.

영역을 중대하게 침해하는 것이 염려되는가 여부에 대한 결정은 구체적인 사건의 모든 상황을 교량해서만 내려질 수 있다고 한다.[212)]

독일연방헌법재판소의 판례에 따르면, 예술의 자유와 인격권(명예의 보호)이 충돌할 때 인격권의 사소한 침해나 인격권의 심각한 침해의 단순한 가능성에 대하여 예술의 자유의 우위를 인정하였지만,[213)] 유명한 정치인을 교미하는 돼지로 풍자적으로 표현한 것에 대하여 그것은 기본법 제1조 제1항에서 보호하는 명예의 핵심적 부분에 대한 침해가 되며, 일반적 인격권에 대한 중대한 침해로서 예술활동의 자유라는 이름으로도 더 이상 보호될 수 없다고 하였다.[214)] 그러나 Denninger에 의하면 이에 대해서 원칙적으로는 동의할 수 있지만, 인간존엄이라는 가치에 입각하여 예술상 작용영역의 자유제한은 예외적으로 취급되어야 할 것이라고 한다. 특히 그 성질상 '공격'기능(Angriffsfunktion)으로 말미암아 대상이 되는 법주체인 공적 인물과 필연적으로 접촉할 수 밖에 없는 풍자나 캐리커춰에 있어서 그러하다고 한다.[215)]

다. 예술의 자유와 국가의 안전보장

앞의 사례에서 살펴본 바와 같이, 우리나라에서는 예술활동의 자유

---

212) BVerfGE 30, 173(193ff). 한편 연방헌법재판소는 기본법 제2조 제1항의 인간의 자유발현권은 장차 행동할 수 있는 인간의 존재를 전제로 하는 것이기 때문에 사자의 인격권을 부여하는 근거가 될 수 없으나, 사자의 인격권은 기본법 제1조 제1항의 인간의 존엄성 규정에서 도출된다고 한다. 만약 인간이 그의 신체적 존재때문에 존엄성이 부여되기는 하지만 그가 죽은 후에는 이 보편적 인간존엄요구권에 있어서도 경시되고 비하될 수 있다면 그것은 모든 기본권의 기초가 되는 헌법적으로 보장된 인간존엄성의 불가침원칙과 부합되지 못할 것이라는 것이 그 이유이다(BVerfGE 30, 194).

213) BVerfGE 67, 213(228).

214) BVerfGE 75, 369(380).

215) Erhard Denninger, "Freiheit der Kunst", in: J.Isensee/P.Kirchhof(hrsg.), Handbuch des Staatarechts der Bundearepublik Deutschland, VI, C.H.Müller, Heidelberg, 1989, S.874-875.

가 국가의 안전보장과 관련하여 규제된 경우가 많다. 우리의 경우 헌법 제37조 제2항의 일반적 법률유보조항에 따라 예술의 자유도 국가의 안전보장 목적에 의해 제한될 수 있는 규범구조를 취하고 있다. 헌법의 통일성의 관점에서 예술활동은 민주적 기본질서에 반해서는 안되는 내재적 한계를 가지고 있다.[216] 이러한 내재적 한계를 이탈하는 경우에 실정법적 제한이 이루어진다. 그러나 예술의 자유에 대한 법률상의 제한은 예외적인 경우에 최소한도로만 가능하다.

국가의 안전보장에 의한 예술의 자유의 제한은 국가가 일정한 예술만을 조장하고 지원하는 결과를 가져올 우려가 있기 때문에 신중하고도 엄격한 요건하에서 이루어져야 한다. 앞에서 본 바와 같이, 참여예술도 헌법적으로 보장되는 예술이고, 자유민주적 기본질서는 민주주의의 다원성을 유지하고 보호하는데 목적이 있으며, 예술의 자유보장이 그러한 다원성보장의 대표적인 예가 됨은 부인할 수 없다.[217] 따라서 예술의 자유를 국가의 안전보장 목적을 위해서 제한하는 경우 단순히 '위험한 경향' 만으로는 부족하고 민주적 기본질서에 대한 직접적이고 전면적인 부정을 의미하는 경우에만 그것도 예술의 작용영역에 한해서만 예외적으로 제한이 정당화 될 수 있다.[218]

(4) 결어

이상에서 우리는 문화활동의 자유와 국가의 규제의 긴장관계 문제

216) 허영, 앞의 책(주 7), 440면; R. Scholz, Rdnr.75 zu Art.5 Abs.3, in: Maunz/Durig/Herzog/Scholz, Kommentar zum Grundgesetz. C.H.Beck, 1989.

217) 장영수, 앞의 논문(주 159), 50면.

218) 독일연방헌법재판소는 특정한 영화의 상영과 자유민주적 기본질서의 보호이익과의 대립에 대해서 "평균적인 이해력을 지닌 관람자에 대한 그러한 영화의 상영을 통하여 독일연방공화국과 그 자유민주적 기본질서에 '직접적'이고 '현존하는' 위험을 야기하게 될 경우에는 예술의 자유의 보장을 후퇴시킬 수 있다."라고 판시한 바 있다(BVerfGE 33, 52(71)).

를 문화영역의 핵심영역인 학문과 예술을 중심으로 살펴보았다. 학문과 예술도 완전히 같은 맥락에서 이해하는 데는 문제가 있고, 그 밖의 문화영역도 각기 독자적인 특성을 갖고 있으므로 완전히 객관적인 해결기준을 제시하는 것은 무리라고 볼 수 있지만, 지금까지 논의해온 문화국가의 기본입장에서 나름대로의 몇 가지 기준을 제시할 수는 있을 것이다. 이를 통하여 문화활동의 헌법적 보장을 구체화하는데 도움을 줄 수 있을 것다.

① 문화창조의 기본권적 지위

만약 우리가 예술가 개개인의 창조적이고 능동적이며 인간적인 동기와 그 자기이해를 헌법국가의 다원주의적 문화이해의 중심에 놓는다면, 문화의 자유는 법학적으로 문화적 기본권내에서, 그리고 헌법국가내에서 일반적으로 설정된 문화국가적 과제로부터 실현된다.

문화창조의 (능동적)지위는 특별히 문화적으로 이해된 헌법국가에서는 많은 특별한 기본권텍스트로부터 도출될 수 있지만, 헌법국가의 문화의 정수로서의 헌법 제10조의 인간의 존엄으로부터도 직접 도출된다고 볼 수 있다. 나아가 문화창조의 소극적 지위와 더불어 국가적 문화촉진과제의 형태 속에서 객관법적인 내용이 파악될 수 있다. 즉, 개개인은 문화 및 문화적 기본권의 주체가 되고 마찬가지로 헌법국가는 그 권한질서에 있어서 “2차적인” 주체로서 문화책임을 부담한다. 주체의 다원주의는 문화적 기본권을 보충하며, 결과적으로 공통의 개방적이고 다원주의적인 문화에 이르게 하고 공통의 “문화적 자유”를 생기게 한다. 또한 “자유의 문화” 및 “문화적 민주주의”를 실현시킨다. 문화헌법은 규범대상자의 “자기이해”가 헌법해석의 과정에 있어서 가장 큰 역할을 하는 헌법의 부분영역이다.[219] 문화적 (재)생산과정의 단지

219) Peter Häberle, “Neues Kulturverfassungsrecht in der Schweitzerisches Recht und in der Bundesrepublik Deutschland”, in : Zeitschrift für

제한된 법제화 가능성으로 인하여, 문화창조의 자기이해는 넓게 이해된 헌법해석의 과정을 함께 구성하는 요소가 된다. 이와 같은 문화창조의 기본권적 지위에 대한 이해를 바탕으로 문제해결이 시도되어야 한다고 본다.

② 몇 가지 기준

1) 우리가 문화의 보편적인 표지에서도 살펴보았듯이 문화의 자율성 및 다원성, 창조성(혁신성)은 문화의 핵심적인 특성이므로 문화국가는 이러한 표지들을 보호하고 육성해야하는 과제를 부담하고 있다. 따라서 국가에 의한 가치평가를 통하여 문화영역의 활동범위를 축소시키는 것은 바람직하지 않다. 이는 특히 헌법상 보호되는 학문과 예술의 개념정의에서도 보았듯이 국가가 내용 및 수준에 대한 가치평가를 통하여 학문 및 예술의 개념을 축소함으로써 결과적으로 이들을 제한하는 것은 허용되지 않는다.[220)]

2) 문화활동의 헌법적 보장의 한계 및 제한의 문제의 해결에 있어서는 법률에 의한 제한은 최후·보충적으로 이루어져야 한다. 문화영역도 그 자체 내재적 한계를 가지기 때문에 그 내재적 한계를 벗어난 경우에 법률에 의한 제한이 따르게 된다. 그러나 이러한 내재적 한계의 이탈에 대한 일차적 판단권은 문화영역에 맡겨야 한다. 즉, 사회적 한계를 이탈한 문화활동에 대한 판단은 일반대중과 문화영역내의 자율적 기구를 통해서 이루어져야 한다. 일반대중의 경우는 이러한 이탈활동에 쉽게 영합하기 쉽고 조직적 규제능력을 가지기 어렵기 때문에 문화영역내의 자율적 기구의 역할이 중시된다. 현재 문화영역 내에 존재하는 자율적 기구들은 준정부기관의 성격을 가지고 있는 경우가 많다.

Schweitzerisches Recht 1986, 1 Halbband Heft 1, S.203-205.

220) 독일 연방헌법재판소는 예술에 대해서 이를 확인하고 있다(BVerfGE 30, 173(191); 67, 213(224).

정부로부터의 직·간접적인 영향력을 벗어나기 위해 이러한 기구들의 독립성과 전문성을 확보하고, 아울러 이들 기구에게 준사법적 권한을 부여하는 제도적 장치를 마련한다면 문화활동의 자율적 통제, 흔히 말하는 문화영역 스스로의 자정노력에 의해서도 문제의 해결은 이루어질 수 있다고 본다.

3) 이러한 자율적 통제로 해결될 수 없는 부득이한 경우 자율적 기구의 요청에 의해 국가에 의한 규제가 이루질 수 있도록 하는 것이 바람직하다고 본다. 이때에도 그 제한의 범위는 구체적인 사건에 따라 다른 법익과의 형량을 통해 확인되어야 한다. 이렇게 사후적으로 규제하는 경우에는 표현의 자유의 제한에 관하여 정립된 여러 기준들, 즉 "명백하고도 현존하는 위험의 원칙", "필요 최소한도의 규제수단의 선택의 원칙(비례성의 원칙)", "명확성의 원칙", "비교형량의 원칙과 이중기준의 원칙" 등이 적용되어야 할 것이나, 문화창조의 기본권적 지위가 인간존엄으로부터 도출된다는 점이 우선적으로 고려되어야 할 것이다.

II. 문화의 육성과 진흥

1. 문화적 참여권과 국가활동의 내용

문화국가 역시 헌법이 요구하는 자유민주주의에 기초한 모든 국가성과 마찬가지로 자유주의적인 요소와 민주주의적인 요소를 동시에 가진다. 문화국가의 원리에 따르면, 이 두 요소는 똑같이 '우리 모두가 국가일 것'을 요구하고, 또한 '국가가 전부가 되어서는 안 된다는 것'을 요구한다.[221]

221) Werner Maihofer, a.a.O.(주 137), S.994.

민주적, 자유주의적 문화국가는 모든 국가활동에 전술한 문화적 자유권에 상응하는 한계를 설정함으로써 후자의 요청(국가가 전부가 되어서는 안 된다)을 충족시킨다. 즉 그것은 그때그때의 다수에 의해서 행해지는, 하지만 입헌민주주의에 있어서 기본권보장, 소수자보호, 권력분립 및 모든 국가권력의 법에의 구속을 통하여 제한된 다수지배를 통해서 이루어지는 것이다.

입헌민주주의는 법치국가와 사회국가의 국가성을 구비하는 동시에 더 나아가 자유주의적 문화국가로 전개되고 형성되어야 한다. 그러나 이때에도 전자의 민주주의적 요소는 이 문화국가에서도 언제나 동시에 실현되어야 한다. '우리 모두가 국가이다!'라는 요청은 문화국가에 대해서도 꼭 마찬가지로 타당하다. 즉 이 요청은 우리 사회에 있어서 국가와 문화의 관계 및 문화영역에 대한 국가의 태도에 대해서도 타당한 것이다. 이러한 점에서 볼 때 자유주의적일 뿐만 아니라 민주주의적인 문화국가에 있어서는 국가가 문화와 관련하여 있고 또 국가가 문화를 위해서 무엇인가를 할 수 있는 한 '문화는 모두를 위해서 존재한다'라는 명제는 하나의 기본원칙으로서 타당하다.

이로부터 우리는 -자유주의적 문화국가가 자유주의 원리로부터 나타나는 중립성과 관용을 특징으로 한다는 사실을 넘어서- 문화가 인간을 위하여 존재하는 것처럼 문화를 위하여 존재하는 이 같은 문화국가에 대해 "연대성"(Solidarität)과 능동성(Aktivität)이라는 성격을 부여할 수 있게 된다.[222] 문화국가의 연대성과 능동성은 이러한 자유주의적, 민주주의적 문화국가가 시민의 문화적 참여권을 보장함으로써 실현된다.[223]

기본권목록에 사회적 기본권이 결여되어 있는 독일의 경우 학설과

---

222) Werner Maihofer, a.a.O.(주 137), S.994.
223) Werner Maihofer, a.a.O.(주 137), S.994.

판례는 이러한 미비점을 해석을 통하여 보완하려고 하고 있다.[224] 즉 기본법의 기본권규정들을 재해석하거나 또는 국가목적규정이며, 동시에 헌법위임규정으로도 평가되고 있는 사회국가규정에 여러 자유권규정들을 결합시켜 해석함으로써 사회적 권리를 도출하려는 시도가 바로 그것이다. 이중 관심과 논의의 대상이 되고 있는 것이 참여권 이론이다.[225] 참여권(Teihaberecht)은 사회적 기본권과 완전히 동일하지는 않지만 국가에 대하여 급부를 청구한다는 점에서 사회적 기본권의 문제점을 그대로 가지고 있다.[226] 참여권 이론은 독일에서도 찬반양론이 있고 우리나라에서는 사회적 기본권이 다양하게 규정되어 있는 점에서 수용이 문제될 수 있으나 '모든 사람의 문화', '모든 사람을 위한 문화'라는 우리의 이념적 출발점에서 볼 때 '문화적 참여권'의 이론은 진지하게 고려할 만하다.

Peter Häberle는 자유주의적 문화국가에 있어서 모든 시민의 문화적 참여를 문화에의 모든 시민의 민주주의적 참여의 문제로 간주할 뿐만 아니라 국가와 시민의 민주적 동일화의 문제, 민주주의 일반의 문제로 간주하고 있다.[227]

---

224) 이러한 시도들에 대한 자세한 고찰은 Hong, Seong- Bang, Sozial Recht auf der Verfassungsebene und auf der gesetzlichen Eben. Unter besonderer Berücksichtigung der sozialen Rechte im Grundgesetz der Bundesrepublik Deutschland, in der Verfassung der Republik Korea und im deutschen Sozialgesetzbuch, Diss. Köln 1986, S.67ff 참조.

225) 기본권을 국가적 급부에의 참여를 요구하는 권리로 이해하는 생각이 60년대 이후 사회국가를 강조하는 경향과 결합되어 주장되어 왔다. 이러한 참여권 이론의 본격적 논의는 1971년 독일 국법학자 대회에서 발표된 W. Mertens와 P. Häberle의 논문(Grundrechte im Leistungsstaat : VVDstRl 30)과 1972년 제1차 대학입학정원 제한 판결(BverfGE 33, 303ff.(33f., 33, 337)에서 비롯된다.

226) Konrad Hesse, 계희열(역), 서독헌법원론, 삼영사, 1985, S.187-188면 참조.

227) Peter Häberle, a.a.O.(주 71), S.37ff.

이와 같은 시민의 문화적 참여권은 과거에 많이 주장된 "교육에 대한 시민의 권리"에서만이 아니라, 오늘날 "문화에 대한 시민의 권리"라고 일컬어지는 것에서도 중요한 문제이다.

개인의 방어권의 경우에 있어서의 소권과 마찬가지로 시민의 문화적 참여권에 상응하여 국가는 일정한 문화적 급부의무를 부담하게 된다. 왜냐하면 우리사회의 문화적 현실에 있어서는 이러한 국가의 문화적 급부의무가 없이는 문화적 참여권은 비현실적인 것이거나 실현될 수 없는 것으로 될 것이기 때문이다. 따라서 여기에서 법률에 의한 형식적 보장만으로는 시민의 문화적 참여권이 보장될 수 없으며, 오히려 독일의 연방헌법재판소가 대학입학정원제한 문제에 관해 판시한 바와 같은[228] 직업 및 직업훈련장의 자유로운 선택에 대한 권리에서처럼 이러한 참여권을 실현할 수 있는 실질적인 기회가 보장되는 것이 중요하다.[229]

그러나 또한 일반적인 '문화에 대한 시민의 권리'와 결부된, 헌법

---

228) BVerfGE 33, 303ff(제1차 대학입학 정원 제한 판결); BVerfGE 43, 291ff(제2차 대학입학 정원 제한 판결); 제1차 대학입학 정원 제한 판결에 대한 번역과 평석에 대해서는 계희열, "대학입학 정원 제한 판결- 1972년 7월 18일 연방헌법재판소 제1심판부 판결", 판례연구 제1집(고려대학교 법학연구소, 1982, 1면 이하 참조. 이 판결은 그동안 이론적으로만 주장되어 오던 참여권을 원칙적으로 인정하는 점에서 '개혁적 판결'로 평가되기도 한다(Peter Häberle, "Das Bundesverfassungsrechts im Leistungsstaat. Die Numerus-Clausus-Entscheidung vom 18.7.1972", in: DÖV 1972, S.739). 독일의 경우 대학입학자격시험에 합격하면 원칙적으로 자유로이 자신이 선택하는 대학과 학과에 입학이 허가된다. 그러나 대학시설확대의 지연이라는 사정으로 입학정원을 정하고 시험의 성적 및 합격년도를 기준으로 입학을 제한하고 있다. 이러한 상황에서 Hamburg와 München대학교 의과대학입학을 거부당한 자가 소를 제기하고 입학정원제의 기본법위반의 주장에 관한 연방헌법재판소의 판단을 요구한 이 판결에서 연방헌법재판소는 참여권을 원칙적으로 인정하였지만 기존한 교육능력의 확대를 청구할 권리가 국민에게 인정될 것인가에 대해서는 판단을 유보한 바 있다.

229) Werner Maihofer, a.a.O.(주 137), S.995.

제21조에 의하여 보장된 여론매체를 통한 정보의 가능성에 대한 자유로운 접근권은 우리가 오늘날 매스미디어 정책이라고 부르는, 문화정책과는 다른 관점들에 의해서 요구된다.

이에 대하여, 헌법 제22조 제1항의 학문과 예술의 자유보장은 우리가 흔히 '정치문화'로 부르는 것을 훨씬 넘어 현대에 있어서 민주주의 문화의 핵심영역과 관계된다. 민주주의 문화의 핵심영역에 있어서는 우리헌법이 예술의 자유 및 학문의 자유의 보장으로 국가의 모든 시민에게 개방한 문화적 가능성에 대한 시민의 민주적 참여가 중요하다. 이러한 의미에서 독일의 연방헌법재판소도 역시 "문화재에의 방해받지 않는 접근에 대한 일반의 이익"을 승인하고 있다.[230)]

그러나 이 경우에 영리문화(Erwerbskultur)의 시대라고 특징 지워지는[231)] 현대문화의 "재화들"(Gütern)에 대한 자유로운 접근만이 문제될 수 있는 것은 아니다. 오히려 현존하는 그리고 지금까지 생성된 가능성들을 단순히 개방하는 것을 넘어서 예술과 학문을 능동적으로 촉진하고 적극적으로 육성하는 것이 문제될 수 있다. 우리의 경제체제로 볼 때 문화적 생산력이 당연한 것으로 이해되지 않는 곳 그리고 이윤추구 욕구에 의해 지배되는 문화경영 및 문화시장에 의해 문화가 위협적인 조작 및 개악되기에 이르지 않고 문화적 생산이 이루어지지 않는 곳에서는 어디에서나 그러하다. 즉 문화가 상업적으로는 생산되지 않는 곳, 문화가 단순히 경제적 이윤추구의 수단이 되지 않는 곳에서야말로 자유주의적 문화국가가 국가활동을 수행할 수 있는 여지가 넓게 열려있다고 하겠다.[232)] 문화국가는 국가활동이 없이는 문화가 생겨나지 않는 곳에서는 어디에서나 문화를 외면할 수 없고 또 외면해서도 안 된다. 그러

230) BVerfGE 31, 229.
231) Werner Maihofer, a.a.O.(주 137), S.973-977.
232) Werner Maihofer, a.a.O.(주 137), S.996.

나 문화활동의 주체는 국가 및 지방자치단체와 같은 문화정책의 국가적 주체의 다원성을 넘어서, 박물관과 화랑으로부터 극장과 오케스트라에 이르기까지 문화행사 및 문화시설의 주체가 되는 사회세력의 사적 주도권(Privatinitiative) 및 자치조직으로까지 확대된다.[233)]

이런 까닭에 보충성원칙에 따라 파악할 수 있는 국가적 주체와 사회적 세력 간의 관계를 요약하면 다음과 같다. 즉 문화헌법적 관련은 소극적인 (자유권적인) 한계설정의 관계일 뿐만 아니라, 적극적인 국가의 육성과 국가와 사회의 공동의 문화책임의 관계에 의하여 구성된다(사회적 문화주체와 국가적 문화주체의 제도적 협동). 다시 말하면, 국가적 및 사회적 문화육성은 상호 보완적이어야 하며, 교육, 예술 및 학문의 모든 형성에 있어서 전제가 되는 자유, 다원성 및 개방성을 공동으로 보장해야만 한다.

이로부터 다음과 같은 것이 원칙으로서 도출된다. 즉 이러한 자유주의적 문화국가에서는 국가적 주도권이 없다면 모든 시민의 문화과정에의 폭넓고 평등한 참여라는 헌법적 보장이 실현될 수 없는 곳에서는 어디에서나, 대학, 연구소, 극장, 박물관, 오케스트라, 도서관 등을 유지하고 설립하는 것과 같이 고유의 국가적 주도권을 행사할 것이 요구된다.

문화의 과정은 오늘날과 같은 세계문화의 시대에 있어서는 국가 및 지방자치단체에 대해 과거에는 예기치 못했던 다양한 문화정책의 가능성들을 열어주고 있다. 게다가 민주적, 자유주의적 문화국가의 대외문화정책적 가능성들은 현재에도 아직 완전히 발전되지 않은 채로 개방되어 있다. 문화국가는 세계문화의 정신적 교류와 평화적 경쟁에 있어서 우리 문화민족을 적절하게 국가적으로 대표할 권한과 책임이 있다. 자유민주주의의 정신적 아버지라고 할 수 있는 루소와 칸트가 열렬히

233) Werner Maihofer, a.a.O.(주 137), S.996.

희망했던 미래의 세계시민 사회는 바로 이 문화국가속에서 그리고 바로 이 문화국가를 통해서 구현되는 것이다. 이는 세계문화가 스스로를 무엇보다도 문화국가로 일단 이해하는 것을 전제로 한다.[234]

또한 이러한 좀 더 넓은 맥락에서 볼 때, Theodor Heuss가 남긴 모토(Motto), 즉 "정치를 통해서 문화를 만들 수는 없다. 오히려 문화를 통하여 정치를 만들 수 있다"라는 명언은 여전히 진리성을 가지고 있다. 이는 문화와 국가에 대한 논의, 동시에 정치와 문화에 대한 논의에 관한 모토로서 받아들일 수 있다.[235]

2. 문화적 참여권의 실현에 있어서 '가능성의 유보' 문제

문화적 참여권을 실현하기 위해서 국가의 적극적인 문화적 급부의무를 필요로 하기 때문에, 사회적 기본권의 실현에 있어서 발생하게 되는 입법에 의한 보충필요성, 침해행위에 대한 제재가능성의 한계성, 국가의 급부능력의 한계성, 고전적인 자유권의 위태화 문제 등이 또한 발생한다. 특히 참여권을 W.Martens처럼 "파생적 참여권"(derivative Teihaberechte)과 "본래적 참여권"(originäre Teilhaberechte)으로 나눌 경우 국가의 사전행위에 대한 반작용에서 발생하는[236] 파생적 참여권은 기존의 급부제도에 있어서 모든 사람에게 똑같은 급부가 돌아가지 못하는 경우, 여기서 제외되거나 차별대우를 받는 자는 평등의 원칙을 내세워 국가의 급부에 동등하게 참여할 권리로 특별히 참여권적 기본권이해라는 새로운 개념없이 해결될 수 있다.[237] 그러나 "현상유지를 뛰어 넘는" 참여권으로서 "기존의 능력과는 관계없이 국가에 급부를

---

234) Werner Maihofer, a.a.O.(주 137), S.997.
235) Werner Maihofer, a.a.O.(주 137), S.997
236) W. Martens, a.a.O(주 225), S.21f.
237) W. Martens, a.a.O.(주 225), S.21ff; K. Hesse, 계희열(역), 서독헌법원론, 188면; BVerfGE 33, 332.

요구하는 청구권”을 의미하는 본래적 참여권은 사회적 기본권이 지닌 문제점을 그대로 지니고 있다. 특히 단순히 형식적 자유만이 아니라 현실적 자유(reale Freiheit), 즉 자유를 행사할 수 있는 사실상의 전제조건(대학에서 공부할 수 있는 자리, 직장 등)도 보장해주는지가 문제된다. 연방헌법재판소는 대학입학정원제한 판결에서 대학입학정원제한은 “헌법적 수용가능성의 경계”에서 움직이기 때문에 참여권을 그때그때의 기존하는 것에만 국한하지 않는다고 하는 경우에도 참여권은 개인이 사회에 대해 합리적으로 요구해야 한다는 의미에서 “가능성의 유보”(unter dem Vorbehalt des Möglichen)하에 인정하고 있다. 그리고 이때 합리적인 것의 척도는 국가예산에 있어서 다른 요구와 전체경제의 균형을 고려해야 하는 입법자가 일차적으로 판단한다. 어떠한 경우에도 ‘일반을 희생하는 무제한적인 주관적 청구권의 사고'는 사회국가원리와는 결합될 수 없을 것이다.[238]

문화국가에 있어서의 문화적 참여권의 실현에 대하여도 이상의 설명이 원칙적으로 타당하다. 그러나 사회적 기본권에 의하여 요구되는 국가의 적극적인 급부는 인간다운 생활이라는 이념에 따라 최소한의 문화생활보장을 목적으로 하지만 현저히 경제적인 성질을 띠고 있기 때문에 ‘경제적 기본권’이라고도 불리기도 한다. 그러나 문화적 참여권은 앞에서 살펴본 바와 같이, 단순히 경제적, 물질적 생활자원의 급부만으로 달성될 수 있는 것이 아니며 더욱이 경제적 이윤추구의 수단이 되지 않는 곳에서야 말로 자유주의적 문화국가가 국가활동을 수행할 수 있는 여지가 넓게 열려 있다는 점을 고려할 때 사회적 기본권보다는 덜 국가의 경제적 능력에 좌우된다고 보겠다. 경제적 성질이 희박한 문화적 발현권에서도 장학금의 지급과 같은 금전급부가 적절한 도움을 줄 수 있지만, G. Bruner가 지적한 바와 같이[239] 문화적 발현권

238) 홍성방, “사회적 참여권”, 고시계, 1986.9, 94면.

(die Rechte auf kulturelle Entfaltung)은 금전급부에 의한 대상의 지급으로 그것이 완전히 보장될 수는 없다.

이러한 점에서 문화적 권리를 적극적으로 실현하는데 시설의 확충 등 국가의 예산이 요구되는 분야 외에도 사회적 문화주체들이 활동할 수 있는 여지를 넓혀주는 것이 필요하며 아울러 건전한 문화풍토조성이 필요하다.240) 앞에서 살펴본 바와 같이 문화정책과 사회정책은 상호 관련되는 것은 분명하지만 문화정책이 단순히 사회정책의 부분개념으로 이해되어서는 안 된다.

3. 문화적 참여를 실현하기 위한 국가의 지원방식

문화국가에서는 모든 국민의 문화향수권 신장을 위하여 국가의 적극적인 문화진흥이 요구된다. 이러한 국가의 적극적인 문화진흥은 자율성이라는 문화영역의 특성을 고려할 때 '간섭이 아닌 지원'이라는 방식으로 나타나야 한다. 이러한 지원은 문화시설 등의 확충을 통하여 국민이 문화적 혜택을 누릴 수 있는 '문화공간'을 넓히기 위한 지원에서부터 문화창작에 대한 보조 그리고 문화보급에 대한 국가적 보호 및 문화적 발현을 돕기 위한 금전적 보조 등으로 다양하게 나타난다. '모든 사람을 위한 문화'라는 관점과 문화의 다원성 내지 개방성이라는 문화의 개념적 표지로부터 문화육성의 대상에는 소위 고급문화 뿐만 아니라 대중문화(민중문화, 서민문화), 전통문화 등 원칙적으로 모든 문화가 포함된다. 물론 인간의 존엄성에 어긋나는 반인간적인 '문화' 현상에 대해서는 국가의 규제가 요청되지만, 소위 하위문화, 대항문화

239) George Brunner, "Die Problematik der sozialen Grundrechte", Recht und Staat H.404/405, J.C.B.Mohr(Paul Siebeck), Tübingen, 1971, S.15.

240) 이러한 점을 통하여 결국은 국민의 문화적 참여권의 실현에 이바지하게 된다.

에 대해서는 배척과 규제의 대상으로 삼을 수 없으며 그 특성을 고려한 적절한 지원을 통하여 반문화적으로 되는 것을 막아야 한다. 국가의 문화진흥에 있어서는 문화예술인의 활동에 대한 지원 뿐만 아니라 국민의 다양한 문화수요에 대한 조장·지원기능이 중요하다. 그러나 국가가 모든 유형의 문화활동에 대해서 균등한 지원을 한다는 것이 사실상 불가능하므로 지원의 우선순위가 정해질 수밖에 없다. 따라서 국가는 차별적인 지원에 있어서 합리적인 근거를 제시해야 하는데, 이는 지원방식의 문제와 깊은 연관을 맺고 있다.

국가의 지원은 지원방식에 따라서는 국가의 간섭을 불러일으킬 수 있는 등 불합리한 점이 생길 수 있기 때문에 문화활동에 대한 국가의 지원은 신중을 요한다. 일반적으로 생각할 수 있는 국가의 지원방식은 1) 사인이나 사적 단체를 관여시키지 않고 국가내부의 결정과정에 의해 지원의 대상과 정도를 확정짓는 방식, 2) 위촉된 전문가집단(위원회)의 일차적 평가에 따라 지원의 대상과 정도를 확정하는 방식, 3) 국가는 지원대상과 기준에 대해 관여하지 않고 독자적으로 조직되고 활동하는 문화단체에 대해서 지원만 하는 방식 등이 있다. 첫째의 방식은 국가의 결정에 전적으로 의존하게 되어 국가가 문화지배자로 될 가능성이 많아 결과적으로 일정한 문화의 방향을 지시하는 결과에 이를 수 있어 바람직하지 않다. 세 번째의 방식은 문화의 자율성이라는 관점에서는 바람직하지만 문화의 사회적 독점현상을 가져올 수 있고 국가가 반문화현상에 능동적으로 대체할 수 없게 된다. 사회가 보통 자기힘 만으로는 문화를 모든 측면에서 발전시키기에 충분하게 활동하지 못하므로 국가가 문화영역에서의 다양한 촉진적 조력을 행사해야 할 필요성이 제기되는 것이라고 볼 때, 문화의 자율성과 문화의 사회적 의의와 기능에 대한 고려를 잘 조화시킬 수 있는 두 번째의 방식이 가장 무난한 방식일 것이다. 즉 국가내부결정에 일임함으로써 발생할 수 있는 문화적 자율성의 침해우려와 지원대상과 기준에 전혀 관여하지 않을 때 발생할 수 있는 문화활동의 사회적 의의와 기능의 경시우려를 고려할 때에, 문화에 대한 단순한 간섭의 배제와는 달리 국가의 적극적 지원을 정당화 시키는데는 문화영역의 전문가들로 구성되는 위원회를 구성하고 지원대상이 되는 문화활동 및 그 산물에 대한 지원이 합당한지 여부에 대한 일차적 평가를 위촉하는 방식이 타당하다. 국가적 지원여부의 정당성여부는 지원기준의 객관성, 공정성여하에 따라 결정되므로, 이러한 사항을 결정할 전문가위원회의 구성에 있어서도 전문성, 독립성이 고려되어야 하며, 조직과 절차가 민주적으로 이루어져야 한다.[241)]

---

241) Udo Steiner는 국가적, 공적 문화진흥과 문화전승을 위한 조직과 절차가 기본적으로 국가중립성의 관점에서 행해질 때 공적인 문화책임과 문화의 자율성의 긴장관계가 완화되거나 해소될 수 있다고 하면서 문화적 자유의 절차 및 조직법적 개방성에 대해서 논하지만, 표창결정 혹은 진흥결정에 있어서 최종적으로는 정치적으로 책임있는 기관에게 맡기는 절차는 헌법에 합치된다고 한다. 예술 및 문화자치행정은 예술 및 문화적 자유의 보호필요성에 대한 헌법필연적인 대답은 아니라고 한다(Udo Steiner, "Kurturpflege", in: J. Isensse/P. Kirchhof, Handbuch des Staatsrecht des BRD, Bd.Ⅲ, C.H.Müller, Heidelberg, 1988, S.1245-1246); 한편 椎名愼太郎은 행정내 문화적 전문가의 직무권한의 독립이나 구체적 결정절차에 있어서 문화전문적 요소의 중시도 문화법에 고유한 조리의 일부를 구성한다고 한다(椎名愼太郎, "文化權の 構造と 特性", 山梨學院大學「法學論輯」 20(1991), 18면).

제6장 | 문화법의 체계

제1절 개관

헌법의 문화국가원리는 법령 등에서 구체화되고 있는데, 많은 문화관계법(문화법, 문화행정법)은 바로 문화국가원리의 구현체계를 이루고 있다. 문화의 사적인 영위라는 측면을 고려한다면 문화에 대한 (공)법적인 규율은 바람직하다고 볼 수 있지만, 문화의 성과를 국민 나아가 인류의 공통재산으로서 널리 보급하고 전승을 해 나가는 것은 현대에 있어서 국가의 중요한 임무가 되고 있기 때문에 문화영역에도 많은 법률규정이 있다. 이러한 개별법률은 실질적 문화헌법이자 문화법의 중요한 법원(法源)을 형성하고 있다. 문화법의 법원으로는 법률뿐만 아니라 명령, 자치법규, 국제법규 등이 모두 포함되나, 여기서는 법률을 중심으로 고찰한다. 특히 추상적이고 지침적인 성격이 강한 헌법의 문화국가원리를 구체적으로 실현하는 문화행정에 관한 법체계를 다루는 문화행정법은 국민의 문화향수권 보호를 위해서 현대국가에 있어서 중요하고 불가피한 법역(法域)이 되지 않을 수 없다. 그러나 문화행정법이라는 용어는 생소한 느낌이 있고 우리학계에서는 아직은 일반화되어 있지 않은 법역이다. 문화행정의 대상으로서의 문화관계법은 공법의 대상으로서의 문화개념과 문화담당부서의 업무의 관점에서 나름대로의 체계화될 수 있다고 생각한다. 이러한 법률들은 실체법 및 절차법적인 규정을 통하여 문화의 진흥 및 보호·보존 등의 목적을 도모하고 있다.

제2절 문화법(문화행정법)의 특성

문화법은 공법적인 성격과 사법적인 성격을 띠는 법으로 나눌 수 있겠으나, 문화에 대한 국가의 역할과 관련하여 볼 때 공법의 성격이 지배적이기 때문에 문화법을 문화행정법과 동일시해도 성격파악에는 큰 무리가 없다고 생각한다. 행정법은 일반적으로 공익의 효과적인 실현을 위해 행정주체에게 우월한 법적 지위를 부여하고, 공공의 견지에서 개개인의 의사여하를 불문하고 획일·강행적으로 규율할 것을 요구하는 등 사적 자치를 존중하는 사법에 비하여 특성을 가지고 있다. 특별행정법으로서의 문화행정법은 그 대상인 문화의 특질로 인하여 일반행정법상의 여러 특성이 전적으로 타당할 수 없고 다음과 같은 점이 고려되어야 한다. 이러한 문화의 특질[1]을 고려하여 문화행정이 이루어질 때 그에 관한 법체계로서의 문화행정법도 다른 특별행정법과 구별될 수 있는 독자성을 가지게 될 것이다.

Ⅰ. 관습법 및 조리법 형성의 중요성

문화는 그 자율성, 정신성 등으로 말미암아 법으로 일의적으로 규율할 수 없는 성격상 문화(행정)법에서는 문화영역에서의 관습법, 조

1) 우리가 앞에서 문화의 특질 내지 표지로 고찰한(제2장 제1절 V) 정신성, 자율성, 개방성(다원성), 전통성, 혁신성 등은 문화행정의 독자성을 밝혀주는 요소가 된다. 즉, 이러한 표지들을 보호하고 육성하는 것이 문화국가에 있어서 문화행정이 담당해야 할 역할이라고 하겠다.

리법의 형성을 널리 인정해야 할 필요가 있다. 예를 들어 외설장면을 규제할 필요성이 인정된다 하여도 이를 일일이 법조문으로 열거할 수는 없으며 사회에 존재하는 법 이전의 도덕이나 윤리·종교 등의 사회공동체의 문화가치가 존중될 필요가 있다.

II. 문화적 사항의 결정의 신중성·전문성

문화행정은 국민의 정신·문화적 가치에 연관된 사항을 다루기 때문에, 이에 관한 행정적 판단 내지는 결정이 행해질 경우에 일반의 행정과제와 같이 일방적으로 판단·결정하는 것이 허용되어서는 안 된다. 어느 문화적 사항에 관한 정치적·행정적 결정은 자주 과거에서 미래에 걸쳐 인류의 문화적 영위에 연관될 때가 있다. 따라서 이러한 경우에 그 시점의 이해상황의 판단뿐만 아니라 시간축을 가한 종합판단이 행해질 필요가 있다. 예를 들어 보존이냐 개발이냐를 다투고 있던 시점에서 주민의 의사를 주민투표 등의 형태로 다루었다면 아마도 개발에 찬성한 시민이 다수를 점했을지도 모르지만, 지금부터 수십 년 후의 시민들은 이 문제의 결정방식에 대해 어떻게 생각을 할 것인가라는 문제도 고려해야만 한다. 문화적 권리(특히 문화재향유권)에 관한 향유는 단지 현재 살고 있는 우리들의 권리일 뿐만 아니라 장래의 권리자로서의 후세대 사람들의 권리이기도 하기 때문이다.[2] 역사적 환

---

2) Weiss는 인류는 지구상의 자연적·문화적 유산을 인류의 모든 세대의 신탁으로서 보유하고 있다는 점을 지적하며, 이 지구트러스트(Planetary Trust)는 각 세대에 대해 이러한 유산의 자원기반의 다양성을 유지하고, 이것을 그들이 계승했을 당시보다 악화되지 않은 상태로 장래의 세대에 인계할 의무를 지니고 있다고 한다. 그는 이 신탁법적 구성으로부터 '세대간의 평등권'(Intergenerational Equity)이라는 법리를 도출하고 있다(Edith Brown Weiss, "The Planetary Trust: conservation and intergenerational equity", Ecology Law Quarteterly, vol.11, no.4, 1984; Weiss, Edith Brown 椎名愼太郎(譯), "國際環境法の 槪念として 將來の 世代に 對する 正義", 人間と 環

경의 보호와 문화행정 일반을 완전히 동일시하는 것은 무리이지만 문화재와 문화적 활동의 성과 등의 문화유산이 시대를 초월한 인류의 공동재산이라고 한다면, 이것에 관한 정치적·행정적 결정에는 국민·주민의 의사를 폭넓게 반영하되 세대 간의 평등을 보장하기 위하여 현재의 국민·주민만을 성원으로 하는 형식 민주주의적 결정절차 이외의 다른 어떠한 방책이 필요하다. 문화적 사항의 결정과정에는 국민·주민의 의사와 이익을 충분히 반영할 수 있는 전문성을 가진 위원을 그것에 관한 심의에 참여케 하는 등 문화전문가나 문화전문가단체의 판단·의견이 중시되는 구조를 제도화하거나 또는 법해석에 있어서 조리원칙으로서 구축해 나가는 것이 중요하다.

III. 법체계상의 특성

문화법은 저작권법과 같은 실체법적 성격이 강한 법도 있지만, 국민의 권리와 의무에 직접 작용하는 실체법규의 성격보다는 문화활동을 지원하거나 행정절차를 규정한 절차법규의 성질이 강하다. 이런 성격으로 실무상 법률보다는 시행령이 그리고 시행령보다는 시행규칙, 때로는 행정상 내규가 많이 적용되는 경향이 있다. 따라서 문화법은 규제법보다는 조장법, 보호법 및 보존법의 성격이 강하다.

境(日本環境學會), 13卷 1號, 참조).

제3절 문화법의 체계

I. 문화법의 대상과 체계에 관한 논의

문화법 내지 문화행정법의 대상에는 어떠한 법들이 포함되느냐의 논의에 있어서는 우리가 앞에서 문화국가 및 문화권의 대상으로 논의한 문화개념에 의존할 수밖에 없다. 이러한 문화와 관련된 법제의 총체가 문화법의 대상이 된다고 하겠다. 다만 학자들에 따라 문화법의 대상으로서의 문화이해의 차이가 있고, 이들 문화 관련법들을 어떻게 체계화할 것인가에 대해서는 견해의 다툼이 있다.

우리나라의 행정법학계에서는 종래 특별행정작용법에서 문화행정에 관한 것을 급부행정법 하에서 배려행정, 사회행정, 조성행정 등과 관련하여 문화의 보호·육성, 특히 문화예술진흥법상의 문화예술조성을 일부 언급하는 것이 일반적이었다.[3)]

---

3) 김남진, 행정법 II, 법문사, 2001, 453면; 김동희, 행정법 II, 박영사, 2006, 244면; 김철용, 행정법 II, 박영사, 2006, 402면: 이상규, 신행정법론(하), 법문사, 1994, 507-513면; 석종현, 행정법원론, 삼영사, 1994, 741-742면; 이명구, 행정법원론, 대명출판사, 1994, 735면; 장태주, 행정법개론, 현암사, 2003, 988면; 한편 문화행정법을 독자적인 특별행정법으로 구분하지는 않지만, 문화행정의 특성을 언급하거나 다른 행정과 더불어 특별행정법으로 분류하는 견해도 있다. 김도창 교수는 사회개발행정에서 문화적 보호를 다루면서 "문화적·윤리적 가치를 보존·보호·육성하는 일은 엄밀히 따지면 생존권보장의 차원을 넘어선 것이라고 할 수 있다" 고 하면서 생존권보장이 단순한 물질적 보장에만 그칠 것이 아니라, 국민의 문화적 생활을 조장하기 위한 정신적 요소의 개발이 국민생활의 향상을 위하여 중요한 전제조건을 감안하여, 문화적 보호를 사회개발행정으로 다룬다는 점을 밝히고 있으며(김도창, 일반행정법론(하), 청운사, 1985, 545면), 홍정선 교수는 복리행정법 하에서 경제행정법 등과 사회·교육·문화행정법으로 나누고 문화행정법의 내용으로 문화예술진흥법상의 문화·예술진흥의 기본시책을 검토하고 저작권과 공연권, 정기간행물과 방송, 문화재의 보존 등을 다루었다(홍정선, 행정법원론(하), 박영사, 1993, 750-764면). 그리고 윤세창·이호승 교수는 복리조성

독일에서는 문화행정법을 독자적인 특별행정법으로 분류하여 설명하는 견해가 유력하다. 문화행정법(Kultusrecht)을 특별행정법의 한 분야로 설정하고, 그 내용으로 학문법(Wissenschaftsrecht), 학교법(Schulrecht), 미디어법(Medienrecht)을 설명하면서 특히 미디어법은 그 내용으로 언론법(Pressrecht), 방송법(Rundfunkrecht), 영화법(Filmrecht), 신미디어(Neue Medien) 등을 다루고 있는 견해[4)]나 특별행정법으로서의 문화행정법을 교육, 학문, 예술을 내용으로 하여 설명하는 견해[5)]가 그 대표적인 예이다.

일본에서도 문화법을 '특수법'의 일종으로 드는 견해가 유력하다. 兼子仁 교수는 특수법을 "현대의 각 특수사회관계마다에 특유한 법 논리의 체계"로 정의하면서 '특수관계'는 "각 개별 행정을 요소로 하는 것이 많지만, 각각의 특수법 논리의 체계에 조리상 내지 입법상 대응하고 있는 사회생활관계·사회사상(事象)의 일정한 통합을 가리킨다"고 하고 있다. 그는 독립적으로 발전해 오는 가능성을 가진 특수법의 하나로 문화법을 들고 있다.[6)] 兼子仁 교수가 상정하고 있는 문화법은 광의로는 교육법, 스포츠법, 학술법, 매스미디어법, 저작권법, 종교법까지를 포함한 '정신문화적 자유의 헌법원리를 통유하는 일종의 대복합특수법'이지만, 오로지 협의로 해석해서 '문화재보호법을 주로 하는 단위법'으로 고찰하는 것도 가능하다는 견해도 있다.[7)] 이 견해는 광의

법 하에서 교육·문화조성법을 다루고 문화보호에 관한 행정의 내용으로 학술원·예술원, 문화재보호, 저작권, 출판권 및 공연권을 들고 있다(윤세창·이호승, 행정법(하), 박영사, 1994, 410-420면).

4) Achterberg/Pütter, Besonderes Verwaltungsrecht(Band I), C. F. Müller, 1990, 697-898ff.

5) Thomas Oppermann, Kulturverwaltungsrecht: Bildung-Wissenschaft-Kunst, Tübingen : J.C.B. Mohr(Paul Siebeck), 1969.

6) 兼子仁, 行政法學, 東京: 岩波書店, 1997, 298-299면.

7) 문화재보호법을 중심으로 문화법을 파악하는 입장에 대해서는 椎名愼太郎·稗貫俊文, 文化·學術法, 東京:ぎようせい, 1986 참조. 이 책에서는 제1부에

의 문화법에 속하는 개별법이 각기 발전을 계속하고 있기 때문에 문화법의 내용은 협의로 해석하는 원칙적으로 타당하다고 하면서도 문화재보호법은 "과거의 유물과 이미 만들어진 사물・사상(事象)이 전통적・문화적 가치가 있는 것인가 여부를 판단하고 재(財)로서 보호를 하는 것"이라는 한계를 지적하고 있다. 따라서 현대에 창조되는 중이면서 평가에 대해서는 아직 정해지지 않고 경우에 따라서는 장래에 없어서는 안 된다고 평가되는 문화활동, 또는 국민의 복지에 이바지하는 예술문화활동에의 배려나, 미디어의 발전에 의한 저작권법의 문제는 시시각각으로 변화하는 상황에 대응할 필요가 있기 때문에 문화법의 중요한 과제로 위치가 부여될 필요가 있다는 점을 지적하고 있다.[8] 한편, 문화법제의 체계를 ① 문화에 관계된 기본법제, ② 행정조직법 중의 문화법제, ③ 문화에 관련된 개별법제로 대별하고, 문화에 관련된 개별법제를 다시 i) 문화의 진흥에 관한 법제, ii) 문화적 소산의 보존과 활용에 관한 법제, iii) 현창(顯彰)에 관한 법제, iv) 기타 관련법제로 나누어 고찰하는 견해도 있다.[9]

이상과 같은 문화법의 대상과 체계 이해도 나름대로 논리를 가지고 있고 문화법의 체계를 고찰하는데 좋은 참고가 되지만, 문화국가원리

서 문화재보호법・학술법을 다루고 있어 학술법과 구분되는 문화법의 내용으로 문화재보호법만을 다루고 있다. 한편 제2부에서는 도서관법과 박물관법을 다루고 있는데, 저자들은 사회교육법제의 일환인 도서관법과 박물관법은 사회교육법과 함께 교육법의 분야에 위치가 부여되고 있지만, 동시에 문화・학술법의 일부를 구성하고 있음을 지적하고 있다(213면); 小林眞理, 文化權の確立に向けて -文化振興法の國際比較と日本の現實-, 勁草書房, 2004, 17면.

8) 이러한 관점에서 문화법의 범위를 ① 공공정책으로서 예술문화정책에 관련한 법의 문제, ② 예술문화사업(영리, 비영리포함)을 전개하는 과정에서 필요한 법적 문제, ③ 문화의 견인역이 되는 예술가의 권리를 수호하는 과정에서 필요한 법적 문제의 3가지로 대별하고 있다(小林眞理, 앞의 책(주 7), 17면).

9) 根木 昭, 文化政策의 法的 基盤-文化藝術振興基本法과 文化振興條例-, 水曜社, 2003, 7면.

를 복지국가(사회국가)원리의 한 부분이 아닌 독자의 헌법의 기본원리로 인정하고 있는 현실에서 볼 때, 문화행정법을 복리행정법 내지 급부행정법의 하나의 부분영역으로 보는 것은 바람직하지 않다. 물론 문화국가원리가 복지국가원리와 밀접한 관련성을 무시할 수 있지만, 우리가 고찰한 문화의 특성, 문화행정의 목적을 고려한다면 질서행정법, 복리행정법 등과 별도의 문화행정법 나아가 문화법이 정립되어야 할 것이다.[10]

비록 우리가 정립한 문화국가 내지 문화권의 대상으로의 문화개념에 입각하여 문화법을 정립하는 것이 매우 포괄적이라는 비판이 있을 수 있으나, 실제 이와 같은 문화영역이 유기적 연관성을 가지고 수행되지 않으면 안 된다는 점은 이미 보편적으로 인식되고 있고 오늘날 국민들의 문화적인 삶의 중요성에 비추어 볼 때 모든 문제를 문화적 연관성하에서 파악하는 자세를 가져야 한다는 점에서는 그 정당성을 가지고 있다고 굳게 믿는다. 이러한 관점에서 필자는 우리가 정립한 '문화개념과 관련된 법제의 총체'를 문화법으로 정의하고자 한다. 이러한 바탕위에서 문화(행정)법의 내용을 원칙적으로 적용되는 일반행정법과 관련지으면서 독자적인 특별행정법으로 설정하고, 문화행정법의 체계를 문화행정조직법,[11] 문화행정작용법,[12] 문화행정구제법[13]의

10) 홍정선 교수도 종전과 달리 문화행정법을 사회행정법과 교육행정법에서 분리하여 독자의 특별행정법으로 다루면서 문화행정법의 내용은 종전과 같이 기술하고 있다(홍정선, 행정법원론(하), 박영사, 2006, 762-773면).

11) 행정이 그의 목적을 달성하기 위해서는 일정한 조직을 필요로 하며, 그 조직에 관한 법인 행정조직법의 원리는 원칙적으로 문화행정법에도 타당하다. 그러나 특별행정법으로서의 문화행정법은 그 대상의 특질로 말미암아 조직에 있어서도 이러한 특질이 반영되는 것이 바람직하다. 문화행정조직은 중앙문화행정조직, 지방문화행정조직, 공익문화단체로 구분해서 그 법제를 고찰할 수 있다.

12) 문화행정작용도 원칙적으로 일반행정법에서 논의되는 행정의 행위형식(법규명령, 행정규칙, 행정계획, 행정행위, 사실행위 등)을 통하여 이루어진다. 이러

체계로 나누어 그 현상과 특성을 고찰한 바 있다.14)

II. 문화법제의 현황 및 분석

1. 개관

우리가 정립한 문화개념과 관련된 법제의 현황이 분석의 대상이 되는데, 대상이 포괄적이므로 국가의 법령체계분류(법제처)와 다를 수 있으며, 담당부서도 여러 부서에 분산되어 있는 것이 현실이다. 우리가

한 행정의 행위형식을 통하여 질서행정의 측면과 급부행정의 측면을 실현하고 있다. 질서행정의 측면은 과거에 소위 '문화경찰'(Kulturpolizei)이라는 말속에 그 위력을 발휘한 적도 있고, 현재에도 청소년 유해문서의 규제 등에서도 나타나지만, 문화행정은 문화육성, 문화진흥이라는 개념 하에 국가의 적극적인 배려라는 급부행정이 주요한 측면을 이루고 있다. 문화행정작용을 문화계획행정, 문화통제행정, 문화보육행정의 유형으로 나누는 견해도 있지만(中村彌三次, 文化行政法, 日本評論社, 1940, 87면), 이는 1940년대 일본의 군국주의적 시대배경 하에서 쓰여 졌기 때문에 나찌즈에 의한 문화정책과 마찬가지로 문화통제적 관점이 나타나고 있다. 국가가 문화의 자율성을 승인하고 자율적 문화에 대하여 책임 있고 능동적인 봉사 (Dienst)를 할 때 진정한 문화국가라고 불릴 수 있다는 점을 고려할 때, 문화에 대한 국가의 일방적인 통제 내지 계획이 아닌 봉사의 관점을 기준으로 문화보호행정, 문화관리행정, 문화전승행정, 문화진흥행정으로 나누는 것이 합리적이라 생각된다(Ernst Rudolf Huber, Zur Problematik des Kulturstaats, J.C.B. Mohr, 1958. jetzt in: Peter Häberle(hrsg.), Kurturstaatlichkeit und Kurturverfassunsrcht, Darmstadt, 1982, S.129-130).

13) 문화에 관계된 행정처분을 다투게 될 때에도 원칙적으로 일반행정구제법의 원리들이 그대로 적용된다. 다만, 국민・주민의 정신문화적 가치에 관한 사항에 대해서는 행정의 판단권이 일정정도 제약을 받는다는 점 등 몇 가지 점에 관해서는 문화행정의 특성을 반영하여 독자적인 법리가 구축되어야만 한다(김수갑, "한국에서의 문화국가개념의 정립과 실현과제", 문화정책논총 제6권, 한국문화정책연구원, 1994. 12, 48-51면).

14) 김수갑, 앞의 논문(주 13), 5면; 김수갑, "특별행정법으로서의 문화행정법의 체계에 관한 고찰", 아・태공법연구 제3집, 아세아・태평양공법학회, 1994, 5-52면 참조.

정립한 문화개념에 따른 문화영역을 평면적으로 나열하면 ① 학문, ② 예술, ③ 종교, ④ 교육, ⑤ 문화재보호, ⑥ 지식재산권(특히 저작권), ⑦ 방송·신문, ⑧ 스포츠·레저, ⑨ 관광, ⑩ 청소년보호, ⑪ 문화적 정체성과 공동체 의식과 관련된 분야(언어, 믿음, 관념) 등을 들 수 있겠다. 물론 이들 영역도 유기적으로 관련되어 있고, 앞에서 정립한 문화권 중 다수영역에 관련되거나 다른 영역활동의 전제가 되는 기본권 실현과 관련한 법제도 포함되지만, 대체로 영역으로 보면 이상에 포괄적으로 관계된다고 하겠다.

이를 토대로 필자는 문화법제를 ① 문화기본법제, ② 예술법, ③ 학술법, ④ 문화유산보호법, ⑤ 지식재산권법, ⑥ 종교법, ⑦ 언론·출판법, ⑧ 스포츠·레저법, ⑨ 관광법, ⑩ 청소년보호관계법, ⑪ 문화적 정체성 및 공동체 의식 관련법, ⑫ 교육법의 체계로 이해하고자 한다. 물론 각 분야의 문화법제 속에서도 기본법과 개별법제의 구분은 가능하다고 본다.

2. 문화기본법제

현재 문화전반과 관련된 기본법은 없는 상황이다. 다만 문화기본법 시안이 마련되어 있으며, 지역문화진흥법의 제정 논의도 꾸준히 주장되고 있다. 문화전반에 대한 문화기본법 제정은 문화국가, 문화권의 이념을 명확히 선언하고 문화정책 및 문화행정을 체계적이고 유기적으로 수행하기 위하여 꼭 필요하며, 지역문화진흥법도 지방의 문화향수의 소외를 극복하고 국가 균형발전을 축으로 기능할 수 있다는 점에서 반드시 필요하다고 본다.

지금까지는 문화예술진흥법이 나름대로 문화기본법의 역할을 수행해 왔으나, 주로 문화예술의 정의에서도 보듯이 예술분야에 강조점이 있었으므로 전체적인 문화의 진흥 육성과 관련한 기본법으로는 한계가 있다. 더욱이 문화체육관광부의 문화행정 범주에서 문화산업이 중요시 되면서 문화산업진흥기본법을 별도로 제정하였음에도 여전히 문화예술진흥법에는 문화산업 관련 조항이 존재하고, 전통문화에 관한 조항도 존재하는 등 문화행정 전체를 포괄하는 법률체계 간의 관계가 불명확하고, 법률 간의 모순 등으로 정부가 추진하려는 문화정책 비전을 효과적으로 달성하기 어렵게 되어 있다는 비판을 받았다. 이러한 가운데 새로운 법률의 제정을 추진 및 개정을 추진하고 문화기본법 제정을 위한 정책이 이루어져 온 것이다. 문화정책의 궁극적인 이념지향 설정과 변화를 반영하고, 정부정책의 패러다임 변화를 반영하며, 문화정책 영역과 대상의 명확화, 관련부처 및 지방정부와의 관계 및 협력체계 등 문화정책의 지향점과 효율성을 제고하기 위한 기본법 제정은 바람직하다고 생각한다.[15]

필자는 문화기본법제는 문화국가, 문화권의 이념을 명확히 선언하고 문화정책 및 문화행정을 체계적이고 유기적으로 수행을 위한 기본법으로 시안이 발표된 문화기본법(안)과 지역문화진흥과 관련한 기본법으로서 지역문화진흥법(안), 그리고 현재 중요성이 강조되는 문화산업분야의 기본법으로 이미 제정된 문화산업진흥기본법[16]이 문화기본법제의 3축을 이루어야 한다고 생각한다.

3. 예술법

흔히 문화예술이라고 표현하는 말속에도 파악할 수 있듯이 예술은 문화의 핵심 분야이다. 그리고 예술은 문화의 특성을 가장 잘 파악할

---

15) 정광렬외, 문화기본법 제정을 위한 기초연구, 한국문화관광정책연구원, 2004.
16) 문화산업과 관련된 법을 별도의 문화법 영역으로 분류하기 보다는 문화산업진흥기본법은 문화기본법제에 분류시키고 나머지는 기타 관련되는 문화영역에서 다루는 것이 타당하다고 본다. 문화산업은 예술법, 지식재산권법에 속하는 개별법제와 대부분 관여되어 있기 때문이다.

수 있는 영역이다. 그러나 문화에는 예술만 포함되는 것은 아니기 때문에 용어상으로는 문화와 예술을 구별해서 사용하는 것이 바람직하다고 생각한다. 그동안 문화예술진흥법은 예술에 관한 기본법으로서의 역할과 미약하지만 문화전반에 대한 기본법으로서의 역할을 해왔다. 앞으로 문화기본법이 제정되면 문화예술진흥법은 예술진흥법으로 개편되어 핵심적인 문화영역으로서의 예술진흥에 대한 기본법으로 기능해야 할 것이다. 문화예술진흥법에서는 문화예술을 "문학, 미술(응용미술을 포함), 음악, 무용, 연극, 영화, 연예, 국악, 사진, 건축, 어문 및 출판을 말한다"고 규정하여 비교적 포괄적으로 규정하고 있다. 예술법의 내용에는 이들과 관련되는 법제가 포함될 것이나, 예술개념도 발전을 거듭하기 때문에 새로운 예술개념의 출현도 고려될 수 있는 가능성은 열려있다고 할 수 있다. 다만, 건축은 건축법이라는 별도의 작용법으로 독립해서 파악하는 경향이 늘고 있는 상황에서 예술적 가치와 관련된 내용만이 예술법으로 파악되어야 할 것이다. 어문도 문화예술에 포함될 수 있으나, 예술법 체계에 포함하는 것보다는 문화적 정체성 및 다양성과 공동체 의식 관련법을 문화법의 한 영역으로 정립이 필요하다는 필자의 견해의 따르면, 이 분야의 대표적인 대상이 될 것이다. 또한 출판은 언론·출판법을 문화법의 개별법 영역으로 설정하는 경우 여기에 포함시키는 것이 바람직하다고 생각한다.

이상과 같은 관점에서 예술법을 구성하는 개별법은 예술영역 전반에 관련법으로는 문화예술진흥법, 문화예술교육지원법, 대한민국예술원법을 들 수 있고, 각 예술영역과 관련된 대표적인 법으로는 공연법, 영상진흥기본법, 영화 및 비디오물의 진흥에 관한 법률, 음악산업 진흥에 관한 법률, 박물관 및 미술관진흥법[17]을 들 수 있다. 지방문화원진

17) 박물관 및 미술관진흥법은 예술법의 내용으로 파악할 수 있지만(특히 미술관관련규정), 학술법, 교육법과도 관련된다. 법제처 법령검색시스템에서는

흥법은 예술에만 해당하는 것은 아니지만, 예술과 밀접한 관련이 있다. 문화산업 관련된 문화산업진흥기본법은 문화기본법제로 분류했지만, 예술 활동의 성과와 밀접한 관련이 있으며, 게임산업 진흥에 관한 법률도 예술법의 영역에 분류할 수 있다고 생각한다. 대통령령인 한국예술종합학교설치령과 문화시설과 관련된 국립국악원대관규칙, 국립중앙극장대관규칙, 국립현대미술관대관규정, 국립현대미술관전시품관람규칙 등과 같은 문화체육관광부령도 예술법의 중요한 법원(法源)을 구성한다고 하겠다.

4. 학술법

학문도 전통적인 문화영역에 속하는 것으로 학문과 관련된 법제를 학술법 또는 학문법으로 정립할 수 있을 것이다. 학술법의 대상범위를 어디까지로 할 것인가에 대해서도 논란의 대상이 될 수 있다. 법제처의 법령검색시스템의 법 분야별 검색에서는 제16편을 교육·학술로 구성하고 있다. 제16편 제4장인 학·예술진흥의 장에서는 대한민국학술원법, 대한민국예술원법, 학술진흥법, 사료의 수집·편찬 및 한국사의 보급 등에 관한 법률, 한국학중앙연구원 육성법(구 한국정신문화연구원육성법) 등을 규정하고 있다. 여기서 학술과 예술에 모두 관련되어 있으나 예술법으로 분류한 대한민국예술원법을 제외한 실정법규가 학술법제의 중요한 일부를 이루지만, '교육' 부분으로 다루어지는 대학관계법령은 학술법으로 다루는 것이 옳을 것이다. 독일의 경우에도 학문법의 대상은 주로 대학관련 법제를 다루고 있다.[18] 일본의 兼子仁 교수도 "대학법제 내지 대학문제의 법학적 연구는 오히려 교육법학에 머무르지 않고 널리 학술법의 관점에서 받아들이지 않으면 안 된다"는

제17편 제3장 문화재에서 박물관 및 미술관진흥법을 분류하고 있다.

18) Achterberg/Pütter, a.a.O.(주 4), 697-768ff.

점을 지적하고 대학의 학술연구기관으로서의 측면만을 고유의미의 학술법의 구성요소로 보고 있다.[19] 과학기술관련법도 학술법과 밀접한 관련이 있다(특히 제18편 제2장 과학기술진흥 관련법). 그리고 법제처의 법령검색시스템에서 '사회교육'(제16편 제5장)에서 분류되는 도서관법[20]과 '문화재'(제17편 제3장)에서 분류되는 박물관 및 미술관 진흥법도 학술법과 밀접한 관계가 있으며, 한국교육학술정보원법은 학술 및 교육법에 관련된다.

5. 문화유산보호법

그동안 문화유산보호도 대표적인 문화법의 영역으로 다루어져 왔다. 문화재는 인간(내지는 민족)의 문화적 활동의 소산으로서 문화적, 정신적 가치를 지닌 동산 및 부동산을 포함하는 재화를 의미한다고 일반적으로 정의할 수 있다. 물론 이러한 정의에 있어서도 문화적 활동 및 문화적, 정신적 가치가 무엇을 의미하는가에 대해서 다의적인 해석이 가능하기 때문에 문화재에 대한 일률적인 정의를 내리기는 어렵다.

---

19) 기본적으로 같은 입장을 취하고 학술법의 범위는 여러 법 분야에 미친다는 점을 지적하면서 학술법을 ① 헌법의 학문의 자유를 중핵으로 하는 학술법의 기본원칙에 관한 제 법령, ② 학술행정의 조직에 관한 법령, ③ 학술연구의 조건정비 및 안전확보에 관한 법령의 세 가지 유형으로 분류하는 견해도 있다(椎名愼太郞・稗貫俊文, 앞의 책(주 7), 171-172면); 兼子仁, 敎育法(新版), 東京: 有斐閣, 1987, 1-2면, 15-16면.

20) 도서관이 국가 지식 인프라의 핵심기반이자 국민의 자발적인 문화체험・학습공간이 되고 지식정보 활용능력의 제고를 통한 정보격차 해소의 장으로 기능할 것이 요구되는 등 도서관을 둘러싼 환경이 급속하게 변화하고 있는 현실에 대응하며, 도서관을 국민을 위한 핵심적인 정보문화센터로 육성하기 위하여 필요한 제도적 틀을 마련하려는 의도에서 종전의 '도서관 및 독서진흥법'의 제명을 '도서관법'으로 변경하고, 독서진흥 관련 조문을 삭제한바 있다(전부개정 2006.10.4 법률 제8029호, 시행일은 2007.4.5로 함). 종전에는 '도서관 및 독서진흥법'을 '언론・출판'(제17편 제4장 제1절)에서 분류하였었다.

또한 법적 개념으로서의 문화재는 이러한 일반적인 문화재의 개념과 차이가 있으며, 법의 보호대상으로서의 문화재의 정의는 국가에 따라 차이가 있다.[21] 우리나라의 문화재보호법은 문화재를 매우 넓게 규정하고 있는 대표적인 입법례이다. 포괄적인 내용을 규정하면서 문화재보호법은 그동안 여러 차례 개정을 거치면서 문화유산보호에 기본법으로서 역할을 해왔다.[22] 2010년 문화재청은 급변하는 문화환경의 변화에 적극적으로 대처하기 위하여 문화재보호법 중 문화재수리관련규정과 매장문화재보호관련규정을 독립된 법률로 제정, 「문화재보호법」, 「문화재수리 등에 관한 법률」, 「매장문화재 보호 및 조사에 관한 법률」로 분법하였고, 동 법률들은 1년의 준비기간을 거쳐 2011년 2월 5일부터 시행되고 있다. 또한 무형문화재의 분법연구도 진행되고 있다. 각 개별 문화재의 특성에 맞는 법규사항 규정이 용이하고 법체계의 명확화 및 통일성 확보라는 관점에서 이러한 분법화에 원칙적으로 찬성한다. 문화유산보호법의 핵심법으로는 문화재보호법외에 고도보존에 관한 특별법, 문화유산과 자연환경자산에 관한 국민신탁법, 향교재산법, 박물관 및 미술관진흥법, 독립기념관법, 전통사찰의 보존 및 지원에 관한 법률 등을 들 수 있겠다. 이중 향교재산법과 전통사찰의 보존 및 지원에 관한 법률은 종교법과도 관련되어 있으며, 박물관 및 미술관진흥법은 예술법과 학술법에도 관련된다.

6. 지식재산권법(저작권법)

정신적, 지적 산물의 가치를 재화로 보호해주는 지식재산권(지적소

21) 김수갑, 헌법상 문화국가원리에 관한 연구, 고려대학교 대학원 법학박사학위논문, 1993. 8, 210-213면; 김수갑, "문화재보호법의 체계", 법과 사회 제19호, '법과 사회'이론학회, 2000, 48-52면.

22) 오세탁 · 김수갑외, 한국문화재보호법의 발전과정과 정비방향, 문화재청 연구용역보고서, 2002

유권)은 재산권적인 성격도 띠고 있음을 부인할 수 없지만, 문화권의 대상으로서도 중요한 기본권이다. Gerd Roellecke도 문화국가와 관련하여 지적 소유권을 강조하고 있다.[23] 일본에서도 문화적 소산의 보존과 활용에 관한 법제로 문화재보호법과 저작권법을 중요한 문화법제로 다루고 있다.[24] 저작자의 권리와 이에 인접하는 권리를 보호하고 저작물의 공정한 이용을 도모함으로써 문화의 향상발전을 도모하기 위하여 제정된 '저작권법'은 지식재산권 분야의 가장 핵심적인 법으로 문화산업에도 관련되는 법이다.[25] 특허법, 실용신안법, 디자인보호법, 상표법 등 산업재산권도 지식재산권법에 포함되나, 이는 과학기술·산업과 관련 재산권성이 강조될 수 있으므로(발명진흥법, 소프트웨어산업진흥법, 콘텐츠산업진흥법도 같은 차원으로 이해할 수 있음), 저작권을 문화법의 중심으로 파악한다.

7. 종교법

종교도 전통적인 문화영역으로 다루어져 왔다. 헌법이 보장하는 종교의 자유는 가장 협의의 종교의 자유인 신앙의 자유와 종교적 행사의 자유, 종교적 집회·결사의 자유, 선교와 종교교육의 자유 등으로 나누어 볼 수 있는데, 신앙인의 영적 성장과 삶의 통일을 추구하는 내적 기능은 신앙의 자유차원에서 철저히 보장되어야 하며, 종교단체의 내부규범에 따르게 하는 것이 바람직하다. 다만 기타 종교의 사회적 전파성으로 인하여 최소한의 규제대상이 될 수 있다. 종교의 자유의 이러한 성격으로 종교와 관련된 국가법은 거의 없는 실정이다. 현재 정부

23) Gerd, Roellecke, "Kulturauftrag im Staatlichen Gemeinwesen- Beratungsgegenstand der Staatrechtlehrertagung", in; DöV 1983,H.16, 653f, 659-660ff.
24) 根木 昭, 앞의 책(주 9), 13-14면; 小林眞理, 앞의 책(주 7), 18-19면.
25) 中村彌三次는 저작권법을 문화민사법으로 분류하고 있다(中村彌三次, 앞의 책(주 12), 5-10면).

는 종교단체나 개인의 순수한 신앙 활동에 대해서는 간섭은 물론 타종교와의 형평성 차원에서 원칙적으로 지원도 하지 않는 정책을 취하고 있다. 종교계 행사가 국가사회발전, 국민화합, 통일기반조성 등 사회문화적인 의미를 지니고 있는 경우에 한하여 지원을 하게 된다. 현재 종교와 관련된 법으로는 '전통사찰의 보존 및 지원에 관한 법률', '향교재산법'이 전부라고 해도 과언이 아니다. 이들 법은 문화재보호차원의 법으로서의 성격도 가지고 있다.

현재 문화체육관광부는 서로의 종교를 이해하고 존중할 줄 아는 건전한 종교문화를 정착시키고, 종교간 이해와 화합의 장을 마련하기 위해 각 종교계가 참여하는 문화예술활동, 학술제, 성지순례, 청소년문화축제 지원, 남북종교교류사업 등에 지원하는 시책을 펴고 있다.[26] 종교법인의 운영지원도 하고 있는데, 종교법인에 대한 지도·감독은 문화체육관광부와 시·도가 나누어서 담당하고 있다. 문화체육관광부는 '행정권한의 위임 및 위탁에 관한 규정' 제28조 제2항 제3호에 규정되어 있는 한국종교지도자협의회, 한국불교종단협의회, 한국기독교총연합회, 한국천주교중앙협의회 등 13개 법인에 대해서 직접 지도·감독하고 있고, 기타 종교법인은 시·도지사가 지도·감독한다.

8. 언론·출판법

언론·출판은 외면적 정신적 자유이자 문화권의 대상이 된다. 국민은 헌법 제21조가 보장하는 언론·출판의 자유에 따라 타인의 명예나 권리 또는 공중도덕이나 사회윤리를 침해하거나 국법질서를 침해하지 않는 한 구두나 출판을 통하여 자유로이 자신의 의사를 표현 할 수 있다. 언론·출판의 자유는 표현의 자유의 핵심으로 민주주의실현에 직

26) 문화관광부·한국문화관광정책연구원, 2005 문화정책백서, 2006, 439면.

접 관련되면서 오늘날 대중사회에서 문화적 기능을 수행하는 매체로서 매우 중요성을 가지며 문화적 다양성 인정에도 중요한 근거가 되고 있으므로 문화법의 대상영역으로 보는데 큰 이론(異論)이 없다. 특히, 국가공동체 있어서의 문화의 기능적 역할로서 사회적 통합의 중요성을 인정한다면 이와 같은 역할을 담당하는데 가장 직접적이고 현실적인 방송을 문화에 귀속시키는 것은 중요한 의미가 있다.[27] 언론・출판법에 속하는 개별법으로는 신문 등의 진흥에 관한 법률(종전의 정기간행물의 등록 등에 관한 법률), 지역신문발전지원 특별법, 언론중재 및 피해구제 등에 관한 법률, 방송법, 한국방송광고공사법, 방송문화진흥회법, 뉴스통신 진흥에 관한 법률, 출판문화산업 진흥법 등을 들 수 있다. 현재 신설된 문화체육관광부 미디어정책국에서는 방송・통신・컴퓨터의 융합 등 급변하는 미디어 환경에 대응한 체계적 뉴미디어산업 육성과 방송영상・광고・출판인쇄산업의 기반구축 및 육성업무를 추진하고 있다.

9. 스포츠・레저법

스포츠가 문화행정 및 문화행정법 대상으로 분류하는 것에 대해서는 논란이 있을 수 있다. 생활체육, 사회체육은 국민의 생활문화 및 여가문화차원에서 문화행정의 중요한 대상이 되며, 소위 엘리트체육에 대해서는 논란이 있을 수 있으나 국민에게 끼치는 문화적 영향이 지대함으로 문화행정의 대상으로 볼 수 있다. U. Steiner는 공적인 문화육성의 예시영역의 하나로서 스포츠의 육성을 들고 있다.[28] 현재 문화체육

27) BVerfGE 12, 205(229); 문화제도로서 방송을 강조하는 견해로는 Dieter Grimm, "Kulturauftrag im staatlichen Gemeinwesen", in : VVDStRL 42, 1984, S.60. 68ff 참조.

28) Udo Steiner, "Kurturpflege", in: J.Isensse/P.Kirchhof(hrsg.), Handbuch des Staatsrecht, Bd. Ⅲ, C.H. Müller Juristischer Verlag, Heidelberg, 1988,

관광부의 체육국은 국민체육행사, 국제경기 유치 및 스포츠여가산업 육성, 생활체육서비스 확대 등을 담당하며 하부조직으로는 체육정책과, 체육진흥과, 국제체육과, 장애인문화체육과 등이 있다. 현재 법제처 법령검색시스템에서는 체육을 제16편 교육·학술의 제7장 체육·청소년육성에서 분류하고 있다. 국민체육진흥법, 체육시설의 설치·이용에 관한 법률, 경륜·경정법 등을 들 수 있다. 보건복지부 소관으로 되어 있는 국민건강증진법도 스포츠법과 밀접한 관련이 있다.

10. 관광법

관광이 문화에 포함되느냐의 논란이 있을 수 있으나, 관광은 전통문화의 보존, 전승, 발전이라는 문화재보호와 밀접한 관련을 맺고 있으며 국민의 삶의 질을 높이는 생활문화증진 차원과 문화적 정체성이라는 측면에서도 중요성이 있다는 점에서 문화로 볼 수 있다. 관광에 관한 법으로는 관광기본법, 관광진흥법, 관광진흥개발기금법, 한국관광공사법, 국제회의산업육성에 관한 법률 등을 대표적으로 들 수 있다.

11. 청소년보호관계법

가장 역동적인 문화집단일 뿐만 아니라 국가의 장래를 책임질 미래사회의 주역인 청소년을 보호하는 문제는 문화법의 대상으로 삼아야 한다. Udo Steiner는 광의로 문화를 "사회내부에서 전형적인 생활형식(Lebensform), 가치관념, 행위방식의 총체"로 정의를 내리고 광의의 사회학적 문화개념에 스포츠 및 청소년교류를 예시하고 있다.[29] 유네스코도 21세기 문화의 비전을 제시한 '창조적 다양성'(Creative Diversity)

1257ff.

29) Udo Steiner, "Kulturauftrag im staatlichen Gemeinwesen", in : VVDStRL (독일국법학회지) 42, 1984, S.42(Leitsätze), 8-9, 42ff.

에서 ‘문화와 청소년’(Culture and Youth)을 여성, 노인과 함께 주요한 주제로 논하고 있다. 청소년의 문화권 보장은 문화민주주의 실현의 핵심과제이며, 청소년정책은 창의성을 가장 잘 기를 수 있는 문화적 토양 안에서 이루어져야 함을 강조하고 있는 것도 이러한 관점에서 이해될 수 있다.[30] 법제처 법령검색시스템에서는 교육·학술(제16편)에서 청소년육성(제7장)을 분류하고 있다. 청소년보호관계법에는 청소년기본법을 위시하여 청소년보호법, 청소년복지지원법, 아동·청소년의 성보호에 관한 법률, 청소년활동진흥법, 스카우트활동 육성에 관한 법률, 한국청소년연맹육성에 관한 법률 등을 들 수 있겠다. 2005년 3월 24일 청소년기본법이 개정되어 문화체육관광부 청소년국과 국무총리 소속 청소년보호위원회를 통합하여 국무총리 소속하에 청소년위원회를 설치하는 근거와 운영규정을 마련하였고, 동법률의 개정으로 청소년육성업무가 문화체육관광부에서 청소년위원회로 이관되었다.

12. 문화적 정체성 및 공동체 의식 관련법(어문 기타 정신문화 관련)

앞에서 본 바와 같이, 필자는 우리나라의 문화국가조항의 헌법상 의의를 일반적인 문화국가원리의 선언 외에 국내외적 문화적 위기상황 하에서 민족의 정체성(正體性)을 형성해 온 우리문화, 우리역사를 긍정적으로 보는 안목부터 키워 나가야 한다는 점과 분단 상황 하에서 통일문화형성의 국가적 과제로 선언한데도 그 의의가 있다고 보았다. 우리 문화국가조항이 전통문화의 계승발전과 민족문화의 창달의무의 형태로 규정한 것이 그 근거이다. 또한 문화의 개념에 ‘공동체의 관념적 재생산’ 기능을 수행하는 영역을 중요하게 포함시키는 입장에 따르

30) 문화관광부, 창의한국-21세기 새로운 문화의 비전, 2004, 24면.

더라도 문화적 정체성과 공동체 의식의 함양은 문화국가실현을 위한 문화법체계에서 중요하게 반영되어야 한다. 이러한 주장이 편협한 문화적 국수주의를 표방하는 것은 물론 아니다. 외견적으로 문화적 정체성을 강조하는 것이 문화적 다양성을 해치는 것은 아닌가 하는 의문이 들 수 있지만, 문화적 정체성 내지 고유성의 인정은 문화적 다양성의 전제이다. 2005년 체결된 문화다양성 국제협약은 단지 자국 문화산업 보호에 그 의미가 국한된 것이 아니라 자국의 문화를 보호할 능력을 갖지 못하는 국가를 능력을 갖춘 국가가 보호해야 한다는 이념을 담고 있다는 점에 그 중요성이 있다고 판단된다.

동일언어와 문자를 전 국민이 사용하면서 동질적인 문화정체성을 공유해 온 우리나라의 상황을 고려할 때, 어문행정은 문화법의 중요대상이 된다고 하겠다. 즉, 어문행정의 목적은 민족문화의 기반을 이루고 있는 말과 글의 체계적 정리 및 보급 등을 통해 민족문화의 전승·보존·발전 나아가 국가와 사회의 발전을 도모하는데 있다. 그 밖에 정신문화 관련법제나 통일관계법제도 이 분야의 중요한 법원이 된다고 하겠다. 이러한 점에서 국어기본법, 학술법에서 분류한 한국학중앙연구원육성법, 남북관계 발전에 관한 법률, 통일교육지원법, 민주평화통일자문회의법, 남북협력기금법, 북한이탈주민의 보호 및 정착지원에 관한 법률 등을 우선 이 분야의 법으로 들 수 있겠다.

13. 교육법

현대국가에 있어서 교육은 매우 다양한 기능을 하는데, 교육을 통하여 헌법이 추구하는 민주주의의 정착에 기여하는 기능은 물론 문화국가실현과 사회국가실현을 위해서도 필수적인 전제조건이 된다. 특히 20세기에 들어와서 교육은 문화국가 및 사회국가의 입장에서 인간다운 생활을 가능하게 하는 문화적 기초이며, 노동에 의한 생활유지의 기초가 되는 것으로 그 중요성이 강조되고 있다. 교육이 문화영역에 속한다는 점은 의심할 수 없지만, 현재 교육법은 문화영역의 그 어떠한 법보다도 독자적인 법 영역을 구축하고 있다. 당장은 교육법과 문화법을 분리하여 고찰하는 것도 어느 정도 타당하지만 장기적으로는 문화법의 주요 법영역으로 통합하여 고찰해야 할 것이다. 즉, 문화법이라는 큰 범주 하에서 교육관계법 중 대학관련법은 학술법으로 체계화하고, 기타 초·중등교육관련법과 평생교육 및 사회교육을 중심으로 한 교육법체계가 구축되어야 할 것이다.

III. 문화법의 법원(法源)으로서의 자치법규와 국제법규

1. 자치법규

자치법규로써 조례와 규칙도 문화법의 법원(法源)이 된다. 지방화 시대에 있어서 지역의 실정에 맞는 정책을 확보하고 실질적인 주민의 문화향수권을 보장하기 위한 규범으로써 자치법규는 중요한 의미를 가지고 있다. 지방자치단체의 문화관련 사무처리의 일반적인 근거는 우선 지방자치법에서 찾을 수 있다. 지방자치법이 지방자치단체의 사무 예시로 교육·체육·문화·예술의 진흥에 관한 사무를 들고 그 내용으로 (가) 유아원·유치원·초등학교·중학교·고등학교 및 이에 준하는 각종 학교의 설치·운영·지도, (나) 도서관·운동장·광장·체육관·박물관·공연장·미술관·음악당 등 공공교육·체육·문화시설의 설치 및 관리, (다) 지방문화재의 지정·보존 및 관리, (라) 지방문화·예술의 진흥, (마) 지방문화·예술단체의 육성을 들고 있다(제9조 제2항 제5호). 비록 '법령의 범위 안'이라는 한계가 있지만(지방자치법 제15조), 지방자치단체의 문화관련 조례제정은 점차 활발해질 것이 예상된다. 현재 입법을 추진 중인 지역문화진흥법(안)에도 조례에 위임하는 규정이 다수 존재한다.

일본에서도 1999년 지방자치법 개정 전까지는 지방공공단체의 문화에 관한 사무를 예시하고 있었지만(제2조 제3항 제5호, 제14호), 개정된 지방자치법은 이러한 예시를 삭제하고 '지역에 있어서 사무 기타의 사무'(제2조 제2항)라는 포괄적인 규정을 두고 있다.[31] 따라서 지방공공단체의 문화에 관한 사무의 근거는 제2조 제2항에 구해지고 있다. 한편 지방자치법에 의하면 교육, 학술, 문화에 관한 사무는 교육위원회가 관리하고 집행하는 것으로 되어 있다(제180조의 8 제1항). 그러나 실제 교육위원회 관련법에서는 문화재보호만을 다루고 있었다. 이와 같이 법률상으로는 교육위원회의 권한은 애매하지만, 종래 교육위원회는 예술문화와 문화재보호를 통상 관장하였다. 그러나 1980년대 이래 수장(首長) 즉 지방자치단체 장의 주도에 의해 수장부국(首長部局)이 '자치체문화행정'을 직접 관장하게 되면서 오늘날에는 수장부국에서 문화진흥일반을 관장하고 교육위원회에서는 예술문화의 일부와 문화재보호를 관장하는 것이 많은 예로 되고 있다. 일본에서 문화진흥조례를 제정하는 의미는 ① 문화진흥의 기본이념 명시, ② 문화활동에 대한 재정적인 지원조치, ③ 문화계획 등의 책정, ④ 심의회 등에 있어서 주민의 정책책정에의 참가를 분명히 하는데 있다.[32]

31) 이와 같이 개별적 예시로부터 일반적인 사무에 포괄・융합시키는 형태로 개정한 것은 지역문화의 진흥이 지방공공단체의 고유의 사무라는 것을 법률상으로도 확인한 것이라는 의미를 부여하는 견해도 있다(根木 昭, 앞의 책(주 9), 164면).

32) 일본에서의 지방자치단체의 문화진흥조례 제정현황에 대해서는 小林眞理, 앞의 책(주 7), 62-77면; 根木 昭, 앞의 책(주 9), 160면 참조.

2. 국제법규

우리 헌법은 국제법 존중주의의 이념을 선언하고 있다. 즉, "헌법에 의하여 체결·공포된 조약과 일반적으로 승인된 국제법규는 국내법과 같은 효력을 가진다"고 규정한 것이 그것이다(제6조 제2항). 우리나라가 직접 체결의 당사자로서 참여하는 조약이나 우리나라의 참여여부와 관계없이 이미 국제사회에서 보편적 지위를 획득한 일반적으로 승인된 국제법규는 헌법보다는 하위이지만(헌법우위설), 헌법이외의 법과의 효력관계에 대해서는 견해의 대립이 있다. 먼저 조약의 경우는 국회동의를 거쳐야 하는 조약(헌법 제60조 제1항)은 법률과 같은 효력을, 그 외의 조약은 명령(대통령령)과 같은 효력을 가진다고 보는 것이 다수설이며, 일반적으로 승인된 국제법규는 법률과 같은 효력을 가진다고 보는 것이 다수설이다. 이로써 문화관계 국제조약 등은 국내법적 효력을 가진다. 국제연합, 특히 UNESCO가 주축이 되어 많은 선언, 권고, 규약, 협약 등이 체결되거나 발표되었다.[33] 선언이나 권고 등의 법적 구속력은 없으나,[34] 규약이나 협약은 체약국에 법적 의무를 가하는 등 일정한 구속력이 있다. 국제연합인권규약(A규약, B규약)은 서명국에 조약으로서의 효력이 발생하는 규약으로 1) 인권보고서 제출의무, 2) 인권을 침해당한 피해자의 서면신고에 대한 인권위원회의 의견송부·주의환기 등의 내용을 담고 있다. '세계인권선언'의 내용을 구속력 있는 조항으로 변형시키는 과정에서 사회적, 경제적, 문화적 권리들은 고

33) 이동연 외, 문화권 NAP 수립을 위한 기초현황 실태조사와 정책연계방안(2004년 국가인권위원회 연구용역보고서), 문화사회연구소, 2004, 386면; 小林眞理,, 앞의 책(주 7), 48-50면.

34) 헌법재판소는 "...국제법상의 선언, 협약 및 권고 등은 우리나라가 비준한 바 없거나 권고적 효력만을 가지고 있어 법률조항에 대한 위헌성 심사의 척도가 될 수 없다"고 판시하고 있다(헌재 2005.10.27, 2003 헌바 50·62, 2004 헌바 96, 2005 헌바 49(병합) 전원재판부).

전적인 의미에서의 정치적 시민적 권리와 구분되어 두 개의 분리된 조약으로 각각 보장되게 되었다.[35] 2005년 10월 25일 파리에서 체결된 유네스코 문화다양성협약[36]은 문화적 표현의 다양성을 보호하고 증진하는 것과 관련하여 당사국이 채택한 정책과 조치에 적용된다(제3조). 문화다양성 증진에 대한 구체적 정책방안은 협약에 따르면 소수자나 토착민 등 다양한 사회집단과 여성들의 특수한 상황이나 요구를 충분히 고려하여 문화적 표현의 창조, 생산, 보급 및 배포와 그 활용을 위한 기회를 제공한다는 국가 내 정책과 자국의 문화를 보호할 능력을 가지지 못하는 국가를 보호해야 한다는 국가간 정책으로 분류된다.

---

35) 1986년 「경제·사회·문화적 권리에 대한 국제 협약의 이행에 관한 림버그 원칙」은 모든 국가는 경제발전의 정도에 상관없이 문화적 권리의 실현을 위해 (법적, 행정적, 사법적, 경제적, 사회적, 교육적 수단을 포함한) 모든 가능한 수단을 당장 동원해야 하며, 이러한 권리를 이행하기 위한 적합한 조처를 취하기 위해 가능한 자원을 활용해야 한다고 권고하고 있고, 문화적 권리와 관련하여 적용하는 과정이나 경제침체로 심각한 자원 난에 처했을 때라도 가장 상처 받기 쉬운 사회 집단은 저비용 프로그램 도입을 통해 보호받을 수 있으며 또 반드시 보호 받아야 한다고 국가의 책임을 강조하고 있다.

36) 정식명칭은 '문화적 표현의 다양성 보호와 증진 협약'(UNESCO Convention on the Protection and Promotion of Diversity of Cultural Expressions)이다. 약어는 CPPDCE로 표현한다.

第7장 | 결 론

'문화'라는 말의 다의성으로 인하여 문화국가원리에 대해서는 많은 논의가 있을 수 있지만, 그 이론과 내용은 앞으로 더욱 연구를 통하여 밝혀질 것이며 끊임없이 새로운 내용이 채워져 가고 있는 형성도상에 있는 테마로서 중요성을 갖는다고 하겠다. 이하에서는 지금까지의 논의를 종합하는 것으로 결론을 대신하고자 한다.

(1) 문화국가를 논함에 있어 맨 처음 부딪치게 되는 것은 다양한 의미와 내용을 가진 문화를 어떻게 파악할 것인가 하는 문제이다. 우리가 일상생활에서 접하게 되는 문화라는 말은 다양한 의미맥락에서 사용되고 있다. 광의로 보면, 자연에 대립하는 인간의 행동과 결과의 모든 것을 포함하는 것으로 파악될 수 있다. 사실 "모든 사람을 위한 문화", "모든 사람에 의한 문화"를 위해서는 인간의 삶과 그 생활양식의 총체를 포함하는 문화개념의 정립이 필요하다. 이같은 관점에서 본다면, 문화적인 현상은 곧 사회적인 현상이라고 할 수 있으며, 문화의 기능은 그 사회가 지니고 있는 역사적·사회조건들과 밀접한 관계를 갖게 된다. 국가발전의 이념과 지표를 설정함에 있어서는 이와 같은 확장된 문화개념에 근거를 두어야 한다. 이러한 문화이해를 바탕으로 하는 문화국가논의는 정치, 경제, 사회, 문화로 흔히 구분되는 국가활동의 전반을 포함하게 된다. 본고에서는 궁극적으로는 이러한 문화개념이 바람직하다고 보지만, 이러한 문화이해의 바탕위에서는 법적인 맥락으로 논의를 진행시키기에는 어려움이 있다. 따라서 국가의 과제

영역을 정치, 경제, 사회, 문화로 구분할 때, 국가의 다른 과제영역인 정치, 경제, 사회 등과 구분되어 쓰이는 문화영역에 논의를 한정시킬 수 밖에 없었다. 따라서 연구범위를 협의의 문화영역인 "국가에 대하여 특별한 관계에 있는 인간의 정신적 · 창조적 영역"(학문, 예술, 교육, 종교)과 '사회의 관념적 재생산 기능'을 수행하는 영역(신문 · 방송, 문화재보호, 지식재산권, 스포츠, 청소년 보호, 규범문화 등)에 집중 시켜 문화국가를 "문화의 자율성보장을 핵심으로 하면서 문화영역에 있어서 건전한 문화육성과 실질적인 문화향유권의 실현에 책임과 의무를 다하는 국가"로 이해하였다. 이러한 문화영역과 관련된 헌법규정을 통칭하여 문화헌법이라 부를 수 있지만, 문화의 발전적 성격과 그 사회적 기능을 고려할 때 문화영역은 아직도 많은 것을 개방해 놓고 있다고 하겠다.

(2) 문화와 국가의 상호관계에 대한 이해를 바탕으로 문화국가의 윤곽은 들어 나기 때문에, 우리는 법학적인 문화영역과 국가의 관계를 역사적 · 체계적으로 살펴봄으로써 문화의 자율성 획득과 그를 바탕으로 한 문화와 국가의 상호의존성의 진정한 방향을 고찰하였다. 사실 문화가 국가로부터 자율성을 획득함으로써 (물론 그것은 특히 자유사상에 기초한 경제영역의 발전과 함께 문화영역이 경제, 사회영역에 종속될 가능성을 전제로 한 것이지만, 또한 그러한 종속의 가능성 때문에) 문화와 국가 사이에 발생하는 문제를 해결하기 위해서 현대적인 의미의 문화국가논의가 발생했다고 볼 수 있지만, 국가와 문화의 공통적인 자기발전 없이는 문화와 국가는 존재하지 않는다는 지적처럼 문화의 자율성이라는 것도 국가로부터의 완전한 분리를 의미하는 것은 아니며 국가와의 상호의존성의 바탕위에서 논의될 수밖에 없음을 보았다. 이는 국가공동체에 있어서 문화가 담당하는 역할과 기능을 고찰함

으로써 분명히 할 수 있었다. 다만 국가와 문화가 상호의존성을 갖는다고 하더라도 그 의존성은 문화목적자체 외에 다른 목적을 위한 국가의 문화에의 간섭 및 정치적 기준에 따른 문화조종은 받아들일 수 없고 오직 문화적 목적 자체를 위한 국가의 문화육성만이 긍정될 수 있는 관계임을 보았다. 문화국가의 개념을 창출한 프로이센의 개혁에서 볼 수 있는 문화육성은 문화적인 힘을 통해 민족적 위기를 극복해보고자 하는 염원을 담고 있었다. 우리가 추구하는 문화국가상은 형식상으로는 이 모델과 관련되지만, 프로이센의 문화국가관념이 민족주의와 결부되어 배타적인 성격을 띠게 되어 뒷날 보수주의적, 권력국가적, 반자유주의적 그리고 반계몽주의적인 국가이데올로기에도 영향을 주었던 점을 고려할 때, 우리가 추구하는 문화국가상은 자유민주주의에 바탕을 둔 법치국가, 사회국가 등과 함께 헌법질서 속에서 파악할 때에만 의미를 밝힐 수 있음을 알았다.

(3) 우리는 문화국가개념의 의미를 문화의 국가적 자유, 문화에의 국가적 기여, 국가의 문화형성력, 문화의 국가형성력, 문화형상으로서의 국가 등으로 나누어 설명한 Huber의 분석에 따라 살펴봄으로써 문화국가의 내용과 전체적인 문제점의 소재를 살필 수 있었다. 문화국가의 다섯 가지 의미들은 역사상 때로는 어떤 하나가 우세하고, 때로는 다른 하나가 우세하게 나타나는 한에서 그것은 문화국가의 상이한 형태를 의미하기도 하지만, 이것이 완전하게 충족되어서 순수한 형태로 모든 다섯 가지 의미들이 같은 현상의 존재 계기로 되었을 때에는 그 자체를 동일한 문화국가의 다섯 가지 상이한 측면을 의미한다고 할 수 있다. 문화국가에 대한 Huber의 분석은 탁월한 것으로 평가되고 있지만, 그가 이상주의적인 독일의 전통에 따른 문화개념에 입각하고 있고, Hegel의 사상적 전통을 이어받아 국가와 문화의 상호의존성을 변증법

을 사용하여 '국가의 문화지배', '문화의 국가지배'를 근거지우고 있는 점은, Hegel의 사상이 그러하듯이 국가지상주의의 위험성을 내포하고 있다는 비판을 받는다. 이러한 헤겔리안적인 국가이해 하에서는 논리필연적으로 문화적 자유도 "국가 내에 있어서의 자유", "국가에의 자유"로서만 가능함을 주장하는데 대해 이러한 자유이해는 헌법의 해당 기본권에서 도출될 수 있는 문화적 자유의 개별권적인 이해와 부합하지 않는다는 비판에도 주의를 기울일 만하다. 문화국가란 "자신을 문화로 의식하고 실현하는 국가", "문화가 자신을 국가로 의식하고 실현하는 국가"라는 Huber의 명제는 모든 시대에 걸쳐서 하나의 "유토피아"였고 Huber의 지적대로 포기할 수 없고 실현하여야 할 지도상으로 삼아야함은 인정할 수 있지만, 좀 더 현실적이고 구체적이며 헌법적인 문화국가개념이 요구된다. 즉, 문화국가는 추상적이고 정치적인 의미에서가 아니라 헌법질서형성의 기본틀과 헌법의 기본원리로서 이해되어야 한다.

(4) 문화(국가)현실이 전체적으로 볼 때, 실제로 얼마나 반영되고 있는가는 우선 헌법에 문화국가성은 어떻게 수용되어 있는가를 살피는 것으로 시작할 수 있다. 학문, 예술, 교육, 종교영역을 포함하는 헌법의 규정과 그 밖에 문화와 관련이 있는 헌법상의 문화관련조항을 살펴봄으로써 문화헌법의 윤곽을 그려볼 수 있다. 현대국가의 문화적 과제는 헌법에서 국가목적으로 선언되거나 소위 문화적 기본권규정들과 같은 규정들로부터 근거지워질 수 있지만, 문화가 국가에 대하여 갖는 고유한 기능으로 인해서 헌법이 규정하고 있는지 여부와 관계없이 존재한다고 할 수 있다. 규범텍스트 속에는 실현을 위한 전제조건들이 모두 다 포함될 수는 없기 때문에, 그러한 조건은 헌법해석을 통해서도 인정되고 끊임없이 실질화된다고 할 수 있다. 사회의 통합이라는 국가의

과제를 실현하기 위해서는 그 전제조건으로 문화가 필요하다. 왜냐하면 사회통합을 위해서는 그 때문에 설치된 제도들의 기능여부 뿐만 아니라 문화적으로 기초되어 있는 통합의 기초가 필요한 것이며, 또한 사회통합을 위한 제도 자체도 그것이 기능할 수 있는 여부가 문화적으로 근거지워져야 할 사회적 정당성에 의존하고 있기 때문이다. 또한 문화국가성은 헌법이 보장하는 개인의 지위로부터 도출할 수 있다. 즉 국가의 기능은 개인의 존엄 내지 인간의 존엄과 관련을 맺는다. 따라서 이러한 인간의 존엄에 관한 근본결단은 기본권 영역에서는 개인의 존엄을 실질화 할 수 있는 자유권의 형태로 보장되고 있는데, 그 핵심은 개인의 자기결정권이며, 그 내용은 형식적인 것 뿐만 아니라 실질적인 조건을 포함하는 것이다. 개인적 자유를 실질화하고 대화적 절차를 통해서 형성하기 위한 최소의 조건은 그것은 바로 인간을 "유적 표지"에 의해서 인식하는 것, 즉 인간을 "공동체의 구성원"으로서 인식하는 것이다. 다시 말해서 사회적 구속성과 관련을 갖는 인격체로서 인간은 어느 정도 자기가 소속된 공동체에 동질감을 전제로 하는 것이고, 이는 바로 문화에 의해서 매개되는 것이다. 바로 이러한 점에서 헌법은 개성의 문화적 기초도 보장해야 한다는 결론에 이르게 된다. 개인적 자유에 대한 헌법적 결단은 동시에 국가적 문화위임에 대한 승인이라고 볼 수 있다. 이렇게 볼 때, 헌법의 문화국가적 성격은 헌법자체에 내재하고 있는 국가적 과제라고 할 수 있다. 이러한 점은 각국의 헌법에 문화국가원리의 수용여부에 대한 고찰을 통해서도 알 수 있다. 불문헌법국가인 영국은 물론 헌법에 문화에 직접적인 규정이 없는 미국에서도 비록 문화의 사적인 면이 중시되지만, 국가의 문화육성과제는 승인되고 있으며, 독일에서도 문화국가조항의 보충을 둘러싼 논의시에 문화국가조항이 규정됨으로써 새로운 내용이 창조되는 것은 아니고 현재의 문화국가적 현실을 법적으로 확인하고 선언하자는 것이 지배적인 견해였다.

(5) 우리헌법은 문화국가조항을 명시함으로써 전통적인 국가의 과제영역(정치, 경제, 사회)에 결코 뒤지지 않는 국가의 문화적 과제를 명확히 하고 있다는 점에서 일단 긍정적인 평가를 내릴 수 있다. 헌법 제9조의 문화국가조항은 헌법의 문화 관련조항들의 지원 및 보충규정으로서 내실 있고 일관성 있는 문화정책의 지침으로서의 역할을 해야 한다. 우리나라의 문화국가조항은 일반적인 문화국가원리의 선언이라는 의미 외에 우리나라의 상황에서 특히, 전통문화의 계승발전과 민족문화의 창달을 강조하고 있으며, 통일문화형성에 대한 국가적 과제를 암시하고 있다고 볼 수 있다. 국민의 입장에서 볼 때는, 문화국가원리는 문화적 기본권의 폭넓은 보장을 통해서 직접적으로 실현될 수 있는 만큼 문화적 기본권의 실질적 전제조건을 실현하는 것은 문화국가의 핵심적 과제라고 할 수 있다.

문화국가원리는 문화영역이 가지는 특수성과 문화가 국가공동체에서 차지하는 역할로부터 헌법의 다른 기본원리와 구별될 수 있는 특성을 가지게 된다. 문화육성의 과제가 현대국가의 필수적인 과제로 인정되어야 함은 물론이지만, 문화는 본래 자율의 토양위에서만 자랄 수 있는 것이다. 문화는 그 특성상 전체주의적 환경 속에서는 자랄 수 없는 것이므로 문화영역에 대한 국가의 자의적 규제와 간섭에 의한 전단을 방지하지 않으면 자유도 권리도 보장될 수 없다. 이러한 문화의 특성을 고려하여 문화국가원리는 “지원은 하되 간섭하지 않는다”는 정신을 기본입장으로 해야 한다. 문화국가원리의 이러한 특성은 문화의 개방성 내지 다원성의 표지와 연결되는데, 국가의 문화육성에는 원칙적으로 모든 문화가 포함된다. 즉, “천재적인 문화”(엘리트문화) 뿐만 아니라 “보통문화”(민중문화, 서민문화, 대중문화)도 그 대상이 됨은 물론, 대항문화, 하위문화를 일방적인 억압의 대상으로 삼아서는 안되며, 그 나름대로의 가치를 인정하고 정책적 배려의 대상으로 삼아야 한다.

한편, 일정한 문화수준을 기능의 전제로 하는 헌법의 공동체의 실현, 유지라는 과제를 수행해야 하는 문화국가에서는 인간의 존엄성에 반하는 행위가 문화활동이라는 이름으로 정당화될 수는 없다. 특히 문화의 자율성 획득이 동반한 또 하나의 현상인 문화의 경제종속성으로 인한 폐해에 대해서 문화국가는 침묵할 수 없다. 시장을 매개로 한 문화의 경제종속성은 한편에서는 상업성 있는 문화를 확대재생산으로 양산하게 됨으로써 획일화 현상을 동반하였으며, 이와 같은 현상은 전통문화와 건전문화보다 금전만능으로 인한 향락, 퇴폐문화의 번창에 일조했다고 할 수 있다. 다른 한편, 시장의 수요를 충족하지 못하면 실질적인 문화활동의 가능성을 누리지 못하게 되는 결과를 가져왔는데, 이러한 현상은 문화적 약자에게는 문화적 자율성이 형식적인 평등은 가져왔지만 실질적으로는 불평등을 초래할 수 있다는 것을 보여 준 것이다. 따라서 문화국가는 다양한 문화의 자율성을 보장하면서도 문화적 약자의 문화에 대한 접근권을 보장하고, 인간의 존엄성에 반하는 반문화적 행태에 대해서는 적절한 조치를 취할 것이 요구된다.

이러한 점에서 문화국가원리는 인간의 정신적·창조적 활동의 영역을 중심적인 과제영역으로 하여 "국민의 사회적 통합을 확보하고 인간다운 인격적 삶을 향유하기 위한 창조적이고 정신적인 기반을 조성하는 원리"로 이해되는데 민주주의원리, 법치국가원리, 사회국가원리 등과 별개의 동떨어진 원리가 아니라 상호 관련을 맺으며 서로 보완해 주면서 자유민주적 기본질서의 실천원리로서 기능하고 있다고 하겠다. 이러한 헌법의 기본원리들은 결국 모두가 헌법의 기본이념 내지는 헌법의 최고의 구성원리라고 할 수 있는 인간의 존엄과 이를 구체화시키는 기본권보장에 기여하는 것이지만 각기 다른 방향에서 상이한 문제들을 해결하고 있다는 데에서 그 독자적인 존재의의를 찾을 수 있다. 그러나 대부분의 헌법적 문제들의 해결에 있어서는 이들 중의 어느 한 원리가 배타적으로 적용됨으로써가 아니라 여러 기본원리들이 동시에 적용되는 가운데서 비로소 적절한 문제해결을 기대할 수 있다는 것도 간과되어서는 안 될 것이다.

민주주의원리는 생활의 실천원리로서 모든 생활의 영역에서 그 정당성 평가의 기준이 되기도 하지만, 그 강조점이 "국가의 정치적 질서의 (동적) 형성에 관한 원리"라는 점에 두어진다. 한편, 법치국가원리도 "일정한 제도적 틀 가운데서의 안정성 있는 국가질서의 유지에 관한 원리"로 그 강조점이 인정되지만 민주주의원리와 함께 다른 기본원리들의 한계설정에 있어서 그 기준이 된다. 즉, 사회국가원리나 문화국가원리는 그 한계, 또한 실질적 법치국가의 요청에서 찾을 수 있다. 사회국가원리가 공동체를 복지국가나 급양국가로 변질시킬 위험성을 간과할 수 없지만, 자기의 책임을 수반하는 자유를 폐지하는 국가에 의한 포괄적 부조는 더 이상 사회적 법치국가의 원리에 부합되지 않는다. 이 점은 문화국가에서도 역시 마찬가지이다. 사회국가원리는 사회적 연대성(또는 실질적 자유와 실질적 평등)의 이념하에 사회적 불평등을 해소하고, 국가의 적극적 활동(특히 사회보장적 급부활동)을 통하여 사회적 정의를 실현하고자 하는 것이다. 반면에 문화국가원리는 인간의 창조적 자율성과 이의 계승·전수 및 그 산물을 누리는 것을 특별히 보호하고자 하는 것이다. 사회적 통합을 통해서 전통적인 국가와 산업적 계급사회 간의 모순을 극복하고자 하는 현대산업시대의 국가인 사회국가와 정신적인 영역에 대한 자율성의 보장과 지원을 통하여 사회적 통합의 기능을 다하고 있는 문화국가는 현대에 있어서 서로 밀접한 관련을 맺고 있지만, 사회국가원리는 경제적인 계기에 중점이 두어짐은 부인할 수 없다. 따라서 자유 및 생존을 윤택하게 하는 문화적, 정신적인 계기에 중점이 두어지는 문화국가원리와 그 강조점에서 차이점을 발견할 수 있다. 이러한 기본원리들이 각기 생활의 각 영역에서 내실 있게 구현될 때, 대한민국의 국가형태인 민주공화국은 그 진정한 의의를 가지게 될 것이다.

(6) 문화활동 자체가 발전적 성질을 지니고 있어서 문화국가의 과제영역을 완전한 리스트로 나타내는 것은 불가능하다. 우리는 문화국가의 과제영역 중에서 인류문화의 집중적 표현으로서 문화창조의 주된 역할을 담당하는 학문 및 전통적인 문화영역인 예술과 인간다운 생활을 가능하게 하는 문화적 기초이며 노동에 의한 생활유지의 기초가 되는 교육, 그리고 오늘날 국민의 문화생활에 밀접한 관련을 맺고 있어 새로운 문화영역으로 떠오르고 있는 (신문)방송 및 전통문화의 계승·발전이라는 국가의 과제와 가장 밀접한 관련을 맺고 있는 문화재보호영역을 예시적으로 들고 그 최소한의 내용을 살펴보았다. 문화국가로 스스로 이해하는 현대국가는 이러한 문화영역에서 활동의 전체적 싸이클을 보장해야 한다. 즉 ① 문화의 창조, ② 문화의 보호·관리 내지 유지, ③ 문화적 산물의 향유와 ④ 문화의 전승에 이르기까지 전체과정이 국가에 의한 특별한 배려를 받아야 한다.

(7) 문화국가는 그 과제영역에 따라 차이가 있을 수는 있지만 적극적 형식과 소극적 형식을 통하여 문화의 자율성보장과 국가의 문화진흥과제를 수행하고 있다. 기본권적 측면에서 보면, 문화국가원리를 실현하는데 있어서는 자유와 평등, 기본권의 방어적 측면(문화의 국가로부터의 자유)과 적극적 측면(국가를 통한 문화의 참여보장)사이의 긴장관계를 어떻게 조화시키느냐가 관건이다.

자유주의적 문화국가에서는 문화활동에 대한 국가의 "문화정책적 중립성"과 "문화정책적 관용"에 대한 의무가 추론된다. 중립 및 관용에 대한 국가의 두 의무는 오늘날 우리의 문화이해에 따라 전제된 "문화의 자율성"의 표현이다. 문화의 자율성은 특히 예술활동에 있어서 고유법칙성에 따른 창조적 발현이라는 모든 문화영역 전체의 본질적 특성을 이룬다. 문화적 자유권과 그에 상응하는 소극적인 방어권을 통하여 부여된 국가활동의 한계에 대한 윤곽이 드러나는데, 국가활동의 한계는 전제된 문화의 자율성과 문화의 자율성을 통하여 요청된 국가의 중립성으로부터 나타난다. 국가활동의 한계는 개성과 다원성속에서 표현되고 전개되는 문화의 '자발성'(Spotaneität)에 대한 국가의 최대한의 관용을 포함한다.

다른 한편, 민주주의적인 문화국가에 있어서는 국가가 문화에 관련되어 있고 또 국가가 문화를 위해서 무엇인가를 할 수 있는 한 '문화는 모두를 위해서 존재한다'라는 명제는 하나의 기본원칙으로서 타당하다. 이로부터 우리는 자유주의적 문화국가가 자유주의 원리로부터 나타나는 중립성과 관용을 특징으로 한다는 사실을 넘어서 문화가 인간을 위하여 존재하는 것처럼 문화를 위하여 존재하는 이같은 문화국가에 대해 "연대성"(Solidarität)과 능동성(Aktivität)이라는 성격을 부여할 수 있게 된다. 문화국가의 연대성과 능동성은 이러한 자유주의적, 민주주의적 문화국가가 시민의 문화적 참여권을 보장함으로써 실현된다. 개개인의 방어권의 경우에 있어서의 소권과 마찬가지로 시민의 문화적 참여권에 상응하여 국가는 일정한 문화적 급부의무를 부담하게 된다. 왜냐하면 우리사회의 문화적 현실에 있어서는 이러한 국가의 문화적 급부의무가 없이는 문화적 참여권은 비현실적이 아니며, 실현될 수 없기 때문이다. 모든 사람들의 문화적 법익에의 접근가능성의 현실적인 강화는 문화적 기본권의 참여구조를 두고 확대되어야 한다. 문화적 참여권을 실현하는 데는 국가의 적극적인 문화적 급부의무를 필요로 하기 때문에, 사회적 기본권의 실현에 있어서 발생하게 되는 입법에 의한 보충필요성, 침해행위에 대한 제재가능성의 한계성, 국가의 급부능력의 한계성, 고전적인 자유권의 위태화 문제 등이 또한 발생한다. 이처럼 문화국가의 적극적 과제를 실현하는 데는 "가능성의 유보"(unter dem Vorbehalt des Möglichen)라는 한계가 따르지만, 현저히 경제적 성격을 띠고 있기 때문에 '경제적 기본권'이라고도 불리기도 하는 사회적 기본권과는 달리 문화적 참여권은 단순히 경제적, 물질적 생활자원의 급부만으로는 달성될 수 있는 것은 아니며 더욱이 경제적 이윤추구의 수단이 되지 않는 곳에서야말로 자유주의적 문화국가가 국가활동을 수행할 수 있는 여지는 넓게 열려 있다는 점을 고려할 때, 사회적 기본권보다는 국가의 경제적 능력 면에 좌우되는 것은 아니다. 따라서 문화적권리를 적극적으로 실현하는데 시설의 확충등의 국가의 예산등이 요구되는 분야외에도 사회적 문화주체들이 활동할 수 있는 여지를 넓혀주는 것이 필요하며 아울러 건전한 문화풍토조성 등이 필요하다.

(8) 문화활동의 자율성은 문화국가에서 보호해야 할 핵심적인 과제이지만, 문화활동의 자유(특히, 학문, 예술, 종교, 방송)도 무제한일 수는 없다. 문화활동이라고 주장하는 모든 행동이 문화의 자율성이라는 이름으로 전부 헌법상 보호의 객체가 될 수는 없다. 문화활동에도 내재적 한계가 있다. 문화활동의 자유도 다른 기본권과의 충돌 가운데서 그 적용의 한계를 발견할 뿐만 아니라, 그 밖의 중요한 헌법적 보호법익을 위해 제한 될 수 있음은 다른 기본권과 같다. 전통적으로 문화활동 자유와 국가권력사이에 갈등·긴장의 원인으로 작용해온 것은 정치와 윤리라고 할 수 있다. 이러한 갈등관계에 대한 합리적인 해결에는 다음과 같은 입장을 기본으로 해야 한다고 본다.

문화의 자율성 및 다원성, 창조성(혁신성)은 문화의 핵심적인 특성이므로 문화국가는 이러한 표지들을 보호하고 육성해야 하는 과제를 부담하고 있다. 따라서 국가에 의한 가치평가를 통하여 문화영역의 활동범위를 축소시키는 것은 바람직하지 않다. 국가가 내용 및 수준에 대한 가치평가를 통하여 학문 및 예술의 개념을 축소함으로써 결과적으로 이들을 제한하는 것은 허용되지 않는다. 문화활동의 헌법적 보장의 한계 및 제한의 문제의 해결에 있어서는 국가에 의한 제한은 최후 보충적으로 이루어져야만 한다. 문화영역도 그 자체 내재적 한계를 가지기 때문에 그 내재적 한계를 벗어난 경우에 법률에 의한 제한이 따르게 된다. 그러나 이러한 내재적 한계의 이탈에 대한 일차적 판단권은 문화영역에 맡겨야 한다. 즉, 사회적 한계를 이탈한 문화활동에 대한 판단은 일반대중과 문화영역내의 자율적 기구를 통해서 이루어져야 한다. 이러한 자율적 통제로 해결될 수 없는 부득이 한 경우 국가에 의한 규제가 이루어질 수 있는데, 이때에도 그 제한의 범위는 구체적인 사건에 따라 다른 법익과의 형량을 통해 확인될 수 있다. 이렇게 사후적으로 규제하는 경우에는 표현의 자유의 제한에 관하여 정립된 여러 기준들, 즉 "명백하고도 현존하는 위험의 원칙", "필요최소한도의 규제수단선택의 원칙(비례성의 원칙)", "명확성의 원칙", "비교형량의 원칙과 이중기준의 원칙" 등이 적용되어야 할 것이나, 문화창조의 기본권적 지위가 인간 존엄으로부터의 도출된다는 점이 우선적으로 고려되어야만 한다.

(9) 우리헌법은 비록 애매한 형태로나마 문화국가조항을 두고 있으며, 문화에 대한 중요성의 인식의 결과 문화부(현 문화체육관광부)를 창설하는 등 전례 없이 문화에 대한 관심이 고조되고 있지만, 문화예술분야는 늘 정치나 경제 등에 떠밀려 뒷전에 놓이게 되는 것이 우리의 상황이다. 사실상 현실적으로 볼 때, 극단적으로 표현하자면 배가 불러야(좀 고상하게 표현하자면 의식주의 문제가 해결되어야) 정신적

만족이나 여흥이라는 것을 생각하는 것이고, 다시 말해서 Steiner가 표현한 것처럼 노동, 경제의 문제에 비해서 문화문제란 국가에 의해 2차적 문제로 취급되기 쉽다. 그리고 문화국가원리를 헌법상의 국가과제로 보든, "자기이해와 실무"에서 나오는 과제로 보든, 또는 그 내용을 예술가들에 대한 생활보장으로 좁혀서 이해하든, 국민을 위한 문화공간의 제공으로 이해하든 결국 돈(재정)문제와 직결되기 때문에 적극적인 문화적 참여권의 실현은 불확정적이라고도 할 수 있지만, 문화국가원리는 사회일반이 문화를 통하여 동질성을 확보한다는 점에서 사회적 통합에 기여하는 역할과 시민의 문화적 자유를 유효하게 하는 배후에 존재하는 능동적 시민의 민주적 관심을 고양시키는데 그 중요한 역할이 있다. 문화적 참여는 정치적 목적에 의해서 도구화되어서는 안된다. 그렇지 않으면 문화는 정치적 주의화(Indoktrnation)에 이바지하게 된다. 이러한 점을 기본적 입장으로 삼으면서 국가는 참여적인 정책이 최선의 효과를 발휘할 수 있도록 노력해야 한다.

문화국가원리에 의해서 헌법이 문화헌법으로 이해되고 "개방성" 또는 "다원주의"라는 근거점으로부터 새로운 헌법해석을 시도하는 것은 의미 있는 탐구과제라고 생각된다. 우리의 현실에 있어서도 당장 문제가 되고 있는 참교육이나 민중문화와 같은 좀 이질적으로 보이는 문화현상들에 대해서도 문화에 대한 국가의 지나친 간섭과 통제의 일방통행으로 빚어진 것이 아닌가 하는 진단으로부터 개방된 문화국가원리는 더욱 탐구되어야할 분야라고 하겠다. 한편으로 문화영역을 구성하는 개개의 분야에 대한 개별적인 연구는 문화국가원리의 구체적 실현을 위한 문화관계법(문화법)의 체계 속에서 심도있게 논의될 필요가 있다.

(10) 문화국가의 실현은 단순히 경제적, 물질적 생활자원의 급부만

으로는 달성될 수 있는 것은 아니며, 인간의 창조적 자율성과 이의 계승·전수 및 그 산물을 누리는 것을 특별히 보호하고 다양한 문화주체들이 자유로이 활동할 수 있는 여지를 넓혀주는 것이 바탕이 되어야 한다. 이러한 관점에서 문화국가의 대상으로서의 문화는 한 국가의 정치·경제·사회를 포함한 제 분야를 아우르는 핵심 역량이 되어야 하며, 문화국가는 문화를 고려하지 않은 발전이 파생시킨 다양한 사회적 문제들을 문화적 차원에서 해결하기 위한 목적도 가져야 한다. 우리가 지향하는 문화국가를 실현하기 위해서는 우선 그 규범적 틀을 제공하는 법체계가 확실히 정립되어야 하며, 이러한 법체계속에서 국민의 문화권(문화향수권)이 실질적으로 구현될 수 있을 때 진정한 문화국가라고 할 수 있을 것이다.

참고문헌

1. 국내문헌

【단행본】

갈봉근, 유신헌법론, 한국헌법학회 출판부, 1976

계희열, 헌법학(상), 박영사, 2005

고대 민족문화연구소, 사회변동기에 있어서의 전통문화와 청년문화, 1989

고대 아세아문제연구소, 한국문화에 미친 미국문화의 영향, 1984

구병삭, 신한국헌법론, 일신사, 1990

구병삭, 신헌법원론, 박영사. 1996

국제문화재단 편, 한국의 선비文化(한국문화시리즈 2), 시사영어사, 1982

권영성, 헌법학원론, 법문사, 2010

김 구, 도진순 주해, 백범일지, 도서출판 돌베개, 2004

김기범, 한국헌법, 교문사, 1973

김기석, 문화재생산이론, 교육과학사, 1987

김남진, 행정법 II, 법문사, 2001

김도창, 일반행정법론(하), 청운사, 1985

김동희, 행정법 II, 박영사, 2006

김문환, 문화민주주의, 조선일보사, 1988

김문환, 문화입국론, 느티나무, 1989

김원태, 대중문화의 이해, 일진사, 1991

김정한 등저, 문화운동론, 서울공동체, 1986
김철수, 헌법학개론, 박영사, 1992
김철수, 헌법학(상), 박영사, 2009
김학성, 헌법학원론, 박영사, 2012
도광순 편, 동아시아문화와 한국문화, 교문사, 1988
문홍주, 기본적 인권연구, 성균관대학교 출판부, 1976
문화관광부, 창의한국-21세기 새로운 문화의 비전, 2004
문화부, 우리나라의 문화행정, 1992
문화체육관광부 · 한국문화관광연구원, 「문화향수실태조사 2010」, 2010
박기성, 문화커뮤니케이션과 대중문화, 평민사, 1983
백경남, 바이마르공화국, 종로서적, 1985
법무부, 소련법연구(Ⅵ)(법무자료 제147집), 1992
변시민, 문화와 사회: 사회학적 고찰, 박영사, 1963
사회과학원 문학연구소, 북한의 문예이론-주체사상에 기초한 문예이론-(북한문예연구자료·4), 인동, 1989
서헌제 · 정병윤, 캐나다와 영국의 문화정책 및 법제에 관한 연구, 법제연구원, 2006.10
석종현, 행정법원론, 삼영사, 1994
성낙인, 헌법학, 법문사, 2012
소홍렬 편, 문화와 사상, 이화여자대학교 출판부, 1986
시사영어사, 한국의 법률문화, 1983
안용교, 한국헌법, 고시연구사, 1992
오세탁 · 김수갑 외, 한국문화재보호법의 발전과정과 정비방향, 문화재청 연구용역보고서, 2002
윤세창 · 이호승, 행정법(하), 박영사, 1994
이동연 외, 문화권 NAP 수립을 위한 기초현황 실태조사와 정책연계방안(2004년 국가인권위원회 연구용역보고서), 문화사회연구소, 2004
이명구, 행정법원론, 대명출판사, 1994

이상규, 신행정법론(하), 법문사, 1994
21세기위원회, 문화정책(제9차 전체세미나), 1991
이준일, 헌법학강의, 홍문사, 2011,
이중한 · 김문환, 문화촉매운동론, 현암사, 1987
장영수, 헌법학, 홍문사, 2009
장태주, 행정법개론, 현암사, 2003
정광렬 외, 문화기본법 제정을 위한 기초연구, 한국문화관광정책연구원, 2004
정옥자, 조선후기문화운동사, 일조각, 1988
정재각 · 김학엽, 세계문화사, 일신사, 1982
정재황, 헌법입문, 박영사, 2012
정정호 · 강내희 (편), 포스트모더니즘론, 도서출판 터, 1992
정진홍, 한국종교문화의 전개, 집문당, 1986
정종섭, 헌법학원론, 박영사, 2010
조부근, 문화선진국의 문화정책과 문화외교, 어디로 가고 있는가, 민속원, 2007,
조영식, 문화세계의 창조, 문성당, 1951
차기벽, 민족주의원론, 한길사, 1990
최용기, 한철학과 한국헌법, 법조각, 1990
한국방송공사, 문화매체로서의 방송, KBS방송문화조사연구소, 1986
한국문화예술진흥원, 문화정책(문화예술총서 제10권), 1988
한수웅, 헌법학, 법문사, 2012
한영우, 한국의 전통문화, 을유문화사, 1988
허영, 한국헌법론, 박영사, 2010
허영, 헌법이론과 헌법(중), 박영사, 1989
홍성방, 헌법학(상), 박영사, 2010
홍정선, 행정법원론(하), 박영사, 1993
홍정선, 행정법원론(하), 박영사, 2006

홍일식, 문화영토시대의 민족문화, 육문사, 1987

【번역서】

마르코 퓌마롤리 지음/박형섭 옮김, 문화국가-문화라는 현대의 종교에 관하여, 경성대학교출판부, 2004

綾部恒雄, 문화를 보는 열다섯 이론, 인간사랑, 1987

Michael W. Apple, Education and Power, 최원형(역), 교육과 권력, 한길사, 1991

Fichte, Reden an die deutsche Nation, 1808, 「독일국민에게 고함」, 삼성문고 1, 1981

Ruch Fulton Benedict, Patterns of Culture, 황선영(역), 문화의 유형, 종로서적, 1980

T.S.Eliot, Notes toward the definition of Culture, 김영국 등 편, 문화란 무엇인가, 중앙일보사, 1974

Paulo Freire, Education for Critical Consciousness, 채광석(역), 교육과 의식화, 새밭, 1982

Paulo Freire etc., 김쾌상 외(역), 민중교육론, 한길사, 1979

Herbert J. Gans, Popular Cultule and High Culture : an analysis and evaluation of taste, 강현두(역), 대중문화와 고급문화, 삼영사, 1990

Ian Gough, The Political Economy of the Welfare State, 김연명·이승욱(역), 복지국가의 정치경제학, 한울 아카데미, 1990

Herbert Marcuse, On Dimensional Man - Studies in the Ideology of Advanced Industrial Society, 차인석(역), 일차원적 인간 – 선진 산업사회의 이데올로기 논고–, 진영사, 1976

Heinrich Rickert, Kulturwissenschaft und Naturwissenschaft, 윤명노(역), 문화과학과 자연과학, 삼성문화재단, 1973

Marschall Sahlins, 김성례(역), 문화와 실용논리, 나남, 1991

Ralphel Samuel, Culture,Ideology and Politics, 송 무(역), 문화와 이데올로

기와 정치, 청계연구소, 1987

C.A.Peursen, The Strategy of Culture, 오영환(역), 문화의 전략, 법문사, 1981

Coes J. Hamelink, Cultural Autonomy in Global Communication, 김지운(역), 제3세계의 문화종속-현황의 조명과 자주적 극복-, 성균관대학교 출판부, 1988

UNESCO, Cultural Industries : A challenge for the Future of Culture, 문화산업론, 나남, 1987

Leslie A.White, The Concept of Culture, 이문웅(역), 문화의 개념 : 문화결정론의 입장과 문화진화론의 입장, 일지사, 1977

Raymond williams, Culture and Sosiety, 나영균(역), 문화와 사회, 이대출판부, 1988

Raymond williams, The Sociology of Culture, 설준규·송승철(역), 문화사회학, 까치, 1984

Ludwig Wittgenstein, Vermischte Bemerkungen, 이영철(역), 문화와 가치, 천지, 1990

쎄꾸·뚜레, "문화에 대한 변증법적 이해", 김정환 편역, 민중문화운동의 실천론, 화라, 1984

【논문】

계희열, "헌법관과 기본권이론-기본권의 성격변천에 관한 고찰-", 공법연구 제11집, 한국공법학회, 1983

권영민, "한국문화발전의 목표와 이념", 국가발전목표와 이념-제3차 종합세미나-, 21세기위원회, 1990. 10

김덕주, 문화재의 국제적 불법유통금지에 관한 연구, 서울대 대학원 석사학위논문, 1989

김병고, "한국의 문화재보호 실태 -문화재보호법과 전통사찰보존법을 중심으로-",입법조사월보, 1989. 1. 2

김상선, "민족문화의 수립을 위한 제언", 입법조사월보, 1976. 8. 9
김수갑, "문화국가를 위한 법체계검토", 문화정책논총 제17집, 한국문화관광정책연구원, 2006. 12
김수갑, "문화재향유권의 법리에 관한 고찰-일본에서의 논의와 한국헌법상의 법리구성을 중심으로-", 법과 사회 제23호, 법과 사회이론학회, 2002
김수갑, "영국에서의 문화재보호법제 및 문화재보호운동에 관한 연구", 법학연구 제8권, 충북대 법학연구소, 1997
김수갑, 인간다운 생활을 할 권리, 서울대학교 대학원 석사논문, 1989
김수갑, "특별행정법으로서의 문화행정법의 체계에 관한 고찰", 아·태공법연구 제3집, 아세아·태평양 공법학회, 1994
김수갑, "한국에서의 문화국가개념의 정립과 실현과제", 문화정책논총 제6권, 한국문화정책연구원, 1994. 12
김수갑, "한국헌법에서의 '문화국가'조항의 법적 성격과 의의", 공법연구 제32집 제3호, 한국공법학회, 2004. 2
김수갑, 헌법상 문화국가원리에 관한 연구, 고려대학교 대학원 법학박사학위논문, 1993. 8
김영근, 문화개념에 대한 철학적 고찰 - 문화인간학의 입장에서-, 건국대 철학박사학위논문, 1986
김정배, 한국민족·문화의 거원, 고려대학교 대학원 박사학위논문, 1975. 7
김철수, "북한헌법과 공산제국의 헌법과의 이동에 관한 연구", 국토통일원, 1978
김태중, 헌법상의 예술의 자유, 연대 대학원 석사학위논문, 1991. 2
박영순, "문화교육", 고대교육신보(제190호), 1991. 12. 25
방필주, "민족문화창달의 기본방향", 입법조사월보, 1976. 3
신현직, 교육기본권에 관한 연구, 서울대학교대학원 박사학위논문, 1990

오세탁, 문화재보호법연구, 단국대학교 대학원 박사학위논문, 1983
우혜전, 문화운동의 철학적 이해, 이대 대학원 철학과 석사학위논문, 1986
윤종민, 문화적 환경권의 법리연구, 충북대학교 대학원 석사학위논문, 1990. 2
유시조, "문화국가의 개념과 법적성격", 법학연구 제3집 부산외국어대학 법학연구소, 1991
이강선, 조선조 관료제도에 있어서 유교문화의 영향에 관한 연구, 경희대 대학원 박사학위논문, 1991
이강혁, "헌법국가와 국가목적", 고시연구, 1992. 2
이병길, "공산권 국가의 문화예술정책-기본원리와 행정기관을 중심으로-", 입법조사월보, 1991. 9
이재명, 인간존엄의 헌법적 접근, 중앙대 대학원 박사학위논문, 1991
이정춘, "독일의 통일과 방송질서(1)(2)(3)", 방송문화, 1992, 4. 5. 6
전광석, "인간다운 생활을 할 권리의 실현구조", 고시계, 1991. 11
전광석, "헌법과 문화", 공법연구 제18집 한국공법학회, 1990
정갑영, "문화복지정책의 이념적 근간으로서의 문화권", 문화예술 1996년 10월호(통권207호)
정재황, "프랑스에 있어서 위헌심사제를 통한 기본권보장의 법리와 실제", 방산 구병삭교수 정년기념논문집, 박영사, 1991
정종섭, "헌법문제의 헌법정책적 인식", 고시연구, 1990. 8
조용환, 문화개념의 교육학적 적합성에 관한 연구, 서울대 대학원 석사학위논문, 1983
차용준, 복지문화 복지실태비교연구 : 영·호남지역을 중심으로, 고려대 석사학위논문, 1990
최대권, "민족주의와 헌법", 헌법학, 동성사, 1990
한 별, 문화발전을 위한 정책과제 연구, 중앙대 사회개발대학원 석사학위논문, 1989

한병호, 사회적 기본권의 법적 구조, 서울대학교대학원 석사학위논문, 1984
한인형, 그람시 문화이론의 실천적 특성에 관한 일고찰, 서울대 대학원 석사학위논문, 1987
허 영, "국가생활과 기본법", 법학논총 제3집(한양대 법학연구소), 1986
황현탁, "우리나라의 문화재관리체계", 법제, 1982. 4. 20

2. 독일문헌

【단행본】

Achterberg/Pütter, Besonderes Verwaltungsrecht(Band I), C. F. Müller, 1990
Arnold, Hans, Auswärtige Kulturpolitik: Einüberblik aus deutscher Sicht, München-Wien, Carl Hanser Verlag, 1980
Böckenförde, Ernst-Wolfgang, Der Staat als sittlicher Staat, Duncker & Humblot, Berlin, 1978
Bull, Hans Peter, Die Staatsaufgaben nach dem Grundgesetz, 2. Aufl., Athenäum-Verlag, F rankfurt a. M. 1977
Bundesminister des Innern und Bundesminister der Justiz(Hrsg.), Staatszielbestimmungen/Gesetzgebungsaufträge(Bericht der Sachverstandigen- kommission), 1983
Denninger, Erhard, Art.5 Abs.3 der Alternativekommentar zum Grundgesetz, 2.Aufl., 1989
Max-Emanuel Geis, Kulturstaat und Kulturelle Freiheit-Eine Untersuchung des Kulturstaatskonzepts von Ernst Rudolf Huber aus Verfassungrechtlicher Sicht, Nomos Verlagsgesellschaft, Baden-baden, 1990
Grimm, Dieter, Recht und Staat der bürgerlichen Gesellschaft, Schrkamp, 1987
Häberle, Peter, Das Grudgesetz der Literaten.Der verfassungsstaat im (Zerr-?)

Spiegel der Schönen Literatur, Nomos Verrlagsgesellschaft, Baden-Baden, 1983

_______, Das Menschenbild im Verfassungsstaat, Duncker & Humblot, Berlin, 1988

_______, Die Verfassung des Pluralismus, Athenäum (Tassenbücher,6222), Königstein/Ts, 1980

_______, Erziehungsziele und Orientierungswerte im Verfassungsstaat,1981

_______, Klassikertexte im Verfassungsleben, de Gruyter, Berlin, 1981

_______, Kulturpolitik in der Stadt-ein Verfassungsauftrag, R.v. Decker & C.H.Müller, Heidelberg/Hamburg/Karlsruhe, 1979

_______(Hrsg.), Kulturstaatlichkeit und Kulturverfassungsrecht, Wissenschaftliche Buchgesellschaft, Darmstadt, 1982

_______, Kulturverfassungsrecht im Bundesstaat,Wilhelm Braumüer, Wien, 1980

_______, Verfassungslehre als Kulturwissenschaft, Duncker & Humblot, Berlin, 1982

Hartung, F., Deutsche Verfassungsgeschite, 8.Aufl., Stuttgart, 1964

Huber, E.R., Zur Problematik des KulturstaatsJ.C.B.Mohr, 1958

Isensee, J. /Kirchhof, P., Handbuch des Staatsrechts des BRD, Bd.6, C.H.Beck, 1989 S.820

Kloepfer, Michael, Grundrecht als Entstehungssicherung und Bestandsschutz, 1970

Köstlin, Thomas, Die Kulturhoheit des Bundes,eine Untersuchung zum Kompetenz-u.Organisationsrecht des Grundgesetzes unter Berücksichtigung der Staatspraxis in der Bundesrepublik Deutschland, Berlin, Duncker & Humblot, 1989(Tübingen Schriften zum Staatsrecht und Verwaltungsrecht,3.) zugl. Tübingen, Diss. 1988

Kunst, H. /Grundmann, S., Evangelisches Staatslexikon, 2.Aufl., Kreuz, 1975

Maier, H., Anstösse, Beiträge zur Kultur-und Verfassungspolitik, 1978
Maunz, Th., Deutsches Staatsrecht, 23.Aufl., C.H.Beck, 1980
Maunz-Dürig-Herzog-Scholz, Kommentar zum Grundgesetz, C.H.Beck, 1989
Niedermann, J., Kultur : Werden und Wandlung des Begriffs und seiner ersatzbegriffe von Cicero bis Herder, Firenz, 1981
Oppermann, Thomas, Kulturverwaltungsrecht. Bildung - Wissenschaft - Kunst, Tübingen:J.C.B.Mohr(Paul Siebeck), 1969
Peisert, Hansert, Die auswärtige Kulturpolitik der Bundesrepublik Deutschland 1978
Rickert,Heinrich, Kurwissenschaft und Naturwissenschaft,Tübingen: J.C.B.Mohr, 1921
Schlaich, Klaus, Neutralität als Verfassungsrechtliches Prinzip - Vornehmlich im Kulturverfassungs - und - Staatskirchenrecht, Habilitationsschrift(Tübingen)
Spranger, Eduard, Kulturfragen der Gegenwart, Heidelberg, Quelle und Meyer, 1956
Stern, K., Das Staatsrecht der BRD., Bd.Ⅲ/1, C.H.Beck, 1988, S.884ff.
Tenbruck, Friedrich H., Die Kulturellen Grundlagen der Gesellschaft:der Fall Moderne,Opladen:Westdeutscher Verlag, 1989
Trommer, Siegfried J., Die Mitterorganisationen der auswältigen Kulturpolitik, Diss.Tübingen 1984.
Zippelius, R., Allgemeines Staatslehre, 8.Auf., C.H.Beck, 1982

【논문】

Bethege, Herbert, "Mephistots Beitrag zur Erhaltung der Kunstfreiheit", in: FS für Urheber, U.Heidenrecht, 1989.11, S.492-499.
Bunge, Thomas, "Kunstlersozialversicherung-ein Streit ohne Ende", JZ,1981, S.119ff

Grimm, Dieter, "Kulturauftrag im staatlichen Gemeinwesen", VVDStRL 42

Häberle, Peter, "Das Problem des Kulturstaates im Prozes der Deutschen Einigung -Defizite, Versäumnisse, Chancen, Aufgaben", ZöR Band 40(1991/1992)

__________, "Die Freiheit der Kunst im Verfassungsstaat", in: AöR Bd.110,1985, S.577-619

__________, "Des Menschen Recht zwischen Freiheit und Verantwortung", in : Festschrift für Karl Josef Partsch zum 75.Geburtstag, Duncker & Humblot, Berlin, 1989

__________, "Europa in Kulturverfassungsrechtlicher Perspektiv", in:JöR NF32 1983.S.9ff

__________, "Kulturverwaltungsrecht im Wandel", in : AöR 107(1982)/3

__________, "Grundrechte im Leistungsstaat", in : VVDStRL 30 1972

__________, "Neues Kulturverfassungsrecht in der Schweitzerisches Recht und in der Bundesrepublik Deutschland"in: Zeitschrift für Schweitzerisches Recht 1986, 1 Halbhand Heft 1

__________, "Vom Kurturstaat zum Kurturverfassunsrecht", in: P.Häberle (hrsg.), Kurturstaattlichkeit und Kurturverfassunsrecht

Henke, Wilhelm, "'Der fliessende Staat' zu Peter Häberles Verfassungstheorie ",in:Der Staat Bd.20 1981, H.4

Hesse, Konrad, "Das Grundgesetz in der Entwicklung der Bundesrepublik Deutschland", in: Ernst Benda · Werner Maihofer·Hans-Jochen Vogel(hrsg.), Handbuch des Verfassungsrechts der Bundesrepublik Deutschland, Walter de Gruyter · Berlin · New York, 1983,

Höfling, Wolfram, "Zur hoheitlichen Kunstföderung-Grundrechtliche Direktiven für den 'Neutralen Kulturstaat'",in : DöV, 1985, H.10

Hofmann, Peter, "Die Stiftung peussischer Kulturbesitz in Berlin",in:Die Verwaltung 21.1988

Huber, E.R., "Zur Problematik des Kulturstaats", in : P.Häberle hrsg.), Kurturstaatlichkeit und Kurturverfassunsrcht

_________, "Kulturrfassung, Kulturkrise, Kulturkonflikt", in : Ders, Bewarung und Wandlung, Studien zur deutschen Staatstheorie und Verfassungsgesichte, 1975

Hufen, Friedhelm, "Kulturauftrag als Selbstverwaltungsgarantie", in : NVwZ 1983, Heft 9

Maihofer, Werner, "Kulturelle Aufgaben des modernen Staates" in: Ernst Benda·Werner Maihofer·Hans-Jochen Vogel(hrsg.), Handbuch des Verfassungsrechts der Bundesrepublik Deutschland, Walter de Gruyter·Berlin·New York, 1983, S.951ff

Kilian, Michael, "Auswärtige Kulturverwaltung zwischen kultureller Autonomie und Staatlicher Lenkung", in: FS für Thomas Oppermann, 1981, S.11ff.

Kluxen, Wolfgang, "Politische Kultur in Deutschland-Probleme, Sorgen, Hoffnung", in:Leitlinien Politischer Ethik,1988.SS.268-276

Moench, Ch., "Denkmalschutz und Eigentumsbeschränkung", in:NJW 1980,H.29

_______, "Denkmalschutz im Bundesrecht", in:NJW 1980,H.43

Müller, Kurt, "Die Menschenrechte als Bestandteil politischer Kultur", in:Neue Züricher Zeitung,1989.278v.(1989.11.30)

Oppermann, Thomas, "Eigenart und Umriss des Kulturverwaltungsrechts", in: P.Häberle(Hrsg.), Kulturstaatlichkeit und Kulturverfassungsrecht, Wissenschaftliche Buchgesellschaft, Darmstadt, 1982

________, "Ergänzung des grundgesetzes um eine Kultur(Staats) Klausel?",in:Günter Püttner(Hrsg.), Festschrift für Otto Bachof zum 70. Geburtstag, C.H.Beck, 1984

Pankoke, Eckat, "Steuern und Verantworten zu Führungsstil und

Organisationskultur Sozialer Verwaltung",in: Die Verwaltung 21,1988
Poppermann, E., "Grundzüge eines kommunalen Kulturverfassungsrechts", DVBl 1980 s.701ff
Pestalozza, Christian v., "Rundfunkfreiheit in Deutschland", in: ZRP 1979, H.2
Pieroth, Bodo, "Kultur als juristisches Spiel ohne Grenze. zu vier Kulturverfassungsrechtlichen Schriften Peter Häberle aus den Jahren 1979 bis 1982", in:Der Staat Bd.22 1983,H.3
Reuhl, Günter, "Kulturstaatlichkeit im Grundgesetz",in : JZ 1981, 321-327
__________, "Wissenschaftsfreiheit und Kulturstaatsprinzipien", in : WissR 1980,236-251
Roellecke, Gerd, "Kulturauftrag im Staatlichen Gemeinwesen-Zum ersten Beratungsgegenstand der Staatrechtlehrertagung", in; DöV 1983,H.16
Schmidt, Walter, "Rundfunkfreiheit und Rundfunkgewährleistung", in:ZPR 1980,H.6
Schmitt-Glaeser, Walter, "Rechtpolitik unter dem Grundgesetz - Chancen-Versäu mnisse-Forderungen - ", in : AöR Bd.107(1982) Heft 3
Schulte, Bernd, "Künstlersozialversicherungsgesetz -ein zweiter Anlauf", in:ZRP 1978,H.1
Steiner, Udo, "Kulturauftrag im staatlichen Gemeinwesen", VVDStRL 42 1984
_________, "Kurturpflege", in:J.Isensse/P.Kirchhof,Handbuch des Staatsrecht des BRD,Bd.Ⅲ,C.H.Müller Juristischer Verlag, Heidelberg, 1988
_________, "Staat, Sport und Verfassung", in : DöV 1983 Heft 5
Stolzlechner, Harald, "Gesetzgebung und Rechtskultur", in:DöV, 1987, H.2
Troller, Alois, "Möglichkeiten einer Synthese des Rechtsdenkens in verschiedenen Kulturen", in: Rechtsphlosophie Bd.16 H.2/3,1985
Vorländer, Hans, "Verrechtlichung der Kultur? oder : Über den rechtlichen Umgang mit der Kunst", NJW 1983, Heft 21
Wienholtz, E., "Arbeit, Kultur und Umwelt als Gegenstände verfassungs-

rechtlicher Staatzielbestimmungen", AöR Bd.109(1984) Heft 4

Witte, Barthold C., "Kulturpolitik im spannungsfeld zwischen Polik und Kultur", in : Universitäts 40(1985), S.303ff.

Alice Erh-Soon Tay, "One Word? One Law? One Culture?", in : Rechtsphilosophie Bd.18, 1988

3. 영미문헌

B. Leander, "Preliminary List of Cultural Rights", Paper prepared for UNESCO, 1996(unpublished).

Charles C. Mark, A Study of cultural policy in the United States, Unesco, 1969

Charles A. Beard, American Gonernment and Politics, 10.ed., 1952

Leon P. Baradat, Political Ideologies, 2nd.ed., Prentice Hall, 1984

UNESCO, Cultural Rights as Human Rights, Paris, 1970

UNESCO, Cultural Policy in the Federal Republic of Germany, 1973

UNESCO, The Studies and Research Department of the French Ministry of Culture, Some aspects of French Cultural Policy, 1970

Imre Szabo, Cultural Rights,Budapest Akademiai Kiado, 1974

Frederick Richard Gaenslen, Culture and Desision Making, AnnArbor : U.M.I, 1984

Febleman James K., Justice, Law And Culture, Martinus Nijhoff Publischers, 1985

Irwin Altman/Martin Chemers, Culture and Environment,Monterey : Brooks/Cole Publisching, 1980

Chay Jongsuk, Culture and International Relations, N.Y.: Praeger, 1990

William G. MaeCready, Culture, Ethnicity, and Identity : current issue in research, N.Y.: Academic Press, 1983

Ernest Gellner, Culture, Identy, and Politics, Cambridge Univ. Press, 1987

Hans Haferkamp, Social Structure and Culture, Berlin : Walter de Gruyter,

1989
UNESCO, Cultural Policy a Preliminary Study, 1969
Michael Green, Cultural Policy in Great Britain, UNESCO, 1973
Shikaumi Nobuya, Cultural Policy in Japan, UNESCO, 1970
Hans Koch, Cultural Policy in the German Democratic Republic, 1975
Ian Angus,/Sut Jhally, Cultural Politics in Contemporary America,London : Routledge, 1988
Singer, Milton, "The Concept of Culture", in : International Encyclopedia of the Social Sciences, Vol.3, The Macmillan Company & The Free Press, 1968
Sorokin, Pitirim, Social and Cultural Dynamics, Transaction Books, NewBrunswick(U.S.A) and Oxford(U.K), 1985
Gellner, Ernest, Culture, Identity and Politics, Cambridge University Press, 1987

4. 일본문헌

椎名愼太郎, "文化權の 構造と 特性", 山梨學院大學「法學論輯」20. 1991.
永井憲一, "憲法과 文化",憲法判例硏究會 編, 現代の憲法論, 敬文堂出版部, 1970
大西邦敏, 比較憲法の基本問題, 成文堂, 1968
長谷川正安, "憲法と 文化", 法學セミナ 167・168號, 1970.1,2
柳瀨良幹, "文化行政の 機構と 立法", 國家 52卷 7號
岡本勇, "文化財保護の 意義"ジュリスト(增刊)總合特集 10號, 1978.5
江淵一公, "敎育과 文化－文化人類學的 考察",ジュリスト(增刊)總合特集 10號, 1978.5
小林眞理, 文化權の確立に向けて －文化振興法の國際比較と日本の現實－, 勁草書房, 2004
椎名愼太郎·稗貫俊文, 文化·學術法, 東京:ぎょうせい, 1986

兼子仁, 行政法學, 東京: 岩波書店, 1997
兼子仁, 教育法(新版), 東京: 有斐閣, 1987
池上淳 編, 文化經濟學の 可能性, 藝團協出版部, 1991
中村雄二郎 外共著, 文化とは(岩波講座 轉換期における 人間 第10卷), 東京:岩波書店, 1989
原太郎, 文化·平和·連帶(原太郎 對談集), 東京:未來社, 1983
Michel de Certeau, La Culture au Pluriel, 山田登世子(譯)文化の 政治學, 東京:岩波書店, 1990
木原啓吉, 歷史的 環境, 東京:岩波書店, 1982
中村彌三次, 文化行政法, 日本評論社, 1940
畑中和夫,現代國家論,法律文化社, 1983
塚本重頼, 註解 アメリカ憲法(增補版), 酒井書店, 1980
竹內雄一郎, 日本國憲法の 構造と 法理, 東京:高文堂, 1991
大藪龍介, 現代の 國家論, 世界書院, 1989
三島淑臣(外)編, 法と 國家の 基礎に在るもの, 東京:創文社, 1989
龍谷大學法學部編,法と 民主主義の 現代的課題,東京:有斐閣, 1980
桶口陽一, 自由と國家:いま「憲法」のもつ意味, 東京:岩波書店, 1990
小谷鶴次, 平和への途, 京都:晃陽書房, 1990
影山日出, 憲法の 原理と 國家の論理, 東京:勁草書房, 1980
杉原泰雄, 平和と國際協助の 憲法學, 東京:勁草書房, 1990
小倉庫次, アメリカ合衆國 州憲法の 硏究, 有斐閣, 1961
高木八尺, 近代アメリカ政治史, 1957
鳥居喜代和, "宗教的 文化財の 觀賞と 課稅－信教の 自由論の 盲點", 札幌學院法學 第1卷1號, 1985
池田政章, "法文化論－その意義と方法", 憲法學の展開(小林直樹先生古稀祝賀論文集), 有斐閣, 1991
根木 昭, 文化政策의 法的 基盤－文化藝術振興基本法과 文化振興條例－, 水曜社, 2003

사항색인

(ㄴ)

(ㄷ)

(ㅂ)

(ㅅ)

(ㅇ)

(ㅈ)

(ㅊ)

(ㅋ)

(ㅌ)

(ㅍ)

(ㅎ)

(7)

문화국가론

저 자 : 김 수 갑
발행처 : 충북대학교 출판부
발행인 : 김 승 택
주 소 : (361-763) 충북 청주시 흥덕구 내수동로 52(개신동)
전 화 : (043) 261-2952, 3014
팩 스 : (043) 274-1256
이메일 : presscbu@chungbuk.ac.kr
등 록 : 제1983-2001-7호
초판1쇄: 2012. 8. 31.
인쇄처 : 삼성디자인기획

* 이 저서는 2009년도 충북대학교 학술연구지원사업에 의하여 발행되었음 (This work was supported by the research grant of the Chungbuk National University in 2009).

ISBN 978-89-7295-195-7 93300

값 30,000원